로마의 선택과 결정

⑤ 야만의 침탈

로마의 선택과 결정

⑤ 야만의 침탈

초판 1쇄 인쇄일 2020년 7월 29일
초판 1쇄 발행일 2020년 8월 7일

편저자 윤홍렬
펴낸이 양옥매
디자인 표지혜 송다희

펴낸곳 도서출판 책과나무
출판등록 제2012-000376
주소 서울특별시 마포구 방울내로 79 이노빌딩 302호
대표전화 02.372.1537 **팩스** 02.372.1538
이메일 booknamu2007@naver.com
홈페이지 www.booknamu.com
ISBN 979-11-5776-926-1(04920)
ISBN 979-11-5776-576-8(04920) 〈세트〉

이 도서의 국립중앙도서관 출판시도서목록(CIP)은 서지정보유통지원 시스템
홈페이지(http://seoji.nl.go.kr)와 국가자료공동목록시스템
(http://www.nl.go.kr/kolisnet)에서 이용하실 수 있습니다.
(CIP제어번호 : CIP2020030213)

로마의 선택과 결정

5

야만의 침탈

윤홍렬

편저

책과나무

신神의 검지를 위해 여백을 남긴다

Ad indicem Dei marginem relinquo

1. 이해를 돕기 위해 시대별로 통사를 앞에 두었고, 개별 서사는 뒤따르면서 요약 또는 설명을 먼저 서술하고 그다음에 내용을 붙였다.

2. 지명은 당시의 지명에 따랐으며, 필요시 현재 지명을 부기해 두었다. 다만 오히려 혼란스러울 경우에는 현재 지명으로 표기했다.

3. 기원전은 'BC', 기원후는 'AD'로 표기했으나 아무런 표기가 없는 경우 기원후다.

4. 도량형은 가능한 현대식으로 표기했고, 화폐 단위와 토지 면적 등은 단수형으로 표기했으며, 인명은 프라이노멘 · 노멘 · 코그노멘을 모두 명기한 경우에도 셋 중 일반적으로 통용되는 1개만 주로 적었다.

5. 나이는 한국식으로 적었으며, 필요시에는 만 나이를 부기해 두었다.

6. 지도의 지명이 여러 곳일 경우는 좌에서 우로, 상에서 하로 붙였다.

7. "마음에 새기는 말"은 참고한 문헌에서 말한 자의 이름을 언급한 경우에는 명시했으며, 저자의 말을 인용했을 경우에는 별도로 이름을 명시하지 않았다.

8. 용어 정리는 종교, 군사, 정치 · 행정, 사회, 시설 · 기타 등의 순서로 했다.

○ 히스파니아의 타라코넨시스 총독 갈바가 동요하는 속주의 힘을 끌어모아 병사들의 창검을 로마에게 겨누자, 원로원과 근위대는 재빨리 네로에게서 등을 돌리고 새로운 황제의 품에 안겼다. 네로를 제위에서 끌어내리고 죽음으로 몰아넣었던 갈바도 황제의 자리를 지키지 못했다. 갈바가 등극한 이후 몇 개월간 이 사람 저 사람에게로 황제의 자리가 정신없이 옮겨 다녔고, 지고한 자리는 권위가 땅에 떨어져 병사들조차 황제의 자리를 원로원의 추천과 시민들의 동의로 오를 수 있는 것이 아니라 자신들의 창검으로 차지할 수 있다고 여겼다. 마침내 베스파시아누스가 비텔리우스 황제를 제거한 다음 새로운 왕조를 열었고, 새로운 왕조가 지나간 후 로마 제국은 5현제 시대에 이르러 최대 판도를 형성했다.

○ 변방에 살던 야만족들은 동방에서 들이닥친 그들보다 더욱 거친 자들의 공격에 시달리다 수시로 제국의 국경선을 넘어 약탈을 일삼았다. 그들은 야만에서 나오는 용기에다 로마군으로부터 전쟁 기술과 무기 제조를 전수받아 더욱더 위험한 적이 되어 로마군의 방어를 무

력화시켰다. 황제는 점점 더 비천한 출신으로 채워졌고 심지어 근원을 알 수 없는 속주 출신에게 황제의 자리가 돌아가기도 했다. 게다가 로마에서 제국을 통치하기보다는 국경에서 야만족들과 싸우는 일이 많다 보니 지고한 자리가 혈전의 목표가 되어 군사령관들이 돌아가며 앉았다.

○ 심지어 황제가 적국의 포로가 되어 비참하게 삶을 마감했고, 영토는 3등분되어 과거의 영광이 퇴색되고 제국의 기개는 막다른 골목까지 내몰렸다. 그런 까닭에 전쟁터를 누비는 황제와 병사들 간에 간격이 없어지고 병사들의 칼날에 황제의 목숨이 쉽게 끊어지자, 마침내 디오클레티아누스가 등극하여 로마의 국체를 전제 군주정으로 바꾸었다.

○ 이 글을 아들과 딸 그리고 그들의 아들과 딸에게 남긴다.

−2020년 7월

윤홍렬

3-1-2 단명한 황제들 AD 68년~AD 69년

3-1-3 플라비우스 왕조 AD 69년~AD 96년

3-1-4 5현제 시대 AD 96년~AD 180년

3-1-5 콤모두스와 난립기 AD 180년~AD 197년

3-1-6 세베루스 왕조 AD 197년~AD 235년

3-1-7 군인 황제들 AD 235년~AD 284년

제정 시대

3-1-2. 단명한 황제들(BC 68년~AD 69년)

○ 네로가 죽고 나서 등극한 황제들은 몇 개월 만에 정신없이 바뀌었다. 히스파니아에서 즉위한 갈바는 젊은 시절에 강인하면서도 기강이 시퍼런 군인으로서 칼리굴라에게 능력을 인정받기도 했다. 황제가 되어서도 검약했던 정신 때문인지 아니면 노인의 완고함 때문인지 그는 베풀기에 인색했고 후계자 선정에도 실패했다. 갈바의 지지자 오토는 마땅히 자신이 황제 후계자가 될 거라고 믿었지만 갈바가 아무런 공적도 없던 피소를 양자로 삼아 후계자로 선정하자, 이에 격분하여 반란을 일으키고 갈바를 살해한 다음 제위에 올랐다. 하지만 게르마니아 군단은 로마에서 정변이 일어나기 얼마 전부터 갈바가 빈덱스 반란을 진압한 자신들을 멸시한다고 생각하여 저지 게르마니아 사령관 비텔리우스를 황제로 옹립하고 있었다.(註. 68년 빈덱스는 갈바를 지지하며 반란을 일으켰다.) 그런 후 로마에서는 정변으로 권력의 추가 바뀌었지만 그들은 무기와 군장을 꾸려 로마로 쳐들어갔다. 황제가 갈바에서 오토로 바뀌었는데도 게르마니아 군단들의 창검이 로마로 향한 것은 오토의 즉위 소식이 너무 늦게 게르마니아 군단에게 알려져 이를 되돌리기에 이미 늦었기 때문이었다.

○ 오토 군은 비텔리우스를 지지하는 게르마니아 군단과 내전으로 치달았고, 그들은 게르마니아의 혹독한 조건에서 담금질된 게르마니아

군단에게 베드리아쿰 전투에서 결정적으로 패배했다. 내전에서 패배한 오토 황제는 더 이상 로마가 동포의 피로 물들어서는 안 된다며 스스로 목숨을 끊었고 제위는 비텔리우스에게로 넘어갔지만, 비텔리우스는 황제의 자질과 기품이 부족한 자였다. 그의 어머니조차도 아들이 황제가 되었다는 소식을 듣고서 기뻐하기는커녕 아들의 행운은 이제 끝났다고 탄식할 정도였다.(註. 비텔리우스를 폄하하는 기록은 그와 내전을 치렀던 플라비우스 왕조가 주도했다. 왜냐하면 비텔리우스의 부도덕성과 자질에 흠집을 내야 베스파시아누스의 반란이 정당성을 가지기 때문이었다.)

○ 이렇게 되자 동방에서 유대 전쟁을 지휘하고 있던 베스파시아누스는 자신의 야심을 돌아보았다. 66년 로마 관리들이 유대 신전에 바쳐진 헌물을 세금으로 강제 징수하려다가 훗날 유대 전쟁으로 일컫는 큰 반란이 터졌을 때, 그는 네로에 의해 토벌 사령관으로 임명되어 임무를 수행하고 있었다. 원로원 계급이 아닌 기사 계급 가문의 출신이었던 베스파시아누스는 운명을 시험할 위험에 발을 내딛기가 두려워 망설이기도 했으나 시리아 총독 무키아누스가 그에게 용기와 희망을 주었다. 게다가 도나우 군단을 근무 환경이 더 열악한 게르마니아 군단과 주둔 지역을 바꾼다는 소문이 퍼졌고 이에 도나우 군단이 술렁이며 분노가 일고 있었다. 마침내 베스파시아누스는 이집트 군단을 필두로 동방의 군단병들로부터 옹립되어 비텔리우스에게 도전장을 던졌다.

○ 제국에서 2명의 황제가 존재할 수 없는 일이다.(註. 2세기 중반 마르쿠스 아우렐리우스 황제 때부터 로마 제국에서는 공동 통치자로 황제를 한 명 더 두었지만 권력의 무게가 똑같지 않았다.) 게르마니아 군단이

주축인 비텔리우스 편에 선 병사들과 도나우 군단이 주축인 베스파시아누스 편에 선 병사들이 또다시 베드리아쿰에서 맞붙었다. 도나우 군단은 비텔리우스가 오토를 패배시킬 때 오토 편에 섰다가 참패하여 모욕과 수치를 당한 적이 있었다. 이번에는 그때의 모욕에 복수하고자 하는 마음이 도나우 군단의 모든 병사들을 사로잡았다. 판노니아 제7군단장 프리무스가 이끄는 도나우 군단은 게르마니아 군단을 철저히 짓밟아 승리했고, 그 여세를 몰아 로마까지 접수했다. 도시가 적에게 점령되자 얼마 전까지 로마 황제였던 비텔리우스는 이제 범죄자가 되어 손이 묶인 채 길거리에서 처형당하고 말았다.

3-1-3. 플라비우스 왕조(AD 69년~AD 96년)

○ 제9대 로마 황제 베스파시아누스는 내전으로 피폐해진 제국을 일으켜 세우려고 많은 노력을 기울였다. 그는 69년 수차례 황제가 바뀌며 내전이 벌어진 것은 인재를 골고루 뽑지 않은 데 있다고 보고 제국 전체에서 인재를 등용하는 관례를 확립했으며, 당시 세탁 재료로 쓰였던 소변에까지 세금을 매길 만큼 국고 확충에도 힘썼다. 그리고 자신이 지휘했던 유대 전쟁을 큰아들 티투스에게 맡겨 막바지에 접어든 전쟁을 종결하게 했다. 아버지의 지휘권을 이어받은 티투스는 70년에 예루살렘을 함락시키고 71년에 베스파시아누스와 함께 개선식을 가졌다. 개선식에는 요세푸스 플라비우스라는 유대인도 참석했는데, 유대 전쟁 때 그는 요타파타에서 로마에 대항하여 전투를 벌이다가 포로가 되었지만 티투스의 친구로 전향했고, 베스파시아누스가 황제에 오르리라는 놀라운 예언을 한 자였다. 물론 예언을 들었을 당시 베스파시아누스는 젊은 친구가 포로의 절박함에서 벗어나기 위해

믿을 수 없는 말을 던진 것이라고 생각했을 뿐이었다.

○ 베스파시아누스는 내전으로 중단된 공공 공사를 다시 시작했으며, 통칭 콜로세움이라 불리는 암피테아트룸 플라비움도 착공했다. 세금 징수업자였던 아버지의 재능을 이어받았는지 그는 국가 재정과 예산 확보에 천재적인 수완을 보였다. 그리하여 국가를 내전의 파멸에서 건져 내고 선정의 근간인 공정 과세를 확립하여 국가 재정을 파탄에서 구제함으로써 평화와 번영의 길을 마련하여 제정 로마의 제2 창건자가 되었다.

○ 이전에도 황제의 추천을 받은 자는 행정관에 임명되긴 했지만 어디까지나 이는 황제의 권위에 의한 것이었다. 즉 아우구스투스는 5년 발레리우스-코르넬리우스 법에 의거 원로원 의원들과 기사들로 구성된 15개의 지명 켄투리아를 통해 행정관으로 추천할 사람들을 선발했는데, 추천된 자들은 민회에서 거의 행정관에 당선되었다. 이는 법에 근거한 것이 아니라 추천한 자의 권위에 의한 것이며 그만큼 아우구스투스의 권위가 컸다는 방증이었다. 그러나 69년 베스파시아누스는 '임페리움에 관한 법(Lex de imperio)'을 제정하여 황제의 지지나 추천을 받은 자가 행정관에 특별히 임명될 수 있는 법적 근거를 마련했다.(註. 베스파시아누스는 '임페리움에 관한 법'에 따라 일부 행정관을 임명했지만, 3세기 말이 되면서 행정관에 대한 황제의 임명권이 아예 민회의 행정관 선출권을 대신했다.)

○ 평소에도 그리고 죽음을 맞이해서도 그는 풍자와 해학을 잃지 않았다. 황제란 앉아서 죽어야 한다고 고집을 피우며 의자에서 임종을 맞았는데 임종하는 순간 이렇게 말했다. "이제 내가 신이 되어 가는 모양이군!" 이는 황제가 죽은 후 신격화되는 당시의 관례를 두고 한 말

이겠지만, 듣기에 따라서는 계산 머리가 빠른 그가 자신이 사후에 신격화되지 않을까 하는 조바심에서 미리 사후의 일들을 확정시킨 것이 아닌가 한다.

○ 베스파시아누스의 큰아들 티투스는 황제에 즉위하자 관용과 자애로움을 가지고 의욕적으로 제국을 다스렸고, 원로원과도 마찰 없이 협조했다. 그러나 그가 10년 연상의 유대 공주 베레니케와 사랑에 빠지자 로마 시민들은 거칠게 항의했다.(註. 베레니케는 헤롯 왕의 증손녀이며 헤롯 아그리파 1세의 딸이다.) 왜냐하면 로마 시민들은 동방의 여인이라면 안토니우스를 유혹하여 조국에 창검을 들이대도록 했던 클레오파트라를 떠올렸기 때문이다. 티투스는 황제의 지위에 있는 자라면 시민들의 거부와 항의에 부딪혔을 때 어떤 선택을 해야 하는지 명석하게 이해했다. 그는 결국 사랑하는 여인을 포기할 수밖에 없었다.

○ 티투스는 얼마 되지 않은 재위 기간 중에 불행한 일을 많이 겪었다. 79년 베수비우스 화산이 천지를 흔들며 폭발하여 폼페이와 헤르쿨라네움이 지상에서 사라졌다. 하늘은 온통 시꺼먼 연기로 가려졌고 불덩이 비가 내렸다. 이 재해로 캄파니아의 두 도시 폼페이와 헤르쿨라네움의 기억들은 고스란히 땅속에 묻혔다. 그런데다 티투스의 치세 동안 또 한 번의 로마 대화재를 겪었고, 여름철에 전염병이 나돌아 수많은 시민들이 죽어 나갔다. 티투스는 재앙 때마다 진두지휘하여 역경을 헤쳐 나갔지만 황제의 의무를 다하느라 무리했는지 전염병을 앓게 되었고, 결국 재위 26개월 만인 43세의 한창 젊은 나이에 생을 마감했다.

○ 티투스의 뒤를 이어 그의 동생 도미티아누스가 황제에 올랐다. 그는 사후에 기록 말살형(註. '담나티오 메모리아이damnatio memoriae'라

고 하며, 이 용어는 현대 사학자들이 만든 것으로 보인다. 이 처벌을 받으면 생전의 모든 기록은 말살되고 세워진 조각상은 머리를 잘라 내어 폐기 처분하거나 일부를 훼손한 채로 전시했다. 이 처벌을 받은 자의 이름은 사용할 수 없고 그가 쓴 책은 몰수하여 불태워지고, 그의 생일은 징조가 나쁜 날로 여겨졌으며 유언장은 파기되고 그가 살던 집은 파괴되었다. 하지만 일부가 훼손된 채로 공공장소에 전시된 조각상은 관람자로 하여금 잊어야 할 자에 대한 기억을 오히려 되살리곤 했다. 평민의 경우에도 이혼, 법적 갈등, 상속 등의 문제로 묘지에 새겨진 조각과 명문이 삭제되기도 했다.)을 선고받았기 때문에 생전의 치적이 모두 말살되어 자세히 알 수 없으나 공공 건설 사업에 열의를 보였던 것은 분명했다. 제위에 있을 때 그는 콜로세움을 완성했고 도미티아누스 스타디움과 팔라티누스 황궁을 완공했다. 또한 다키아족, 사르마티아족, 수에비족과 전쟁을 벌였으며, 그가 전쟁을 위해 콰디족과 마르코만니족에게 군대의 지원을 요청했지만 거부당하자 결국 이들 종족들과도 전쟁을 벌였다.

○ 그는 네로 황제 때 반역 혐의로 자살 선고를 받아 부당하게 죽음을 맞은 코르불로의 딸 도미티아와 결혼했는데, 코르불로가 병사들 사이에서 명망이 높았던 관계로 도미티아누스는 군대의 환심을 살 수 있었다. 그래서인지 병사들의 처우 개선에 힘썼고, 국방 정책의 중요성을 완벽히 깨닫고 있던 황제였다. 그러나 치세 기간이 길어지면서 원로원과 마찰을 빚었고 공포 정치를 자행했다.

○ 황제의 목숨을 노리는 자는 항상 가까이 있는 법이다. 스테파누스란 해방 노예는 횡령죄로 고발되었는데 그즈음 도미티아누스의 생질녀 플라비아가 로마의 전통 종교를 버리고 일신교(註. 그리스도교였다.)

를 믿는다는 이유로 추방형에 처해졌고 그의 남편이 처형되는 사건이 터졌다. 신흥 세력에 속했던 플라비우스家는 이런 일에 익숙하지 않았다. 황가 일원의 처형은 황궁에서 공포와 충격이 되었고, 이는 플라비아의 해방 노예였던 스테파누스에게 용기를 주었다. 황제 살해를 위해 침실에 잠입한 스테파누스는 황제와 격투를 벌인 끝에 도미티아누스 황제를 겨우 암살할 수 있었다. 생전에 도미티아누스는 원로원의 특권을 짓밟고, 기존의 권위를 무시했다. 이러한 행동이 그가 죽은 후 기록 말살형에 처해진 이유였다.

3-1-4. 5현제 시대(AD 96년~AD 180년)

○ 도미티아누스의 공포 정치를 겪은 원로원은 그가 죽자, 온후한 원로원 의원 네르바를 황제로 추대했다. 이는 황제가 되려면 원로원의 승인이 필요하다는 것을 확실히 해 둔 사건이었다. 네르바는 유서 깊은 가문 출신은 아니었지만, 온화했고 원로원을 무시하지 않는 성품을 지녔다. 그는 부당하게 범죄자가 된 자들을 풀어 주었고 빼앗긴 재산을 환원시켰으며, 원로원에 무상 곡물 집행권을 돌려주었고 저지른 죄도 없이 추방당했던 의원들을 복귀시켰으며 밀고자들을 멀리했다.

○ 선제 도미티아누스는 병사들을 후대하여 병영 내에서 인기가 매우 좋았다. 그가 살해당했을 때 분노한 근위병들은 황제를 죽인 자들을 찾아내어 처단하라고 외치기 시작했다. 이런저런 이유로 살인범 색출이 늦어지자 근위대 병영에서 네르바 황제에 대한 반항심이 커져 갔다. 근위대는 황제 살인범을 용인해서는 안 된다며 네르바에게 압박을 가했다. 그들은 거기서 그치지 않고, 자신들의 요구가 관철되지 않자 근위대의 본분을 잊고서 호위해야 할 황제를 오히려 감금시

컸다. 군사적 기반이 없던 네르바는 근위대의 폭력 앞에 굴복할 수밖에 없었으며, 심지어 근위병들에게 머리를 숙이기도 했다. 이 일이 터지고 난 후 네르바는 한 가지 현명한 선택을 했다. 그는 고지 게르마니아 사령관 트라야누스를 양자로 맞이한 것이다. 황제에게 양자로 입양된다는 것은 제위를 이어받는 후계자로 지명되었다는 의미였다. 네르바가 트라야누스를 후계자로 지명한 것은 근위대의 폭력 앞에 무력할 수밖에 없었던 자신의 약점을 보완하기 위했던 것이리라. 물론 그에게는 제위를 계승할 아들이 없기도 했다.

○ 98년 네르바가 서거한 후 즉위한 트라야누스는 히스파니아 출신이었으며 황제가 된 후 군 지휘에도 뛰어난 능력을 보였을 뿐 아니라, 개인적인 사생활에서도 오점을 남기지 않았다. 그는 정복 전쟁을 통해 로마 제국이 존재했던 모든 기간을 통틀어 가장 넓은 판도를 형성했으며, 이는 오늘날 40개국 이상이 포함되는 약 650㎢의 광대한 영토였다. 그가 정복한 곳 중 가장 두드러진 곳은 데케발루스(註. 본명은 듀프라네우스이며, '용맹스러운 자'란 의미의 데케발루스는 별칭이다.)가 다스리고 있던 다키아였다. 도미티아누스가 게르마니아의 안정이 더 다급한지라 다키아족에게는 회유 정책을 펴 내버려 두었던 것을, 트라야누스가 자신의 군사적 능력과 병사들의 강건함에 힘입어 두 차례의 전쟁을 통해 그들을 완전히 정복하고 속주화시켰던 것이다. 다키아 정복 전쟁에 대한 트라야누스의 업적은 시리아 다마스쿠스 출신의 그리스계 건축가 아폴로도로스가 로마에 30미터 높이의 원기둥을 세워 23개의 나선형 띠 장식과 2,500명의 인물을 세밀하게 조각해 넣어 후세에 남겼다. 정복된 다키아는 훗날 로마 제국이 쇠퇴하자 다시금 야만족의 땅이 되었으나, 지금도 그곳의 지명은 '로마인의 나

라'란 의미를 지닌 루마니아(Romania)로 불린다.

○ 트라야누스는 클라우디우스 황제가 만든 오스티아 항구의 안쪽에 육
각형 모양의 항구를 새로이 건설하여 그동안 폭풍우에 취약했던 결
함을 개선함으로써 로마의 외항으로서 큰 빛을 보게 했고, 로마시에
가장 큰 광장을 세웠으며, 네르바 때 시작한 알리멘타 제도를 확대함
으로써 빈곤하고 불행한 아이들을 위한 육성 기금을 마련하여 희망
을 심어 주었다.(註. 알리멘타 제도는 토지주들에게 그들이 보유한 토지
가치의 8%에 해당하는 돈을 황제 금고에서 빌려주고 6개월마다 연 5%의
이율을 받아 기금을 마련했다. 이 제도로 매달 적출 남아에게는 16세스테
르티우스, 적출 여아에게는 12세스테르티우스, 그리고 서출 남아에게는
12세스테르티우스, 서출 여아에게는 매달 10세스테르티우스를 지급하다
가 훗날 각각 20세스테르티우스와 16세스테르티우스로 늘어났다. 하드리
아누스 이후의 황제들도 알리멘타 제도를 계승 발전시켰는데 이는 저출산
해소 정책과 맞물려 양육의 부담을 덜어 주었기 때문이다. 이 제도의 지
급 대상 최대 연령은 남아의 경우 만 18세, 여아의 경우 만 14세였다. 학
자에 따라서는 이 제도의 창시자를 도미티아누스 황제로 보기도 한다.)

○ 술라 때까지만 해도 원로원 의원들이 소유한 토지는 이탈리아에 한
정되었으며 그것도 로마시에 가까운 라티움과 캄파니아 지역이 대부
분이었지만, 제정이 되면서 수익성이 좋은 속주에 투자하는 것이 일
반화되었고, 따라서 이탈리아의 자본이 속주로 유출되는 현상이 심
각했다. 이 같은 자본의 유출을 막기 위해 트라야누스는 원로원 의원
들에게 그들의 고향에 토지를 보유하게 하고 재산의 1/3을 그 토지에
투자하게 했다. 또한 파르티아가 로마의 동의 없이 아르메니아 왕을
폐위하자 파르티아를 상대로 전쟁을 선포하여 파르티아의 수도 크테

시폰까지 함락시켰다. 로마로 귀환하던 그는 소아시아 남부에 있는 킬리키아 속주에서 65세를 일기로 죽음을 맞았다. 그의 유골은 위에서 언급한 다키아 전쟁 기념 원기둥 아래에 묻혔다.

○ 트라야누스가 죽자 하드리아누스가 제위를 승계받았다. 그는 트라야누스와 같이 히스파니아의 바이티카 속주에 있는 이탈리카 출신이었고, 10살에 고아가 되어 그때부터 트라야누스와 아티아누스의 보호를 받고 자랐으며, 황후 플로티나의 총애를 받았다.(註. 이탈리카는 BC 206년 스키피오 아프리카누스가 전략적으로 세운 도시다.) 트라야누스의 당질이기도 했던 그는 강건한 체력에다 체격이 좋았고 사냥과 야외 생활을 즐겨 했다. 하드리아누스는 즉위한 후 선제의 휘하에서 명성을 떨쳤던 4명의 장군과 마찰을 빚었다. 그러자 근위대장 아티아누스는 그들이 하드리아누스의 치세에 걸림돌이 될 것이 분명하다는 판단 아래 재판도 없이 처형했다. 이는 이제 막 제국을 다스리려는 하드리아누스가 악정과 공포 정치를 펼칠 것이란 의혹을 받기에 충분했고 치세에 부담으로 돌아왔다. 아티아누스는 트라야누스와 함께 하드리아누스를 함께 키운, 사실상 아버지와 같은 인물이었다. 언젠가 도미티아누스 황제는 이런 말을 한 적이 있었다. "많은 군주들은 아주 불행하다. 내란의 음모를 발견해도 살해되지 않는 한 아무도 믿어 주지 않기 때문이다." 도미티아누스의 말대로라면 4명의 장군은 유죄일 수도 있지만 진실을 어떻게 알 수 있겠는가?

○ 하드리아누스는 아비 없이 자랐지만 총명하고 재치 있는 자였고 예술 분야에도 해박했다. 현재에도 남아 있는 판테온은 아그리파가 지은 것을 하드리아누스가 개축하면서 둥근 지붕으로 바꾼 것이다. 신전의 건립에 관심을 가졌던 하드리아누스는 로마에서 가장 큰 신전,

즉 베누스 신전과 로마 신전을 건립했다. 이들 신전은 서로 등을 맞대고 있었는데, 사랑을 관장하는 베누스는 곧 아모르(註. amor는 라틴어로 '사랑'이란 의미)를 관장하는 신이며, 이를 거꾸로 읽으면 로마(Roma)가 되는 언어유희를 신전의 배치 구도에 적용했다.

○ 그는 제국의 전역을 여행하고 행정과 군사 체계를 정비했으며, 상속세(註. 상속세는 상속받은 금액의 5%이며, 아우구스투스가 군대 유지 비용을 마련하기 위해 부과했다. 이 세금은 속주민에게 거두는 것이 아니라 로마 시민권자에게 거두었는데, BC 167년 이후부터 로마 시민은 모든 직접세가 면제되었던 까닭에 상속세가 새로 부과되자 심한 반발이 있었다.)의 징세 업무를 세금 징수 회사에서 기사 계급의 징세관이 징수하는 것으로 바꾸었다.(註. BC 62년 아시아 속주들의 조세 징수액이 4천만 세스테르티우스에 달하여 입찰자가 입찰 가액을 선불로 납부해야 하는 규정을 지키지 못하자, 징세업자들이 힘을 합쳐 세금 징수 회사를 세웠다. 또한 BC 47년 카이사르는 아시아 속주에서 징세업자들 대신에 해당 도시의 지방 정부가 속주민에게 징수하도록 했으며 제정 초에 전체 속주가 이 방식을 따랐으므로, 하드리아누스 이전에는 세금 징수 회사가 하드리아누스 이후에는 징세관이 속주민에게 직접 징세한 것이 아니라 지방 정부에게 징세한 것으로 판단된다. 지방 정부는 지방 의원 중에서 징세 위원을 선출하여 조세 징수를 맡겼고 미납된 조세는 징세 위원들이 부담했으며 최종적으로 지방 의회가 책임을 졌다. 이 때문에 경제 사정이 열악했던 제국 후기에 와서는 서로가 지방 의원직을 기피했다.) 하드리아누스는 제국의 군단들을 순찰할 때 지휘관들과 따로 모여 식사하지 않고 병사들과 숙식을 같이했으며, 게르만 부족을 공격한 후에는 병사들의 연봉을 올려 주기도 했으니 군단병들에게 인기가 좋았던 것은 당

연했다. 또한 기사 계급의 관리들을 군사 업무와 민간 업무로 분리시켜 군 경력이 없는 기사를 민간 업무 담당 부서에 임명했다. 하드리아누스는 국경 방어선에 의한 정적(靜的) 방어에 힘을 기울여 국경을 띠로 연결하는 수비대를 주둔시켰는데, 브리타니아의 하드리아누스 방벽도 이때에 북쪽 칼레도니아족의 침입을 막기 위해 황제의 명령으로 브리타니아 총독이 건립한 것이다.(註. 학자들 중에는 하드리아누스 방벽이 야만족의 침입을 막기에는 너무 쉽게 넘을 수 있고 방벽 상부가 침입자를 감시할 수 있도록 설계되지 않아 적의 침입을 막는 방벽이 아니라고 주장하는 자도 있다.) 이런 식으로 그는 정복의 검을 내려놓고 방어의 장벽을 쌓아 트라야누스의 피비린내 나는 팽창주의를 고요한 평화주의로 변화시켰다. 마르쿠스 아우렐리우스의 스승이었던 수사학자 프론토가 빈정대며 말했듯이 하드리아누스는 트라야누스가 전쟁으로 정복했던 속주들을 군대로 지키기보다 잃는 편을 택했고, 검과 방패보다 재담과 가죽 천막에서 더 큰 즐거움을 찾았던 것이다.

○ 하드리아누스에게는 동성애 상대자로 안티노우스라는 비티니아 출신의 미소년이 있었다. 아내 비비아 사비나와 그의 관계는 무덤덤한 정도가 아니라 오히려 나쁜 쪽이었지만 안티노우스에게는 완전히 빠져 버렸다. 로마에서는 남성 동성애자 중 여성의 역할을 하는 남성을 키나이두스(cinaedus)라고 하며, 이들은 당시 사회에서 경멸과 조롱의 대상이었다. 그럼에도 나일강에서 안티노우스가 강물에 빠져 익사했을 때 하드리아누스는 큰 슬픔을 느껴 그를 신격화하고 이집트에 그의 이름을 딴 도시 안티노폴리스를 세웠다. 전래되는 암울한 이야기에 따르면, 안티노우스가 하드리아누스에게 미칠 재앙을 미리 막기 위해 스스로를 제물로 희생시켰다고 전한다. 하지만 성년이 되면 동

성애 대상이 되지 않는 것이 당시의 관습이었으므로 어느덧 성년이 된 안티노우스가 황제의 애정을 잃을지도 모른다고 생각되자 이를 못 견디고 자살한 것이라고 추측하는 사람들이 많다.

○ 130년 제국을 세 번째 순방 중이던 하드리아누스가 유대인들의 종교적 정서를 무시하고 유대 신전의 자리에 유피테르 신전을 건립한 적이 있었다. 유대인들은 종교적 생활이 사회를 지배하며 살아가는 민족이었다. 그들은 티투스에게 예루살렘이 함락되고 도시가 완전히 파괴된 후에도 다시금 종교 도시로 재건할 만큼 종교 자체가 생활이었다. 유대인들은 하드리아누스의 행위에 분노했고, 이들의 분노는 곧바로 항거의 불꽃으로 타올랐다. 유대 반란군이 로마 군단을 공격하여 막대한 피해를 입히자, 하드리아누스는 군대를 집결시켜 예루살렘을 함락시키고 성안을 초토화시켰다. 132년부터 135년까지 치러진 이 반란으로 유대인 수십만 명이 살육당했고 그 이상이 기아와 질병으로 사망했다. 그리고 살아남은 자들을 모두 쫓아낸 결과, 이때부터 유대인들은 제국 곳곳에 뿔뿔이 흩어져 살았다. 그들은 온 세상을 방랑하며 떠돌다가 20세기에 들어와서야 시온주의의 물결 속에 팔레스타인에 다시 나라를 세울 수 있었다.

○ 하드리아누스는 젊고 미남인 아일리우스 카이사르를 후계자로 지명했으나 몸이 약했던 그는 일찍 숨지고 말았다. 선천적으로 허약한 몸으로 태어난 데다 하드리아누스가 그를 후계자로 삼은 후 거친 기후를 겪어야 할 도나우강 전선의 카르눈툼(註. 현재 오스트리아의 '페트로넬')으로 보내자 건강이 더욱 악화되어 피를 토하며 죽은 것이다. 어떤 자들은 이를 두고 하드리아누스가 후계자 결정을 후회했지만 이미 선포된 후였으므로 되돌리지 못하자 자연의 힘으로 그를 제

거했다고 수군거렸다.(註. 아일리우스 카이사르는 원래 이름이 루키우스 케이오니우스 콤모두스였으나 황제의 양자가 되고 나서는 루키우스 아일리우스 카이사르로 개명했다.) 아일리우스 카이사르가 죽자 하드리아누스는 부유한 원로원 의원인 안토니누스를 후계자로 다시 지목했다. 그러면서 안토니누스의 후계자까지 미리 정했는데, 그들은 마르쿠스 아우렐리우스(註. 후계자로 지목되는 것은 입양의 형태로 이루어졌다. 마르쿠스 아우렐리우스의 입양 전 이름은 '마르쿠스 안니우스 베루스'였다.)와 아일리우스의 아들인 루키우스 베루스였다. 물론 베루스는 마르쿠스가 즉위하지 못할 경우에만 후계자가 될 수 있었다. 후계자를 정하면서 그다음 후계자까지 정하는 경우가 아우구스투스 이후 또다시 이루어진 셈이다. 아우구스투스가 티베리우스에게 제위를 넘기면서 다음 후계자로 게르마니쿠스를 지명한 적이 있었기 때문이다.(註. 이러한 아우구스투스의 정책은 게르마니쿠스가 죽음으로써 실패했다. 훗날 4세기 때 율리아누스 황제는 죽음에 임박하여 가쁜 숨을 내쉬며 말했다. "황제의 옹립은 살아남은 자의 몫이므로 다음 황제를 추천하지 않겠노라. 더군다나 황제로서 추천받은 자가 재능이 부족하면 오히려 그의 목숨을 위태하게 만들 뿐이다." 한 사람은 다음 황제의 지명도 모자라 그다음 황제까지 지명했고, 다른 한 사람은 바로 다음 황제조차 지명하지 않았다.)

○ 안토니누스는 후계자로 지목되자 황가에 입양되는 것은 국사의 온갖 근심과 짐을 떠안고 인류의 악을 경험해야 할 뿐이라며 거절하려고 했다. 따뜻한 집을 떠나 변덕스런 하드리아누스와 황궁에서 함께 지내야 한다는 것은 끔찍한 일이었으리라. 하지만 자신이 거절하고 다른 자가 새로이 후계자가 된다면 자신은 위험한 인물이 될 게 뻔

할 것이라는 결론에 도달하자 운명을 받아들였다. 왜냐하면 첫 번째로 선택받은 자는 안토니누스이고 새로이 후계자가 된 자는 두 번째로 선택받은 자라는 것을 모두가 아는 불편한 상황이 되기 때문이다. 그렇게 된다면 황제가 될 가장 적절한 자, 다시 말해 첫 번째 선택을 받은 자가 살아 있으니 역모의 기미가 있을 때마다 안토니누스는 의심받게 될 터였다. 그다음 황위 계승자로 지목된 마르쿠스 아우렐리우스도 그리 기쁘지만은 않았다. 일찍이 아버지를 여읜 마르쿠스를 가르치며 지대한 영향을 끼친 카틸리우스 세베루스가 하드리아누스에게 숙청당했고 하드리아누스의 동성애 성향을 좋게 여기지 않았기 때문이다. 그래선지 훗날 자신의 명상록에서도 감사의 표시를 한 많은 사람 중에 하드리아누스는 빠져 있었다.

○ 하드리아누스가 죽자 그의 치세 기간 동안 변덕스런 성격 때문에 무척이나 시달렸던 원로원에서는 그를 기록 말살형(damnatio memoriae)에 처하려고 했다. 그러자 안토니누스는 선제를 이해하여 주고 신격화시켜 달라고 눈물을 흘리며 애원했다. 선제의 적법성이 원로원에서 인정되지 못하면 후계자인 자신을 거부하는 꼴이 되고, 그렇게 되면 제국은 혼란과 혼미로 야심 있는 자들의 광풍 속에 휩싸이게 될 것이라고 설득했던 것이다. 결국 원로원은 황제의 말뜻을 단박에 알아듣기도 했지만 하드리아누스에게 호의를 보이고 있던 군단의 눈초리도 무서워 안토니누스의 호소를 받아들였다. 그 이후 원로원 의원들은 양부의 신격화를 위해 간절히 노력한 안토니누스의 언행에 모두들 감복하여 그의 이름에 '효성스러운, 충성심이 깊은'이란 뜻이 담긴 피우스(pius)를 붙여 '안토니누스 피우스'라 불렀다.(註. '피우스'라는 호칭이 붙은 이유에는 여러 가지 설이 있다. 양부의 신격화를 위해 노

_____ 로마의 선택과 결정 ⑤ 야만의 침탈

력했기 때문이라는 설, 선제에 의해 유죄 판결받은 자들을 사면하고 잔인한 처분으로부터 구해 주었기 때문이라는 설, 연로한 장인과 함께 원로원 의사당에 나갈 때 따뜻하게 부축했기 때문이라는 설 등이 있다.)

○ 23년이나 되는 그의 치세는 자신의 성품처럼 제국이 안정되고 평온했으며, 황제의 검소함과 건실한 제정 정책에 힘입어 무려 20억 세스테르티우스를 국고에 비축할 수 있었다. 그가 사망했을 때 그의 재산이 거의 남아 있지 않았는데 이는 아내의 사치 때문이기도 했지만 재산을 모두 국고에 넣었기 때문이다. 안토니누스 피우스는 최하층 계급인 노예의 인권까지 존중했으며, 전쟁 포로는 10년간 광산에서 노역을 시킨 후에 풀어 주게 했다. 또한 유죄 사실이 입증되기 전에는 누구도 무죄로 간주해야 한다고 규정했다.

○ 칭송받을 만한 많은 정책에도 불구하고, 그는 불안한 오류를 남겼다. 트라야누스의 군사적 업적과 하드리아누스의 군사적 노력을 계승하지 못하고 안이하고 나태한 인간성을 방치함으로써, 그는 군대의 기강과 힘을 약화시켰던 것이다. 그동안 국경의 야만족들은 로마군의 군제와 전술 그리고 무기까지도 모방하여 로마와 겨룰 수 있게 되었고, 그 결과 여태껏 야만족들을 두려움에 떨게 했던 로마군의 강점이 사라졌다. 안토니누스는 로마를 떠나 제국을 순방한 적이 없었고 로마 중에서도 줄곧 황궁에 머무르곤 했다. 세간에는 그가 무기력하고 게으르다는 풍문이 떠돌았지만, 수사학자 프론토는 황제께서 로마의 황궁에 앉아 전투 지휘를 다른 사람에게 맡겼지만 마치 전함의 키잡이처럼 항해의 여정은 온전하다며 아부를 바쳤고, 소아시아 출신의 아리스티데스는 치밀한 행정 조직으로 황제께서 수도에만 머물면서 서신만으로도 제국을 다스릴 수 있다고 아첨을 떨었다.

○ 안토니누스는 평소에 절제된 생활로 장수를 누렸지만 어느 날 시골 별장에서 과식으로 병이 나서 죽음을 맞았다. 그는 선정을 베풀었지만 임종의 침상에서 자신의 과오를 희미하게 느꼈다. 왜냐하면 죽기 얼마 전 정신이 오락가락하는 상태에서 자신을 배반하고 농락한 간사한 왕들에 대해 분노에 휩싸여 비난 섞인 말을 내뱉었기 때문이다. 하지만 사람이란 죽음이 찾아들 때 분노와 격정에 찬 일들을 생각하기보다는 인생의 여정에서 아낌없이 받은 축복과 애정을 되짚어야 마땅한 법이다. 삶의 중심은 축복과 애정에 있으며 분노와 격정은 인생의 문을 닫을 때 문밖에 버리고 와야 할 찌꺼기이기 때문이다. 그가 근위대에 내린 마지막 군호는 "평온"이었다. 군호를 내린 후 안토니누스는 잠을 청하는 것처럼 침대에서 몸을 돌리더니 자신이 내린 마지막 군호처럼 부드럽고 평안한 가운데 숨을 거두었다.

○ 161년 마르쿠스 아우렐리우스는 황제에 즉위하면서 의형제 루키우스 베루스를 공동 황제로 승인해 달라고 원로원에 요구했다. 베루스는 하드리아누스에게 후계자로 지명되었으나 제위를 계승받지도 못한 채 일찍 죽고 말았던 아일리우스 카이사르의 아들이었다. 황제의 요구에 원로원은 놀라움과 당혹감을 감추지 못했지만 결국 승인했다. 제국의 후반기에는 공동 통치가 흔한 일이었지만 황제가 2명이 되어 공동 통치한 것은 로마 역사상 이때가 처음이었다. 광대한 제국을 혼자서 다스릴 수 없다고 생각하여 마르쿠스는 루키우스 베루스를 공동 통치자로 삼았다. 그는 국경을 방어하는 군사적인 일은 베루스에게 맡기고 자신은 내치에 전념하기 위해 공동 통치자를 지명했을 수도 있다. 하지만 베루스의 아버지 아일리우스 카이사르가 하드리아누스의 후계자로 지명되었으므로 베루스의 집안에서 모반을 도

모하지 않도록 미리 손을 썼다는 주장이 더욱 설득력 있다. 그만큼 마르쿠스는 이런 인간적인 감정을 쉽게 읽을 수 있을 만큼 감수성이 예민한 사람이었다. 그렇다고 마르쿠스가 애초부터 제위에 관심을 가지고 황제 자리에 앉으려고 애썼다는 것은 아니다. 오히려 그 반대였다. 그는 어쩔 수 없이 황제에 오른 몇 안 되는 로마 황제 중 한 명이었다. 그럼에도 그가 끝까지 유지한 것은 스토아적 책임감이었다. 황제로서 국가와 국민의 안위를 책임져야 한다는 생각이 그의 머리를 떠나지 않았던 것이다.

○ 마르쿠스가 제위를 넘겨받자마자 국경에서 전쟁이 터지고 외적의 침입에 시달리며 제국의 안위가 흔들거렸다. 선제인 안토니누스 피우스 황제가 국경선의 치밀함과 병사들의 용맹을 방치했던 결과는 마르쿠스가 즉위하고 난 뒤 그제야 나타났던 것이다. 안토니누스는 사소한 일에 따지고 들거나 논리적으로 파고들어 세부적인 것까지 하나하나 자세히 살피는 데는 대단했으나, 국경 방어와 같은 제국 유지를 위한 보다 근본적인 문제에 대한 안목은 결여되어 있었다. 그가 마르쿠스에게 후계자 교육을 시킬 때도 미래의 황제가 제국 전역을 눈으로 확인하고 임페라토르로서 통치 감각을 익히도록 가르치지 못하고, 23년이란 기나긴 세월 동안 단 2일만 자신에게서 떨어져 자도록 허락했을 뿐이었다. 현지답사와 군사적 역량의 중요성을 깨닫지 못하기는 마르쿠스도 마찬가지여서 그는 가치 있는 여행이란 내면의 여행이라고 말하며, 안토니누스가 허무한 군사적 공적을 경멸했다고 칭송하기도 했다. 그럼에도 안토니누스의 치세 동안 심각한 위기가 닥치지 않은 것은 하드리아누스의 국가 방어 체계가 제대로 작동했기 때문이다. 하지만 그렇게도 견고했던 하드리아누스의 국경 방어

체계는 마르쿠스가 즉위하자 녹슬기 시작했던 것이다.

○ 안토니누스가 임종의 자리에서 분노에 휩싸여 비난한 자들 중에 주된 자는 파르티아 왕 볼로가세스 4세였다. 인간사에서 흔히 볼 수 있듯이 볼로가세스는 안토니누스의 자제심을 나약함으로, 마르쿠스의 덕성을 심약함으로 간주했다. 기회를 엿보던 그는 마르쿠스가 즉위하던 161년 마침내 로마의 속국 아르메니아를 침공했다. 파르티아의 볼로가세스 4세가 기세를 몰아 시리아를 침공했을 때, 마르쿠스는 공동 황제인 의형제 루키우스 베루스에게 군대를 맡겨 토벌하게 했다. 마르쿠스가 파르티아 전쟁의 지휘를 베루스에게 맡긴 것은 그가 자신보다 좀 더 육체적으로 강건하며 젊었기 때문이기도 했지만 베루스가 전쟁을 지휘하게 되면 방탕한 생활을 버리고 책임 있는 행동으로 생활이 바뀌지 않을까 하는 바람에서였다.

○ 루키우스 베루스는 뛰어난 지적 능력을 소유하진 못했으나 사람의 마음을 끄는 매력적인 성격의 소유자여서 대중에게 인기가 높았다. 그의 친근감 넘치는 성격은 안토니누스가 마르쿠스에게 너무 진지한 것을 나무라며 삶에 대한 베루스의 태도를 본받으라고 말할 정도였다. 하지만 베루스가 황제감이 되느냐를 놓고 본다면 자질이 부족했다. 그는 근본은 착하나 나약하고 쾌락주의자였으며 쉽게 길을 잃고 방황하며 허영에 차 있었고 행동은 예측 불가능했다. 한때 네로가 그랬던 것처럼 신분을 속이고 시내의 술집을 싸돌아다니다가 싸움에 휘말려 시퍼렇게 멍이 든 채로 귀가하기도 했다. 베루스가 마르쿠스를 좋아하고 따르긴 했으나 마르쿠스로서는 베루스 때문에 화를 내는 일이 많았다. 그렇게 단정 지을 수 있는 이유는 마르쿠스가 "베루스는 타고난 능력으로 늘 나의 자제심을 시험하여 내 성품을 더욱 도

야하게 했다."고 기록했기 때문이다.

○ 루키우스 베루스는 파르티아와의 전쟁에서 승리하긴 했으나, 사실
그는 통치자나 사령관으로서의 자질이 있다기보다는 유흥을 즐기고
소탈하며 성격 좋은 한량에 가까웠다. 그가 승리할 수 있었던 것은
휘하 지휘관들의 눈부신 활약 덕택이었다. 하지만 파르티아 전쟁 당
시 로마군에게 옮겨진 치명적인 전염병은 제국의 토대를 흔들 만큼
심각했다. 이 전염병으로 마르쿠스가 신임했던 근위대장 빅토리누스
를 포함한 수많은 시민들과 근위병들이 목숨을 잃었다. 황제 시의였
던 갈레노스는 166년 파르티아 전쟁이 끝나고 병사들이 치명적인 전
염병을 옮겨 왔을 때 이 병이 가져올 위험성을 예견하고 로마를 떠나
안전한 곳으로 피신했다. 이러한 행동은 의사로서 올바른 처신이 아
니었기에 훗날 그는 자신의 행동에 대해 변명해야 했다.(註. 서양 고
대사에 기록된 전염병 중 대유행된 것은 BC 5세기 펠로폰네소스 전쟁 때
의 아테네 역병, 2세기 마르쿠스 아우렐리우스 때의 안토니누스 역병, 6
세기 유스티니아누스 황제 때의 유스티니아누스 역병이다. 안토니누스
역병은 갈레노스가 상세히 증상을 적어 놓아 '갈레노스 역병'이라고도 부
른다. 다만 아테네 역병은 천연두로 알려져 있으나, 역사가 투키디데스의
기록을 분석해 보면 입안과 피부에서 피가 나고 설사가 동반되는 등 놀랍
게도 20세기 들어와서야 처음 밝혀진 에볼라와 증상이 유사했다.)

○ 놀기 좋아하고 소탈한 성격이었지만 루키우스 베루스의 수명은 그리
길지 못했다. 167년 도나우강을 넘어 국경을 침범한 마르코만니족
을 토벌하기 위해 168년 그는 마르쿠스 아우렐리우스와 함께 참전했
다. 하지만 로마의 향락을 한시라도 잊지 못했고 때마침 휴전이 성립
되자 이를 핑계 삼아 로마로 돌아가고자 했다. 마르쿠스는 몇 번이나

말렸지만 베루스가 한 치도 물러서지 않자 결국 귀환을 허락하고 로마로 가는 길을 동행했는데, 베루스는 마르쿠스와 함께 마차를 타고 가다 쓰러져 3일간 혼수상태로 헤매다가 마침내 숨을 거두었다. 그때가 169년 1월이었고 그의 나이 40세였다.

○ 베루스의 죽음에 대해 여러 가지 음모설이 흘러나왔다. 물론 몸이 그리 강인하지 못했던 그가 단명한 집안의 내력에 따라 일찍 죽었다는 주장도 있다. 파르티아 전쟁 때 마르쿠스는 베루스에게 전쟁을 맡기고 자신은 행정 업무를 위해 로마에 남았었다. 그렇다면 마르쿠스가 도나우강 전선을 방어하러 전선에 머문다면 베루스가 로마에 남아 행정 업무를 분담하는 것이 동일한 이유에서 타당하다. 하지만 마르쿠스는 베루스의 능력을 신뢰하지 못해서인지 아니면 인간성에 대한 깊은 통찰이 베루스의 야심을 살피게 했는지 알 수 없어도 동생이 전쟁터에 함께 남기를 원했다. 책임감이 강한 스토아 철학자가 동생의 죽음에 드리워진 의혹에 관여하지는 않았겠지만, 적에 대한 냉정함과 가족에 대한 애정에서 우러나오는 아들의 제위 승계 그리고 체제와 질서에 대한 완고함을 생각하면 베루스의 죽음에 남아 있는 의심스런 운무가 쉽게 걷히지 않는다. 후세에 성군으로 평가받고 있는 마르쿠스였지만, 그는 베루스가 죽고 난 후 파르티아 전쟁의 승리에서 전해져 오는 동생의 모든 영웅적인 이야기가 날조된 것이라고 세상에 진실을 알렸다.

○ 마르쿠스 황제는 치세 동안 내내 원로원과 협의하는 태도를 잃지 않았고, 많은 어려운 결정들을 과감하게 내리기보다는 합의하는 자세로 통치했다. 그렇다고 마르쿠스가 결코 우유부단한 성격은 아니었다. 옳다고 생각하는 것은 어떤 반대에 부딪치더라도 관철시켰다.

그의 특징인 관용도 조약을 깨뜨리는 적국이나 동맹국에게는 절대로 적용되지 않았으며, 그는 후덕한 인품의 이면에 고문을 재판의 도구로 사용했으며 군량을 축낸다고 포로들을 처형했던 잔인함도 갖추었다. 스토아 철학자로서 독서와 사색을 좋아했던 그는 자신의 취향과는 달리 즉위하면서부터 외적의 침입을 막기 위해 전쟁터에서 지내야 했다. 그러면서도 황제의 직무에 소홀히 하지 않았으며, 밤늦게까지 상소 사건에 대해 판결문을 다듬기도 했다. 그가 쓴 『명상록』도 게르만족과의 전쟁 중에 틈틈이 사색하며 기록했던 것이다.

○ 성군이었던 마르쿠스 아우렐리우스는 파르티아 전쟁으로 국고가 바닥났을 때 도나우강을 넘어 마르코만니족과 콰디족이 침공하자 거의 2개월 동안 황궁의 물건들을 내다 팔아 재원을 마련하기도 했다. 이렇듯 그는 재위 기간 대부분을 도나우강의 국경을 방어하기 위해 빈도보나(註. 현재 오스트리아의 '빈')에 머물렀으며, 국경을 넘은 야만족들과 싸우다 병이 들어 야전 막사에서 조용히 눈을 감았다.

3-1-5. 콤모두스와 난립기(AD 180년~AD 197년)

○ 마르쿠스 아우렐리우스의 아들 콤모두스는 176년부터 아버지와 공동 황제가 되어 제국을 통치했다. 후세에 현제로 추앙받는 트라야누스, 하드리아누스, 안토니누스 피우스, 마르쿠스 아우렐리우스는 모두 양자로서 제위를 물려받았으나, 5현제 시대가 끝나고 제위에 오른 콤모두스는 마르쿠스의 친아들이었다. 그리고 역사가들은 공교롭게도 콤모두스 때부터 제국의 기운이 내리막길로 내달렸다고 보고 있다. 그래서 "황제의 자질이 있는 자를 낳을 수는 없지만 선택할 수는 있다."란 말이 생겨났다.

○ 180년 도나우강 전선에서 마르쿠스가 죽자, 콤모두스의 매형인 폼페이아누스를 비롯한 일부의 지휘관들은 마르쿠스 황제의 과업을 이어받아 콰디족 및 마르코만니족과의 전쟁을 마무리 지어야 한다고 했고, 다른 자들은 조속히 강화 협정을 맺고 로마로 귀환해야 된다고 주장했다. 그때 콤모두스는 겉으로는 평화 정책을 내세우고 속으로는 나태함과 편안함을 추구하는 인간성에 내맡겨, 마르쿠스가 줄곧 취해 왔던 정벌 정책을 중단하고 곧바로 전쟁터에서 철수해 로마로 돌아왔다. 그의 즉위는 군대의 지지와 원로원의 동의로 순조로웠고, 전통을 존중하겠다는 약속과 공손한 태도는 원로원의 의심을 날려 버리는 데 큰 몫을 했다.

○ 182년, 그러했던 그에게 황제 암살 사건이 터졌다. 그것도 주모자가 평소에 무척이나 따르고 좋아했던 큰누나 루킬라란 사실이 밝혀지자, 배신감과 공포심은 내면에 가라앉았던 난폭성을 마구 불러와 그를 폭군으로 바꾸어 놓았다. 콤모두스는 근위대에 암살 사건과 관련된 자들을 모두 처형하라는 명령을 내렸고, 근위대는 황제의 명령을 받들어 죄지은 자뿐 아니라 반역자들을 색출한다는 미명 아래 평소에 근위대의 눈 밖에 난 자들까지 죄를 물어 모조리 처형했다.

○ 한번 무너진 황제의 심성은 걷잡을 수 없는 데까지 나아갔다. 그는 권위와 관습을 무너뜨리고, 자신이 헤라클레스가 다시 환생한 것이라고 믿고서 지고한 신분으로 경기장에서 비천한 자의 역할을 해냈다. 아마존이라는 여성 검투사와 동일한 의상을 입고 경기장에 들어가기도 하여 그는 남자 아마존이라는 의미로 '아마조니우스(Amazonius)'라고 불리기도 했다. 수많은 귀족과 민중들이 보는 앞에서 무수한 맹수들과 검투사들이 콤모두스의 검에 피를 흘리며 쓰러

졌다. 콤모두스는 콜로세움에서 사자와 호랑이를 상대로 싸웠고, 50
걸음 떨어진 곳에서 단검을 던져 타조의 목을 맞히는 기량을 선보였
으며, 경기장에서 검투사 노릇을 할 때마다 출연료로 무려 100만 세
스테르티우스를 받았다.

○ 콤모두스의 눈 밖에 나지 않기 위해 어쩔 수 없이 경기장에 왔던 수
많은 원로원 의원과 기사들은 황제가 출연하고 있는 내내 "모든 자
중에서 최고의 행운아이신 당신은 우리의 주인인 동시에 영원한 승
리자!"라며 쉼 없이 승리의 찬가를 외쳐 대야 했다. 황제가 타조의 목
을 잘라 피가 뚝뚝 떨어지는 검을 들고 원로원 의원들을 향해 의미
있는 미소를 날릴 때는 너희들의 운명도 이렇게 될 수 있다는 경고를
하며 즐기는 듯했다. 원로원 의원들은 콤모두스의 대단한 기량과 태
도를 보며 실소를 금할 수 없었지만 황제 앞에서 이를 드러내어 웃는
다면 비웃는 것으로 간주되어 타조의 잘린 목 옆에 자신의 목이 함께
진열되어야 할 판이었다. 한번은 그런 위기에 처하자 당시 원로원 의
원이던 역사가 카시우스 디오가 주변에 함께 있던 의원들에게 쓰고
있는 월계관의 잎을 뽑아 입으로 씹자고 긴급히 제안했다. 그럼으로
써 겨우 웃음을 감출 수 있었기 때문이다.

○ 그러나 경기장에서 무예를 선보이는 것은 황제로서 할 짓이 아니었
고, 그의 사치와 방탕으로 국고는 탕진되어 갔다. 마침내 황궁의 음
습한 기운은 황제 주변 사람들에게 위험을 알려 왔으며 그들의 공포
는 콤모두스의 죽음을 초래했다. 콤모두스의 연인인 마르키아와 몇
몇이 작당하여 황제의 체육교사 나르키수스가 황제의 목을 졸랐다.

○ 콤모두스가 죽었다는 소식이 알려지자 원로원은 회의를 소집하여 즉
시 페르티낙스를 황제로 추대했다. 그는 이탈리아 북서부 리구리아

지역 출신으로 해방 노예의 아들로 태어나 황제까지 되었으니 로마의 개방 정책을 논하자면 과연 대단했다고 평할 수밖에 없다.(註. 일반적으로 해방 노예는 손자에 이르러서 온전한 정치적 자유를 누렸다. 하지만 페르티낙스는 마르쿠스 아우렐리우스가 신분에 연연하지 않고 실력 위주의 인재 등용 정책을 시행함에 따라 군에서 조속히 승진을 거듭했다. 페르티낙스의 부친은 이탈리아 북부에서 벌목 사업을 벌여 큰 재산을 모았다고 알려졌다.) 페르티낙스는 군사뿐만 아니라 행정에서도 뛰어난 자질을 가진 자였다. 그는 즉위한 후 조직과 경비를 줄이고 국가 재정의 건실화를 위해 노력했다. 그의 개혁 속에는 폐단이 드러난 근위대도 개혁 대상이었던 까닭에 페르티낙스의 노력은 근위병들의 반발을 샀다. 더욱이 이집트 장관으로 보내 달라는 근위대장 라이투스의 청을 황제가 차일피일 미루자 분노는 폭발하고 말았다. 결국 페르티낙스는 폭도로 변한 근위병들에 의해 목숨을 잃었다. 그가 황제의 지위에 오른 지 불과 87일 만에 생긴 일이었다.

○ 이제 근위대는 황제가 되려는 자에게 하사금을 요구하면서 그들을 근위대 방벽 아래로 불러내 서로 간에 경쟁을 시켰다. 그 결과 로마의 큰 부자였던 디디우스 율리아누스가 페르티낙스의 장인 술피키아누스를 누르고 더 큰 하사금을 약속함으로써 근위대로부터 황제로 옹립되었다. 지고한 자리가 근위대에 의해 경매에 부쳐지자 황제의 권위는 땅에 떨어졌고, 근위대는 황제란 자신들의 결정에 따른 산물이라고 생각했다. 전대미문의 수치스런 이 소식이 전방의 병사들에게 전해지자 그들은 분노하며 동요하기 시작했다. 제국의 전방에 흩어져 있던 군단병들은 디디우스 율리아누스에게 충성하기를 거부했고 이들의 웅성거림은 곧 내란으로 발전했다.

○ 최전방에서 위험한 적들과 싸우며 제국의 평화를 지키고 있는 것은 군단병이었다. 국경의 군단병들은 경매로 황제 자리가 결정되자, 황제 선정에 소외된 자신들의 처지에 분개했다. 그리고 군사력으로 황제를 옹립할 수 있다는 것도 동시에 납득하게 되었다. 그들은 디디우스 율리아누스를 황제로 인정하기를 거부하고 각각 자신들의 황제를 옹립하기에 이르렀다. 판노니아 군단은 세베루스를, 시리아 군단은 니게르를, 브리타니아 군단은 알비누스를 황제로 추대했다.

○ 큰일을 치르려면 과감한 결단력이 필요한 법이다. 그중 세베루스가 가장 신속하게 행동했고 운명을 두려워하지 않았다. 우선 그는 같은 아프리카 출신임을 내세워 알비누스와 동맹을 맺고 로마로 진격하여 디디우스 율리아누스를 제거했다. 돈으로 산 황제의 지위는 66일밖에 유지되지 못한 것이다. 그러고서는 시리아의 니게르를 공격하여 또 하나의 경쟁자를 해치웠다. 알비누스는 자신이 어정쩡하게 세월을 보내는 동안 세베루스의 위세가 막강해지고 만 것을 그제야 깨닫고 병력을 움직이기 시작했다. 미리 깨닫지 못하고 누구나가 상황을 이해할 정도가 되면 이미 때는 늦기 마련이다. 사실 세베루스가 알비누스에게 손을 내밀었던 것은 철저한 위선이었다. 그는 처음부터 알비누스와 제국을 공동으로 통치할 마음이 조금도 없었다. 이제 제국의 통치권을 두고 둘 사이의 충돌은 불가피했다. 두 사람 간의 경쟁은 갈리아 루그두눔(註. 현재 프랑스의 '리옹')에서 겨룬 전투로 판가름 났다. 그 전투는 세베루스가 결정적인 승리를 거두는 것으로 막을 내렸다. 세베루스는 알비누스의 시신을 찾아내어 목을 자른 후 잘린 머리를 로마로 가져와 원로원 의원에게 보여 주었다. 원로원 의원들은 알비누스의 잘린 머리를 보고 이제 어떤 세상이 도래했는지 충분히

감을 잡았다.

3-1-6. 세베루스 왕조(AD 197년~AD 235년)

o 북아프리카 렙티스 마그나에서 자란 셉티미우스 세베루스는 아테네
  에서 문학과 철학을 공부하고 히스파니아와 갈리아의 루그두넨시스
  에서 총독을 역임했다. 그가 군대를 일으킬 당시에는 판노니아 총독
  이었다. 그의 아내 율리아 돔나는 태양신 제사장의 딸로 시리아 출신
  의 지성인이었다. 후세에 전해지는 바에 따르면 율리아 돔나의 사생
  활은 복잡했다고 한다.

o 세베루스가 디디우스 율리아누스를 제거하고 로마에 입성했을 때
  원로원을 회유하기 위해 많은 노력을 기울였지만, 대다수의 의원들
  은 속주 출신의 기사 계급 집안인 세베루스보다는 원로원 계급에 속
  한 알비누스에게 마음을 주었다. 세베루스가 모든 경쟁자를 물리치
  고 다시 로마에 왔을 때 원로원의 배은망덕한 태도는 대가를 지불해
  야만 했다. 그는 자신을 지지하지 않는 정적들을 무자비하게 척결했
  다. 결국 29명의 원로원 의원들이 알비누스를 지지했다는 이유로 세
  베루스의 표적이 되어 유죄 판결을 받고 목숨을 내놓아야 했다.

o 세베루스는 황제의 권좌를 차지하기에는 미천한 집안 출신임을 느
  꼈는지 후광을 바라고 자신을 마르쿠스 아우렐리우스의 양자로 입
  적시켰다. 그 결과 원로원에 의해 기록 말살형에 처해졌던 콤모두스
  황제는 이제 형제가 된 세베루스에 의해 형벌이 중단되고 신의 반열
  에 올랐다. 세베루스가 마르쿠스 아우렐리우스의 양자로 입양되자,
  어느 원로원 의원이 "마침내 아버지를 찾았으니 무척이나 반갑겠
  소." 하며 그를 비꼬았다. 세베루스는 그런 비아냥에도 아랑곳하지

않고 자신이 황제가 되리라고 예고하는 많은 징조들을 만들어 널리 홍보했고, 주화에 상을 새겨 신들이 자신의 즉위를 공식적으로 재가했음을 주장했다. 이런 식으로 그는 군대를 권력의 원천으로 삼았을 뿐 아니라 공인된 권위의 원천으로 삼고서 자신의 왕조를 거리낌 없이 로마의 성문 안에 구축했다. 또한 사람이란 고향에서 자신의 성공을 뽐내고 싶어 하기 마련이어서 세베루스는 렙티스 마그나의 지위를 격상시키고 대규모 항만 시설과 건설 사업을 추진하여 자신의 고향을 치장했다.

○ 세베루스 황제는 신분의 귀천에 따라 형벌까지 달리했다. 상류층에게는 추방당하거나 깨끗하게 처형당할 권리를 주었지만, 하류층에게는 광산 노동을 하거나 맹수들에게 잡아먹히는 형을 받게 했다. 그뿐만 아니라 상류층에게는 상소권이 있었으나 하류층에게는 없었다. 병사들을 후대한 그는 군단병에게 주변 지역의 여성과 결혼하는 것을 법적으로 허락했고, 보조 부대 병사들에게는 부대 주변에서 농사짓는 것을 장려함으로써 하드리아누스의 방어적 국방 노선을 한층 더 강화시켰다. 그가 얻은 황제라는 지위와 힘의 근원이 민중으로부터 나온 것이 아니라, 군대로부터 비롯되었기에 병사들에게 아부한 것이다. 병사들에 대한 이러한 정책이 훗날 많은 부작용을 낳았음은 말할 나위가 없다. 이제 그들은 제국을 지키는 병사가 아니라 제국의 주인 노릇을 하고자 했기 때문이다.

○ 세베루스는 칼레도니아(註. 현재 지명 '스코틀랜드')를 공략하기 위해 브리타니아로 건너가서 전투 준비를 하는 중에 에보라쿰(註. 현재 영국의 '요크')에서 생을 마감했다. 그는 숨을 거두면서 제위를 두 아들에게 맡겼다. 그들이 아버지의 뜻을 따랐다면 그대로 브리타니아에

남아서 칼레도니아를 완전히 정복했어야 했다. 하지만 두 형제는 전쟁을 중단한 후 군대를 이끌고 로마로 철군했다. 아마 권력 승계 시에는 혼란이 생길 수 있으므로 수도 로마의 정국을 안정시킬 필요가 있었으리라.

○ 형 카라칼라와 동생 게타는 무척 사이가 나빴고 로마에 귀환해서는 갈등이 갈수록 커져 갔다. 심지어 황궁도 나누었고 따르는 관리와 병사들도 나뉘어 서로에게 침을 뱉었다. 이런 갈등은 카라칼라가 동생 게타를 죽임으로써 마침내 종지부를 찍었다. 게타가 어머니 율리아 돔나 면전에서 형의 사주를 받은 병사들의 칼에 찔려 어머니의 옷을 피로 물들이며 죽은 후, 카라칼라는 근위대에서 단독 황제로 인정되자 게타와 관련된 모든 기록들을 삭제시켰고 게타와 친분이 있는 모든 자들을 잡아들여 처형시켰다.

○ 카라칼라의 성격은 과격하고 극단적이었다. 칙령을 내려 제국 내의 모든 속주민들에게 로마 시민권을 부여한 것도 그였다. 이 조치는 인도적인 면에서는 칭송받을 만하지만 속주세의 감소를 초래했고, 로마 시민권자들의 자부심과 우월감으로 지탱되던 국가의 기틀을 무너지게 하여 쇠약해진 제국에 결정타를 가한 결과를 낳았다.(註. 카시우스 디오는 카라칼라가 모든 속주민에게 로마 시민권을 부여한 것은 세금 징수를 늘리기 위해서였다고 했다. 그러니까 속주세가 사라지더라도 로마 시민권자들이 납부해야 할 상속세를 거둘 수 있으므로 징수액이 더 커진다고 생각했기 때문이다. 이에 대해서는 학자들 간에 이견이 있다.) 그의 이러한 정치적 사고는 로마 제국을 넘어 파르티아와의 통혼까지 시도했다. 그가 파르티아의 아르타바누스 4세의 딸에게 청혼했던 것이다. 물론 이것은 성사되지 않았다.

○ 카라칼라는 불같고 과격한 성격이었지만 아버지의 가르침 때문인지 병사들에 대해서만은 최대한 호의를 표했다. 병사들은 지위가 높은 자가 자신들과 같은 음식을 먹고 같은 장소에서 생활한다면 동질감을 느껴 고되고 험난한 전쟁터에서도 충성심을 잃지 않는 법이다. 카라칼라는 병사들과 함께 전선을 옮겨 다니며 그들과 어울려 생활했으니 병사들 사이에서 인기가 무척 좋은 것은 당연했다. 이런 인기에 그는 군사력에 자신을 얻어 파르티아 정복을 시도했다. 그러나 수많은 사람 중에는 호감을 가진 자들만 있는 것이 아니라 적대감을 품은 자들도 있기 마련이다. 황제에게 불만을 품고 있던 이들은 전쟁터에서 진을 치고 있을 때 근위대장 마크리누스에게 다가가 원한다면 황제로 옹립하겠다는 엄청난 제안을 했다. 이런 위험한 일에 끼어들게 된 것이 두려웠던 마크리누스는 카라칼라에게 이 사실이 알려진다면 자신의 뜻과 상관없이 처형될 것이라는 데까지 생각이 미쳤다. 결국 그는 카라칼라가 행군 중에 길에서 변을 보고 있을 때 부하를 시켜 살해하고 스스로 제위를 꿰찼다.

○ 베스파시아누스의 경우 기사 계급의 집안에서 태어났으나 그가 제위에 도전장을 내밀었을 때는 원로원 계급이었고, 페르티낙스도 부친이 해방 노예였으나 그가 제위에 추천을 받았을 때는 원로원 계급이었다. 그러나 마크리누스는 기사 계급의 신분으로 로마 황제에 오른 첫 인물이었다. 많은 교육을 받았고 철학적 교양을 지닌 율리아 돔나는 남편과 둘째 아들의 죽음까지 인내할 수 있었으나 큰아들의 죽음으로 모든 가족을 잃고 만 것에는 견딜 수 없었던지, 마크리누스에 의해 안티오키아(註. Antiochia. 현재 터키의 '안타키아Antakya'. 성서에 '안디옥'으로 되어 있다.)에 유폐되자, 이에 항의하며 단식 투쟁을 벌

이다 삶을 마감했다.

o 마크리누스는 즉위하자마자 파르티아와의 전쟁을 중지하고 로마로 철군을 재촉했다. 제위의 안정을 기하려면 무엇보다도 이탈리아 내의 호응과 원로원의 호의가 필요했기 때문이다. 하지만 국가의 안위보다는 자신의 안위를 걱정하는 황제의 태도는 비난받아 마땅했다. 마크리누스가 파르티아에게 2억 세스테르티우스를 지불하기로 하고 강화 조약을 맺자 로마군은 황제가 무력이 아니라 돈으로 평화를 샀으니 굴복한 것이라 여겼다. 그런데다 마크리누스는 카라칼라에 의해 병사들에게 부여된 혜택을 일부 없애 버림으로써 결정적인 실수를 범했다.

o 세베루스의 아내 율리아 돔나에게는 율리아 마이사라고 하는 동생이 있었다. 그녀는 언니의 힘으로 로마 황궁에서 권력과 사치를 부리다가 카라칼라가 살해되고 가문이 몰락하자 시리아로 쫓겨났다. 하지만 마이사는 권세의 단맛을 잊지 못하고 다시금 누려 보고픈 욕망에 싸여 있었다. 그녀는 카라칼라와 자신의 딸이 은밀한 연인이었고 그 사이에 태어난 아이가 14세의 엘라가발루스라고 병사들에게 넌지시 알렸다. 병사들 사이에서 카라칼라의 인기는 매우 좋았다. 언뜻 보면 엘라가발루스는 카라칼라와 닮은 점이 있는 것 같기도 했다. 마침내 제3군단 병사들은 마이사의 말을 믿고 마크리누스를 버린 후 엘라가발루스를 황제로 옹립했다.(註. 엘라가발루스는 "태양신 엘라가발의 성소를 관리하는 자"란 의미)

o 엘라가발루스가 황제로 추대되었을 때 안티오키아에 머물고 있던 마크리누스는 군대의 지지를 잃고 있었을 뿐 아니라, 휘하의 병사들 대부분이 고향으로 돌아가거나 동절기 숙영지로 흩어지고 없었다.

마크리누스는 남아 있던 병력을 끌어모아 반란의 중심이던 제3군단을 포위 공격했지만 실패했다. 게다가 엘라가발루스가 황제의 복장을 하고 전쟁터에 모습을 드러내자 그 모습이 카라칼라와 너무나 흡사해 보였는지 마크리누스 편에 섰던 병사들은 자신들의 지휘관이던 근위대장을 살해하고 반란군 편에 가담했다. 반란군 지휘관들은 자기들 편에 서지 않고 마크리누스의 진영에 남기를 고집하는 지휘관을 죽인 병사에게는 그 지휘관의 직위를 주겠다고 약속하기도 했다. 결국 마크리누스는 군대의 지지를 완전히 잃고 황제에서 도망자 신세로 추락했다. 그는 지원군을 끌어모으려고 로마로 가다가 칼케돈에서 추격병들에게 붙잡혔고, 황태자로 봉해진 겨우 9살 난 그의 아들 디아두메니아누스는 파르티아로 달아나려다가 붙잡혀 모두 살해당했다. 이렇게 된 것은 율리아 돔나의 여동생 마이사의 계략 때문이기도 했지만, 마크리누스가 전쟁터에서 폭력을 보유한 자들의 권리를 함부로 다루면 위험에 처해질 수 있다는 지혜를 알지 못한 대가였다.

○ 외할머니 마이사의 지혜와 용기로 제위에 오른 엘라가발루스는 황제로서 품위가 떨어지는 행동을 거침없이 해냈다. 그는 로마의 관습을 벗어나는 종교적 행위를 강요했을 뿐 아니라, 동성애를 탐닉했으며, 그것도 여성의 역할이었다.(註. 로마 제국에서 동성애가 선호되는 것은 아니나 그것 자체로는 큰 문제가 아니었다. 그러나 여성으로서의 역할이었다면 비난받았다.) 외할머니도 그의 행동을 막기에는 역부족이었다. 엘라가발루스가 황제의 자리를 지킬 수 없다고 판단한 마이사는 엘라가발루스를 설득하여 그의 이종 사촌 알렉산데르를 후계자로 삼도록 했다. 엘라가발루스의 난잡함이 그치지 않고 계속되자 마침내

황제의 넌더리나는 행동에 질려 버린 근위병들이 황제뿐 아니라 황태후 율리아 소아이미아스까지 살해한 후 목을 잘라 몸둥이를 질질 끌고 다니다가 티베리스강에 내던졌다. 그러자 마이사는 후계자로 미리 예약해 둔 알렉산데르를 황제로 내세웠다.

○ 알렉산데르 황제는 세심한 교육으로 닦여진 고결하고 기품 있는 행동에다 탁월한 영민함에 절제의 덕목을 실어 제국을 안정과 번영의 기반 위에 올려놓았다. 그의 뛰어난 여러 덕성에도 불구하고 병사들의 반란과 게르만족의 침입으로 어려움을 겪을 때마다 외할머니와 어머니의 간섭을 받자, 병사들은 여자 치마폭에 둘러싸인 황제에 염증을 느꼈다. 그러던 중 알렉산데르가 제위에 오른 지 4년이 되던 226년, 파르티아가 몰락하고 사산 왕조의 페르시아가 건국되었다. 페르시아가 신흥 국가답게 오만하게 굴며 로마에 도전장을 던지자 알렉산데르는 이를 받아들여 메소포타미아에서 서로 맞붙었다. 로마군은 승리했고 그 기세로 적의 수도 크테시폰 성벽 앞까지 밀어붙였지만 그때 도시의 함락이 가져올 참혹함을 생각했는지 어이없게도 알렉산데르 황제는 병사들에게 철군을 명령했다. 황제의 이런 행동 때문에 병사들은 분노했고 불만이 싹트기 시작했다.

○ 그 이후 제국의 영토를 침범하여 휘젓고 다니던 게르만족을 응징하기 위해 그는 게르마니아 군단에게 전쟁을 준비토록 명령해 놓고서, 병사들이 전쟁 준비를 다 마치자 전쟁을 그만두고 강화를 하자는 황후의 조언을 따르고 말았다. 격분한 병사들이 젖비린내 나는 황제가 또다시 일을 이런 식으로 처리한다며 알렉산데르 황제의 거처로 들이닥쳐 황제와 황태후를 마구 난도질하여 참혹하게 살해했다.(註. 여러 의견이 있으나, 아마도 이때 신병 훈련을 담당하던 막시미누스가 병사

들의 반란을 부추겼다고 여겨진다.) 본디부터 전쟁이란 병사들에게 위험한 일이기도 했지만 약탈과 무공을 세울 기회이기도 했다. 알렉산데르가 분노한 병사들의 희생물이 된 것은 그가 순수한 마음에서 처참한 전쟁 상황을 막았겠지만 이는 곧 약탈과 무공을 세울 기회를 병사들로부터 박탈한 것이기 때문이었다.

3-1-7. 군인 황제들(AD 235년~AD 284년)

○ 235년 알렉산데르 황제가 살해되고 난 이후 284년 디오클레티아누스가 즉위할 때까지, 제위는 수많은 찬탈자들이 서로 뺏고 빼앗기는 맹렬한 싸움의 목표가 되었다. 만약 그때 제국이 멸망했더라도 전혀 이상한 일이 아니었을 만큼 혼돈스러웠으며, 제국의 수명이 연장된 것이 오히려 경이로웠다. 이제 제국에서는 카이사르가 구상하고 아우구스투스가 확립했던 정의로운 최초의 계획이 변질되어 기회와 재물이 일부의 염치없는 자들에게 쏠렸고, 이를 해소하기 위한 그 어떤 처방도 무력하기만 했다. 황제의 목숨도 불순한 자들의 분노와 야심의 쉬운 표적이 되었다.

○ 알렉산데르 황제가 죽자 병사들은 풋내나는 소년 황제에게 염증을 느꼈는지 무지막지한 막시미누스를 황제로 내세웠다. 막시미누스는 황제가 된 뒤에도 로마에 가지 않고 전방에서 전투를 지휘했지만 로마 원로원에서는 야만족의 피를 이어받은 무식한 자가 황제가 되었다며 막시미누스를 경멸했다. 막시미누스는 배우지 못했지만 야심이 있었으며 자신의 미천한 신분을 부끄러워할 줄도 알았다. 그는 반란을 꾀하고 제위에 도전한 자를 색출하여 무자비하게 처형했고, 미천한 신분을 수치스럽게 생각하여 자신의 비천함을 알고 있는 것만으

로도 범죄자로 간주했다.

○ 그치지 않고 전쟁을 계속하던 막시미누스는 막대한 전쟁 비용으로 재정 악화에 시달렸다. 그가 강압적으로 세금을 거두자, 세금 징수에 반발하던 아프리카의 부유한 자들이 폭도로 변하여 그곳의 재무관을 살해하고 아프리카 총독 고르디아누스를 황제로 추대했다. 고르디아누스는 제위를 거절했지만 반란자들의 난폭함에 못 이겨 어쩔 수 없이 바라지도 않았던 황제의 자리에 올랐다. 그때 막시미누스를 경멸하고 있던 원로원 의원들이 기다렸다는 듯이 명문가 출신의 고르디아누스가 등극하는 데 만장일치로 승인하자 난폭한 반란은 정당성을 갖춘 궐기로 바뀌었다. 원로원에서 고르디아누스 등극에 정당성을 부여했지만, 누미디아 총독 카페리아누스는 고르디아누스를 찬탈자로 규정하고 고르디아누스 부자와 전투를 벌여 아들을 전사시켰다. 빈약하기 짝이 없는 병력으로 전투에 나선 아들이 전사하자 고르디아누스는 실패감과 허망함을 이기지 못하고 자살하고 말았다. 이는 고르디아누스가 제위에 오른 지 3주 만에 일어난 일이었다.

○ 그렇게 되자 로마 원로원에서는 원로원 의원 중 푸피에누스와 발비누스를 공동 황제로 추대하여 막시미누스에게 대항하게 했다. 하지만 막시미누스의 목숨은 그리 오래가지 못해 그가 로마 성벽 앞에 이르기도 전에 끊어졌다. 왜냐하면 그가 원로원에 의해 공공의 적으로 선포되자 부하들의 배반으로 아퀼레이아에서 암살되었기 때문이다. 이제 2명의 공동 황제는 힘을 합쳐 제국을 일으켜야 했지만, 이들은 서로 간에 견제했고 결국에는 불만을 품은 근위병들로부터 모두 살해당했다.

○ 2명의 공동 황제가 모두 살해되자 근위대는 부황제로 있던 고르디아

누스의 외손자 고르디아누스 3세를 황제로 옹립했다. 그는 원로원에서도 사랑을 받고 있었으며 병사들에게서도 어린 그가 황제가 된다면 방종한 생활을 할 수 있으리라고 생각되었기에 승인을 쉽게 받아낼 수 있었다. 제국의 관리들과 근위대에게 휘둘렸던 고르디아누스 3세는 장인 티메시테우스를 근위대장으로 임명하고서는 그의 애정 어린 충언으로 제국을 통치할 수 있었다. 그러나 페르시아 원정길에서 승리하고 돌아오던 도중에 장인이 죽고 말았다. 그 후 근위대장직을 이어받은 필립푸스는 야심을 품은 자였다. 그는 살려 달라고 애원하는 어린 황제를 죽이고 제위를 빼앗았다. 그때 고르디아누스 3세의 나이 불과 20세였다.

○ 이제 병사들은 미천한 신분일지라도 폭력을 통해서 황제에 오를 수 있다는 것을 깨달았다. 249년 모이시아 군단에서 하급 장교에 의한 소규모 반란이 발생하자 필립푸스는 적잖이 당황하면서도 반란을 잠재우기 위해 원로원 의원 중 명문가 출신이자 대담한 데키우스를 신속히 모이시아 사령관에 임명했다. 모이시아에 파견된 데키우스가 반란의 불씨를 꺼뜨리고 흐트러진 군단의 기강을 바로잡자, 사령관의 역량을 신뢰한 병사들은 그를 황제로 옹립했다. 스스로의 의지 없이 즉위한 데키우스는 필립푸스와 결전을 치를 수밖에 없었다. 249년 베로나 근처에서 맞붙은 두 군대는 제대로 된 전투 한 번 치르지 않은 채 데키우스가 승리했다. 그렇게 된 데는 모이시아 군단이 최전방의 혹독한 환경에 단련되기도 했지만, 데키우스가 필립푸스보다 군사적 능력이 더 뛰어나다는 믿음이 두 진영의 병사들 사이에 퍼져 있었기 때문이다. 패배한 필립푸스는 포로가 되어 비참한 죽음을 맞기보다는 자살을 선택했다. 공동 황제였던 그의 아들은 병사들에게

붙잡혀 살해되는 말로를 맞았다.

○ 데키우스 황제는 명색뿐이었던 감찰관에 훗날 황제가 된 발레리아누스를 선출하여 실질적인 권한을 부여하는 등 제국의 영광을 되살리려고 노력했다. 또한 황제의 안녕을 위해 다신교 희생제를 지내야하고 이를 거부하는 자는 고문과 처형에 처한다는 선포를 함으로써 제국에서 처음으로 그리스도교에게 조직적인 박해를 가했다. 이 칙령으로 많은 그리스도교인들이 살해되었고, 당시 파비아누스 교황도 순교자가 되었다.(註. 파비아누스가 죽고 난 후 교황 자리는 1년 이상 궐위되었다. 카르타고 주교 키프리아누스에 의하면 데키우스는 교황이 선출되는 것보다 차라리 황제 찬탈자가 나타나는 것이 견딜 만하다고 말했음을 주장했다. 그만큼 그리스도교는 제국의 안위에 위협적이었다.) 이에 그리스도교 역사가 락탄티우스는 그를 '지긋지긋한 짐승'이라며 비난을 퍼부었다. 그러나 원로원과 다신교 역사가들은 데키우스 황제가 '신성한 의례와 자유의 회복자'라고 칭송하며, 지칠 줄 모르는 의지를 가진 훌륭한 군주요, 냉철하고 탁월한 행정가며, 용맹으로 갖추어진 유능한 장군이라는 격찬을 아끼지 않았다. 이는 초기 그리스도교 시대의 로마 황제가 역사가들에게 칭송을 받을수록 그리스도교 탄압에 열정적이었다는 것과 일치했다. 그것은 그리스도교인들의 생각과 행동이 국익과 황제의 위엄에 엇갈리고 있었기 때문이다.

○ 251년 고트족과 싸우던 데키우스는 아브리투스 전투에서 적장 크니바의 함정에 빠져 늪지에서 참패당하고 자신의 아들과 함께 장렬히 전사했다. 과감하게 적을 공격하다 화살에 맞아 아들이 먼저 숨지자, 그는 군사 한 명을 잃은 것은 큰 문제가 되지 않는다며 병사들을 독려하다 자신도 늪지에서 전사하고 만 것이다.(註. 아들을 잃은 데키

우스의 외침은 크라수스의 그것과 다름없었다. 크라수스가 카르하이 전투에서 적이 내던진 아들의 목을 받았을 때 이렇게 외치며 병사들을 독려했다. "아들을 잃은 내가 애처롭다면 그 마음을 적에 대한 분노로 나타내라! 이미 끝난 일에 사기가 꺾이면 안 된다. 큰 업적을 이루려면 큰 고통을 겪어야 하는 법이다.") 데키우스는 적과의 전투 중에 전사한 최초의 로마 황제였다. 전투가 끝나고서도 황제의 시신조차 찾을 수 없었으며, 그때 그의 나이 51세였다. 데키우스가 숨진 데에는 제2인자였던 갈루스의 고의적인 태업이 의심받아 마땅했다. 갈루스는 황제의 명령에 즉시 그리고 모든 충성을 다했어야 함에도 의심받을 만큼 늦장을 부리며 군수 물자의 지원을 지체했기 때문이다.

○ 데키우스 사후에 살아남은 그의 아들 호스틸리아누스가 제위를 승계했다. 동시에 어리고 경험이 부족한 호스틸리아누스로서는 제국의 위기를 혼자서 감내할 수 없었기에 공동 황제로서 갈루스가 함께 즉위했다. 황제가 되자 갈루스는 고트족과 굴욕적인 평화 조약을 맺고 군대를 추슬러 철수했다. 얼마 후 호스틸리아누스가 전염병으로 사망했을 때, 갈루스의 지위도 위태로워지기 시작했다. 병사들은 갈루스가 야만족과 맺은 평화 협정에 대해 야만족에게 조공을 바치면서 비굴하게 평화를 샀다고 여겼던 것이다. 더욱 가당찮은 것은 그렇게 맺은 평화조차도 야만족들이 제대로 지켜 주지 않았다는 사실이다. 다시금 제국의 경계를 넘어온 야만족들로 도나우강 주변의 속주들이 공포에 휩싸였을 때 뜻밖에도 판노니아와 모이시아 총독인 아이밀리아누스가 야만족들을 물리치고 평화를 가져오자, 병사들은 그의 용기와 기개를 높이 보고 황제로 옹립했다. 갈루스와 아이밀리아누스 간에는 내전을 피할 수 없게 되었고 그 내전에서 갈루스와 그의 아들

은 창검으로 승부를 가리기도 전에 내부의 배반으로 살해당했다. 갈루스의 앞길도 죽음으로 몰고 갔던 선제들의 예를 따라 불충한 부하들의 칼날에 아들과 함께 죽음을 맞았던 것이다. 이미 황제 선택의 자유로운 권한이 완전히 소멸된 원로원은 승리자 아이밀리아누스를 황제로 승인할 수밖에 없었다.

○ 아이밀리아누스는 황제로 즉위하자마자 강력한 발레리아누스와 겨루어야 했다. 갈루스가 감찰관 업무를 수행하기 위해 갈리아로 떠났던 발레리아누스에게 구원군을 징집하여 오라는 명령을 내렸었기 때문이다. 병사들은 포진을 풀 겨를도 없이 발레리아누스의 병력과 맞섰다. 배반과 변심을 일삼는 병사들은 얼마 전 그들이 갈루스를 버린 것처럼 이번에는 아이밀리아누스를 버렸다.

○ 발레리아누스 황제는 쓰러져 가는 제국을 버텨 내기 위해 여기저기서 약탈과 침입을 일삼고 있는 야만족들을 막아 내고 호시탐탐 제국의 영토를 노리고 있던 페르시아와 싸웠다. 그러나 260년 샤푸르 1세가 이끄는 페르시아와 싸우던 발레리아누스의 로마군은 메소포타미아 북부 에데사에서 벌어진 전투에서 포위되고 말았다. 포위된 로마 병사들은 자신들이 이런 처지에 놓이게 된 것이 황제의 잘못에 있다며 분노했다. 곧 페르시아의 속임수에 넘어간 것인지 아니면 알면서도 속을 수밖에 없었던 것인지 세상이 경악하는 일이 벌어졌다. 페르시아와 회담하던 발레리아누스 황제가 포로가 된 것이다. 그 옛날 사막에서 크라수스가 병사들에게 떠밀려 어쩔 수 없이 회담에 나섰다가 하마터면 포로가 될 뻔한 적이 있었다. 아마 이때 발레리아누스가 처한 상황도 크라수스와 같은 처지여서, 그는 적이 속임수를 부린다고 의심하면서도 로마군의 소요와 불순한 자들의 선동으로 적지에

들어갈 수밖에 없었으리라. 그때와 다른 것은 크라수스가 로마의 사령관이 포로가 될 수 없다고 생각한 로마군에 의해 살해당했던 것과는 달리, 발레리아누스는 적의 포로가 되고 말았다는 점이다. 이렇듯 3세기의 로마군은 제국의 황제이자 자신들의 총사령관을 적의 포로로 넘겨줄 만큼 타락해 있었다.

○ 발레리아누스가 적에게 사로잡히자, 공동 황제인 그의 아들 갈리에누스가 단독으로 제국을 다스렸다. 군단의 지휘관들은 갈리에누스에게 페르시아로 쳐들어가서 발레리아누스를 구하자고 간언했다. 그들이 발레리아누스의 구출에 열정을 보인 것은 그들 중에 발레리아누스에게 능력을 인정받아 발탁된 자가 많았기 때문이기도 했다. 그러나 갈리에누스는 아버지의 비참함에 눈을 감았다.

○ 그즈음 갈리아에서는 군단장끼리 내분이 발생하여 포스투무스가 실바누스를 살해하는 일이 벌어졌다. 그런데 실바누스와 함께 살해된 사람 중에 갈리에누스 황제의 아들이 포함되어 있었다. 황제의 아들이란 것을 미처 알지 못하고 저지른 일이라고는 하나 이미 돌이킬 수 없는 크나큰 실수였다. 황제의 친아들을 죽였으니 그 황제가 다스리는 나라에서는 살 수 없는 노릇이었다. 결국 포스투무스는 독립을 선언하고 갈리아 제국을 건국하기에 이르렀다.

○ 갈리에누스는 제위에 있을 때 날카로운 지성과 신속한 결단력으로 제국을 야만족의 위험으로부터 구제했다. 그는 예술을 사랑했고 그리스도교에 대하여는 박해를 중단하고 관용을 보였다. 그러나 그가 아버지의 고난을 방치하자, 아버지의 발탁으로 군 지휘권을 갖게 된 제국의 장군들은 참을 수 없는 굴욕으로 여겼다. 결국 갈리에누스는 아우레올루스의 반란을 진압하던 중 내부의 암살로 추정되는 무기에

의해 살해되었다. 그는 죽으면서 후임 황제로 아버지 발레리아누스로부터 발탁된 클라우디우스 고티쿠스를 추천했다.

○ 고티쿠스는 즉위하여 공정함과 강건함으로 나라를 다스리고자 했다. 그는 도나우강을 건너 제국을 침입한 고트족에게 대승을 거두었는데, 그의 이름이 고티쿠스인 것도 그가 고트족을 물리쳤다는 데서 유래했다. 그는 반달족을 섬멸하기 위한 군사 작전 중 전염병으로 사망했다. 고티쿠스는 죽기 전 황제의 지위를 아우렐리아누스에게 넘겼으나, 고티쿠스의 동생인 퀸틸루스가 형의 제위를 자신이 승계받아야 된다면서 원로원의 승인을 얻어 황제의 자리에 올랐다. 그러나 군사적 능력이 뛰어났던 아우렐리아누스에게 병사들이 호의적인 태도를 보이며 그의 깃발 아래 모이자, 퀸틸루스는 자신의 처지에 낙심하여 스스로 목숨을 끊었다.

○ 아우렐리아누스는 엄격하고 검소했으며 갈리에누스 황제 암살의 주동자 중 한 사람이었다. 그의 부친은 아우렐리우스라는 부유한 원로원 의원의 소작농이었고, 아우렐리아누스라는 이름은 바로 그 원로원 의원 아우렐리우스로부터 따왔다고 한다. 아우렐리아누스는 무너져 있던 로마시의 방벽을 도시의 방어를 위해 새로 쌓았고, 제국에서 떨어져 나갔던 갈리아 제국과 팔미라 왕국을 다시 제국의 영토로 편입시켰다.

○ 로마의 세력이 강건하여 판도가 확장될 때는 도시의 성벽이 필요 없었다. 따라서 무너진 세르비우스 성벽을 재건하지 않은 채 로마는 성벽 없는 도시라고 불렸지만, 이제는 야만족의 말발굽과 기세를 방어하기 위해 아우렐리아누스는 기존의 성벽 바깥에 더 높고 더 길며 더 건실한 성벽을 건립해야만 했다. 아우렐리아누스가 시작하고 프로

부스가 완성한 웅장하고 높다란 아우렐리아누스 성벽은 이제 로마시가 자신의 창검으로 스스로를 지킬 수 없을 만큼 나약해지고 위험해졌다는 것을 웅변했다. 이 성벽은 훗날 막센티우스가 높이를 증축했고, 그 이후에도 많은 개축이 이루어졌다.

○ 시리아 지역의 도시 팔미라에서는 로마의 동방 사령관 오다이나투스가 페르시아를 상대로 맹활약을 하고 있었다. 하지만 그는 조카에게 살해당하고 그의 아내 제노비아가 권력을 이어받았다. 그녀는 자신의 통치력과 군사력을 믿고 오만함 위에 서서 로마 황제에게 맞서며 팔미라를 제국으로부터 독립시켜 왕국을 세웠다. 제노비아는 미모와 재능 면에서 클레오파트라 7세와 견줄 수 있는 여인이었다. 그녀는 팔미라의 판도를 이집트와 비티니아까지 넓혔고, 페르시아와도 동맹을 맺었으며, 저명한 수사학자이자 철학자인 카시우스 론기누스를 재상으로 앉혔다. 그러나 팔미라 왕국은 아우렐리아누스의 로마군에게 여지없이 무너졌고, 제노비아는 측근들을 데리고 파르티아로 도망치다가 생포되었다. 쇠사슬에 묶여 아우렐리아누스 앞에 잡혀 온 그녀는 자신이 로마에게 대항한 것은 카시우스 론기누스와 다른 관료들이 사주했기에 어쩔 수 없었다고 변명했다. 이렇듯 그녀는 자신의 죄를 충신들에게 덮어씌워 목숨을 구걸했다. 하지만 론기누스는 자신의 명성이 부끄럽지 않게 죽음을 맞았다. 제노비아는 로마로 압송되어 아우렐리아누스의 개선식에 전리품으로 장식된 후 어느 원로원 의원과 재혼하여 티부르(註. 현재 지명 '티볼리') 저택에서 조용하게 살다가 생을 마감했다.

○ 팔미라를 평정한 아우렐리아누스는 이제 당초 제국의 영토이던 갈리아를 수복하기 위해 말머리를 갈리아 제국으로 돌렸다. 하지만 갈리

아 제국을 다스리던 테트리쿠스는 아우렐리아누스와 싸워 보지도 않고 항복했다. 항복한 그는 기꺼이 아우렐리아누스의 개선식에서 전리품이 되어 제노비아와 함께 로마 시가지를 걸었다. 그 이후 로마 원로원 의원의 신분이 되어 이탈리아 남부의 루카니아에서 수석 감찰관을 지냈다. 이는 아우렐리아누스가 테트리쿠스에게 관용을 베풀었기 때문에 가능한 일이었다.

o 느슨해진 제국의 방어력을 생각한 아우렐리아누스는 제국의 수비대로서는 더 이상 다키아를 유지할 수 없다고 판단했다. 다키아를 포기하면 국경선도 그만큼 줄어드는 이점이 있었다. 그리하여 수많은 다키아인과 로마인의 피가 적셔진 다키아의 벌판은 다시금 제국의 영토에서 떨어져 나갔다.

o 아우렐리아누스는 재위 기간의 대부분을 로마 밖에서 군대를 지휘하며 보냈으나, 271년 조폐국 관리들이 폭동을 일으켰을 때는 친히 로마에 입성하여 진압하는 데 주저하지 않았다. 조폐국 관리들이 저질 주화를 제조한 것에 대해 황제가 제동을 가하자 이에 불만을 품고 폭동을 일으킨 것이다. 황제가 폭동을 진압하고 이들의 부정부패를 일소하기 위해 조폐국을 폐쇄하자, 화폐 제조권을 가진 원로원의 자율성과 특권에 타격을 가한 결과가 되었다. 그리고 곡물가 인상으로 인한 시민들의 어려움을 덜기 위해 제빵 산업을 국가의 감독하에 두었고, 제분용 밀을 조합에 팔고 빵값을 고정시켰다.

o 종교에 있어서 아우렐리아누스는 태양신을 숭배했으며 태양신전을 건립하고 원로원 의원들로 구성된 사제단을 설립했다.(註. 콤모두스, 데키우스, 디오클레티아누스, 콘스탄티우스 클로루스, 율리아누스도 태양신을 신봉했으며, 콘스탄티누스조차도 그리스도교에 빠지기 전에는 태

양신의 신자였다. 특히 콘스탄티누스의 태양신 숭배는 대단하여 그가 그리스도교를 공인한 이후에 발행된 주화에서도 태양신의 모습이 계속 나타났다. 그뿐만 아니라 세베루스 황가는 태양신의 제사장들이었다. 태양신은 동방의 미트라, 시리아의 바알, 로마의 솔, 그리스의 아폴론 및 헬리오스와 동일시되었다.)

○ 아우렐리아누스 황제는 병사들에 대한 처벌이 가혹한 것으로 정평이 나 있었다. 병사들은 그의 처벌을 두려워했기에 황제가 실제로 처벌을 해야 하는 경우는 아주 드물었다. 그러나 그의 엄격함과 위엄도 지나치고 말았다는 것이 곧 증명되었다. 로마군이 페르시아와의 전쟁을 위해 동방으로 향할 때, 황제의 비서가 잘못을 저질러 아우렐리아누스에게 엄한 질책을 받았다. 황제의 무서움을 알고 있던 비서는 자신에게 떨어질 가혹한 처벌이 두려워 장교들을 이용했다. 그는 공문서를 위조하여 장교들을 공포로 몰아넣었고 그들은 공포에 눌려 내용의 진위도 확인해 보지 않은 채 아우렐리아누스를 살해해 버린 것이다.

○ 아우렐리아누스가 타계하고 나서 원로원과 군대가 서로 황제 추천을 양보하는 일이 벌어졌다. 이는 로마 역사상 한 번도 없던 일이었다. 원로원은 군대의 동의 없이 황제를 추천해 보았자 권위만 무너질 뿐 소용없음을 깨달았고, 군대는 그들이 황제 옹립을 한다는 것은 명분이 없을 뿐 아니라 내란으로 황제가 쉽게 살해당하자 원로원의 결정을 두고 보자는 심산이었다. 황제 없이 몇 달을 지내다가 결국 원로원 회의에서 일흔이 넘은 타키투스를 황제로 추대했다. 몇 번을 거절하던 타키투스는 결국 제위 승계를 수락했지만, 노약한 황제는 동방 정벌 중에 군대의 방종과 폭력을 이기지 못한 채 목숨을 잃었다. 타

키투스가 죽자 동생인 플로리아누스가 황제가 되었으나, 많은 병사들이 프로부스를 옹립했다. 플로리아누스는 프로부스와 대립했으나 부하 병사의 반란으로 살해되었다.

○ 프로부스는 프랑크족, 알레만니족, 고트족 등을 물리치고 이들 야만족에게 동화 정책을 폈다. 그러나 시르미움 일대의 개간 사업에 병사들을 투입했을 때, 고된 작업에 불만을 품은 병사 몇 명에게 어처구니없게도 살해당했다. 병사들은 라이티아에서 카루스가 반란을 일으켜 황제로 선포되었다는 말에 고무되어 황제를 살해한 것이다. 이제까지의 관습에 의하면 황제가 될 경우 원로원의 승인을 받았지만, 프로부스의 뒤를 이어 황제에 즉위한 카루스는 이런 관습을 깨뜨리고 단지 자신이 황제가 되었다고 원로원에 통고하는 방식으로 즉위했다. 집권할 때 명분이 약한 황제일수록 원로원의 승인을 더욱 갈구했지만 카루스의 건방진 행동은 군대가 황제를 옹립할 경우 원로원이 이를 거스를 수 없는 현실을 그대로 반영한 것이다. 하지만 그 또한 황제의 자리에 오래 있지 못했다. 페르시아 정벌 도중에 사망한 것이다. 그가 낙뢰에 맞았다고도 하고, 병으로 사망했다고도 전해진다.

○ 카루스가 죽자 그의 아들 카리누스와 누메리아누스가 공동 황제로 즉위했다. 둘째 아들 누메리아누스는 아버지를 따라 페르시아 원정에 참전하고 있었으므로 제국의 동방을 다스렸고, 형인 카리누스는 갈리아에 있었던 관계로 자연스럽게 제국의 서방을 통치했다. 하지만 누메리아누스는 원정에서 돌아오는 길에 병사했고, 황제의 죽음은 감추어지다가 이를 의심한 병사들에 의해 확인되었다. 병사들은 황제의 죽음 뒤에 장인 아페르의 모함이 있다고 여겼으며, 아페르는 제대로 재판도 받지 못한 채 디오클레티아누스에 의해 처형되었다.

병사들의 추대로 디오클레티아누스가 그 뒤를 이어 제위에 올랐다. 하지만 카루스의 큰아들 카리누스가 디오클레티아누스를 찬탈자로 규정하자, 이들의 결전은 피할 수 없게 되었다.

○ 카리누스 군과 디오클레티아누스 군은 모이시아에서 격돌했다. 전투는 카리누스 군이 우세하게 진행되었지만 카리누스의 군대가 거의 승리할 즈음, 어느 대대장의 검이 카리누스의 심장을 찔렀다. 그 대대장은 카리누스가 자신의 아내를 유혹하여 정절을 더럽히고 자신의 명예를 훼손했다고 분노에 차 있었다. 카리누스는 성적으로 불량하여 부하들의 아내를 농락하고 있었기에 앙심을 품은 자들이 많았던 것이다. 지휘관을 잃은 카리누스의 군대는 결국 디오클레티아누스를 황제로 인정할 수밖에 없었다. 제위를 차지한 디오클레티아누스는 신비함과 권위로 주변을 감싸 여태껏 동방에서나 볼 수 있었던 통치 체제로 제국을 이끌기 시작했다.

✲ 갈바의 악행, 그리고 인색함

≪무릇 사람이란 낭비하지 않고 절약을 실천한다면 칭송받을 만하
다. 지도자 위치에 있는 자는 구성원보다 풍부한 재물을 소유하기
마련이기 때문에 더욱 그러하다. 다만 그것이 지도자 자신에게만 한
정되어야지 타인에게 적용된다면 이는 검소함을 넘어서 인색함이 되기
쉽다. 지도자가 인색하게 굴어서는 지도력을 잃기 쉬우며, 씀씀이와
배포가 크다는 소리를 들어야 구성원들을 다루기가 쉬운 법이다. 갈
바의 인색함은 그가 단명한 황제가 된 여러 이유 중에 하나였다.≫

○ 68년 갈리아에서 터진 빈덱스 반란이 잠재워진 후에도 서방의 동요
가 그치질 않자 마침내 히스파니아의 타라코넨시스(註. 이베리아반도
동측) 총독 갈바는 루시타니아(註. 이베리아반도 서측) 총독 오토의 지
원을 받아 제위에 도전장을 던졌다. 때마침 기근까지 발생하여 여론
이 악화되고 네로가 나약함을 보이자, 게르마니아 군단들과 원로원
은 재빨리 네로 황제에게 등을 돌렸고 근위대까지 갈바에게 충성을
맹세했다. 그렇게 되자 네로는 황제에서 도망자 신세가 되어 병사들
에게 쫓기다가 해방 노예 파온의 별장에 피신했지만 더 이상 몸을 숨
길 곳이 없자 그곳에서 스스로 목숨을 끊었고 갈바가 로마의 제6대
황제에 즉위했다.

○ 갈바는 로마에 입성하기 전부터 잔혹하고 탐욕스런 결정을 해치웠다.
자신의 군대에게 빨리 성문을 열지 않은 도시들에게는 가혹한 세금을
부담시키고 심지어는 벌로써 성채를 허물게 하기도 했다. 또한 네로
측 장교와 부하뿐만 아니라 그들의 아내와 자식들까지 처형했다.

○ 타라코 시민이 7kg에 이른다는 고대 유피테르 신전의 금관을 바치자, 그는 금관을 녹여 저울에 재 본 다음 기껏해야 80g의 무게가 모자란 것을 벌충시키기도 했다. 로마에 입성하여서는 네로가 해병으로 승진시켜 준 수병들을 다시 노잡이 임무로 되돌렸다. 수병들은 이 결정에 반발하며 자신들의 권리를 요구했다. 이에 갈바는 기병대를 동원하여 수병들

▌ 갈바

을 강제 해산시키고, 병사 열 명 중 한 명을 처형하는 피도 눈물도 없는 무지막지한 형벌인 데키마티오(decimatio)를 강행했다. 또한 그동안 황제들을 모시고 수많은 중요한 순간에 충성을 보인 게르만 호위병들이 그나이우스 돌라벨라라는 인물의 사유지에 병영을 세워 두고 그에게 과도한 헌신을 보였다는 이유로 하사금 한 푼도 없이 해산시켜 고국으로 돌려보냈다.

○ 그렇지만 갈바는 네로의 근위대장이었던 티겔리누스에게는 자비를 베풀었다. 그동안 티겔리누스는 로마 시민에게 악덕과 패덕을 넘치도록 베풀었기에 네로에서 갈바로 황제가 바뀌자, 시민들 누구나가 극장에서든 경기장에서든 티겔리누스의 죽음을 끊임없이 요구하며 외쳤다. 하지만 갈바는 그가 중병에 걸려 죽을 날이 멀지 않았으니 황제가 악행을 행하여 폭군이 되지 않도록 도와 달라며 시민들에게 당부했다. 티겔리누스가 이렇듯 보호를 받을 수 있었던 것은 갈바의 총신 비니우스의 영향력 때문이었는데, 그는 비니우스에게 미리 뇌

물을 주며 자신의 안전을 부탁해 두었던 것이다. 티겔리누스는 갈바의 자비를 조롱하듯 처형되지 않은 것에 대해 신에게 감사드리며 제물을 바쳤고, 자신의 안전에 큰 힘을 보태 주었던 갈바의 총신 비니우스를 그의 딸과 함께 집으로 초대하여 잔치를 벌이면서 비니우스의 딸에게 25만 데나리우스를 건네고 건강을 빌었다.(註. 티겔리누스의 끈질긴 목숨도 오토가 황제에 즉위했을 때 끝났다. 오토 황제는 수많은 사람들의 목숨을 앗아간 티겔리누스가 아직도 살아 있는 것을 알자 별장에 기거 중인 그를 소환했다. 황제의 명령을 받아 든 전령이 별장에 도착하자 티겔리누스는 전령에게 뇌물을 건넨 뒤 시간을 달라고 한 다음 단검으로 목을 찔러 죽음을 맞았다.)

○ 저녁 식사로 특별한 진수성찬이 차려지면 갈바는 큰소리로 쓸데없이 낭비한다고 불평했으며, 재산 관리인이 결산 보고서를 제출하면 성실성과 근면함을 칭찬하며 기막히게도 콩 한 사발을 주었고, 카누스의 피리 연주에 감명을 받았을 때는 지갑에서 겨우 5데나리우스를 꺼내 주었다.

○ 갈바는 자신의 돈을 절약하기도 했지만 타인의 돈을 탐하지도 않았고 국고를 함부로 낭비하지도 않았다. 그의 이러한 인색함은 황제로서의 인기를 더욱 떨어뜨렸다. 피소를 근위병들에게 양자로 소개시킬 때도 병사들에게 아첨이나 보상의 약속을 덧붙이지 않았다. 그러면서 갈바는 자신은 병사들을 돈으로 매수하는 것이 아니라 징집할 것이라고 단언하면서 황제 즉위 시에 하사금을 주던 로마의 관습을 깨뜨렸다.(註. 로마에서는 관습적으로 황제로 즉위할 때나 후계자를 지명할 때는 근위병들에게 하사금을 주어 인기를 얻곤 했다. 갈바는 히스파니아 속주 총독으로 있을 때 네로를 파멸시키기 위해서 밀정을 근위대로

보내 자신을 지지하면 병사마다 8만 세스테르티우스의 하사금을 줄 것이라고 약속했다. 그러나 이 약속은 지켜지지 않았다.) 갈바가 황제의 하사금으로 조금이나마 관대함을 보였더라면 병사들의 충성심을 회유할 수도 있었겠지만, 그의 강직한 인색함과 엄격함은 유연성을 보이지 못했다. 평시에는 미덕이 될 이러한 자질도 난국을 헤쳐 나가야 하는 황제에게는 자신을 파멸시키는 한 요인이 되었다. 예전의 로마군은 승리한 후 적에게서 빼앗은 전리품을 나누어 가졌지만, 내전의 시대에서는 시민들의 주머니를 털어 병사들의 탐욕을 만족시키는 데까지 나아갔기 때문이다.

○ 갈바의 검약 정신에 의한 긴축 정책은 시민들의 호응을 얻지 못하고 비판 속에 파묻혔다. 어쩌면 그의 과도한 인색함과 완강함은 자신의 기질에다 네로가 지출한 엄청난 국고의 지출을 긴급히 채워 넣어야 했기 때문일지도 모른다. 심지어 그는 네로가 시민들에게 베푼 22억 세스테르티우스에 달하는 선물의 90% 이상을 반환하도록 명령했지만 선물을 받은 자들 대부분이 이미 헤프게 다 써 버린 뒤여서 명령을 따르기는 어려웠다. 그러자 선물을 받은 자로부터 어떤 것이라도 산 적이 있거나 받은 적이 있다면 그 사람에게서라도 회수하라고 엄명을 내렸다. 그렇게 되자 그 일은 끝도 없이 이어지는 광범위한 일이 되어 수많은 사람들에게 인심을 잃고 증오만 쌓였다.

○ 타키투스에 따르면 갈바는 일단 신임하게 된 사람에게는 한없이 관대하여 부정직한 자의 경우에도 죄를 저지를 때까지는 묵인했다고 전한다. 그러나 대개의 원로원 의원과 기사들에게는 사소한 증거만 나와도 재판도 없이 사형을 선고했고, 속주민이나 외국인에게 로마 시민권을 주는 데도 몹시 인색했다. 특별한 경우를 제외하고는 종전

에 3명의 자식을 둔 아버지들이 향유하던 특권을 인정하지 않았으며, 예외적으로 인정하더라도 기간을 극히 한정했다.(註. 다자녀를 두었을 경우에는 세금 혜택과 공직에서의 우선권 등이 있었다.)

○ 3명의 측근들이 의지박약하고 귀가 여린 나이 많고 온후한 성격의 갈바를 마음대로 주물렀다. 이들 3명은 히스파니아에서 부하 장교였던 집정관 비니우스, 근위대장 라코, 해방 노예이자 갈바의 동성애 상대였던 이켈루스였으며, 모두 다 제국과 황제 지위의 안정을 도모하기보다는 사리사욕을 우선하는 탐욕스런 자들일 뿐이었다. 이들이 7개월에 걸쳐 빼앗아 간 재물이 네로의 측근들이 13년 남짓한 기간 동안 가져간 것보다 더 많았다는 소문이 파다했다.

※ 갈바(Galba)의 전설

≪비록 단명한 황제였지만 히스파니아에서 황제로 옹립된 갈바의 경우에도 황제가 될 전조가 있었다고 시민들은 믿었다. 더군다나 그는 황제가 되지 않았어도 황제가 될 재목이었다고 역사가 타키투스는 서술했다.≫

○ 갈바(Servius Sulpicius Galba)의 할아버지가 낙뢰를 피하기 위한 희생제를 올리고 있을 때, 독수리 한 마리가 갑자기 제물의 내장을 채어가서 도토리가 주렁주렁 달린 떡갈나무에 올려놓았다.(註. 떡갈나무는 유피테르를 상징하는 신성한 나무였다.) 옆에 있던 사람이 이를 보고

갈바 가문에 큰 영광이 찾아올 것을 알려 주는 징조라고 했다. 그러자 갈바 할아버지는 그런 일은 일어날 수 없다는 뜻으로 "노새가 새끼를 낳는다면 그럴지도 모르지."라며 대꾸했다고 한다.

○ 훗날 갈바가 반란을 일으켰을 때 무엇보다도 용기를 북돋아 준 것은 정말로 노새가 새끼를 낳았다는 소식이었다. 다른 사람들은 이것이 흉조라고 여겼지만, 어릴 적 할아버지가 들려준 이야기를 기억하고 있었던 갈바는 이 징조를 정확히 반대 의미

| 갈바가 새겨진 은화

로 해석했다. 수에토니우스의 저서에 나오는 이 이야기는 아마도 그가 헤로도토스의 저술을 참고한 것이 아닌가 한다. BC 5세기 역사가 헤로도토스에 따르면, 페르시아 왕 다레이오스가 바빌론을 포위 공격할 때 바빌론 사람들이 성벽에 올라가 페르시아군을 이렇게 조롱했다고 전한다. "페르시아 놈들아! 노새가 새끼를 낳는다면 너희들이 우리 도시를 함락할 수 있겠지." 이는 노새란 절대 새끼를 낳을 수 없다는 것을 빗대어 한 말이었다. 그들의 말대로 성은 난공불락이어서 19개월이 되도록 바빌론은 함락되지 않았고 전황은 교착 상태에 빠졌다. 하지만 포위 공격을 개시한 지 20개월이 되는 때 놀라운 일이 벌어졌다. 페르시아 지휘관 조피로스의 노새가 새끼를 정말로 낳은 것이다. 조피로스는 이러한 기적이 일어난 것은 신의 뜻이고, 따

라서 바빌론이 이제 함락될 때가 된 것을 신이 암시한 것이라 깨달았다. 마침내 그는 다레이오스의 허락을 받아 계략을 써 바빌론을 함락시킬 수 있었다고 한다.(註. 이처럼 같은 현상을 보고서도 해석이 달라지면 행동의 지침이 반대가 될 수 있는 법이다. 트로이아 목마의 경우를 보면, 그리스 첩자 시돈이 목마는 물러간 그리스군이 아테나 여신에게 바친 것이므로 성안에 가져가면 트로이아 성은 난공불락이 될 것이라며 거짓말을 하자, 아폴로 신의 사제 라오콘은 목마를 성안에 끌고 들어가면 트로이아는 멸망할 것이라며 반대했다. 그때 갑자기 나타난 바다뱀이 라오콘과 그의 두 아들을 휘감아 죽였다. 이를 보고 트로이아인들은 라오콘이 불경스런 말을 했던 까닭에 벌을 받은 것이라고 확신하면서 목마를 성안으로 끌고 가 결국 파멸을 맞았던 것이다. 만약 그들이 그리스 편에 섰던 포세이돈이 입막음을 하려고 바다뱀을 보내 라오콘 부자를 살해했다고 믿었다면 결과는 달라졌으리라.)

○ 성인이 된 갈바는 운명의 여신이 찾아오는 꿈을 꾸었다. 그 꿈에서 운명의 여신은 갈바의 집 문 앞에서 기다리는 것에 지쳤으며, 자신을 당장 문안에 들여 놓지 않으면 다른 사람이 낚아채 갈 것이라고 했다. 갈바가 잠에서 깨어나 현

▌ 라오콘 군상

관문을 열어 보니 거의 60㎝나 되는 여신의 동상이 놓여 있었다. 갈바는 여신상을 소중히 다루며 방에 모셔 놓고 달마다 희생제를 올리

고 해마다 철야 기도를 드렸다.

○ 과거에 갈바 가문은 히스파니아(註. 현재 지명 '에스파냐', 영식으로 '스페인')에서 악연으로 얼룩졌다. BC 2세기 세르비우스 술피키우스 갈바는 아이밀리우스 파울루스 휘하에서 대대장으로 근무하다 법무관이 되어 히스파니아에서 발생한 루시타니아족의 봉기를 진압하라는 임무를 부여받았다. 진압 임무를 부여받은 그는 병영 내의 가혹한 군율을 비난하고 규율의 완화를 추진했지만 오히려 통제력을 잃고 전투에 고전을 면치 못했다. 그러다가 행운이 닿았는지 전세가 역전되어 루시타니아족은 투항했다. 술피키우스 갈바는 루시타니아 부족민에게 척박한 토양 때문에 빈곤에 시달렸던 그들의 어려움을 이해한다고 말하며 투항한 대가로 비옥한 땅으로의 이주를 약속하고는 모두 집결시킨 후 새로운 터전으로 안내했다. 하지만 새로운 정착지에 도착하자마자 그들은 포위되어 무장 해제당한 후 모두 학살되었다. 이 학살에서 가까스로 탈출에 성공한 비리아투스는 히스파니아군의 지도자가 되었고, 히스파니아 반란은 누만티아 전투에서 스키피오 아이밀리아누스에 의해 진압될 때까지 오랫동안 로마군을 괴롭혔다.

○ 이러한 악연으로 얼룩진 히스파니아에 갈바가 다시 총독으로 가게 된 것이다. 그러나 갈바의 통치는 선조와는 달리 공정하고 선량했다. 그가 히스파니아의 타라코넨시스 총독으로 부임하여 도착하자마자 신전에 희생제를 올렸을 때, 향을 든 사제가 순식간에 백발로 변했다. 어떤 사람이 이것은 늙은이가 젊은 황제의 뒤를 이어 황제가 될 징조라고 말했다. 그리고 얼마 뒤에는 번개가 히스파니아 북부 칸타브리아의 한 호수에 떨어지고 나서 12개의 도끼가 발견되었다. 12개의 도끼는 말할 것도 없이 권표로서 최고 권력의 상징이다.(註. 로마 최고

관리인 집정관은 도끼와 나뭇가지로 묶은 파스케스를 12명의 호위병들이 각각 들고 다녔다.)

○ 네로에 대한 반란이 일어나고 갈바에게 반란군의 지도자가 되어 달라는 요구에 갈바는 절반의 희망과 절반의 두려움을 품었지만 지체 없이 그 요구를 수락했다. 네로가 자신을 제거하려 한다는 정보를 알았기 때문이기도 했지만, 상서로운 새점과 여러 징조 그리고 고귀한 신분의 어떤 소녀의 예언에 자극을 받은 것이다. 그 예언은 언젠가 히스파니아에서 세계의 주인이자 지배자가 나온다는 것이었다.(註. 갈바가 반란을 일으켰을 때 히스파니아의 타라코넨시스 총독이긴 했으나, 소녀의 예언은 갈바가 아니라 그 이후 몇 십 년이 지난 다음 트라야누스 · 하드리아누스의 등장을 예언한 것이 아닌가 한다. 그들은 모두 히스파니아의 이탈리카 출신들이다.)

> ┃ **마음에 새기는 말** ┃
>
> **불편부당한 신념을 공언한 자는, 어떤 인물에 대해서든 친애의 감정이나 증오심을 버리고 말해야 한다.**
>
> – 타키투스가 갈바, 오토, 비텔리우스에게 은전도 해악도 입은 바 없고, 베스파시아누스 덕에 공직을 시작해서 티투스 때 승진하고 도미티아누스 때 고위직에 올랐음에도 모든 사실을 공정하게 기술하겠다고 언급하면서.(註. 하지만 타키투스는 티베리우스 황제를 무척이나 싫어했고, 사후 원로원과 귀족들로부터 폭군으로 규정된 도미티아누스 황제 치세 때 그와 그의 장인 아그리콜라는 핍박받기보다는 더욱 출세하여 성공적인 관직 생활을 누렸다. 따라서 그는 자신의 저서 『아그리콜라』에서 폭군의 치하에서도 절제와 신중한 행동을 취한다면 파멸에 이르지 않는다고 변명해야 했다.)

※ 갈바 황제의 양자 입양(69년)

≪혼란의 시대에는 황태자로 지명되는 것조차 불운한 일이었다. 황제란 때때로 자신이 여태껏 고집한 원칙을 무너뜨리는 결단도 필요한 법이지만, 갈바 황제는 오토와 피소를 신중히 저울질하지 못했고, 그것은 자신과 황태자의 비극이 되어 되돌아왔다.

살펴보면 갈바가 말했듯이 그는 후계자를 친척이 아닌 공화국 전체에서 가장 적정하다고 판단되는 자를 골랐다. 이러한 승계의 방법은 훗날 네르바 이후의 5현제 시대에 그 탁월함이 입증되었지만, 불행히도 갈바는 내전의 혼란과 격동을 겪던 시절에 황제의 지위에 있었고, 따라서 후계자 지명은 정략적인 선택을 요구받던 시대였다. 만약 평화시였다면 갈바의 선택은 매우 칭송받는 결정이었으리라.≫

○ 갈바가 황제에 즉위했지만 저지 게르마니아 군단이 충성 서약을 거부하며 불온한 움직임을 보이고 있었고 고지 게르마니아 군단도 이에 동조하고 있었다. 게르마니아 군단의 소식을 접한 갈바는 비텔리우스에 대한 확실한 정보가 없었지만 군대의 반란과 폭력을 막기 위해 후계자 선정을 서둘렀다. 그가 고지 게르마니아 군단의 사령관이었다가 소환된 베르기니우스 루푸스를 후계자로 지명했다면, 루푸스가 게르마니아 군단 병사들로부터 존경과 신망을 받고 있었기에 병사들의 반란 기세를 잠재울 수도 있었겠지만 상황은 그렇게 되지 않았다. 갈바는 자신이 노령임을 밝히며 집정관 비니우스, 근위대장 라코, 예정 집정관 마리우스 켈수스, 로마 시장 두케니우스 게미누스가 있는 자리에 피소 리키니아누스(Lucius Calpurnius Piso Licinianus)

를 불러 후계자로 소개한 것이다. 친가와 외가가 모두 명문가인 피소는 용모와 행동거지도 귀족스러웠으며 엄격한 인물로 정평이 나 있었다. 아마도 갈바가 피소를 후계자로 지명한 것은 귀족층으로 구성된 원로원과의 원활한 관계를 도모하고 지지를 얻으려 했기 때문이리라.

○ 이후로 갈바는 말하곤 했다. "내 친지를 제쳐 두고 피소를 우선시했다는 것은 내 판단이 공평무사하다는 증거이며, 후계자를 가문 중에서 찾은 것이 아니라 공화국 전체에서 찾은 결과다. 황제의 자식으로 태어나는 것은 우연일 뿐 그 이상의 의미가 없지만, 황제의 후계자로 입양할 것인지의 판단은 자유로운 것이다." 나이 든 황제의 후계자로 지명된 피소에게 사람들은 벌써 그가 황제라도 된 듯이 대했다. 그렇게 되자 네로의 파멸에 앞장서며 갈바의 즉위에 적극적이었던 오토는 상심하고 절망했다.

○ 힘과 권력의 근원인 군사력을 우선한다는 의미로 원로원보다 먼저 근위대 병영으로 피소를 데려간 갈바는 황제다운 짧은 말로 피소가 자신의 양자로 채택되었다고 선포했다. 황제의 양자는 곧 후계자를 의미했다. 피소가 근위병들에게 정식으로 소개되었을 때 그의 목소리와 태도를 눈여겨본 병사들은 그가 감사의 표시만 했을 뿐 얼마 후 자신에게 닥칠 불행한 운명을 감지하고 있는 듯 평소와 별다른 감정 없이 그토록 큰 호의를 담담하게 받아들이는 것을 보고 모두들 놀라워했다. 그는 후계자로 지명된 이후에도 불안감이나 기쁨에 넘치는 마음의 동요를 보이지 않았으며, 평소와 다름없이 말은 공손했고 스스로도 겸손을 잃지 않았다.

○ 피소가 후계자로 지명되자 오토는 자신이 후계자로 지명되지 못한

_____ 로마의 선택과 결정 ⑤ 야만의 침탈

것에 대해 당연한 권리를 빼앗긴 것으로 여기며 불만을 품고서 반란을 감행했다. 그때 피소는 오토의 사치와 악덕 그리고 음행을 신랄하게 비난하며 황제를 살해한 자들이 얻는 포상은 그런 범죄를 방어하는 자들이 받는 상보다 더 크지 않을 것이라며 병사들을 타일렀다. 그러나 추악한 욕망과 탐욕이 어우러져 빚어진 오토의 찬탈 행위는 소수의 병사가 감행했고, 좀 더 많은 병사가 동조했으며, 모든 병사가 묵인하는 형태로 무자비하게 실행되었다. 어떠한 공적 언동도 조신하며 삼갔던 피소는 1월 10일 근위대 병영에서 후계자로 선포된 후, 1월 15일 오토가 보낸 두 병사들에게 신전 앞마당에서 살해되기까지 6일 동안의 황태자였으며, 그때 그의 나이 불과 32세였다.

| 마음에 새기는 말 |

인간은 천성적으로 자신이 앞장서기를 꺼리면서도, 남이 먼저 하면 열심히 따라 한다.

– 게르마니아 군단들이 갈바에 대한 반란을 도모할 때 속마음은 일치되었으나, 앞장서기를 서로 주저한 사실에 대하여.

찬탈을 위한 오토의 준비(69년)

≪갈바로부터 민심이 이반되어 오토가 반란을 도모했다면 그는 갈바 황제의 권좌를 어렵지 않게 무너뜨리고 그 자리를 차지할 수 있

었을 것이고, 병사들에게 아부하며 권위를 잃는 행동을 할 필요가 없었으리라. 하지만 권력을 갖고자 하는 욕심과 피소를 향한 질투 그리고 빚에 쫓긴 오토는 비열하고 굴욕적인 방법과 수단까지 모두 동원하여 제위 찬탈을 준비했다.≫

○ 후계자로 선택되지 못하자 오토는 갈바에게 불만을 품고 반란을 꿈꾸었다. 그는 혼란스러움으로 정세가 변화되기를 기대하며 병사들에게 말했다. "죽음이란 모든 사람에게 공평한 자연의 이치지만, 사후에 잊히느냐 아니면 명예롭게 기억되느냐의 차이가 있다. 만약 죄인이나 죄 없는 사람이나 종말이 똑같다면 가치 있게 죽는 편이 좀 더 용기 있는 사람이 취할 행동이다." 이런 식으로 그는 병사들이 갈바 황제에게 대항하기를 바라며 계속하여 병사들을 부추겼다.

○ 모반을 준비하기 위해 병사들의 인기를 얻으려고 매진하던 오토는, 행군과 사열 중에는 물론 병영 안에서도 나이 많은 고참 병사들의 이름을 하나하나 부르면서 막사의 동료(콘투베르날리스contubernalis)라고 친근하게 말하곤 했다. 그는 일부 아는 병사들에게 더러는 안부를 묻기도 하고 더러는 돈과 영향력으로 어려움을 도와주기도 했다. 그러면서도 수시로 갈바에 대한 병사들의 충성심을 동요시키는 언행을 거듭했다. 고통스런 행군, 부족한 보급품, 가혹한 군율에 불만을 품고 있던 병사들은 어쩌면 정당하게 들리는 오토의 말에 크게 흔들리곤 했다.

○ 이미 반란의 싹을 틔우고 있는 병사들에게 오토는 갈바 황제가 자신의 집에서 식사할 때마다 경비병들에게 회식 명목으로 각각 100세스테르티우스를 나누어 주기도 했다. 이는 국고를 이용해 병사들에게

뇌물을 준 것이다. 호위대원 코케이우스 프로쿨루스가 토지를 두고 이웃과 다투고 있을 때는 그 이웃 사람의 토지를 자신의 돈으로 구입하여 선사하기도 했다.

○ 오토는 해방 노예 오노마스투스를 통해 근위대의 군호 담당관 바르비우스 프로쿨루스와 그의 부장 베투리우스에게 접근했다. 그들에게 포상을 약속하고 돈을 주어 많은 병사들을 매수하게 했고, 매수된 그들은 주저하는 병사들을 여러 가지 방법으로 유혹하여 반란에 참여시켰다. 모든 병사들이 엄격한 갈바의 기질 때문에 방종과 탐욕이 금지되고 군 복무의 여건이 고달파질 것이란 걱정이 퍼져 가고 있었기에 반란에 참가하도록 설득하는 데 어려움이 없었다.

○ 폭동이 일어날 징조는 여러 곳에서 감지되고 증거가 많았지만 근위대장 라코는 정보와 증거들을 경시했다. 그는 병영 내의 분위기에 무지했으며, 남의 충고에 완고했고 무엇보다도 나태했다. 69년 1월 15일 팔라티누스 언덕의 아폴로 신전에서 갈바 황제가 여러 관료들과 함께 희생제를 지내던 중, 오토는 병사들이 집결되어 있다는 신호를 받고 자리를 떠났다. 자리를 뜨는 이유를 묻는 사람들에게는 낡은 집을 구입하려고 하는데 자신이 직접 점검을 해 봐야 할 것 같다고 둘러댔다.

○ 사투르누스 신전(註. 사투르누스는 농경을 관장하는 신으로 그리스의 크로노스와 동일하다. 사투르누스를 기리는 축제를 사투르날리아Saturnalia라고 일컬었으며, 이 축제는 12월 17일부터 23일까지 일주일간 열렸는데 술과 도박이 판쳤으며 남자 노예와 남자 주인이 역할을 서로 바꾸기도 했다. 또한 3월 1일에 열린 마트로날리아Matronalia는 유노 여신을 기리는 축제로 여주인이 노예들에게 음식을 제공했다.) 근방의 황금 이정표로 간 오토는 그곳에서 불과 23명의 근위병들에 의해 황제로 옹립되

었다. 근위대 진영으로 옮겨 가면서 가세한 병사들의 수가 늘어났으며, 만약 충성심을 지키기 위해 저항한다면 죽음을 당할까 두려워 일부가 감행한 반란 행위를 대부분의 병사들이 묵인하고 있었다. 병영 안의 병사들은 점차적으로 의기투합하여 반란의 범죄 행위를 더 이상 주저하지 않게 되었다. 오토를 중심으로 함성과 소동, 서로 격려하는 말들로 소란스러웠으며 병사들에게는 황제를, 황제에게는 병사들을 소개하고 추천했다. 오토는 자신에게 지지를 나타내는 병사들에게 일일이 손을 내밀어 경의를 표하고 키스까지 퍼붓다가 근위대뿐 아니라 로마에 주둔해 있던 수병까지 전체가 충성 서약을 하자, 근위대 방벽 앞에서 음험하고 탐욕스런 갈바를 제거해야 한다고 외치며 반란을 부추겼다.

○ 그러고는 그 행동을 지금 바로 실행에 옮길 것을 요구하면서, 곧이어 병기고의 문을 열게 했다. 근위병과 군단병을 구분해 주던 무기의 표시는 무시되고 온갖 병장기들이 동원되었다.(註. 건국 초기에는 무기를 현지 상인에게 구입하거나 장인에게 개인별로 주문 제작했지만, BC 4세기부터는 국가에서 전체 병사들의 무기를 조달하는 방식으로 바꾸었고, 제정기에 접어들면서는 각 군단별로 만들었다. 따라서 오토가 반란을 일으킨 때는 근위병의 무기인지 아니면 군단병의 무기인지 알 수 있었다. 그러다가 3세기부터는 국영 무기 제작소에서 일괄 제작했다.) 왜냐하면 이탈리아 내에는 근위대만 배치되는 것이 원칙이었지만 갈바가 반란을 일으키면서 이끌고 온 군단병들이 있었기 때문이다. 군대의 관습과 규율이 지켜지지 않은 상태로 병사 각자가 장군이요, 선동자인 혼란스런 상황 속에 갈바의 지지자들을 살육하기 위한 잔혹한 행위가 시작되었다.

∗ 갈바 황제 종말의 징조

≪시민들은 갈바에게 몰락의 징후가 나타났다고 믿었다. 모든 것에는 주인이 있듯이, 비록 그것이 과분하게 보일지라도 사실은 그 주인이 자기 몫을 제대로 찾은 것일 수 있다. 이치가 이렇거늘 시민들은 갈바가 주인을 임의로 바꾸었다고 여겼다. 이는 오토가 아닌 피소를 후계자로 지명한 것을 염두에 둔 것이리라.≫

○ 갈바가 병사들을 이끌고 로마로 진군해 오는 동안 신들에게 제사를 지내기 위해 제물로 황소를 잡아 죽였는데 도끼를 제대로 내려치지 못해 놀란 황소가 고삐를 끊고 달아났다. 달아나던 그 황소는 그대로 갈바가 탄 전차로 돌진하여 갈바에게 피를 뿌렸다.

○ 갈바는 많은 보물들 가운데 투스쿨룸에 있는 운명의 여신상을 치장하기 위해 보석들을 따로 보관하여 두었으나, 갑자기 투스쿨룸의 여신상에는 과분하다는 생각이 들어 그 보석들을 카피톨리움의 베누스 여신상에 갖다 바쳤다. 다음 날 밤 꿈에서 운명의 여신이 나타나 갈바에게 불평하기를, 원래 자신이 가져야 할 선물을 빼앗겼기 때문에 이번에는 자신이 갈바에게 준 것을 도로 빼앗을 차례라고 말했다.

○ 1월 1일 희생제를 올리는 동안 갈바가 쓴 화관이 떨어졌으며, 새점을 읽는 동안 제물로 바친 닭이 도망가기도 했다고 전해진다. 이런 종류의 불길한 징조가 끊임없이 발생하고 갈바의 인색함 때문에 병사들의 불만이 커져 갔으며 후계자가 평화시에나 어울리는 자로 결정되자, 이 모두가 한데 어우러져 제위는 위험하게 흔들거렸다. 쉽게 믿을 수 없는 고대의 기록들을 여기에 인용해 두는 것은 당시 로마인들

▌ 투스쿨룸 ___ 출처 : 텍사스 대학 도서관. 이하 같다.

의 신에 대한 경건함과 운명에 대한 그들의 성찰이 어떠했는지 알려
주고자 함이다.

※ 갈바 황제의 죽음(69년)

≪위기에 대처하지 못하고 정보와 결단력이 부족했던 갈바 황제는
젊은 오토에게 무참하게 살해당했다. 갈바는 인격적으로 흠결이 없는
고결한 성품이지만 황제로서는 국고의 운영, 후계자 선정, 관료들에
대한 통제력 등에서 부족한 면을 드러냈다.

하지만 피를 보고자 했던 것이 오토의 목적이 아니었다. 그는 피

소를 제외하고는 어느 누구의 죽음도, 로마의 혼란도 그리고 약탈도 원하지 않았다. 정변의 소용돌이 속에 범죄 행위를 저지르고 아첨과 포상에만 눈이 먼 파렴치한 자들은 훗날 비텔리우스 황제에 의해 가차 없이 처단되었다.≫

○ 반란의 소식이 전해지자 갈바는 황궁을 나와 로마 광장으로 나아갔다. 공포에 질린 수많은 시민들이 공회당과 신전 곳곳에 꽉 들어차 있었고, 그들은 혹시나 있을지도 모를 공격에 대비하여 무기를 들고 있어 살벌한 광경이었다. 오토는 부하들에게 서둘러 나아가 기선을 제압하라고 명령했다. 오토의 명령을 받은 병사들은 말을 탄 채 난폭하게 검을 휘둘러 대며 군중을 흩어 놓고 원로원 의원들을 짓밟으며 갈바가 있는 광장으로 신속히 진입했다. 무장 병력이 접근해 오는 것을 목격한 호위 대대 기수는 군기에서 갈바의 초상을 뜯어내 내동댕이쳤다. 이미 약속된 이 신호로 호위 대대의 모든 병사가 오토 편으로 돌아서자, 겁에 질린 인력거꾼들은 갈바를 내버려 두고 줄행랑을 쳤다.

○ 이렇듯 곁에 있던 수천 명 중 어느 누구도 황제를 보호하려 하지 않았지만 단 한 사람 백인대장 셈프로니우스 덴수스만이 제국의 군인으로서 부끄럽지 않게 행동했다. 그는 갈바로부터 아무런 호의나 혜택을 받은 적이 없지만 법과 명예의 수호를 위해 갈바 앞에 버티고 서서 황제에게 조금이라도 손을 대는 자는 용서하지 않겠다고 고함을 지르며 검을 뽑아 들었기 때문이다. 반란군이 그의 경고를 무시하고 계속 다가오자 그는 그들과 혈투를 벌인 끝에 사타구니에 중상을 입고 쓰러지고 말았다.

○ 갈바는 자신을 죽이려고 검을 들이대는 병사들에게 목을 내밀며 말

했다. "자, 내리쳐라. 그것이 국가를 위하는 것이라고 생각한다면!" 제15군단의 병사 카무리우스는 갈바의 호통에 개의하지 않고 일격에 그의 목을 잘랐다. 잇따라 다른 병사들은 양다리와 양팔을 잘랐다. 그리고 사지가 절단된 몸통에는 여러 차례의 잔혹한 칼부림이 가해졌다. 갈바의 몸통은 오랫동안 방치되어 숱한 모욕을 받은 후, 한때 그의 노예였던 집사 아르기우스가 몸통을 거두어 갈바의 집 정원에 초라하게 묻어 주었다. 갈바의 잘린 머리는 오토에게 보여 준 다음 종군 상인과 종군 노예들의 막대기에 꽂혀 난행을 당하다가 다음 날 갈바에게 처벌받았던 네로 황제의 해방 노예 페트로비우스 무덤 앞에서 발견되어 몸통과 같이 묻혔다. 혈기 왕성할 때 게르마니아에서 무공을 세웠으며 아프리카와 히스파니아에서 총독으로서 공정한 업무를 수행했다는 갈바는, 황제가 되지 않았더라도 황제가 될 그릇이었다는 것이 세간의 중론이었다.

o 오토의 반란군들은 갈바 외에도 비니우스, 피소를 살해하고 그들의 잘린 머리를 긴 창끝에 꽂아 은독수리기와 함께 운반했다. 갈바와 비니우스의 모습을 보고 슬픈 표정을 지었던 오토는, 피소의 잘린 머리를 보고는 이렇게 찬연하게 빛나는 것도 없다면서 매우 기뻐했다. 왜냐하면 갈바의 후계 자리를 원했던 오토로서는 피소가 정적이자 경쟁자였기 때문이었다.

o 병사들은 경쟁적으로 살육 행위를 한 피 묻은 손을 내보이면서 승리의 노고를 상징하는 기념물인 것처럼 자랑스러워했다. 원로원과 시민들의 태도 또한 얼마 전과는 딴판이었다. 앞을 다투며 근위대 병영으로 달려가서는 갈바를 비방하고 병사들의 결단을 찬양하는가 하면 오토의 손에 입을 맞추었다. 부정직한 자일수록 아첨과 언동은 더욱 가

관이었다. 수많은 자들이 손과 검에 피를 묻혀 오토에게 보여 주며 상금을 요구했다. 그들 중 상금을 요구하며 탄원서를 낸 120명은 모두 신원이 확인되어, 훗날 비텔리우스 황제에게 빠짐없이 전원 처벌됨으로써 그들이 내세웠던 공적(功績)은 위험한 것이었음이 입증되었다.

❋ 로마군의 부패와 부조리

≪권력이 있는 곳에는 항상 부패와 부조리가 함께하기 마련이다. 백인대장의 권한은 사병들이 정의의 정신을 깨고 약탈, 강도, 반란의 선을 넘을 만큼 위압적이었다. 로마 제국의 근간인 병영 내에 어두운 그림자를 드리웠던 이러한 권력형 부패는 제국의 토대를 흔들고 있었다.≫

○ 병사들은 황제가 된 오토에게 자신들의 힘과 공적을 앞세워 근위대장과 로마 시장을 선임했을 뿐 아니라, 잡다하고 고된 사역을 면제받기 위해 백인대장에게 상납하던 관행의 폐지를 요구했다. 일부 부정한 백인대장일 경우 자신에게 상납하면 부대원의 4분의 1까지는 휴가를 가든지 병영 안에서 빈둥거리며 휴식을 취하게 할 수 있었다. 이러한 부담스런 상납을 위해 병사들은 강도나 약탈 같은 죄를 저지르거나 노예 같은 일을 해서 백인대장의 주머니를 채워 주었다. 백인대장들은 돈깨나 있음직함에도 상납하지 않는 병사에게는 고되고 혹독한 사역을 시켜 견디다 못한 병사가 결국에 호주머니를 털게 만들어 자신의 배를 채웠다. 백인대장들이 뇌물을 받는 것은 가난해

서 그런 것이 아니었다. 오히려 그 반대였다. 당시 병사들의 연봉이 900세스테르티우스였고, 백인대장의 연봉은 병사들의 15배나 되는 13,500세스테르티우스였으며, 제1대대 백인대장(선임 백인대장)의 연봉은 무려 60배가 되는 54,000세스테르티우스였기 때문이다.

○ 재물을 상납하고 휴가를 보낸 병사가 부대로 복귀하면 빈털터리가 되었고 나태함으로 기강은 해이해져, 남은 것이라곤 궁색함과 무기력뿐이었다. 승진에서도 무공을 쌓았다고 무조건 가능한 일이 아니었다. 승진을 위해서는 추천장이 필요했고 추천장은 뇌물로 살 수 있었으므로 사실상 승진은 뇌물에 달려 있었다. 병영 안에서 이런 부조리와 병사들의 궁핍 그리고 방종이 하나씩 모여 종국에는 폭동과 모반 그리고 내전과 약탈로 치닫게 했다.

○ 오토는 군대의 제도적 부패를 알고 있었지만 사병들의 요구를 들어주기 위해 백인대장들의 호의를 잃고 싶지는 않았다. 따라서 사역 면제비를 황제의 금고에서 지출하기로 약속했다. 결국 사역 면제비는 봉급 외 백인대장들의 수당이 된 셈이다. 이는 군율을 바로잡기 위해서는 아주 유익한 제도였기에 현명하게도 훗날 황제들은 이 제도를 군법으로 확립시켰다.

※ 오토(Otho) 황제의 관용

≪근면하고 청렴한 예정 집정관 켈수스가 이미 폐위된 갈바 황제에게 변함없는 충성을 바치자, 그를 처형해야 한다는 정적들의 요구가

_____ 로마의 선택과 결정 ⑤ 야만의 침탈

빗발쳤다. 오토는 짐짓 분노한 척하고 켈수스를 엄벌에 처하겠다며 체포하여 구속을 명했지만, 사실은 구속이 그를 구명해 주었다. 만약 켈수스를 체포하지 않고 그냥 방치했다면 분노한 시민들과 병사들에 의해 치욕스럽게 살해당할 것이 뻔했기 때문이다. 그뿐 아니라 오토 는 갈바를 향한 켈수스의 충절을 자신의 관용 정책에 이용했다. 켈 수스를 용서함으로써 자신이 사회 지도 계층과 시민들에게 방탕하고 포악한 찬탈자가 아니라, 용서와 관용의 미덕을 지닌 새로운 황제임 을 각인시켰다.≫

○ 오토는 반란에 성공하여 황제에 즉 위하자 병사들로부터 예정 집정관 마리우스 켈수스를 처형하라는 격 렬한 요구를 받았다. 그는 켈수스 의 처형을 원하지 않았지만 난폭해 진 병사들의 요구를 거부하기도 위 험했다. 고심 끝에 병사들의 요구 를 실행하자면 처형하기 전에 먼저

▌ 오토

투옥하여 심문을 해야 한다는 구실로 켈수스를 체포하여 카피톨리움 으로 데려오게 했다. 그리고 켈수스에게 족쇄를 채우고 자신이 가장 신뢰하는 부하들에게 감시하라는 명령을 내렸다. 심문이 시작되자 오토는 정변이 일어나 갈바가 살해되고 자신이 제위를 차지한 후에 도 변함없이 갈바에게 충성한 죄를 켈수스에게 물었다. 그러자 켈수 스는 자신의 죄를 순순히 인정했을 뿐 아니라, 나아가 자신이 충절의 귀감으로서 유익하다고 주장하기까지 했다.

○ 오토는 자신을 따르지 않는 켈수스를 용서한다기보다는 그런 자들을 두려워하지 않는다는 것을 보여 주고자 관용의 조처를 취했다. 켈수스를 가까운 친구로 대하고, 얼마 후에는 군 지휘관으로 발탁하기도 한 것이다. 한편 켈수스도 갈바를 버리고 오토에게 충성을 다해야 하는 것이 자신의 숙명이라 여기고 오토를 향한 충절을 철저히 지켰다.

○ 켈수스에 대한 오토의 처분은 지도자급 위정자들에게 크게 환영받았으며 일반 로마 시민들 사이에서도 좋은 평판을 얻었다. 병사들조차도 이러한 처분에 불만을 품지 않았고, 병사들의 분노를 자아냈던 충절의 덕이 이제는 그들의 칭찬 거리로 바뀌었다. 이는 자신을 지지하는 추종자들이 증오하는 저명인사에게도 관용을 베풀었다는 시민들의 평판을 노린 오토의 속셈이 맞아떨어졌던 것이다.

※ 베드리아쿰(Bedriacum) 전투(69년)

≪내전의 비극은 한차례의 핏빛으로 끝나지 않았다. 도나우강의 방어군은 황제를 바꾸어 다시금 비텔리우스의 라인강 방어군에게 도전장을 던졌다. 마침내 그들은 얼마 전 라인강 방어군들에게 당한 치욕을 그대로 앙갚음하여 승리의 기쁨을 대신했다. 내전에서 승리한 자에게는 전란이 끝난 후 아픈 상처를 아물게 하는 배려가 필요했지만 비텔리우스는 이를 경시한 결과, 얼마 후 제위를 빼앗기고 목숨까지 잃었던 것이다.≫

○ 제5대 황제 네로가 자살하고 난 후 갈바가 즉위했지만, 민심 잡기와 정치에 실패한 갈바가 오토에 의거 제거된 것은 앞서 서술한 바와 같다. 그러나 베르기니우스 루푸스가 지휘하여 빈덱스의 반란을 진압한 고지 게르마니아 군단은 점차 분노로 물들어 갔다. 네로에게 반기를 들고 갈리아에서 반란을 일으킨 빈덱스가 갈바를 황제로 추대했었고, 갈바는 네로가 죽고 난 후 황제에 등극하자 죽은 빈덱스에게 경의를 표하고 국장을 치르며 예우했기 때문이다. 그러자 고지 게르마니아 군단병들은 군인으로서 당연히 빈덱스가 일으킨 반란을 진압했지만 보상금조차 지급받지 못하는 등 갈바가 은근히 게르마니아 군단을 멸시하며, 자신들을 오히려 처벌하고 있다고 생각했다. 그들의 사령관 루푸스는 병사들에 의해 황제로 추대됐지만 이를 거절하고 갈바에게 소환되었으며, 갈바가 새로 보낸 신임 사령관 플라쿠스 호르데오니우스는 통풍을 앓고 있어 거동조차 힘든 데다 병사들과 뜻이 달라 부대를 장악하지 못하는 그림자와 같은 처지였다.

○ 게다가 저지 게르마니아 군단들까지도 갈바의 히스파니아 군단보다 더 열악한 조건에서 근무에 임하고 있으므로 자신들이 더 나은 대우를 받아야 된다고 생각했다. 마침내 그들이 자신들의 사령관 비텔리우스를 황제로 옹립하자, 이때다 싶었던 고지 게르마니아 군단들은 응어리진 분노를 터뜨리며 곧바로 반란의 기세에 합류했다.(註. 라인강을 기준으로 상류 쪽에 배치된 군단을 고지 게르마니아 군단, 하류 쪽에 배치된 군단을 저지 게르마니아 군단으로 구분하여 불렀다.)

○ 저지 게르마니아 군단이 비텔리우스를 황제로 추대한 것은 1월 2일이었으며, 다음 날 고지 게르마니아 군단도 비텔리우스를 황제로 선언했다. 갈바가 살해된 것은 1월 15일이었으며, 게르마니아 군단이

갈바가 살해되었다는 사실을 안 것은 1월 말이었다. 게르마니아 군단이 갈바가 살해당했다는 것을 좀 더 일찍 알았더라면 반란의 불꽃이 활활 불타오르기 전에 불씨를 꺼뜨리고 내전의 비극을 피할 수도 있었겠지만 당시는 정보가 그렇게 빨리 전달되지 못했다. 그러니까 게르마니아 군단과 로마와의 거리가 멀리 떨어져 있어 정보 전달에서 시차가 발생한 것이 반란이 불거진 이유였다. 게르마니아 군단이 비텔리우스를 특별히 존경한 것도 아니지만, 시동이 걸린 열차가 쉽게 멈출 수 없듯이 반란의 기세는 로마 시민과 원로원이 승인한 오토 황제에 맞서기로 결정하게 되었다.

○ 오토는 권력에 눈이 어두워 갈바를 살해할 당시, 게르만족과의 잦은 전투로 용맹스런 최정예군이 되어 있던 게르마니아 군단과 결전을 벌여야 할지 모른다는 생각을 미처 하지 못했다. 게르마니아 군단이 반란의 깃발을 내걸자 그제야 그는 비텔리우스에게 권력을 나누어 갖자고도 하고 그의 딸과 결혼도 제안했지만 소용이 없었다. 이미 게르마니아 군단의 병사들이 로마를 향해 진격하고 있었기 때문이다. 군사적 자원이 부족했던 오토 황제는 우선 근위대와 경찰 병력을 끌어모았다. 곧이어 도나우 군단과 시리아 군단에서 호의적인 서신을 보내오며 지원을 약속했다. 그러나 오토 군은 힘없는 노인(註. 갈바 황제를 말한다.)의 목이나 벨 줄 알았지 사내끼리의 싸움은 할 줄도 모르는 아녀자 같은 자들이라며 비텔리우스 군에게 조롱당했다. 적의 조롱에 그들은 분노와 투지를 불태우며 도나우 군단의 지원을 받기도 전에 플로켄티아와 크레모나에서 적은 병력으로 소규모로 치른 첫 격돌에서 비텔리우스 군을 무찔렀다.

○ 첫 전투에서 승리한 후 오토는 크레모나 근처의 작은 마을 베드리아

쿰에서 회의를 가졌다. 그 회의에서 도나우 군단이 모두 올 때까지 지연전을 펼칠 것인지, 아니면 도나우 군단의 일부 적은 병력이 도착한 지금 즉시 전투를 벌여 승부를 결정지을 것인지에 대해 논의가 거듭되었다. 그리고 오토가 참전할 것인지, 아니면 전쟁터를 떠나 후방에 있을 것인지에 대해서도 논의했다.

○ 오토 진영의 파울리우스는 비텔리우스 파들이 그들의 후방인 갈리아 속주가 게르만족들의 침입이 예상되고 있어 불안하고, 전쟁이 여름까지 간다면 추위에는 적응되어 있으나 더위에는 약한 게르마니아 군단병들의 강인한 신체도 허약해질 것이므로 장기전을 펼쳐야 한다고 주장했다. 그러나 오토는 조속히 전투를 벌여 승패를 가름 짓고 싶어 했다. 오토의 희망적 의견에는 전투 경험이 부족한 오토의 동생

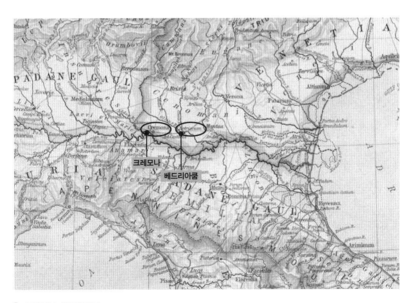

▌ 크레모나, 베드리아쿰

티티아누스와 군단장 리키니우스 프로쿨루스가 적극 지지했다. 결국 오토는 자신의 희망을 밑받침으로 티티아누스와 프로쿨루스의 주장을 받아들여 지원군 본대가 도착하지 않았더라도 즉시 결전을 벌이되 자신은 후방에 남기로 결정했다.

○ 내전에서는 병사들의 지휘관에 대한 신뢰와 지지가 승리의 주요한 관건이지만 오토 파의 장군들은 병사들의 지지를 받고 있는 것이 아니라, 오히려 충성에 대하여 의심을 받고 있었다. 또한 내전의 비참함이란 형제와 부자간에 활시위를 당기고 검을 겨눈다는 것이다. 도덕적으로 용서될 수 없는 내전의 참화를 견디게 할 수 있는 용기는 최고 사령관인 황제가 스스로 전투에 임함으로써 생겨날 수 있다. 왜냐하면 병사들이 같은 동포에게 검을 들이대는 것은 도덕과 양심이 쉽게 허락하지 않지만, 자신의 사령관을 위한 것이라면 그러한 망설임에서 헤어날 수 있는 명분을 주기 때문이다.(註. 율리우스 카이사르는 루비콘강을 건널 때 '주사위는 던져졌다'란 말을 하기 전에 '이 강을 건너면 인간 세계가 비참해지고, 건너지 않으면 내가 파멸한다.'고 말했다. 이는 사령관인 자신이 파멸되지 않도록 전투에 있는 힘을 다해 달라는 의미로 말한 것이며, 이렇게 함으로써 그는 병사들에게 국법을 어기고 동포를 죽이는 명분을 심어 주었다.) 그러나 오토는 황제의 안전을 도모한답시고 휘하 지휘관들의 병사들에 대한 지휘권 장악과 명령권을 불확실한 상태로 남겨 둔 채, 후방인 브릭셀룸(註. 현재 지명 '브레셀로')에서 전투 결과를 기다리기로 했다. 이것은 주요한 전투력이 될 수 있는 강력한 근위대와 호위병의 일부를 후방으로 빼돌린 결과를 초래했고, 따라서 병사들의 사기를 저하시키는 원인으로 작용했다.

○ 적에게 알려지면 불리한 이런 사실들은 낱낱이 비텔리우스 파들에게 전해지고 있었는데, 그것은 내전에서 흔히 발생되는 탈주병들이 밝혔기 때문이다. 황제는 전투에서 패한다면 분노한 적의 놀림거리가 되어 죽어야 할 판이다. 죽더라도 전쟁터에서 죽어야 하는 것이 자신의 운명이었지만 오토는 그것을 납득하지 못했다. 결국 그는 베드리아쿰에서 벌어진 전투에서 패전했다는 급보를 받았다. 하지만 파멸에 임박해서 그는 숭고한 정신을 보여 주었다. 로마 시민의 생존을 보호하고 패전의 대가를 더 이상 확대시키지 않겠다는 의지를 보이며, 주변의 만류에도 불구하고 자살을 결정했기 때문이다. 결과적으로 도나우 군단과 게르마니아 군단 사이의 내전이 된 베드리아쿰 전투에서 게르마니아 군단이 최종 승리했고, 그 결과 비텔리우스는 황제의 자리에 오를 수 있었다.

○ 승리를 거머쥔 비텔리우스는 내전으로 찢겨진 국론을 봉합하고 동포의 아픔을 아물게 하는 데 전력투구했어야 했거늘 시민과 도나우 군단에게 분노와 실망의 감정만 쌓이게 하는 실정을 거듭했다. 도나우 군단은 베드리아쿰 전투가 끝나고 패배자라고 해서 같은 동포에게 비참한 대우를 받았기 때문이다. 그러나 이것은 제1차 전투였을 뿐이었다. 승리의 여신은 대지를 또다시 한차례 피로 물들이기를 바랐다. 복수에 불타올랐던 도나우 군단은 얼마 후 베스파시아누스와 무키아누스 그리고 알렉산드로스가 동방에서 반란의 깃발을 내걸었을 때 베스파시아누스 군에 가담했다. 같은 장소에서 제2차 베드리아쿰 전투가 벌어진 그때는 군단장 안토니우스 프리무스가 이끄는 도나우 군단이 카이키나가 이끄는 게르마니아 군단을 격파했다. 그 전투에서 베스파시아누스를 지지하는 병사들이 승리함으로써 베스파시아

누스는 황제가 될 수 있는 발판이 마련되었다.

○ 갈바와 비텔리우스 그리고 베스파시아누스를 거치면서 이제 로마의 황제의 자리는 로마가 아니라, 변방 세력에 의해서 오를 수 있다는 것이 만천하에 드러났다. 그리고 로마인들은 로마의 운명이 자신들의 결정만으로 이루어지는 것이 아니라, 변방에서 발생하는 속주의 사건들에 의해서도 갈라질 수 있음을 납득했다.

※ 코케이아누스(Cocceianus)에 대한 오토 황제의 격려(69년)

≪코케이아누스는 죽음의 공포와 분노의 감정이 극한으로 치닫는 전쟁터에서 큰아버지 오토 황제가 보여 준 용기와 격려를 평생 간직하고 살았다. 그는 오토가 숭고한 정신에 근거하여 더 이상 내전의 비극이 있어서는 안 된다고 했던 말을 자결로써 실천한 것을 목도했다.≫

○ 제1차 베드리아쿰 전투가 오토 지지자들의 패배로 끝났다. 전쟁터에서 탈주한 병사들은 간간이 들려오던 불리한 전황을 이제는 완전히 패전했음을 오토에게 알려 주었다. 살아남은 병사들은 항복하기를 거부하고 오토에게 끝까지 비텔리우스와 싸울 것을 열정으로 간청했다. 그러나 오토는 또다시 제국을 내전의 위험에 노출시켜서는 안 되며, 자신은 미련 없이 제위를 포기하고 생에 대한 애착을 떨쳐 버리겠다고 단호히 말했다. 그러면서 참모들을 소집하여 모두 떠나라고

명령하며, 전쟁터에 남아 있어 비텔리우스 파의 분노를 자극하지 말라고 충고했다. 그의 표정은 평온했고 말에는 두려움이 없었으며, 승리자의 재판을 받을 만한 문서들은 모두 폐기했다.

○ 브릭셀룸에 있던 오토는 이런 일들을 모두 처리하고 나서 동생의 아들인 어린 조카 코케이아누스를 불렀다. 그는 오토가 입양하여 제위를 승계시키려고 마음먹었을 만큼 아끼는 조카였다. 코케이아누스는 매우 어렸고 자기편이 패배했다는 사실에 두려워했으며, 큰아버지 오토의 결정에 눈물을 글썽이고 있었다. 오토는 코케이아누스를 칭찬하기도 하고 부드럽게 꾸짖기도 하면서 위로했다. "너는 무척 두려워하고 있구나. 비텔리우스가 반란을 일으켰을 때 로마에 있던 그의 가족들에게 내가 복수하지 않고 모두 보호했다는 것을 너는 알고 있지? 그렇건만 이제 승리자가 된 비텔리우스가 나의 친척과 가족들을 모두 살해할 것이라고 생각하느냐? 내가 패전한 지금 나의 죽음으로써만 승리자의 자비를 구할 수 있느니라. 비텔리우스는 내가 패전으로 인한 절망 속에서가 아니라, 패전에도 불구하고 병사들이 계속 충성을 바치며 전쟁을 요구하는 상황에서도 국가를 위해 더 이상의 피를 흘려서는 안 된다고 결정했음을 납득할 것이다. 이제 나는 나 자신을 위해 충분한 명성을, 그리고 내 후손을 위해서는 충분히 높은 지위를 얻었느니라. 율리우스, 클라우디우스, 세르비우스 가문 이후, 나로 인해 새로운 황제의 가문이 생겨나지 않았느냐? 그러므로 앞으로 너는 용기를 가지고 살아가야 하느니라. 사실 나는 너를 아들로 삼고 싶었지만 권력을 완전하게 장악한 다음 입양하기로 미루었단다. 너는 살아가면서 오토가 큰아버지였다는 것을 결코 잊지 마라. 그렇다고 너무 기억해서도 안 되느

니라."

○ 부하 참모들 그리고 조카와 대화를 끝낸 오토는 날이 저물어 갈 무렵 베개 밑에 단검 한 자루를 넣고 잤다. 모두가 떠난 것을 확인한 새벽에 그는 머뭇거림이나 망설임 없이 단칼에 자신의 가슴에 검을 찔러 넣었다. 오토는 신음 소리를 듣고 달려온 근위대장 플로티우스 피르무스와 해방 노예들에게 자신의 머리가 잘리고 창끝에 꽂혀 조롱의 대상이 되지 않게 해 달라고 간곡히 부탁했다. 어쩌면 자신이 갈바의 주검에게 행한 참혹한 행위가 그대로 자신에게 되풀이될까 봐 두려웠는지 모른다.(註. 갈바는 오토의 병사들에게 살해되어 머리가 잘린 후 종군 상인과 종군 노예들의 막대기에 꽂혀 거리를 돌아다녔다.) 오토는 화장되었고 몇몇의 병사들은 황제의 영예를 모방하려는 욕구와 황제에 대한 애정 때문에 화장용 장작더미 옆에서 자살하기도 했다. 이때 오토의 나이 38세였고, 재위 기간은 겨우 3개월이었다.

○ 네로 친구로서의 로마 생활과 히스파니아 속주 총독으로서의 통치 그리고 황제로서의 행동을 보면 그는 개인으로서는 난봉꾼이었지만 통치자로서는 뛰어난 자질을 보였다. 그는 한때 비난받을 방탕한 삶에 젖었지만, 사람이란 삶을 마감하는 순간에 진실된 자신의 참모습을 표현한다는 말을 실천한 황제였다. 냉정한 비평가이자 역사가인 타키투스에 의하면 황제로서의 오토는 모든 사람들의 예상과는 달리 사치와 안락에 굴복하지 않고 쾌락을 제쳐 두고 방탕함을 숨겼으며, 자신의 생활을 황제의 위치에 걸맞게 규제했다는 평가를 내렸다.

○ 오토 황제의 조카이자, 살비우스 티티아누스의 아들인 코케이아누스는 유언이 된 큰아버지의 마지막 격려를 평생 잊지 못했다. 불행

한 것은 그가 도미티아누스 황제 때 자신에게 깊은 애정을 심어 주었던 큰아버지 오토의 생일을 기념했다는 이유로 처형당했다는 사실이다. 의심 많은 도미티아누스가 오토 황제를 기념한다는 것은 곧 제위를 노리며 모반을 꾀하는 것으로 간주했기 때문이다. 굳이 코케이아누스의 잘못을 말한다면 자신을 잊지도 말고 그렇다고 너무 기억하지도 말라는 오토의 유언을 지키지 않았던 탓이다.

| 마음에 새기는 말 |

통치자는 상대의 어법이나 억양의 잘못을 지적하면 안 된다. 중요한 것은 전달하는 내용이지, 전달 방식은 부차적이기 때문이다. 통치자의 권위 앞에서 어법 등으로 지적받기 싫어 입을 다문다면 정보와 진실이 가려져 통치에 해악을 끼칠 뿐이다.

※ 처형당한 백인대장 크리스피누스(Crispinus)

≪범죄의 뿌리가 되는 자는 용서받았고, 명령을 따랐을 뿐인 자가 처벌되었다. 크리스피누스는 카피토의 피를 자신의 칼에 묻히기 전에 책임 소재가 정의롭게 결정될 수 있는지 미리 살펴야 마땅했다. 이렇듯 인간사에서 상관의 부당한 명령을 어떻게 할 것인가는 대단한 지혜와 분별력이 요구된다.≫

○ 갈바에 반대하는 게르마니아 군단은 자신들의 사령관 비텔리우스를

황제로 추대했다. 얼마 후 로마에서는 오토가 황제로 즉위했지만 먼 거리로 인해 그 소식이 아직 게르마니아 군단에 알려지지 못했다. 오토가 새로운 황제로 즉위했다는 것이 전해졌을 때는 반란의 불길을 잡기에 너무 늦어 버렸다. 들불 같은 기세로 들이닥친 게르마니아 군단은 베드리아쿰에서 결정적인 승리를 낚아채 로마 방어군을 꺾은 후 오토를 제위에서 끌어내리고 그 자리에 비텔리우스를 앉혔다. 이는 앞서 서술한 그대로다.

○ 제위에 오른 비텔리우스는 자신을 지지하는 병사들에게 선심을 베풀었고 병사들의 잔인한 요구에도 굴복하여 번번이 승인했다. 다만 게르마니아 함대의 제독 율리우스 부르도는 비텔리우스의 책략으로 겨우 목숨을 부지할 수 있었다. 병사들이 부르도에게 격분했던 이유는 그가 병사들 사이에 인기가 많았던 폰테이우스 카피토에게 죄를 뒤집어씌웠기 때문이다. 따라서 비텔리우스는 모함의 책임을 물어 부르도를 죽일 수는 있어도, 성난 병사들 앞에서 부르도를 사면 처분하겠다고는 도저히 선언할 수 없었다. 그래서 비텔리우스는 계책을 세웠다. 그는 부르도를 일단 구금했다가, 병사들의 분노가 어느 정도 누그러진 것을 확인한 후 그를 풀어 준 것이다.

○ 그뿐만 아니라 비텔리우스는 병사들의 분노가 누그러지게 하기 위해서 부르도를 풀어 주기 전에 하나의 책략을 마련했다. 병사들의 분노한 표적을 백인대장 크리스피누스에게 돌려 희생양으로 삼은 것이다. 크리스피누스는 부르도의 모함을 받은 카피토를 직접 살해했기에 그의 몸과 칼에는 아직도 카피토의 핏자국이 선명히 묻어 있었다. 그러기에 처벌을 요구하는 병사들에게는 더욱 명백한 죄인이요 처벌하는 측에서는 값싼 제물이었다. 명령에 따랐을 뿐인 크리스피누스

는 억울하게 처벌받았지만, 로마법에서는 부당한 지시를 이행해서는
안 된다는 논리로 처벌을 합리화했다.

※ 티투스(Titus)의 지혜(69년)

≪티투스의 용기와 지혜로운 결정이 아버지 베스파시아누스의 앞
길을 터 주었다. 갈바에 대한 충성은 그의 사망으로 의미가 없어졌
을 뿐 아니라, 로마로 간다면 신변의 안전조차 장담할 수 없었다. 더
군다나 인질이 되어 로마에 억류된다면 아버지에게 누를 끼칠 게 뻔
했다. 결국 불확실한 상황에서는 결정을 뒤로 미루어도 기회는 다
시 올 수 있다는 데 생각이 미쳤다. 그가 탄 배가 로마로 향하지 않
고 회항을 결정했을 때 이미 제위를 향한 희망을 마음속에 품고 있었
다.≫

○ 베스파시아누스의 큰아들 티투스(註. 티투스의 이름은 아버지와 똑같
이 티투스 플라비우스 베스파시아누스Titus Flavius Vespasianus였다.)는
아버지의 지시로 갈바 황제에 대한 충성을 표하기 위해 유대 왕 헤롯
아그리파 2세(註. 헤롯 왕의 증손자이며 친로마파였다.)와 함께 로마로
가게 되었다. 당시 사람들의 말에 따르면 티투스는 아무리 큰 행운이
라도 감당할 수 있는 능력과 용기를 지녔고, 위엄 있는 용모, 예언과
전조의 근거로 믿어지던 신탁과 우연한 사건들로 그 명성이 높아지
고 있었다. 티투스는 갈바에게 가던 중 갈바가 살해되고 오토가 황제

가 되었으며, 다시 비텔리우스가 무장을 하고 반란을 일으켰다는 사실을 그리스의 코린토스에서 알았다.

○ 그는 이 상황에서 어떻게 해야 할지 몰라 몇몇 친구들을 불러 모든 가능성을 검토했다. 만약 갈바 황제에 대한 충성을 표하기 위해 그대로 로마에 간다면 이미 갈바가 살해되었으므로 무의미한 여정이 될 뿐 아니라, 오히려 오토의 시기와 분노만 살 것이 뻔했다. 어쩌면 다시 부친의 품으로 돌아올 수도 없이 로마에서 오토나 비텔리우스의 인질이 될 수도 있으리라고 추측할 수 있었다. 반대로 유대로 되돌아 간다면 황제 쟁탈전에서 승리한 자의 비위에 거슬릴 것은 의심할 여지가 없지만, 누가 최종 승리할 것인지 불확실한 상황에서 베스파시아누스가 승자 편에 가담한다면 용서될 터였다. 그런 와중에 함께 동행했던 헤롯 아그리파 2세는 새로 즉위한 오토에게 경의를 표하겠다며 그대로 로마에 가겠다고 했다. 하지만 티투스는 이런저런 생각에 잠겨 있다가 마침내 아버지의 품에 되돌아가기로 결심했다. 어떤 자

▌ 키프로스의 파포스 ___ 출처 : 텍사스 대학 도서관. 이하 같다.

_____ 로마의 선택과 결정 ⑤ 야만의 침탈

는 티투스가 연모한 유대 왕 헤롯 아그리파 1세의 딸 베르니케가 그리워 회항을 결정했다고도 하나, 그가 베르니케를 사랑한 것은 사실이었지만, 회항 결정이 그런 사사로운 감정으로부터 발생하지 않았다고 여겨진다.

○ 티투스는 한때 쾌락과 방종 속에서 세월을 허비하기도 했지만, 부친의 지도 속에 있을 때보다 스스로의 판단과 통제에 따라 행동할 때가 더욱 절도 있었다. 돌아오는 뱃길에 키프로스섬의 파포스에 있는 베누스 신전에 들러 신탁을 구했다. 길은 열려 있고 바다는 평온하다는 사제의 긍정적인 말을 듣게 된 티투스는 많은 희생 동물을 바친 후 자신의 미래에 대해 물었다. 사제 소스트라투스는 희생 동물의 내장을 살펴보더니 전조가 호의적이고 한결같으며, 여신 베누스가 티투스의 거대한 계획에 동의하고 있다는 신탁을 들려주었다. 이에 크게 용기를 얻은 그가 부친에게로 회항할 것을 다시 한 번 확고하게 결정하자, 병사들과 동행인들의 동요하던 마음도 안정되었다. 그렇게 되자 티투스는 미래에 대한 확신으로 자신감이 더해졌다.

☀ 베스파시아누스와 무키아누스의 동맹(69년)

≪티투스는 동방의 두 사령관이 경쟁 관계에서 벗어나 공동의 이익에 눈을 뜨게 했고 서로 간에 협조의 길을 닦았다. 이로써 제위를 향한 야망의 실현 가능성은 더욱더 커졌다. 티투스의 유연성을 말한다면, 쾌락과 방종 같은 병사들의 욕망을 군율과 지지의 위험한 경계선을 벗

어나지 않는 범위 내에서 묵인하며 충성을 받아 낼 만큼 탁월했다. ≫

○ 동방 속주들의 사령관이었던 베스파시아누스와 무키아누스는 명성
이 자자했으나 서로 상이한 평판을 얻고 있었다. 유대 총독 베스파시
아누스는 유대 전쟁을 수행하고 있던 관계로 3개 군단을 휘하에 두고
있었으며 시리아 총독 리키니우스 무키아누스는 4개 군단(註. 시리아
에는 3개 군단이 주둔하고 있었는데 무키아누스가 4개 군단을 지휘했다고
타키투스가 서술한 것을 보면 어떤 변화가 있었던 것으로 보인다.)을 지
휘하고 있었는데, 베스파시아누스 군단이 전투로 단련된 만큼 그리
고 무키아누스 휘하의 군단은 평온한 지역에서 휴식을 취하고 있었
던 만큼 전투에의 열망으로 가득 차 있었다.

○ 베스파시아누스는 야전군 사령관답게 전투에 있어서는 부대 맨 앞에
서 행군하며 용감하게 지휘했고, 숙영할 막사의 위치도 스스로 선택
했으며 밤낮없이 전술을 구사하며 필요에 따라서는 직접 전투에 나
서서 자신의 검으로 적을 베기도 했다. 음식은 평범한 것으로 만족했
고 차림새와 의복은 일반 병사와 거의 차이가 없었다. 요컨대 탐욕만
없었더라면 베스파시아누스는 과거의 명예로웠던 지휘관들에 필적
할 만한 성품이었다. 이와는 달리 무키아누스는 장엄함, 재력, 고귀
한 생활 방식으로 자신의 명성을 떨치고 있었는데, 연설에 매우 유창
했고 일반 행정에 대한 업무 처리 능력이 뛰어났다. 이 두 사람의 장
점만 합친다면 그야말로 금상첨화였으나, 이들이 가진 서로 간의 질
투와 경쟁의식은 자신의 능력을 뛰어넘어 공진·증폭될 기회를 갖지
못하게 했다.

○ 그러나 네로가 죽고 제위가 불안하게 연이어 옮겨 가자, 두 사람은

적대감을 버리고 공동의 이익을 논의했다. 베스파시아누스와 무키아 누스는 오토와 비텔리우스 간의 경쟁에서 승리한 자가 머지않아 제 국을 차지하고, 자신들은 아무런 결실도 얻지 못한 채 방관자의 상태 에 빠지지 않을까 걱정했던 것이다. 그리고 두 사람은 자신들의 역 량과 힘과 재원을 정확히 알고 있었다. 처음에는 친구들을 통해 서로 간에 협조를 이끌었으나, 나중에는 티투스가 나서서 두 사람의 공동 이익을 알려 줌으로써 위험하면서도 보탬이 되지 않는 불화를 종결 시키고 화합을 이끌어 냈다. 그만큼 티투스는 무키아누스의 성품마 저 회유할 정도로 친화력에서 탁월한 능력을 보였다.

※ 비텔리우스(Vitellius) 황제의 경박함

≪내전의 승리로 유일한 최고 권력자가 된 비텔리우스는 미덕보다는 악행과 방종으로 치세를 시작했다. 이러한 패덕은 비텔리우스의 종말 을 예고했고, 미래의 파멸을 짐작하게 했다.≫

o 이탈리아로 향한 행군 중에 내전의 승리와 오토 황제의 죽음을 전해 들은 비텔리우스는 이제 진정으로 황제의 권위를 가지게 되었다. 그 는 병사들을 모아 놓고 그들의 용기에 대한 찬사를 아끼지 않았으며, 여기에 화답하여 병사들은 비텔리우스의 해방 노예인 아시아티쿠스 에게 기사 신분의 영예를 수여하도록 아부했다. 아시아티쿠스는 비 텔리우스의 노예였을 때 도망친 것을 용서받은 적이 있었고 용서받

은 후에도 거만한 행동과 도벽으로 검투사 양성소에 팔렸으나 경기장에 나선 그를 보고 연민을 느껴 다시 사들일 만큼 비텔리우스가 아끼는 노예였다. 그런 그를 비텔리우스가 저지 게르마니아 군단의 사령관으로 부임하면서 해방시켰던 것이다. 병사들이 비텔리우스의 마음을 알아차리고 아시아티쿠스를 기사 신분으로 격상시키자며 아부를 바치자, 비텔리우스는 자신에게 그런 수치스런 아첨을 하여서는 안 된다고 공식적으로 잘라 말했다. 하지만 생각해 보면 비텔리우스 자신이 아첨으로 성공한 자였다. 그는 티베리우스 때 카프레아이섬에서 남창이라는 별명을 얻었고, 칼리굴라 · 클라우디우스 · 네로 때에도 열렬히 아첨을 한 결과 그 대가로 집정관과 속주 총독이라는 높은 관직을 부여받았던 것이다.

○ 결국 비텔리우스는 타고난 자신의 천박하고 경솔한 기질 때문에 사적인 연회에서 아시아티쿠스를 기사 계급으로 신분 상승을 승인했다. 사적인 연회의 자리에서 그는 기사 계급을 상징하는 반지를 아시아티쿠스에게 끼워 주었던 것이다. 이는 공식적으로 불가함을 천명했던 사항을 사적인 자리에서 번복해 버림으로써 자신의 경박함을 온 세상에 드러내는 꼴이었다. 더군다나 아시아티쿠스는 사악한 술책으로 병사들의 인기와 비텔리우스의 총애를 받고 있던 가증스런 해방 노예였다.

○ 루그두눔(註. 현재 프랑스의 '리옹')에서 비텔리우스는 베드리아쿰 전투에서 양립했던 두 사령관 발렌스와 알리에누스를 자신의 양옆에 앉혀 칭찬을 했다. 그리고 나서는 전 군대에게 자신의 6살 난 아들에게 예의를 갖추어 인사를 하도록 명령했으며, 아들을 데리고 나와 지휘관의 외투로 감싸 팔로 안고서 게르마니쿠스라고 호칭했다. 그리

고 황제의 지위에 해당하는 모든 상징을 아들에게 부여했다. 비텔리우스의 아들에게는 이것이 행운이 아니라 불행한 운명이었다. 왜냐하면 어린 아들이 부황제의 지위에 올랐지만 아버지가 내전에서 패배하자, 다음 해 베스파시아누스 지지자였던 무키아누스에 의해 처형당하고 말았기 때문이다.(註. 행운이 불행으로 뒤바뀌는 경우는 허다하다. 따라서 운명이란 변할 가능성이 있는 한 우쭐하거나 남의 행운을 부러워할 필요가 없다며 아테네의 입법자 솔론은 설파했다. 노무현 치세 때 총무 비서관 정상문과 이명박 치세 때 국가 정보원장 원세훈은 서울시 간부였다가 국가 기관에 등용되었다. 그때까지로 보면 그들은 남들이 부러워하는 행운아였다. 하지만 관복을 바꿔 입은 후 권한을 남용한 결과, 그동안 쌓아 놓은 명예가 일순간에 무너져 나락으로 떨어졌다. 그들에게 주어진 지위는 그들에게 부여될 수 있었던 최고의 지위였지만 곧 내려와야 할 정점이기도 했다는 점을 깨닫지 못했고, 전자의 실패가 후자의 지침이 되지도 못했다.)

| 마음에 새기는 말 |

승리의 순간에 그리고 적에게는 재앙의 순간에 지금의 상황이 역전될 가능성을 깊이 생각해 보고 운명의 변화무쌍함을 명심하는 자야말로, 위대하고 완전한 인간이며 기억할 만한 인간이라 할 수 있다.

_ 폴리비오스

✳ 비텔리우스 황제의 베드리아쿰 방문(69년)

> ≪오만했던 비텔리우스는 전쟁터의 비참한 희생이 얼마 후 베스파시아누스에게 패배한 자신의 운명이 되리라는 것을 알지 못한 채 잔인한 기쁨을 누리고 있었다.≫

○ 오토와의 내전이 끝난 지 얼마 되지 않았을 때 비텔리우스는 격전지였던 크레모나로 가서 사령관 알리에누스가 제공하는 검투사 경기를 구경한 후, 베드리아쿰 평원을 방문하여 승리의 흔적을 눈으로 둘러보았다. 이때는 전투가 벌어진 지 40일이 채 지나지 않았을 때인데 훼손된 시신들, 잘린 팔과 다리들,

| 비텔리우스

사람과 말의 부패한 시체들이 널려 있었고, 대지는 피로 적셔져 있었으며, 나무들과 농작물은 짓밟혀 쓰러져서 소름 끼치는 황량한 모습이었다. 발렌스와 알리에누스는 비텔리우스를 수행하면서 안내했는데, 그들은 전투가 벌어진 장소를 가리키면서 당시의 전투 상황을 설명했다. 백인대장들과 대대장들은 각자 자신의 업적을 자랑하면서 거짓이나 과장을 섞어 넣었다.

○ 일반 병사들은 행군하던 도로에서 벗어나 전투가 벌어졌던 장소를 살펴보았고, 쌓인 무기들과 시체 더미를 놀라운 듯 바라보았다. 자신들의 승리 현장을 보며 기뻐하는 병사들도 있었지만, 사실상 동료

병사였던 적의 비참한 운명에 눈물을 흘리고 연민의 정을 느끼며 현장의 황량함과 악취에 고개를 돌리는 병사들이 대부분이었다. 그러나 비텔리우스는 잔혹한 현장에 눈을 돌리거나 눈물을 흘리지 않았으며, 매장되지 않은 수많은 시민들의 시신에도 두려워하지 않았다. 오히려 그는 소름 끼치는 잔혹한 말을 했다. "적군의 시체는 향기롭기까지 하군!" 이것은 동족끼리의 내전에서 해서는 안 될 말이었다. 하지만 그는 진실로 기쁨에 넘쳐 그 지역의 신들에게 희생 제의를 바치고 있었다.

✳ 비텔리우스 파(派) 병사들의 방종

≪내전에서 승리한 병사들은 규율이 무너져 방종했고, 제국의 재물이 모두 그들 것인 양 생각했다. 게다가 비텔리우스는 누구를 위해 승리했는지, 그 승리의 보답으로 봉사해야 할 자가 누구인지 알지 못했다. 승리를 위해서 병사들의 도움이 필요한 것은 어쩔 수 없지만, 승리한 후에 병사들의 탐욕과 방종을 허용한다면 승리를 욕되게 하며 위험해지는 법이거늘 비텔리우스는 이를 바로잡기에 너무나 나태했다.≫

○ 오토 황제와의 내전에서 승리한 비텔리우스가 승리를 자축하는 자리에서 줄곧 소요가 발생하곤 했다. 한번은 비텔리우스가 티키눔(註. 현재 지명 '파비아')의 연회에 참석했고 지휘관들은 연회의 사치스러움과 쾌락을 즐겼다. 군대는 군율이 무너져 무질서해졌고 병영은 추태

가 지배하는 장소로 변했다. 제5군단 소속의 한 병사와 갈리아 동맹군 소속의 병사 간에 레슬링 시합을 하고 있었는데, 군단병이 쓰러지자 동맹군 병사가 조롱하는 투로 놀려 댔다. 이때 구경하기 위해 모여 있던 병사들이 서로 자기편을 응원하고 있다가, 이러한 조롱을 듣자 군단병들은 모욕으로 여겼다. 격분한 군단병들이 무기를 들고 동맹군을 공격하여 동맹군 2개 보병대대 병사들이 살해되는 참극이 발생하고 말았다.

○ 이후로도 병사들 사이에서 무서운 살육이 일어나곤 했는데, 그것은 티키눔에서 시작된 군단병과 동맹군 사이에 불화의 불씨가 계속 남아 있었기 때문이다. 그러나 병사들이 시민들과 대항하여 싸워야 할 때는 일치단결했다. 시민들에 대한 최악의 학살은 로마에서 11㎞ 정도 떨어진 곳에서 발생했다. 승리한 병사들을 보기 위해 로마시에서 몰려나온 군중들이 막사마다 가득 차 있었다. 이때 일부 시민들이 비굴하게 병사들의 비위를 맞추면서 부주의한 병사들을 놀리려고 그들의 벨트를 몰래 자르고서 제대로 무장을 갖추고 있는지 물어보았다. 자신의 벨트가 잘린 줄도 모르고 당황한 병사들은 이러한 조롱을 참을 수 없었다. 굴욕과 조롱에 익숙지 않은 기질을 가진 병사들은 시민들에게 검을 휘둘렀다. 무수한 시민들이 분노한 병사들의 검에 희생되다가, 살해된 시민들 중에 병사인 아들을 뒤따르던 아버지가 있다는 것이 알려지면서 죄 없는 시민들의 학살이 가까스로 멈추었다.

○ 본대에 앞서간 선발 부대는 로마의 관습과 지리에 익숙지 않아서 몰려든 군중과 충돌하거나 도로에서 넘어지곤 했다. 그런 상황이 발생하면 병사들은 시민들에게 화를 내면서 싸움을 걸어 주먹을 휘둘렀

을 뿐 아니라 허리춤에서 검을 뽑아 들기도 했다. 그리고 시내 곳곳에서 병사들의 무리는 이리저리 몰려다니며 공포를 조성했다. 병영을 가득 채우고도 넘쳐나는 병사들은 로마의 신전들과 도시를 배회했다. 그들은 열병하는 장소조차 알지 못했고, 경비의 의무를 이행하지도 않았으며, 신체의 강인함을 유지하기 위한 훈련도 하지 않았다. 병사들은 대도시의 유혹과 환락에 빠져 언급하기 수치스런 행동을 보였으며, 강인하고 절제된 규범이 사라지고, 나태함 속에 육체를 담그고 방탕한 행동으로 용기를 약화시켰다.

※ 베스파시아누스(Vespasianus)의 갈등

≪제위를 향한 위험한 희망을 품은 베스파시아누스는 겉으로 드러난 전력뿐 아니라, 지지자들의 충성도에 대해서도 불안과 걱정이 그치지 않았다. 그때 무키아누스가 지지자로서 혈맹으로서 그리고 동조자로서 베스파시아누스를 격려하며, 어떤 자를 동지로 삼아야 하는지 일깨워 주었다.≫

○ 베스파시아누스는 제국의 권력이 비텔리우스의 손안에 떨어졌다는 소식을 접하자 몹시도 마음이 불쾌했다. 자신이 머나먼 동방에서 유대 전쟁을 치르느라 시간과 정력을 쏟고 있는 동안 국가의 지고한 자리가 농락되었다는 생각에서였다. 게다가 휘하의 부하들은 비텔리우스 병사들이 사리사욕에 물들어 황제를 맘대로 갈아 치우고 향락과

방종에 빠져 지낸다는 소문을 접하자, 그렇다면 우리의 사령관 베스파시아누스야말로 인내와 겸손 그리고 연륜까지 모두 갖춘 그야말로 황제가 될 만한 인물이라며 분노했다. 그들은 의논과 분노에서 그치지 않고 베스파시아누스를 찾아가 황제로 옹립하고 제국을 도탄에서 구해 달라고 요청했다.

○ 부하 병사들이 베스파시아누스를 황제로 옹립하자 그는 자신도 이미 오래전부터 제국의 안녕을 걱정하고 있었으나, 통치권을 장악할 생각은 없다며 거절했다. 아마도 이는 그가 황제의 지위에 따르는 위험을 감내하기보다는 현재의 안전을 선호했기 때문이리라. 병사들은 베스파시아누스에게 이처럼 거절당하자 검을 뽑아 들고 그를 둘러싼 후 만약 황제로 옹립되기를 거절한다면 차라리 죽일 것이라고 위협했다. 베스파시아누스는 제위에 도전할 수 없다고 그들을 몇 번이나 설득했지만 실패하자, 마침내 병사들의 강권에 굴복하여 그들의 요구를 받아들이기로 했다.(註. 이 같은 내용은 요세푸스의 기록에 근거했는데 아마도 베스파시아누스 가문과 가까운 그가 베스파시아누스의 등극이 권력에 대한 야심보다는 병사들의 추대로 어쩔 수 없이 내전을 벌이고 제위에 올랐다는 것을 나타내어 베스파시아누스의 도덕성과 당위성을 높이려 했던 것으로 추측된다.)

○ 이렇게 되자 베스파시아누스는 자신의 야심을 되짚어 보기 위해 성취 가능성, 군사 장비와 동원 병력 그리고 주변의 충성도를 마음속으로 헤아려 보았다. 대규모의 전쟁은 보통 지체되기 마련이지만, 베스파시아누스는 때론 희망에 고무되었고, 때론 실패의 두려움에 떨었다. 60년을 살아온 자신의 생애와 젊은 두 아들을 내전의 위험에 맡기는 것이 과연 옳은 일인가도 생각해 보았다. 제위에의 도전이란

성공과 실패의 중간이 없는 법이었다.

○ 그의 눈앞에는 익히 알고 있는 게르마니아 군단의 강력함이 떠올랐고, 자신의 군단들은 동포끼리 검을 겨누는 내전의 잔인한 경험이 없는 데 반하여, 비텔리우스에게 충성을 바치는 병사들은 내전의 승리를 맛본 자들이라는 생각이 스쳤다. 지지자가 될 수 있는 도나우 군단들은 지난번 내전 때 비텔리우스 파들에게 패배하여 용기보다는 불만이 더 많다는 것도 잘 알고 있었다. 베스파시아누스는 내전이 벌어지면 병사들의 충성심은 불확실해지고 개개 병사들의 배반과 분노에도 자신의 안전이 지켜질 수 없다고 여겼다. "상황이 불리하다고 생각하거나 반대편이 내건 보상이 탐나서 한두 명의 암살자들이 나에게 순간적으로 범행을 저지른다면, 강력하고 수많은 군대를 지휘하고 있는 것이 무슨 소용인가? 클라우디우스 황제 때 카밀루스 스크리보니아누스가 황제 암살을 시도하다가, 암살 계획을 사전에 알게 된 볼라기니우스에게 살해되었고, 그 공으로 볼라기니우스는 말단 병사에서 군대의 최고 계급으로 승진된 예도 있다. 개개의 암살자들을 피하는 것은 전체 군대를 움직이는 것보다 더 어려운 법이다." 그는 이렇게 말하면서 불안에 떨었다.(註. 훗날 마르쿠스 아우렐리우스 황제에게 반란의 깃발을 내걸었던 아비디우스 카시우스도 내전의 불길이 타오르기도 전에 배신한 부하 백인대장에게 살해당했다.)

○ 베스파시아누스가 이런저런 두려움으로 마음의 갈피를 잡지 못하고 있을 때, 휘하의 군단장들과 친구들이 격려하고 용기를 북돋아 주었으며, 특히 무키아누스는 다음과 같이 말했다.

"현재의 권력을 무너뜨리고 제위를 도모하는 자는 누구나 그것이 제국의 이익을 위한 것인지, 영예로운 것인지, 쉽게 이루어질 것인지, 곤란하지 않을지를 심사숙고해야 합니다. 동시에 자신에게 격려와 용기 그리고 충고를 주는 사람에 대해서도 정확히 파악해야 되는데, 그자가 조언함으로써 초래될 수도 있는 위험을 함께 감수하는지, 그리고 도모한 일이 행운이 있다면 최고의 영예는 누구에게 귀속되는지 생각해 보아야 합니다. 이제 더 이상 제국의 타락과 파멸을 내버려 둔다면, 나태하고 비겁하다는 말을 들을 것입니다. 부도덕한 자들에게 굴종하면 불명예스런 대신 안전하다고 생각할지 모르겠지만, 이미 제위를 탐하지 않는 것으로 보일 수 있는 시간은 과거가 되었고 지나갔습니다. 그나이우스 코르불로가 네로 황제에게 어떻게 살해당했는지 잊지 않아야 할 것입니다.(註. 코르불로가 동방 사령관으로 있을 때 그의 사위 비니키아누스는 반란을 꾀하다 처형을 당했다. 그러자 네로는 장인 코르불로를 의심하여 그를 로마로 소환한 후 자살을 명했다. 그때 코르불로는 불만을 말하지 않고 "내가 죽어야 하는 것은 당연하지!"라고 말하며 자살했다.) 이번 거사에 동원할 수 있는 9개 군단은 전투에 지치지도 않았고, 반란으로 타락하지도 않았으며 유대와의 전투 경험으로 강력해진 군대입니다. 베스파시아누스 당신은 여기에서 군대를 지휘하십시오. 비텔리우스 지지자들과의 위험한 전투는 내게 맡겨 주시오."

무키아누스의 이러한 발언으로 희망과 용기를 가진 지휘관들이 더욱 대담하게 베스파시아누스 주위로 모여들어 세력이 증폭되는 계기가 되었고, 베스파시아누스로 하여금 갈등의 고비를 넘길 수 있는 용기와 힘을 주었다.

※ 안토니우스 프리무스(Antonius Primus)의 지휘권

≪프리무스는 선명하고 분명한 태도와 강한 의지로 병사들의 확고한 지지를 얻어 냈고, 이로써 병영 내에서 실권을 가질 수 있었다. 태도가 불분명한 자는 두려움에 떠는 비겁한 자로 보이거나, 언제라도 발을 뺄 준비를 하고 있는 기회주의자로 보이게 마련이다. 확고한 신념으로 지휘 체계를 일원화시킨 프리무스는 승리의 깃발을 향해 한 발자국 더 다가갔다.≫

○ 베스파시아누스가 갈등의 고비를 넘기고 격려 속에 제위를 향해 도전장을 던졌을 때 베스시아누스 파 장군들의 의견은 두 갈래로 나뉘었다. 하나는 비텔리우스 파를 상대하자면 게르마니아 군단의 강력함과 내전에서의 승리에 고무된 그들의 용기와 브리타니아 군대의 지원이 예견되므로 속공보다는 무키아누스가 병력을 이끌고 올 때까지 기다리자는 의견이었고, 다른 하나는 비텔리우스 파 병사들이 로마의 환락에 젖어 나태하고 유약해졌으며, 그들은 갈리아·히스파니아·이탈리아로부터 얼마든지 병력과 전쟁 물자를 공급받을 수 있으므로 지난번 베드리아쿰 전투에서 패배했다기보다는 기만당했던 판노니아 군단들이 복수심으로 가득 차 있는 지금이야말로 칼날을 갈아서 즉시 공격해야 한다는 의견이었다. 두 번째 의견은 게르마니아 군단에게 당한 치욕으로 복수심이 끓어오르는 판노니아 제7군단장 프리무스가 강력히 주장했다.

○ 프리무스가 눈을 번뜩이며 조속히 결전하자는 격렬한 목소리는 신중론을 주장하는 사람들의 마음까지 움직였다. 병사들은 프리무스

와 의견을 달리하는 지휘관들을 비겁하다고 경멸했고, 프리무스야말로 진정한 사내이자 군인이요 지휘관이라고 치켜세웠다. 그는 작전 회의에서 적극적인 공세를 감행해야 한다는 연설로 병사들에게 대단한 명성을 얻었으며, 베스파시아누스의 편지가 읽힌 뒤에도 다른 사람들처럼 자신에게 유리한 이런저런 불확실한 언어로 해석을 가하는 짓을 하지 않았다. 그는 공공연히 베스파시아누스의 대의에 가담하겠다며 선명하고 명확하게 선언했으며, 병사들에게 그만큼 더 지지를 받아 강력한 영향력을 발휘했다.

○ 무키아누스가 베스파시아누스의 갈등을 격려할 때 "조언자를 믿을 만한 사람인지 어떤지를 판단할 때는 그가 초래될 수 있는 위험도 함께 감수하는지 어떤지를 알아야 한다."고 했다. 이 말을 생각하면, 진정으로 프리무스는 베스파시아누스와 함께 위험과 영예를 나누고자 하는 동료였다. 푸스쿠스 또한 비텔리우스에 대해 무자비하게 공격적인 발언을 함으로써, 만약 베스파시아누스가 패할 경우 승리자에게 자신을 변명할 아무런 기대와 희망조차 남겨 놓지 않았다.(註. 대의와 야망을 도우려는 자의 충성심과 신뢰에 관해서는 아테네 사람 아리스테이데스의 판단을 들 수 있다. 살라미스 해전을 승리로 이끈 그리스 연합군은 총사령관인 스파르타 장군 파우사니아스의 포악한 기질에 정나미가 떨어졌다. 따라서 그리스 연합군의 지휘관들은 아테네의 아리스테이데스를 찾아가 총사령관직을 스파르타에서 아테네로 옮겨 가길 원한다고 말했다. 그때 아리스테이데스는 이는 충분히 이유가 있는 제안이라고 인정하면서도, 아테네가 이 제안을 받아들일 수 있도록 신뢰를 얻으려면 연합군들이 되돌릴 수 없는 공개적이고 결정적인 어떤 행동이 필요하다고 못 박았다. 그는 연합군의 지휘관들이 지금 당장은 분노와 격한 감정에

아테네가 종주국이 되어야 한다고 부추겨 놓고서는 상황이 불리해지면 순식간에 배반하고 마는 위험을 제거하고자 했던 것이다.)

○ 비텔리우스 파와 결전을 벌이기 전, 판노니아 총독 플라비아누스와 모이시아 총독 사투르니누스는 병사들의 폭동으로 목숨이 위협받자 병영에서 도망쳤다. 집정관을 역임한 두 총독이 떠난 후, 양 군대의 권한과 영향력이 모두 프리무스 한 사람에게로 집중되었다. 왜냐하면 병사들이 프리무스에게만 복종과 호의적인 태도를 보이자, 동료 지휘관들이 프리무스에게 지휘권을 양보했기 때문이다. 다만 다르게 전해지는 말에 의하면 플라비아누스와 사투르니누스를 떠나게 만든 두 번의 폭동은 프리무스가 군 지휘권을 독점하기 위한 책략이었다고 한다.

※ 카이키나 알리에누스(Caecina Alienus)의 배반

≪비텔리우스 황제의 천박한 감정을 두려워하며 신뢰할 수 없었던 알리에누스는 마침내 반역의 싹을 틔웠다. 황제의 패덕한 자질은 알리에누스의 천성적인 배반의 기질 위에 자라는 반역의 싹에 자양분을 주었다.≫

○ 비텔리우스의 승리에 결정적 역할을 한, 두 장군 발렌스와 알리에누스는 비텔리우스 황제의 총애를 두고 서로 간에 질시하며 경쟁했다. 두 사람은 유치하게도 수행원들의 규모, 환영 인파들의 길이를 놓고

도 서로의 우위를 견주었다. 발렌스는 알리에누스를 거들먹거리며 허풍이나 떠는 자라며 경멸했고, 알리에누스는 발렌스를 수치스럽고도 불명예스런 자라며 멸시했다. 비텔리우스는 때로는 발렌스에게 때로는 알리에누스에게 애정을 기울이며, 갑자기 화를 내거나 적절치 못한 아첨에 기뻐하곤 했다. 이처럼 비텔리우스가 변덕을 심하게 부리자 발렌스와 알리에누스는 그런 그를 경멸하면서도 언제든지 자신이 분노의 표적이 될 수 있다는 생각에 두려움을 느끼기 시작했다. 진실됨이 없이 그때그때마다 경솔하고 성숙하지 못한 감정으로 처신하는 황제에게 신뢰를 주며 따를 수가 없었던 것이다.

○ 베스파시아누스의 지휘로 동방 군단들 사이에 내란의 조짐이 있었을 때, 베스파시아누스의 형 플라비우스 사비누스가 은밀하게 알리에누스를 설득하며 그의 충성심을 흔들었다. 그렇지 않아도 비텔리우스를 믿을 수 없었던 알리에누스의 마음 한편에서는 배반의 싹이 자라났다. 마침내 그는 진영을 돌아다니며 부하들을 모아 놓고 말했다. "비텔리우스는 황제라는 허울뿐이지만 베스파시아누스는 진정한 힘을 가지고 있다. 우리가 비텔리우스를 위해 무기를 든다면 패할 것이 분명하므로 차라리 현명한 결단을 내려 위험을 피해야 한다. 한 사람은 우리의 도움 없이도 원하는 것을 가질 수 있지만, 다른 한 사람은 우리가 도움은 준다고 해도 자신의 자리를 지킬 수 없기 때문이다."

○ 베스파시아누스의 반란을 토벌하기 위해 출정한 알리에누스는 적에게 유리하게 병력을 이동시켰으며, 한 발 더 나아가 모반을 꾀하기 위해 라벤나로 가서 라벤나 함대 사령관 바수스와 밀담을 가졌다. 바수스는 기병대장을 지낸 후 비텔리우스에 의해 함대 사령관으로 임명되어 근무 중이었지만, 근위대장으로 승진하지 못한 데 불만을 품

고 있었던 터였기에 쉽게 알리에누스의 의견에 동조했다.

○ 이렇게 베스파시아누스 측에게 포섭된 두 지휘관은 각자의 방법으로 휘하 병사들에게 반란의 싹에 물을 뿌렸다. 알리에누스는 군단들을 장악하고 지휘관들과 병사들에게 비텔리우스에 대한 충성심을 다양한 방법과 설득으로 무너뜨렸으며, 바수스 휘하의 수병들은 비텔리우스와 싸웠던 오토 황제를 위해 복무했던 기억 때문에 이미 비텔리우스를 배반할 준비가 되어 있었다. 이 모든 것이 비텔리우스가 파멸의 구렁텅이로 떨어지는 것을 도왔다.

○ 이렇게 하여 알리에누스와 그의 병사들은 판노니아 제7군단장 프리무스에게 넘어갔다. 하지만 내전이란 항상 강한 자에게 붙기 마련이라는 원칙을 반영하듯 그날 밤 알리에누스의 병사들은 비텔리우스가 더 우세할 수 있다는 두려움에 빠져 검을 뽑아 들고 알리에누스에게 덤벼들었다. 곁에 있던 몇몇 지휘관들이 애걸하며 겨우 병사들을 말렸기에 망정이지 알리에누스는 목숨을 잃을 뻔했다. 병사들은 알리에누스를 죽이는 대신에 포박하여 반역자 신분으로 비텔리우스에게 보내기로 결정했다. 그러나 이 소동을 알게 된 프리무스가 그들을 공격하여 물리치고 알리에누스를 풀어 주었다. 그 후 프리무스는 그를 베스파시아누스에게 보냈고, 그곳에서 반역자가 아니라 공로자로 극진히 대접받고 환대받았다.(註. 타키투스에 따르면 베스파시아누스 치세 때 역사가들이 알리에누스와 바수스에게 아첨하기 위해, 그들이 평화에 대한 걱정과 제국에 대한 사랑으로 비텔리우스를 버리고 베스파시아누스 편에 섰다는 기록을 남겼다고 비난했다. 그러면서 그는 알리에누스가 갈바 황제 편에 섰다가 횡령죄로 누명을 쓰자 비텔리우스 편으로 옮긴 것을 보아도 경박한 두 사람이 군인의 기본 덕목인 충성을 가차 없이 패대기

치고, 경쟁과 질투심 그리고 논공행상의 불만으로 베스파시아누스를 지지함으로써 비텔리우스를 파멸시킨 것으로 보았다. 이후 알리에누스는 베스파시아누스의 아들 티투스에게 반역죄로 처형되었다.)

| **마음에 새기는 말** |

대개의 사람이란 들어도 깨닫지 못하고 보아도 알지 못하지만, 천재란 아무도 그 중요성을 깨닫지 못할 때 이를 깨닫는 사람이다.

– 기병의 기동력은 누구나 잘 알고 있다. 알렉산드로스 대왕은 전투에서 기동력의 중요성을 깊이 이해하고 기병의 기동력을 활용하고자 했다. 그가 기병은 기병끼리 맞붙어 싸우던 방식에서 벗어나 기병의 기동력을 전투 전반에 활용하는 전술을 창안함으로써 그 분야에 천재성을 보인 것에 대하여.

※ 블라이수스(Blaesus)의 파멸

≪황제 주변의 위험한 정적들로부터 시기와 질투를 받던 블라이수스는 마침내 그들의 그물에 걸려들었다. 블라이수스가 자신의 행동을 절제하지 않은 것이 파멸의 원인이었으며, 적들은 그의 실수를 놓치지 않았고, 게다가 황제는 의심 많은 자일 뿐만 아니라 잔인하기까지 했다.≫

○ 로마 남부에 있는 세빌리우스 정원에서 심한 질병을 앓고 있던 비텔

리우스 황제는 인접한 곳의 탑에서 수많은 불빛이 반짝이는 것을 보고 무엇인가를 물었다. 비텔리우스의 질문에 관리들이 대답하기를 카이키나 투스쿠스 집에서 새어 나오는 불빛인데, 블라이수스를 귀빈으로 초청하여 많은 사람들이 연회를 즐기고 있다고 보고했다. 그러면서 연회의 규모나 손님들의 무절제한 방탕에 대하여는 훨씬 더 과장되게 보고했다.

○ 그러자 황제 주변 사람들은 연회를 개최한 투스쿠스와 다른 사람들을 비난하는 사람도 있었지만, 황제가 병치레를 하는 동안 즐거운 향연을 보냈다는 이유로 블라이수스를 가장 격렬하게 비난했다. 향연에 대한 황제의 언짢은 기분을 예리하게 통찰한 사람들은 황제가 격분하여 블라이수스를 파멸시킬 수도 있다는 것이 명백해졌을 때, 비텔리우스 황제의 동생 루키우스 비텔리우스를 고발자로 내세웠다.

○ 루키우스 비텔리우스는 자신보다 뛰어난 명성 때문에 블라이수스에게 질투심과 적개심을 느꼈던 터였다. 그는 황제의 침실에 뛰어들어가 무릎을 꿇고 황제의 아들을 가슴에 안고는 울먹이며 고했다. "저는 형님과 조카를 위해서 기도를 올리고 눈물을 흘렸습니다. 형님에게 두려움의 대상이 되는 것은 베스파시아누스가 아닙니다. 게르마니아의 용감하고 뛰어난 군단, 충성스런 속주, 끝없이 펼쳐진 땅과 바다를 소유하고 있는데 베스파시아누스가 무엇이 두렵겠습니까? 적은 로마의 한가운데에 있습니다. 그 자는 유니우스 가문과 프리무스 가문을 조상으로 두었다고 자랑하고 자신이 황실의 혈통을 지니고 있다고 주장하며 병사들에게 위엄을 과시합니다. 형님께서 친구들과 적들을 가리지 않고 아끼고 관용을 베푸는 동안, 그자는 향연을 즐기며 질병으로 고통스러워하는 황제를 무감각하게 바라보고 있었습니

다. 비텔리우스가 살아 있고 통치하고 있다는 것을 블라이수스가 알고 느끼도록, 그리고 그가 시의적절하지 못한 쾌락을 즐긴 대가로 죽음의 밤을 겪도록 해야 마땅합니다."

○ 동생의 고백에 비텔리우스 황제는 블라이수스를 그냥 내버려 둔다면 자신의 파멸을 촉진하지 않을까 하는 두려움과 대단한 명성을 지닌 그에게 공개적으로 죽음을 명한다면 민심 이반으로 심각한 사태가 초래될지 모른다는 두려움 사이에 망설이다가, 결국 독약을 써서 살해하기로 결정했다. 이렇듯 블라이수스는 비텔리우스의 표적으로 한 번 겨누어지자 결코 벗어나지 못했다. 그가 고통스럽게 죽어 가는 것을 바라보면서 비텔리우스는 잔인하게 말했다. "나는 적이 죽어 가는 모습을 보면서 눈이 즐거웠노라."

○ 블라이수스는 사실 고귀한 혈통과 세련된 성품을 가졌으며, 알리에누스와 황제의 반대파들이 비텔리우스를 버리도록 사주했지만 흔들리지 않고 끝까지 일관되게 배신을 거부한 사람이며 확고한 충성심을 지닌 사람이었다. 그는 정의로웠고 혼란에 반대했으며 명예를 탐하지 않았고, 더군다나 제위를 노린 적은 결코 없었지만 의심 많은 황제에 의해 황제가 될 만한 사람으로 간주되는 위험을 피할 수 없었던 것이다.

☀ 무키아누스(Mucianus)의 계략

≪저돌적이고 직선적이었던 프리무스는 온갖 어려움을 이겨 내고 승

리의 깃발을 적지에 꽂았지만, 무키아누스의 시기와 계략에 빠져 승리의 공로에 상응하는 대우를 받지 못하자 격분했다. 이렇듯 그는 전투에 승리하고도 정치에 실패했다. 무키아누스는 승리의 단맛은 적에 대한 승리보다 내부의 승리가 더욱 달콤하다는 파렴치하면서도 은밀한 비밀을 깨닫고 있었다.≫

○ 프리무스는 굳센 의지를 지닌 지휘관이었으며 용감한 병사와도 같았다. 전투에서 공포에 사로잡힌 병사에게 달려가서 격려했고 도주하는 병사들을 저지했다. 이처럼 두드러진 행동과 음성은 적의 표적이 되곤 했다. 한번은 비텔리우스 군과의 전투에서 군기를 들고 후퇴하는 병사를 돌려 세우려다 명령에 불복하자, 그 병사를 창으로 찌른 후 스스로 군기를 부여잡고 적을 향해 진격하기도 했다.

○ 하지만 프리무스는 크레모나 전투 이후에 자신이 거둔 성공 때문인지 숨겨져 있던 탐욕, 교만, 사악함이 드러났다. 이탈리아를 정복한 적국의 영토처럼 휩쓸었고, 전사한 백인대장의 빈자리를 사병 중에서 가장 난폭한 자들로 채웠던 것이다. 이렇게 되자 병사들이 지휘관들의 판단과 전술에 따라 움직이는 것이 아니라, 지휘관들이 병사들의 의지에 따라 움직이게 되는 결과를 낳았다.(註. 성품이 이러했던 프리무스도 로마 입성에 임박해서는 크레모나의 무참한 파괴로 불명예가 뒤따랐음을 후회하고, 유혈 없이 원로원과 로마 시민들의 안전을 확보하는 것이 더욱 많은 보상과 명예가 뒤따를 것이라고 병사들에게 말했다.)

○ 그럼에도 베드리아쿰 전투에서 결정적인 승리를 거두고 크레모나성을 무너뜨린 공로로 판노니아 제7군단장 프리무스는 강력한 힘을 가지게 되었다. 무키아누스(Gaius Licinius Mucianus)는 프리무스가 그렇

게도 빠르게 승리하고 있다는 사실에 불안감을 느끼고, 만일 자신이 로마를 점령하지 않는다면 승리에 대한 영예의 몫이 없어질 수도 있으리라고 생각했다. 하지만 그의 진군은 늦어졌다.

○ 무키아누스가 로마로 향하는 행군이 늦어진 데는 국가 안전을 생각하는 숭고한 이유가 있었다. 그가 병사들을 이끌고 이탈리아로 가는 도중에 사르마티아족이 세력을 모아 위험한 기세로 로마 제국의 영토를 침범하고 있었기 때문이다. 그는 로마시를 손안에 넣는 것과 외적으로부터 위험을 평정하는 것 사이에서 갈등하다가 제국의 안전과 평화를 위하는 것이 우선이라는 결론에 도달했다. 그러한 결론에 따라 제6군단을 이끌고 사르마티아족과 싸워 그들을 토벌했으며, 그러느라 비텔리우스 파들과의 대결이 늦어질 수밖에 없었던 것이다.

○ 프리무스는 어쩌면 경쟁자가 될지도 모를 무키아누스가 막강한 군사력을 이끌고 서서히 이탈리아로 진입하고 있었으나, 전혀 두려워하거나 개의하지 않았다. 그에 반해 무키아누스는 프리무스의 진격 속도를 늦추기 위해 수시로 명확하지 않은 언어들로 편지를 썼으며, 그 편지 내용은 결과에 따라 실패의 책임을 전가할 수도 있고, 성공의 공로로 인정받을 수도 있도록 교묘하게 표현했다. 또한 최근에 원로원 의원으로 신분 상승되어 군단장에 임명된 플로티우스 그리푸스와 친숙한 몇몇의 지휘관들에게 프리무스의 조급함과 과격함을 지적하는 편지를 보냈고, 그들은 무키아누스의 의견에 동조하는 답신을 보냈다. 한번은 프리무스가 무키아누스를 기다리려고 속전을 펼치지 않고 오크리쿨룸(註. 현재 지명 '오트리콜리'. 로마 북쪽 72㎞에 위치.)에서 기다린 적이 있었다. 이때 무키아누스는 프리무스를 곤란에 빠뜨리기 위해 비난받을 만한 악질적인 거짓말을 꾸며냈다고 전해진

다. 즉 프리무스가 비텔리우스로부터 "집정관직, 자신의 딸과의 결혼, 막대한 지참금을 줄 터이니 베스파시아누스를 배반해 달라."는 밀약을 받고서는 진격을 지체했다고 한 것이다. 그러나 사실 프리무스는 무키아누스를 기다린 것이며, 모호한 편지를 지휘관들에게 보내 진격을 지체하게 한 장본인은 바로 무키아누스였다.

○ 프리무스는 이 사실을 알고 분개하며, 무키아누스가 절제되지 못한 시기심에 찬 비방으로 죽음의 위험을 무릅쓰고 일궈 낸 자신의 업적들을 무가치하게 만들려 한다고 비난의 말을 쏟아 냈다. 그는 평정심과 절제력을 잃고 거칠고 명확하게 베스파시아누스에게 편지를 썼다. "판노니아 군단들을 이끌고 이탈리아에서 승리를 가져오게 한 것은 저였습니다. 저는 베스파시아누스 당신을 위해 전갈과 편지가 아니라, 제 손과 무기로 충성을 다했습니다. 그러면서도 사르마티아족을 평정한 자들의 영예를 훼손하지 않았습니다. 그들의 마음속에는 모이시아의 평화가 있었겠지만, 제 마음에는 이탈리아 전체의 안녕과 안전이 있었기 때문입니다. 세상에서 가장 강력한 지역인 갈리아와 히스파니아도 저의 권고로 베스파시아누스 편으로 넘어왔습니다. 위험에 맞서지 않은 자들이 위험을 극복한 승리의 보상을 얻는다면, 제 노력은 공허하게 될 것이며 어느 누가 공정하다고 하겠습니까?" 하지만 그 후에도 무키아누스는 계속하여 프리무스를 은밀하게 비난했고, 강직하고 공개적이며 직선적인 프리무스는 교묘한 무키아누스의 계략으로 화해할 수 없는 불화의 늪에 빠져들었다.

○ 이후에 프리무스는 역경을 헤치고 진군하여 적으로부터 로마시를 접수했다. 그러나 뒤늦게 도착한 무키아누스로부터 병사들을 모두 빼앗기고 공정한 대우를 받지 못하자, 이에 분노하여 아시아에 있던 베

스파시아누스를 찾아갔지만 그에게도 냉대를 받았다. 매우 정치적이고 계산적인 베스파시아누스가 무키아누스를 버리고 프리무스를 감싸 줄 리 만무했기 때문이다. 절망에 사로잡힌 프리무스는 낙담한 나머지 결국 얼마 후 숨을 거두고 말았다.

| **마음에 새기는 말** |

승리의 순간에 죽음을 맞는 것은 불행한 것이 아니라 매우 행복한 일이다. 왜냐하면 운명이 뒤바뀌어 행복이 사라질 가능성조차 없기 때문이다.

_ 아이소포스

- 그리스 테베의 정치가이자 장군인 펠로피다스는 페라이의 폭군 알렉산드로스와 싸우다 전사했으나, 자신의 명성과 명예가 지켜지고 있을 때 테살리아의 자유를 지켜 주려다 죽었기에 오히려 행복했다는 것에 대하여. (註. 아이소포스는 『이솝 우화』로 잘 알려져 있다.)

율리우스 아그레스티스(Julius Agrestis)의 충정

≪곧 닥쳐올 끔찍한 재앙을 감추기만 하는 비텔리우스에게 올바른 길을 알려 주려던 것은 의미 없고 무모하며 실패한 충절이었다. 아그레스티스는 황제의 자질이 부족했던 비텔리우스에게 너무도 과분한 충신이었다. 왜냐하면 그의 죽음으로서도 비텔리우스 황제는 아무런 깨달음을 얻지 못했기 때문이다.≫

_____ 로마의 선택과 결정 ⑤ 야만의 침탈

○ 비텔리우스 황제는 크레모나 전투의 참패를 원로원과 시민들에게 감추고 있었는데, 그것은 그 치유책을 지연시킬 뿐이었다. 황제가 현실을 사실대로 말하고 앞으로 어떻게 할 것인지 자문을 구했더라면 남은 힘과 희망으로 재기할 가능성이 있었다. 그러나 그는 모든 것이 순조롭게 되어 가는 것처럼 허위로 가장하고 있어 상황은 악화되기만 했다. 그렇다고 모든 시민들의 눈과 입을 막을 수는 없는 노릇이기에, 공포스런 패전의 소식은 입과 입으로 전해지며 더욱더 놀랍게 과장되어 시민들을 불안에 떨게 했다.

○ 비텔리우스 앞에서는 전쟁에 대하여 언급하는 것조차 금지되었으며, 금지된 소식은 사로잡혔다가 풀려난 비텔리우스의 첩자들에 의해 더욱더 무섭게 증폭되었다. 베스파시아누스 파의 지휘관들이 포로로 잡힌 비텔리우스의 첩자들에게 자신들의 무력과 사기를 알 수 있도록 군 진영을 한 바퀴 시찰하게 한 후 돌려보냈기 때문이다.(註. 적의 포로에게 아군 진영을 시찰하게 한 후 적진으로 되돌려보내는 것은 스키피오가 한니발과 겨룰 때 써먹었던 오래된 방법이다.) 비텔리우스는 살아 돌아온 자신의 첩자들이 전쟁의 실제 상황을 퍼뜨리는 것을 두려워했다. 따라서 그들을 비밀리에 심문한 후 모두 살해했다.

○ 이런 일들이 반복되자 백인대장 율리우스 아그레스티스는 비텔리우스에게 비록 패전했다고 할지라도 용기를 잃지 않도록 간청했지만 아무 소용이 없었다. 마침내 그는 주목할 만한 용기를 내어 비텔리우스에게 한 가지 제안을 했는데, 크레모나에서 무슨 일이 일어났는지 살펴보고 오겠으니 적지로 보내 달라고 황제에게 청했던 것이다. 프리무스의 진영으로 간 아그레스티스는 암행 조사를 시도한 것이 아니라, 비텔리우스 황제의 명령과 자신의 의도를 떳떳하게 밝힌

후, 모든 것을 살펴볼 수 있게 해 달라고 프리무스에게 요청했다. 그는 적군의 안내에 따라 전투 장소, 크레모나의 잔해, 사로잡힌 군단병들을 샅샅이 살펴보고 비텔리우스에게 돌아와서 본 그대로 보고했다.

○ 아그레스티스의 보고를 받은 비텔리우스 황제는 보고 내용은 거짓이며, 그가 적에게 매수당했다고 주장했다. 그러자 아그레스티스는 황제에게 고했다. "황제께서 저를 믿지 못한다면 제가 결정적인 증거를 제공해야 하는 것이 마땅할 것입니다. 저희가 적에게 패배한다면 제 생명도 무가치해질 것이기에 저는 죽음으로써 증거를 제공하겠습니다." 그러고 나서 그는 그 자리를 떠나 바로 자살했다. 그럼으로써 자신의 말들이 결백하고 행동이 정당했음을 입증한 것이다. 어떤 사람들은 진실이 드러날 것을 두려워한 비텔리우스 황제가 아그레스티스를 살해했다고도 주장하지만, 그 백인대장의 충성과 용기에 대해서는 의심할 여지없이 경의를 표할 만했다.

※ 비텔리우스 황제의 제위 포기

≪황제의 권위와 힘이 무너져 내리자 비텔리우스는 목숨을 부지하기 위해 모든 굴욕을 감수하기로 했다. 그러나 그의 추종자들은 그것을 허락하지 않았으며, 차라리 죽을지언정 황제의 권위를 잃지 말라고 강요했다. 그만큼 황제의 자리란 오르기도 힘들지만 내려오고 싶다고 마음대로 내려올 수 있는 자리가 아니었다. 이렇듯 운명이란 변화

무쌍한 것이어서 지금까지의 행운이 고스란히 변질되어 불행으로 바꿔어 있었다.≫

○ 베스파시아누스 파 병력이 로마로 좁혀 오고 있을 때, 비텔리우스는 자포자기하는 심정으로 제위를 포기하려 했다. 만약 비텔리우스가 추종자들을 쉽게 설득할 수 있었더라면, 자신의 뜻대로 제위를 포기하고 베스파시아누스 파의 군대는 로마에 무혈입성했을 것이다. 그러나 상황은 그렇게 되지 않았다.

○ 비텔리우스를 향한 충성도가 높은 사람일수록 제위 포기와 평화 협상은 있을 수 없다고 분명하게 반대했으며, 항복은 불명예이며 위험하다고 목청을 높였다. "베스파시아누스는 황제에서 일개 시민으로 돌아가는 것을 허용할 정도로 관용심과 자긍심이 있는 자가 아닙니다. 게다가 황제의 지지자들도 제위를 포기하는 것을 허용하지 않을 것입니다. 적들은 제위를 포기하면 돈과 노예 그리고 캄파니아의 아름다운 은거지를 약속하겠다며 달콤하게 유혹하고 있습니다. 그러나 베스파시아누스가 일단 제위를 차지하게 되었을 때 경쟁자인 황제께서 제거되지 않는다면, 베스파시아누스 자신도 시민들도 심지어 병사들까지도 완전하고 안전하게 즉위했다고 믿지 않을 것입니다.(註. 4세기 초 리키니우스 황제는 콘스탄티누스 황제 발밑에 황제의 의복을 벗고 꿇어 엎드려 항복한 다음 테살로니카로 유배되었다. 유배된 후 반란을 꾀할 목적으로 야만족과 내통했다는 죄를 뒤집어쓰고 콘스탄티누스에게 처형되었다. 이렇듯 항복한 황제가 천수를 다하기는 어려웠다.) 프리무스, 푸스쿠스, 무키아누스에게는 비텔리우스 황제를 살해하는 것 외에 어떠한 판단도 자유도 없습니다. 하지만 우리 병사들의 충성심은

확고하고 시민들의 지지 또한 열정적입니다. 우리는 정복될 경우 기다리는 것은 죽음밖에 없으며, 항복할 경우에도 살아남을 수 없습니다. 유일하게 남은 문제는 조롱과 모욕 속에서 마지막 숨을 거둘 것인지, 아니면 용기 있게 싸우다 죽을 것인지 선택하는 것뿐입니다."

○ 하지만 비텔리우스의 마음은 그들의 외침에 무관심했고, 자신의 저항으로 아내와 자식들이 베스파시아누스 파들의 노여움을 사지 않을까 하는 연민과 걱정으로만 가득 찼다. 비텔리우스가 제위에 오르기 위해 내전을 벌이는 그 순간부터 한시도 아들의 나태함과 야망을 걱정하지 않은 적이 없던 그의 어머니는 아들과 가문이 파멸되기 며칠 전 때맞추어 생을 마감했기에 그나마 행운이었다.

○ 70년 1월 18일 나르니아(註. 현재 지명 '나르니'. 오크리쿨룸 북쪽에 위

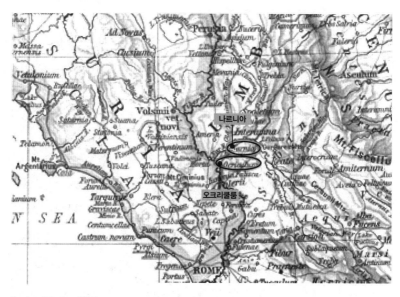

| 나르니아, 오크리쿨룸

치.)에 남겨 두었던 군단들과 보병대들이 이반했다는 소식을 듣고 비텔리우스는 슬픔을 나타내는 검은색 옷을 입은 채 황궁의 하인들에게 둘러싸여 팔라티누스 황궁에서 내려왔다. 비텔리우스의 어린 아들은 마치 장례 행렬처럼 가마에 태워져 이동하고 있었다. 늘어선 대중들이 하는 인사말은 아첨 투뿐이었고, 병사들은 무거운 침묵을 지키고 있었다. 며칠 전까지 전 문명 세계의 지배자였던 로마 황제가 자신의 자리를 버리고 제위를 포기하기 위해 시민들을 뚫고 시내를 걸어서 통과하고 있는 모습이었다.

○ 비텔리우스는 소집된 민회에서 시민들과 병사들이 지켜보는 가운데 슬픈 어조로 몇 마디 말을 했다. "나는 제국의 평화를 위해 물러납니다. 다만 나를 기억해 주시고, 내 동생과 아내 그리고 어린 자식들을 가엾게 여겨 주십시오." 그는 콘코르디아 신전에서 제위의 상징들을 포기하고 동생의 집으로 가기 위해 떠났다. 그러나 군중들은 사저로 향하려는 황제를 방해하고 팔라티누스 황궁으로 돌아가라며 강권과 폭력을 행사했다. 황제의 지위를 내려놓는 것은 자신의 뜻에 따라 얼마든지 선택할 수 있다고 생각했던 비텔리우스는 군중들의 외침에 압도당하여 어찌할 바를 모르고 서 있다가 황궁으로 되돌아가고 말았다.

○ 조선의 비참한 과거사도 유사한 사례로 얼룩져 있는데 정유재란 때 선조가 그러했다. 원균이 칠천량해전에서 일본군에게 완패하여 조선 수군이 궤멸되자, 일본군은 전라도 지역으로 물밀듯이 침공하여 전주성까지 함락했다. 이렇듯 조선의 운명이 또다시 벼랑 끝에 내몰리자 선조는 파견 나온 명나라 장군 양호에게 직접 편지를 썼다.

"과인이 외람되게 재주와 학문이 보잘것없으면서도 과분하게 중국 황조의 거룩한 명을 받아 동쪽 오랑캐 나라를 지킨 지 30여 년 동안 밤낮으로 공경하고 두려워하면서 천자께 충성하는 정성만 간절했습니다. 이제 과인의 몸 하나 의탁할 곳이 없어 그저 중국의 곁에 나아가 죽고 싶을 뿐입니다. 천자께서 저를 불쌍히 여겨 여러 장수들과 병사들을 동원하여 왜국의 침략으로부터 구제되어 오늘에 이르렀으니 황은이 하늘처럼 망극하여 밤낮으로 눈물을 흘리며 감격했습니다. 다만 과인이 여러 번 사퇴할 뜻을 여러 신하들에게 강력히 말했지만 이루지 못하고 그저 구차스럽게 왕위를 이어 가고 있습니다. 바라건대 과인의 용렬하고 고질적인 형편을 천자께 아뢰어 왕위 사퇴를 조속히 허락하게 해 주신다면 비록 구덩이에 빠져 죽을지라도 한스럽게 여기지 아니하고 죽어서도 마땅히 대인을 위해 결초보은하겠습니다."

참으로 한심스럽고 한 나라의 국왕으로서 후세에 남길 글은 아니었다. 권력의 정점인 왕의 자리란 부귀영화만 누리는 자리가 아니라 언제라도 목숨을 걸고 명예롭게 싸워야 하는 자리이기도 하다는 간결한 진실을 비텔리우스도 선조도 깨닫지 못했던 것이다.

❋ 플라비우스 사비누스(Flavius Sabinus)의 노력과 실패

≪로마 시내의 유혈 사태를 피하려 했던 사비누스는 비텔리우스 황제와 평화적 합의를 이루기 위해 막판까지 노력했다. 하지만 협약이란 권한을 잃지 않은 자와 맺어진 것이어야 유효하나, 이미 비텔리우

스는 자신의 지지파에게도 영향력을 잃고 있었다. 이 점을 제대로 이 해하지 못한 사비누스는 유혈 사태를 막지 못했고, 그 자신도 비참한 죽음을 피하지 못했다.≫

○ 비텔리우스 황제 때 로마 시장은 베스파시아누스의 형 사비누스였다.(註. 로마 시장은 '프라이펙투스 우르비스praefectus urbis'로 곧 로마 경찰대장이기도 했다.) 네로 때부터 로마 시장이었던 사비누스는 갈바에 의해 해임되었다가 오토가 복직시킨 후 계속 그 지위를 유지하고 있었다. 사비누스의 주변 사람들은 베스파시아누스가 힘을 얻고 비텔리우스가 파멸해 가고 있으므로 형으로서의 영향력을 발휘하여 명예와 승리의 몫을 차지하라고 충고했다. 그들은 "전쟁의 승리와 영예를 프리무스와 바루스에게 양보하여 모두 차지하게 해서는 안 됩니다. 비텔리우스가 스스로를 방어하기 위해 보유하고 있는 군사력이라곤 약간의 보병대가 전부이며, 이들조차도 패전의 암울한 소식이 전해지자 공포에 사로잡혀 있습니다. 대중의 마음이란 경박한 법이므로 사비누스 당신이 시민의 지도자로 나선다면 예전에 비텔리우스에게 퍼부었던 동일한 아첨을 베스파시아누스에게도 바칠 것입니다. 동생이 제위에 오르도록 하는 것은 사비누스 당신의 역할이며, 그렇게 되면 동생인 베스파시아누스는 당신을 다른 지지자들보다 더 우위에 놓고 중요시 여기게 될 것입니다." 하며 설득했다.

○ 노년으로 허약해진 사비누스는 그들의 말을 열심히 경청하지 않았다. 그러자 사람들은 사비누스를 의심하면서 시기심과 경쟁심으로 동생이 제위에 오르는 것을 지연시키고 있다고 생각하게 되었다. 사실 두 형제를 본다면 사비누스가 형일 뿐 아니라, 베스파시아누스보

다 권위와 재력이 더욱 컸다. 그럼에도 불구하고 베스파시아누스가 어려움에 처하여 신용이 떨어졌을 때, 사비누스가 베스파시아누스의 집과 농지를 담보로 설정한 후 인색하게 도움의 손길을 내민 것을 사람들은 기억하고 있었다. 그런 과거사 때문에 겉으로는 두 사람이 도와 가며 조화가 유지되고 있었지만, 속으로는 은밀한 질투와 경쟁심 그리고 증오가 흐르고 있다는 것을 사람들은 알았다.

○ 또 다른 말에 따르면 온화한 사비누스는 유혈과 학살을 혐오했기에, 평화와 휴전 조건에 대해 비텔리우스와 빈번한 회담을 통해 논의했다고 한다. 두 사람은 자주 접촉했고, 마침내 아폴로 신전에서 모종의 협약을 체결했는데 멀리서 봤을 때 비텔리우스는 기가 죽은 굴욕적인 모습이었고 사비누스는 동정하는 표정이 역력했다고 전했다.

○ 비텔리우스가 제위를 포기했다는 소문은 이미 걷잡을 수 없이 퍼져 나갔으며, 제국이 베스파시아누스의 수중에 넘어간 것처럼 원로원 의원과 기사 계급의 사람들 그리고 병사들이 사비누스의 집을 가득 채웠다. 그렇다 하더라도 비텔리우스에게 충성을 보이는 지지자들은 서로 뭉쳐서 사비누스에게 위협을 가했다. 사비누스의 지지자들은 자신들의 세력이 흩어져 있어서 강력하지 못했기에, 비텔리우스 지지자들이 공격해 오지 않을까 두려워했다. 사비누스에게 조언하는 자들이 비텔리우스 파들에게 무력을 행사해야 한다고 간언했으나, 직접 무력행사의 위험을 감수하며 나서겠다는 사람은 불과 얼마 되지 않았다.

○ 그러다가 사비누스는 퀴리날리스 언덕 아래에 있는 푼다누스 호수 근처로 내려오다가 비텔리우스 파들과 충돌이 벌어졌다. 사비누스와 그의 수행원들은 카피톨리움으로 도망가서 성채를 점령했으나 적

에게 포위되고 말았다. 사비누스는 포위가 느슨한 때를 틈타 조카 도미티아누스를 성채 안으로 불러들여 베스파시아누스 파 병사들의 도움을 요청하게 했다. 그리고서 전투가 벌어지기 전 동이 틀 무렵, 백인대장 코르넬리우스 마르티알리스를 비텔리우스에게 보내어 비텔리우스 파 병사들의 적대 행위로 서로 간의 협약이 깨어지고 말았다며 항의했다. 마르티알리스를 통해 사비누스는 "그렇게 많은 사람들 앞에서 당신이 제위를 포기하는 체한 것은 거짓이었습니까?(註. 비텔리우스는 내전의 상황이 패배로 짙어지자 연단에 올라가 황제의 지위에서 내려와 일개 시민으로 돌아가겠다고 선언했었다. 그러나 지지자들은 비텔리우스의 그러한 결정을 인정하지 않았다.) 당신이 베스파시아누스의 군단들과 전투 중에도 나는 협상 조건을 논의하기 위해 많은 노력을 기울였습니다."라며 비텔리우스에게 따졌다. 이 말에 비텔리우스는 동요되어 변명을 했다. 그는 병사들이 충정과 열정을 과도하게 보이고 있지만, 부끄럽게도 자신은 병사들에 대한 통제력을 잃었다고 밝히면서 그 책임을 병사들에게 돌린 것이다. 그런 후 마르티알리스가 자신을 지지하는 병사들에게 살해당하지 않도록 황궁의 비밀 통로를 통해 빠져나가는 길을 알려 주었다. 이제 비텔리우스는 자신을 지지하는 병사들에 대한 명령권도 잃어버렸고, 이미 황제가 아니라 전쟁의 원인일 뿐이었다.

○ 날이 밝으면서 카피톨리움의 성채에서는 두 파 간에 전투가 벌어졌다. 신전의 입상들은 모두 파괴되어 방어용 장비로 쓰였고, 혼란스런 가운데 횃불이 건물과 신전으로 던져졌다. 불길은 삽시간에 번졌으며 카피톨리움의 신전은 문이 닫힌 채 불타 사라졌고, 이를 본 로마 시민들은 놀라움을 금치 못했다.(註. 카피톨리움의 신전은 로마의

상징이었다. 국가 상징물이 불타 사라지는 것은 시민들에게 크나큰 충격과 상처를 안기는 법이다. 이 점에서 2008년에 발생한 화재로 남대문이 무너져 내렸을 때의 충격도 마찬가지였다.) 신전의 화재는 포위된 내부의 화재였으므로 사비누스 지지자들에게 더 큰 공포를 준 것은 당연했다. 그러나 소수의 병사들, 특히 코르넬리우스 마르티알리스, 아이밀리우스 파켄시스, 카스페리우스 니게르, 디디우스 스카이바는 적과 용감하게 싸우다가 전사했다.

○ 베스파시아누스의 둘째 아들 도미티아누스는 비텔리우스 파 병사들이 진입했을 때 이시스교 시종으로 변장하여 신전지기의 거처에 몸을 숨겼다가 부친의 클리엔스인 코르넬리우스 프리무스의 집에 피신하여 목숨을 구했다. 이런 일이 있고 나서 도미티아누스는 대부분의 외국 종교에 적대적이었으나 이집트에서 전래된 이시스교에 대해서는 호의적으로 대했다. 훗날 이 일을 기리기 위해 베스파시아누스 황제 때 도미티아누스는 신전지기의 집을 허물고서 유피테르 신에게 작은 성소를 바치고 자신의 피난 사실을 대리석에 기록한 제단을 세웠다.

○ 사비누스 파와 비텔리우스 파 간의 혼란한 전투에서 사비누스와 집정관 아티쿠스는 포로가 되어 사슬에 묶인 채 비텔리우스에게 끌려왔다. 시민들과 병사들은 사비누스를 포로로 잡은 대가를 달라고 소리쳤으나, 비텔리우스는 그 말을 무시했다. 오히려 그는 병사들이 포로들에게 자비를 베풀 것을 간청하려고 했다. 그러자 병사들은 격분하여 팔라티누스 황궁 계단 앞을 막아선 다음 사비누스를 살해하고 말았다. 다만 아티쿠스는 신전에 불을 지른 것은 자기라고 거짓자백을 함으로써 비텔리우스 파 병사들이 저지른 죄를 뒤집어쓴 보

상으로 호의적인 처분을 받았다. 사비누스는 사지와 머리가 잘렸고 몸통은 범죄자의 시신이 전시되곤 했던 게모니아이 계단으로 끌려갔다. 이로써 비텔리우스는 내전으로 인한 로마 시내의 혼란을 막을 수 있고 자신의 생명을 구할 수 있는 마지막 수단마저 잃어버렸다.

○ 정직했을 뿐 아니라 정의로웠으며 민정과 군사 분야 모두에 걸쳐 유능했던 사비누스의 죽음은 그러했다. 그의 유일한 결점이라면 너무 말이 많다는 것뿐이었다. 사비누스가 생을 마감하는 모습을 보고 일부의 사람들은 군사력을 동원하여 비텔리우스 지지파들을 제압하여야 한다는 충고에도 불구하고 그가 용기와 기백 없이 죽음을 맞았다고 말했지만, 사실 그는 시민의 유혈을 피하려 했고 용기와 힘을 절제했을 따름이었다.

○ 사비누스의 죽음이 무키아누스에게는 기쁨이 되었다고 전해진다. 두 사람은 서로 경쟁 상대였으며, 한 사람은 자신을 황제의 형으로, 다른 한 사람은 자신을 황제의 동료로 생각했기 때문이다. 베스파시아누스보다 먼저 로마 시내에 입성한 무키아누스는 자신이 장악한 통수권을 베스파시아누스에게 이양했노라고 떠벌리고 다니며 베스파시아누스 황제를 능멸하기도 했다. 무장 호위대를 거느리고 저택과 정원을 치장하는가 하면, 화려한 외관, 행렬, 걷는 품새, 호위병 등 그는 호칭만 황제로 불리지 않았을 뿐 그의 위세는 바로 황제였다. 무키아누스의 힘이 두려워 그에게 아첨하고 싶어 안달이었던 원로원 의원들은 그의 부대가 로마로 이동 중에 사르마티아족의 기습을 방어했다는 사실을 기억해 내고서 거창한 찬사와 함께 개선장군의 칭호를 부여했다.

※ 키빌리스(Civilis)의 반란(69년)

≪반란이란 개인적인 야망 혹은 위험이 당시의 세상 형편과 맞아떨어질 때 발생하는 법이다. 키빌리스는 자신의 개인적인 위기와 제국의 혼란 그리고 속주민의 감정을 이용하여 반란의 불길을 댕겼다.≫

○ 율리우스 키빌리스는 게르만 바타비족의 왕족이었다. 그는 로마 동맹군의 지휘관으로도 근무했다. 그러다가 반란을 일으켰다는 꾸며낸 죄목으로 사슬에 묶여 네로에게 끌려갔다가 갈바에 의해 석방되었다. 그러나 비텔리우스 황제 때 군대가 그의 처벌을 요구하는 바람에 또다시 위험에 처해지자, 그는 분노하여 위험을 무릅쓰고 모종의 활로를 모색하기에 이르렀다.

○ 애꾸눈인 키빌리스는 자신이 한니발이라도 되는 것처럼 행세했고, 반역을 도모할 때도 공공연하게 로마 제국에 반기를 든다면 적으로 낙인찍혀 막강한 로마군의 공격 대상이 될까 봐 두려워했다. 따라서 자신과 베스파시아누스의 친분을 빙자하면서 반역의 얼굴을 감추고 베스파시아누스를 지지하는 체했다. 실제로 키빌리스는 베스파시아누스 파 지휘관인 프리무스로부터 지시를 받기도 했다. 비텔리우스 황제가 베스파시아누스 파 병사들과 싸우기 위해 병력을 증원해 달라고 키빌리스에게 요구하자, 이 사실을 안 프리무스가 게르만족이 폭동을 일으켜 병력을 이탈리아로 보낼 수 없다고 보고할 것을 키빌리스에게 편지로 지시했던 것이다.

○ 상황이 이렇게 되자 키빌리스는 당분간 반역의 저의를 숨기고 사태에 따라 행동을 분명히 취할 태세였지만, 어쨌든 모반을 하기로 마

음먹었다. 때마침 비텔리우스의 명령대로 바타비족 청년들의 징집이 시작되었는데, 징병은 누구나가 싫어했지만 징병관들의 탐욕과 방탕이 속주민들로 하여금 더욱 분노하게 했다. 징병관들은 뇌물을 받고 징집을 면하게 해 주려고 노약자를 색출하기도 했고, 난잡한 음욕을 채우기 위해 덩치만 컸지 나이가 어리고 용모 수려한 아이들을 끌어가기도 했다. 그 때문에 부족 내에서는 제국에 대한 증오심이 흘렀고, 반란 주모자들은 징병 거부를 부추겼다.

○ 키빌리스는 바타비족의 원로들 그리고 반란에 적극적인 일부 부족민들을 향연에 초대한다는 구실로 불러 모았다. 밤이 되어 주흥이 무르익자, 그는 부족의 영광과 명예에 대하여 소견을 말한 뒤 자신들이 당하고 있는 피해, 약탈, 예속의 불행에 대하여 늘어놓았다. "우리 부족에 대해 로마는 동맹이 아니라, 이제는 노예처럼 취급하고 있습니다. 총독 대리인과 군 지휘관들에게 내맡겨진 부족의 운명은 그들에 의해 약탈과 살육으로 얼룩졌고, 그 후 교체된 무리들이 또 새로운 약탈 거리를 우리에게서 찾아내고 있습니다. 현실을 바로 보아야 합니다. 로마 군단이라는 이름에 겁먹지 마십시오. 우리 편에는 강력한 보병과 기병, 그리고 게르마니아 본토의 동포, 우리와 같은 생각을 가진 갈리아 속주가 있습니다.(註. 키빌리스는 반란을 일으키면서 국호를 '갈리아 제국'이라고 했으나, 정작 자신은 게르만족이었다. 그가 게르만족이면서도 갈리아 제국이라는 기치를 내건 것은 갈리아 족들의 동조를 얻기 위해서였다.) 그뿐만 아니라 전쟁의 결과가 불확실할 경우 우리가 벌인 전쟁은 로마 황제를 위한 것이라고 말할 것이며, 반면 승리할 경우에는 전쟁 이유에 대해서 해명할 필요가 없겠지요."

○ 연회에 모인 사람들은 키빌리스의 연설에 열렬히 환호했고, 키빌리스는 게르만족의 의식에 따라 서약으로 연회에 모인 모든 사람들에게 충성을 맹세하도록 했다. 그리고 카니네파테스족에게도 모반에 가담하게 했고, 브리타니아의 동맹군도 끌어들였다. 이로써 반란의 불길은 갈리아의 들녘에 활활 타올랐으며, 카니네파테스족의 브리노를 전체 지도자로 내세우고 키빌리스 자신은 뒤에서 실권을 감추고 있었다.

○ 키빌리스는 노이스 기지에서 군단장 보쿨라를 살해하고 게르마니아 7개 군단 중 6개 군단을 제압하면서 제국을 위기로 몰아넣었다. 결론부터 말하면 갈리아 제국의 건설을 기치로 내걸었던 이 반란은 얼마 못 가 로마 군단에게 완전히 진압되었다. 베스파시아누스가 비텔리우스와의 경쟁에서 승리가 굳어지자 키빌리스의 반란을 토벌하기 위해 9개 군단을 게르마니아 전선으로 파견했던 것이다. 내전의 혼란 중에는 반란군이 승리할 수 있었으나 규율과 안정을 되찾아 전열을 정비한 로마 정규군에게 반란군은 적수가 되지 못했다. 반란군들이 비록 로마의 동맹군이었다고는 하나 군사 재원, 정신력 그리고 용맹으로 이끄는 우월감으로 무장한 로마군에게 압도되었기 때문이다. 섬멸당하기 직전 키빌리스는 로마군 사령관 켈리아리스에게 회담을 요청했다. 회담 결과 바타비족 주민들은 모두 너그럽게 용서받았고 키빌리스는 처형당하지 않고 추방되었다. 이렇듯 관대한 처분을 받은 것은 반란의 진정한 책임이 키빌리스와 바타비족에게 있는 것이 아니라, 국가를 혼란 속에 빠뜨린 로마에게 있다고 인정했기 때문이었다.

숱한 불행 가운데 죽음이야말로 고난의 끝이다.

_ 보쿨라

- 키빌리스 반란 때 제22군단장 딜리우스 보쿨라(Dillius Vocula)는 자신의 부대가 적들과 반란에 가담한 불충한 병사들에게 둘러싸였지만, 피신하거나 항복할 것을 거부하고 죽는 순간까지 로마 제국의 군인으로서 임무를 다하는 것이 마땅하다고 연설하면서.(註. 보쿨라는 이 연설 이후 모반에 가담한 론기누스에 의해 살해되었다.)

※ 비텔리우스 황제의 죽음(69년)

≪정치적 신념도 없이 제국의 최고 지위까지 오른 비텔리우스는 국민들의 결속과 국가 재건에는 관심조차 없고 사치, 타락, 방종을 일삼다가 마침내 처참한 최후를 맞았다. 그는 자신이 알지도 못하는 사람들에 의해 황제의 지위까지 올랐으나, 그 지위를 유지할 정신을 가지지 못했던 것이다.≫

○ 베스파시아누스 지지파의 병사들이 시가전을 벌이며 로마시를 접수해 가고 있을 때, 비텔리우스는 팔라티누스 황궁의 뒷문을 통해 아벤티누스 언덕에 있는 황후가 소유한 집에 은신했다. 그곳에서 낮에는 숨어 있다가 밤이 되면 타라키나에서 군사력을 보유하고 있는 동생 루키우스 비텔리우스에게로 도주할 생각이었다.(註. 로마시가 완전

| 타라키나

히 베스파시아누스 파 병사들에게 장악된 후, 루키우스 비텔리우스는 항
복했으며 이후 처형당했다. 그는 형이 황제로 있는 동안 형보다도 더 악
독하게 준동했지만, 전체로 보면 형의 성공을 나누어 가지기보다는 형의
불행에 휩쓸린 편이었다.) 그러나 비텔리우스는 경박함과 공포 때문에
가만히 숨어 있지 못했다.

○ 그는 모두가 달아나 버리고 텅 빈 팔라티누스 황궁으로 되돌아왔다.
적막감이 흐르는 침묵의 공간들로 인해 소스라치게 놀라며 전율을
느낀 비텔리우스는 돈을 숨겨 허리에 차고 더러운 옷으로 위장한 후
문지기의 거처(註. 다른 말에 따르면 개집이었다고도 한다.)에 몸을 숨
겼으나, 곧 적병에게 발견되어 끌려 나왔다. 비텔리우스의 손은 뒤
로 결박되었고 옷은 만신창이가 된 채 질질 끌려가서는 게모니아이
계단에 내팽개쳐졌다. 군중들은 그가 권력이 있었을 때 아첨하던 천
박함과 동일하게, 이번에는 욕설을 퍼붓고 침을 뱉었다. 죽기 전 비

텔리우스는 자신을 학대하고 모욕하는 지휘관에게 권위를 가지고 단한마디 꾸짖었다. "그렇더라도 나는 너의 황제였다!" 이후 비텔리우스는 무수히 맞고 쓰러졌으며, 군중들은 살해된 주검에도 계속 폭력을 가했다. 그때 그의 나이 55세였다.

○ 비텔리우스는 집정관직, 신관직과 같은 지위와 명성을 자신의 노력과 근면에 의하지 않고 부친의 명성으로 획득했다. 또한 우정이란 성품을 일관되게 가진 결과가 아니라, 선물의 크기로 유지된다고 생각하는 자였다. 따라서 친구를 사귄 것이 아니라 매수했기에, 더 이상선물을 할 수 없는 파멸의 길에 다가섰을 때 그의 주변에는 친구가없었다. 그는 7개월이란 짧은 재위 기간 동안 만찬에만 9억 세스테르티우스를 소비하여 국고를 탕진했고, 병사들에게 약속한 하사금을지불하지 못하자 그들이 이탈리아를 마음껏 약탈할 수 있도록 방치함으로써 그가 과연 로마 황제인가를 의심하게 했다.

| 마음에 새기는 말 |

인간이란 도움을 받은 것에 보은하기보다 해 입은 데에 보복하는 쪽으로 쉽사리 기울어진다. 그것은 보은을 짐스럽게 여기는 반면, 보복에는 득이 있다고 생각하기 때문이다.

- 베스파시아누스는 비텔리우스와의 내전에서 승리한 후 적의 편을 들었던 카푸아를 응징했다. 하지만 자신의 편을 들었던 타라키나가 입은 전란의 피해에 아무런 보상을 해 주지 않은 것에 대하여.(註. 타라키나는 비텔리우스 황제의 동생 루키우스 비텔리우스에 의해 공략당했다.)

☀ 루키우스 비텔리우스(Lucius Vitellius)의 재능과 삶

≪아첨으로 무장한 자는 온 세상에 아첨꾼이라는 소문이 퍼져도 수치를 모르는 법이다. 그러한 자는 아첨이란 훌륭한 재능이요 탁월한 무기이며 생존의 길이라는 믿음이 확고하기 때문이다. 게다가 아첨의 대상이 파멸하고 다른 자가 권위와 권력을 가지게 되었을 때는 즉각 아첨의 대상을 바꾸며, 이에 대한 도덕적 양심적 저항을 전혀 느끼지 않는 교양과 분별력까지 갖추고 있다.≫

○ 비텔리우스 황제의 부친인 루키우스 비텔리우스는 4형제의 막내로 태어났다.(註. 비텔리우스 황제의 동생 이름도 루키우스 비텔리우스였다.) 그는 외교에 능력을 보이기도 해서 시리아 총독으로 있을 때 파르티아의 아르타바누스 왕을 회담에 끌어냈을 뿐만 아니라, 군단기 앞에서 경의를 표하도록 만들었다.

○ 루키우스는 대단히 성실하고 근면한 사람이었지만, 그의 명성에 유일한 흠은 어떤 여자 해방 노예에 지나치게 빠져 있다는 것이었다. 무엇보다도 아첨에 뛰어난 재능을 보였던 그는 살아 있는 신이 되고자 했던 칼리굴라를 여러 권신들 중 가장 먼저 신으로 섬겼다. 황제 앞에서는 극진한 예의를 차려 머리를 항상 가렸으며, 시선을 마주치지 않은 채 황제에게 고개를 숙이고 엎드려 절했기 때문이다. 이러한 태도는 로마의 것이기보다는 동방의 습속에 가까웠다.

○ 클라우디우스 황제 때에는 황후와 해방 노예들이 실권을 쥐고 있었다. 그 때문인지 그는 클라우디우스의 해방 노예 비서인 나르키수스와 팔라스의 황금상을 가정의 수호신상들 사이에 두었으며, 클라우

디우스가 세속제를 개최했을 때는 세속제를 자주 열어야 한다고 아첨하기도 했다.

○ 루키우스는 메살리나 황후에게 황후의 신발을 벗길 수 있는 엄청난 특권을 달라고도 간청했는데, 황후의 신발을 벗긴 다음 자신의 겉옷(토가)과 속옷(튜닉) 사이에 신발을 고이 넣어 두고, 이따금씩 신발을 꺼내어 입을 맞추기도 했다. 이쯤 되면 아부도 탁월한 재능에 속했다. 그가 황제의 신임을 받아 화려한 경력을 마치고 죽음이 찾아들었을 때 '황제를 향한 불변의 충성'을 기념하는 비문이 새겨진 조각상이 로마 광장에 세워졌다. 하지만 그의 정적들은 그것을 비굴한 아첨으로 얻은 더러운 표상이라며 침을 뱉었다.

○ 루키우스가 중풍으로 숨을 거두기 전 클라우디우스 황제가 찾아와 그에게 물었다. "그대처럼 고귀한 천성을 가진 사람이 어찌 그토록 권력에 알랑대는 아첨꾼으로 살았는가?" 그러자 그는 답했다. "아무리 자애로운 황제라고 해도 황제가 존재하는 한 과거의 미덕이었던 자주적이고 자유로운 정신을 가진 솔직한 사람은 더 이상 설 곳이 없습니다. 이제는 황제의 뜻에 열성적으로 따르는 것만이 최고의 미덕이므로 선한 군주를 만나거나 아니면 저처럼 선한 아첨꾼이 되는 것뿐이지요." 이것은 그가 혼수상태에 빠지기 전 마지막으로 남긴 말이었다.

○ 하지만 아첨의 폐해란 두 사람만의 문제가 아니라 대다수의 사람들에게도 영향을 끼친다는 데 있다. 게다가 아첨하는 자의 대부분은 자신의 호주머니에서 나온 것으로 하는 것이 아니라 남으로부터 빼앗은 것이나 부정을 저지른 대가로 얻은 것을 사용하기 때문에 선한 아첨꾼이란 매우 드물다고 하겠다.

비텔리우스 황제의 악행과 기행

≪국가를 다스리기 위한 철학과 신념 없이 타인에 의해 말 그대로 황제의 자리에 올라 버린 비텔리우스는 절제의 미덕을 폐기 처분하고 자신이 가진 모든 악행을 쏟아 냈다. 그리하여 마침내 그의 무절제와 방종은 스스로를 파멸로 몰아넣었다.≫

○ 낭비가 심하고 잔인하다는 것이 비텔리우스의 가장 큰 악덕이었다. 공금으로 잔치를 벌였으며, 노예를 마음대로 해방시켜 주면서 사례금을 챙기고 이를 막으려는 사람에게 채찍을 가하거나 심지어 죽이기도 했다.

○ 전투가 끝난 지 얼마 되지 않은 베드리아쿰 평원에 도착했을 때 매장되지 않은 시체들의 악취로 모두들 기겁했지만, 비텔리우스는 "적군의 시체는 향기롭기까지 하군." 하고 말했다. 앞서 서술한 대로 이는 동족과 싸우는 내전에서 해서는 안 될 말이었다. 비텔리우스가 이런 말을 할 수 있었던 것은 그가 자신의 불행과 고통에 대해서는 인내할 줄 몰랐지만, 타인의 불행과 슬픔에는 인내를 넘어 무감각했기 때문이다.

○ 비텔리우스의 악덕 중에는 정도가 넘는 식욕을 포함시켜야 한다. 보통의 사람에게는 식욕이 좋다는 것이 그리 험담이 되지 않겠지만 그는 달랐다. 대부분의 로마인들에게는 아침 식사를 가볍게 하는 식습관이 배어 있었지만 비텔리우스는 아침부터 거나하게 먹어 치웠다. 그가 군대를 앞세워 로마에 입성할 때 동생이 형의 입성을 축하하기 위해 특별한 요리를 마련했는데 그것은 '미네르바의 방패'라는 이름

으로 불렸다. 그 요리는 어마어마하게 큰 접시에 창꼬치 고기의 간, 꿩의 뇌, 홍학의 혀, 칠성장어의 지라를 제국의 전역에 돌아다니며 구하여 버무려 놓은 요리였다. 갈바는 비텔리우스의 식성을 비난하면서 그의 머릿속은 먹을 생각으로만 가득 차 있어서 전혀 두려워할 필요 없는 자라고 평가하기도 했다. 비텔리우스는 자신의 놀라운 식성을 만족시키는 데 시간이나 장소, 품위 따위에 구애받지 않았다. 한껏 먹고 나서 구토제를 사용했으며, 같은 날 여러 사람의 각기 다른 식사에 자신을 초대하게 했다. 이런 식사 비용은 늘 금화 4천 닢을 상회했다.

○ 그의 잔인한 성격은 아무리 사소한 이유일지라도 잘못이 있으면 용서하지 않고 죽이거나 고문을 가했다. 예전의 학우, 현재의 친구, 귀족 가문이라 하더라도 비텔리우스의 그물망을 벗어날 수 없었다. 어떤 경우에는 제국을 공동으로 통치하자며 꾀어 놓고 살해하기도 했다. 황제가 되기 전 자신에게 빚을 갚으라거나 세금을 내라고 독촉한 적이 있는 대부업자나 세금 징수업자, 거래상들에게는 그 어떤 자비도 베풀지 않았다. 처형되기 위해 끌려 나가는 어떤 기사는 비텔리우스에게 당신이 나의 상속인으로 되어 있다고 소리쳤다. 그 외침을 듣고 비텔리우스는 그 기사의 유언장에 비텔리우스와 해방 노예가 공동 상속인으로 지정된 것을 알고 기사와 해방 노예를 모두 처형하여 상속을 독차지했다.

○ 또한 자신이 응원하는 청색파 전차 기수들을 헐뜯었다는 이유로 그들을 살해하도록 명령했다. 모두 50명이었다. 청색파에 대한 비난은 황제인 자신을 비난한 것으로 간주했으며, 따라서 그들이 반란을 꾀하고 있다는 증거가 되었기 때문이다.

○ 비텔리우스는 칭찬받을 본보기가 되기도 했다. 집정관 선거에서 자신이 추천한 후보자와 함께 일반 시민들처럼 선거구를 돌아다니며 유세했으며, 법무관 당선자 헬비디우스 프리스쿠스와 격론을 벌일 때 얼굴이 벌게질 정도로 흥분했지만 권력을 휘두르지 않고 어느 호민관을 불러 자신의 권위를 유지하는 조치를 취하는 것으로 마무리 짓기도 했다.(註. 베스파시아누스 황제 때 헬비디우스 프리스쿠스는 건방지게 행동했다는 이유로 처형당했다. 하지만 그는 베스파시아누스 황제에게 도전하려 한 것이 아니라 스토아 철학자로서 원로원의 자유를 지키고 의원들의 관점을 대변하려고 했을 뿐이었다.) 격론이 있은 지 얼마 후 한 원로원 의원이 그 일로 비텔리우스가 노하고 있을까 두려워하며 그를 달래려 하자, 그는 "국사에서 2명의 원로원 의원이 서로 다른 견해를 보이는 것은 전혀 이상할 것이 없지 않겠습니까?" 하고 답했다. 이 말은 겸허하게도 비텔리우스가 자신을 일개 원로원 의원으로 생각하고 있다는 의미였다. 그는 평범한 사람과 어울리기를 즐겨하는 덕성이 있어 선술집에서 술을 마셨고, 다음 날에는 전날 밤 함께했던 사람들에게 아침 식사는 했는지를 묻는 등 서민들과 가까이 지내려고 노력했다. 그럼에도 그가 역사서에 온통 비루하고 천박한 황제로 그려진 것은 그와의 권력 투쟁에서 승리한 베스파시아누스와 그의 아들들이 고의적으로 격하시키려고 의도한 것이 분명하다. 왜냐하면 정권 탈취에 정당성을 부여하려면 선제의 치세와 행적에 흠집을 내야 했기 때문이다.

※ 베스파시아누스(Vespasianus)의 전설

≪원로원 계급 가문이 아닌 기사 계급 가문에서 처음으로 로마 황
제가 된 베스파시아누스에게 여러 신들이 황제가 될 징조를 갖가지
방법으로 예고했다고 사람들은 믿었다. 그리하여 신들은 자연의 섭리
를 초월하는 현상으로 베스파시아누스의 영광을 알려 주었다.≫

○ 베스파시아누스가 속한 플라비우스가(家)는 평범한 기사 계급의 가문
이었다.(註. 원로원 의원이 아닌 자로서 최초로 로마 황제가 된 자는 3세
기 초에 즉위한 마크리누스이다.) 그의 할아버지는 공화정 말기에 백인
대장으로서 폼페이우스를 지지하여 카이사르 군과 싸우다가 패배하
여 몰락했지만, 그의 아버지 플라비우스 사비누스가 집안의 가세를
일으켰다. 플라비우스 사비누스는 세금 징수업자로 돈을 벌어 헬베
티족의 영토에서 고리대금업자로 성공했던 것이다. 베스파시아누스
와 그의 형 사비누스는 이런 아버지의 재력에 힘입어 가문에서 처음
으로 원로원 의원이 될 수 있었다. 이와 같이 플라비우스가의 사람들
은 보잘것없는 평범한 배경에서 재산을 불리고 그 재력으로 어떻게
정치적 권력을 차지할 수 있는지 보여 주는 좋은 일례였다. 한때 베
스파시아누스는 자신이 투자한 사업에서 끔찍한 손실을 입어 완전히
망하고 원로원 의원 자격 유지를 위한 최소한의 재산이 없어 형 사비
누스의 도움을 받기도 했다. 오토와 비텔리우스가 황제 자리를 놓고
자웅을 겨루고 있을 때, 마침내 베스파시아누스는 오랫동안 마음속
으로 간직했던 자신의 야심을 돌아보기 시작했다. 여러 징조가 베스
파시아누스의 야심을 더욱 부추겼다.

○ 로마 근처에 있는 베스파시아누스가 속한 플라비우스 집안의 사유지에는 군신 마르스에게 봉헌한 오래된 떡갈나무가 있었다. 이 나무는 아기의 미래를 암시하는 전조를 보여 주었는데 베스파시아누스의 어머니가 아이를 낳을 때마다 나무에 새순이 돋아난 것으로 알 수 있었다. 큰딸이 태어났을 때 맨 먼저

■ 베스파시아누스

난 가느다란 새순은 금방 시들어 버렸고, 딸아이도 1년이 채 안 되어 죽었다. 두 번째 순은 로마 시장을 지낸 사비누스가 태어났을 때 돋아났는데 새순이 길고 건강했다. 베스파시아누스가 태어났을 때 돋아난 세 번째 순은 가지라기보다는 나무 밑동에 가까울 정도로 컸다.

○ 유대와 시리아 사이에는 카르멜산이 있었는데, 사람들은 그 지역신을 카르멜이라고 불렀다. 그 신에게는 신상도 신전도 없었으며, 단지 제단만 하나 있었고 거기에서 제의식을 행했다. 베스파시아누스가 그 제단에서 제위를 향한 비밀스런 희망을 생각하며 희생 제물을 올릴 때, 사제 바실리데스가 희생물의 내장을 조사한 후 "베스파시아누스 당신이 계획하는 것은 무엇이든지, 즉 집을 건축하면 훌륭한 집이, 토지를 넓히려고 한다면 무한히 넓은 영토가, 그리고 노예의 수를 늘리려 한다면 수많은 노예가 주어질 것입니다."라고 말했다. 이 신탁은 즉시 유명해졌지만 베스파시아누스가 황제가 되었을 때, 비로소 그 의미가 정확히 이해되었다.

○ 한번은 길을 잃은 개 한 마리가 십자로에서 사람의 손을 물어다가 베

스파시아누스가 식사를 하고 있는 곳으로 들어가 식탁 밑에 떨어뜨렸다. 생각해 보면 손은 권력의 상징인 것이다. 또한 소가 식당으로 쳐들어와서는 베스파시아누스 발아래 쓰러진 경우도 있었으며, 베스파시아누스 할아버지의 농장에 있던 사이프러스 나무는 바람이 전혀 없었는데도 뿌리째 뽑히기도 했다. 그 나무는 다시 뿌리를 내려 어느 때보다도 푸르고 무성하게 자랐다.

○ 네로는 말년에 유피테르의 전차를 신전에서 베스파시아누스의 집으로 가져가는 꿈을 꾸었다. 또한 베드리아쿰 전투가 시작되기 전 양쪽 군대가 보고 있는 가운데 2마리의 독수리가 싸움을 벌였는데, 동쪽으로부터 날아온 3번째 독수리가 2마리의 독수리 중 승리한 독수리를 쫓아냈다. 이것은 오토와 비텔리우스의 승자인 비텔리우스를 베스파시아누스가 제압하는 것을 예고하는 징조였다.

| ⅷⅷⅷ | **마음에 새기는 말** | ⅷⅷⅷⅷⅷⅷⅷⅷ |

평시라면 우연이나 자연 현상쯤으로 여길 것을, 위기 상황에서는 숙명이요 신의 분노라고 생각하기 쉬운 법이다.

– 69년 갈리아에서 키빌리스가 반란을 일으켰을 때, 반란군과 대치하게 된 로마군은 가뭄으로 줄어든 라인강의 물줄기를 보면서 이는 신의 분노 때문이라며 공포심을 떨치지 못한 것에 대하여. 이때 로마군은 반란군에게 크게 패했다.

※ 유대 전쟁(66~73년)과 마사다 함락(73년)

≪카이사르와 제정 초기의 황제들은 유대인들의 독특한 신앙생활을 모두 인정했다. 그렇다고 로마 시민 모두가 유대인들에게 내려진 특혜에 의문을 가지지 않은 것은 아니지만 "로마에서는 로마법을 따르라.(註. 로마에서는 로마법을 따라야 되지만, 동방에서는 제사장들이 유대인에게 사법권을 행사할 수 있는 등 유대의 율법에 따라 살 수 있다는 의미가 함축되어 있다.)"는 규정을 무시하지 않았다. 하지만 로마 관리들이 통치의 타락과 권력의 단맛에 빠져 불경스럽게도 유대인들의 신성한 재물에 손을 댔고, 이로써 돌이킬 수 없는 심각한 전쟁이 발화되었다.≫

○ 로마의 종교 정책은 각 민족마다 숭배하는 종교 행위를 묵인했으며 이는 로마 시내에서도 허용되었다. 속주의 총독들도 법률에 저촉되지 않고 로마의 종교와 적대적이지 않으며 관습을 해치지 않는다면 속주민들의 종교에 간섭하지 않았다. 그럼에도 유대교는 로마의 신들을 부정하고 굳세게 대항했다. 다신교를 믿는 로마인들과 그리스인들은 신이 용납하지 않는다는 이유로 공직이나 병역에 종사할 의무를 다하지 않고, 그러면서도 경제적 권리만은 평등을 요구하는 유대인을 참기 어려운 존재로 인식했다. 결국 로마는 유대인들과 오랜 갈등 끝에 타협의 산물로 예루살렘 성전에서 제의를 드릴 때 제국과 황제의 안녕을 기도한다는 조건으로 유대교를 인정했다. 이러한 유대인들의 특수성을 인정한 로마의 정책은 오랫동안 지속되어 왔으나, 펠릭스·페스투스·알비누스·프로루스로 이어지는 유대 장관들의 민심 장악 실패는 불화의 불씨가 되었다.

○ 더군다나 알비누스는 주민들의 재산을 **빼**앗고 무거운 세금으로 괴롭혔다. 그것도 모자라 강도질을 하다가 붙잡혀 투옥된 자들로부터 뇌물을 받고 그들을 집으로 돌려보내기도 했다. 하지만 후임자인 프로루스에 비하면 알비누스는 매우 덕망 있는 사람이었다. 왜냐하면 알비누스는 악행을 저지를 때 적어도 비밀리에 그리고 불안과 염려 속에 행했지만, 프로루스는 노골적으로 주민들을 학대하고 약탈했기 때문이다. 진정 프로루스는 수치심과 동정심이라곤 찾아볼 수 없으며 범죄 행위를 창안하는 데는 천부적인 재능을 지닌 자였다. 불화의 불씨는 프로루스가 황제에게 돈을 바쳐야 한다며 예루살렘 신전에서 속주세 체납분 17탈란톤의 금화를 몰수하자 마침내 발화되었다.(註. 당시 유대 장관의 관저는 카이사레아에 있었고, 상급자인 시리아 총독 관저는 안티오키아에 있었다. 카이사레아는 카이사르와 관련 있는 지명이며, 카파도키아에도 '카이사레아'란 같은 이름의 도시가 있다.) 한편으로 생각하면 이는 로마인과 유대인의 생각 차이로, 필연적으로 터질 수밖에 없었던 전쟁이기도 했다.

○ 유대인들의 분노는 강경파를 중심으로 활활 타올랐으며, 반란의 불길은 시작되자마자 거침없이 번져 로마 세력을 완전히 타도하자는 데까지 치달았다. 유대 왕 헤롯 아그리파 2세의 호소와 제사장들의 만류도 소용없이 악의에 찬 과격한 젊은이들이 로마와 로마 황제를 위한 제사를 거부하고 마사다를 공격하자 소요와 폭동은 변질되어 마침내 전쟁의 불길이 댕겨졌다.(註. 로마와 로마 황제를 위한 제의는 아우구스투스 때 생겨난 것으로 매일 두 차례 희생 제물을 바쳤다. 즉 유대인들은 유일신을 믿었으므로 황제를 신격화시키지는 않았지만, 황제의 평안을 위해 그들의 신에게 제물을 바친 것이다. 이는 통치자를 숭배하는

동방의 오래된 관습이기
도 했다.) 모든 반란이
그렇듯이 반란군 사이
에 분쟁이 생겨 지휘관
므나엠이 엘르아살을
지지하는 자들의 공격
을 받아 살해되었다.
엘르아살이 므나엠을
살해할 수 있었던 것은
반란이 그치기를 바랐
던 많은 유대 주민들의
도움이 있었기 때문이
지만, 새로이 반란군
지휘권을 틀어쥔 엘르

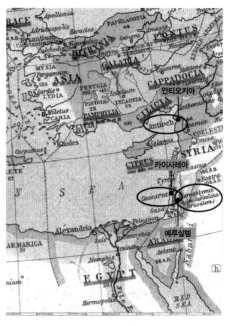

▌ 안티오키아, 카이사레아, 예루살렘 ('히에로솔리마'는 예루
살렘의 그리스식 표기) ___ 출처 : 텍사스 대학 도서관. 이
하 같다.)

아살은 주민들의 바람과는 달리 폭동을 멈추지 않았다.

○ 예루살렘에 주둔한 로마 수비대는 시카리오(註. σικαριο는 '단검으로
무장한 살인자'란 의미. 복수형은 '시카리오이σικαριοι')라고 불린 무자비
한 폭도들을 피해 왕궁으로 피신했다. 승산이 없다는 것을 깨달은 로
마군 수비 대장 메틸리우스는 폭도들에게 전령을 보내 목숨을 보장
하여 준다면 무기와 가지고 있는 모든 소유물을 포기하겠다고 전했
다. 폭도들은 흔쾌히 동의했고, 이 약속을 믿은 로마 수비대는 무기
를 내려놓은 후 안심하며 철수하려 했다. 하지만 폭도들은 로마 병사
들이 무장을 해제하자마자 그들이 미처 무기를 다시 잡을 겨를도 없
이 난폭하게 급습하여 모두 학살했다. 다만 로마군 수비 대장 메텔리

우스만이 유일하게 살아남을 수 있었는데 그것은 그가 유대인들에게 자비를 구하며 할례를 받아 유대인이 되겠다고 약속했기 때문이다. 이 사건은 율법의 수호를 최고의 덕목으로 하는 유대인들이 유대 율법에 따르면 일조차도 해서는 안 되는 안식일에 일으킨 사건이었다.

○ 점화된 유대 전쟁으로 시리아 총독 케스티우스가 반란 진압을 시도했지만 실패하고 많은 병사들을 잃게 되자, 네로 황제는 이 반란을 진지하고 심각하게 생각하기에 이르렀다. 결국 로마는 베스파시아누스를 유대 전쟁의 총사령관에 임명하고 3개 군단과 동맹군을 진압군으로 파견했다.

○ 갈릴리에 도착한 베스파시아누스는 그곳의 도시들을 접수하며 진격했다. 마침내 그는 갈릴리 지역의 유대 반란군 요세푸스가 지키고 있던 요타파타를 공략하게 되었다.(註. 요세푸스의 본명은 '요셉 벤 마티아스'였지만, 훗날 베스파시아누스로부터 씨족명을 하사받아 '플라비우스 요세푸스Flavius Josephus'로 개명했다.) 사실 유대 지역에 반란의 싹이 돋아나자 예전에 로마의 강건함을 보았던 요세푸스는 로마군의 막강한 군사력과 엄격한 전투 훈련을 설명하면서 로마에 맞서 전쟁을 벌이는 것은 무모하다고 설득했었다. 그는 말했다. "로마군에게 훈련이란 피를 흘리지 않는 전투였고, 전투는 피를 흘리는 훈련이었다." 하지만 설득은 받아들여지지 않았고, 오히려 그는 갈릴리 지역 반란군 사령관에 임명되었던 것이다.

○ 베스파시아누스의 지휘 아래 로마군은 6일 동안 맹공을 퍼부었지만 요타파타는 꿈쩍도 하지 않았다. 그렇게 되자 베스파시아누스는 요타파타를 포위하여 적이 식량과 식수가 떨어져 기아 상태가 되면 지친 적으로부터 항복을 받아 내거나 아니면 공격하여 쉽게 승리를 얻

을 수 있으리라 생각하고 작전을 바꾸었다. 그러나 이마저도 요세푸스가 로마군의 포위를 예견하고 미리 준비했던 까닭에 실패했다. 다시 개시된 전투 중에 사령관 베스파시아누스가 유대인이 쏜 화살에 발을 맞아 부상을 입기도 할 만큼 총공격을 감행했지만 요타파타는 47일간의 공격 속에서도 난공불락이었다. 전쟁은 참혹하여 성벽 전체가 피로 물들었고 겹겹이 쌓여 있는 시체들을 밟고 성벽 위로 올라갈 수 있을 정도였다. 요타파타 성내에서는 무기들이 붕붕거리며 날아드는 소리가 무시무시하게 들렸고 투석기에서 날아온 돌에 맞아 머리가 떨어지고 사지가 찢어졌으며 여인들의 비명 소리와 죽어 가는 자의 신음 소리가 끔찍하게 울려 퍼졌다.

○ 로마군이 공격한 지 47일째 되는 날, 견디다 못한 유대인 한 사람이 성 밖으로 도망쳐 베스파시아누스 앞에 무릎을 꿇었다. 그는 성안의 사람들은 전투에 지쳐 휴식을 취하고 싶은 마음이 간절하므로 새벽에 공격하면 승리할 것이라고 말했다. 베스파시아누스는 이것이 속임수일지도 모른다는 의심이 들기도 했지만, 도망자의 말을 듣더라도 손해 볼 것이 없다는 생각에 그를 가두어 놓고 불침번이 잠에 빠져 있을 것이라고 말한 새벽에 전군을 출동시켰다. 도망자의 말은 틀리지 않았다. 마침 그날 새벽에는 안개가 심하여 반란군이 상황을 파악하는 데 더욱 어려웠다. 요타파타는 마침내 로마군의 손에 떨어져 성은 불태워지고 주민들은 부녀자와 어린이 1,200명만 포로가 되었고, 나머지 4만 명의 유대인은 무자비하게 학살되었다.

○ 요타파타가 함락되자 요세푸스는 유대 지도층 인사 40명과 함께 가까스로 깊숙한 땅굴로 피신할 수 있었다. 하지만 로마군은 요세푸스가 숨은 장소를 찾아냈고 베스파시아누스는 그를 생포하려고 했다.

요세푸스의 항복을 받아 내기 위해 그의 친구 니카노르가 땅굴에 들어가 설득했다. 몇 번을 망설인 끝에 요세푸스는 신에게 기도하며 앞날을 계시하기 위해 자신의 영혼을 택한 것이라면 조국의 배신자가 아닌 주님의 종으로서 로마군에게 몸을 맡겨 생명을 보

▍유대 전쟁 시의 지도

전하기로 결심했다. 같이 있던 피신자들은 그에게 칼을 들이대고는 만약 로마군에게 투항하겠다고 하면 우리 손으로 배신자를 죽이고 말겠다며 위협을 가했다. 요세푸스는 말했다. "동지들! 전쟁에서 죽는 것은 명예로운 일이지만 그것은 어디까지나 전쟁의 법칙에 따라 승자의 손에 죽는 경우일 뿐이다. 저들은 지금 우리와 전투를 벌이는 것도 아니고 우리의 목숨을 원하지도 않는다. 목숨을 버려야 할 상황에서 지키려고 발버둥 친다면 이는 비난받을 비겁한 짓이지만, 목숨을 버릴 필요가 없는 상황에서 버리고자 한다면 이 또한 비겁한 것이다. 무엇이 두려워 항복하지 않는가? 바로 목숨 때문이지 않는가? 우리의 생명은 하나님이 주신 것이기에 생명의 종말은 오직 그분께 맡겨야 하는 법이다." 그럼에도 그들은 설득되지 않았고, 결국 제비뽑기로 최후의 사람이 남을 때까지 서로 죽이기로 하고 마지막 남은

사람은 자살하기로 합의했다. 요세푸스는 행운이 닿아 마지막 2명이 남았을 때까지 살아남을 수 있었다. 2명만이 살아남자 그는 다른 한 사람에게 틀림없이 목숨을 보전해 줄 것이니 항복하자고 권유했고, 그자는 그나마 온건한 사람이었던지 설득할 수 있었다.

○ 결국 요세푸스는 포로가 되었고 베스파시아누스가 그를 로마의 네로에게 보내려 하자 요세푸스는 단독 면담을 요청했다. 면담은 받아들여져 베스파시아누스는 자신의 맏아들 티투스와 측근 2명만 남기고 모두 내보냈다. 요세푸스는 말했다. "베스파시아누스! 나를 정녕 네로에게 보내실 작정이십니까? 나는 하나님의 뜻으로 이곳에 왔지요. 그렇지 않다면 유대 사령관답게 최후를 맞았을 것입니다. 앞으로 일어날 놀라운 일을 말씀드리겠습니다. 당신은 로마 세계의 유일한 통치자로서 황제가 될 것이며 당신의 아들 또한 그렇게 될 것입니다. 그러니 나를 당신 곁에 단단히 붙잡아 두십시오. 내가 감히 하나님을 희롱하는 것이라면 형벌에 처할 수 있도록 말입니다." 베스파시아누스는 요세푸스가 목숨을 건지려고 잔꾀를 부린다고 생각했지만, 다른 한편으로 그가 이제껏 보여 준 예언력을 아주 무시할 수 없었다. 그 이후 요세푸스는 비록 쇠사슬에 묶여 있긴 했으나 로마 진영에서 따뜻하고 정중한 대우를 받았으며 특히 티투스의 배려가 각별했다. 그리고 그는 친로마파로 돌아섰다.(註. 후세의 유대인들은 이로 인해 요세푸스를 배신자로 낙인찍고 그 이후로 결코 용서하지 않았다.)

○ 훗날 베스파시아누스는 황제 자리가 확고해졌을 때 부하를 시켜 요세푸스가 묶여 있던 쇠사슬을 도끼로 내리쳐 잘랐는데 이는 티투스가 아버지 베스파시아누스에게 부탁한 것으로 결박된 자의 무고함이 입증되었을 때 행하던 오래된 관습이었다. 또한 그는 요세푸스에게

▍「티투스의 로마군에 의한 예루살렘의 포위 공격과 파멸」, 다비드 作

로마 시민권을 주었을 뿐 아니라 자신의 씨족 이름인 플라비우스를 요세푸스에게 하사함으로써 그의 예언에 보답했다.

○ 예루살렘의 상황은 로마군이 아니라 동족끼리의 내분으로 비참하기 짝이 없었다. 포악한 젤롯 파들이 전횡을 저지르자 아나누스 2세가 세력을 모아 이들을 유대 성전으로 몰아넣기도 했지만 소용이 없었다.(註. 젤롯 파들은 좋게 말해서는 율법을 열심히 지키려는 자들이었지만, 자신들의 이상을 위해 폭력도 서슴지 않는 자들이었다.) 젤롯 파가 이웃한 이두매인들의 도움을 받아 다시금 도시를 장악했기 때문이다. 게다가 시몬, 요한, 젤롯 파, 엘르아살 등이 예루살렘의 권력을 놓고 서로 차지하려고 피를 흘리는 내분이 갈수록 더해졌다.

○ 유대인들의 내분은 서로 간에 무자비하게 공격하고 살육하는 형태로 나타났다. 반대파들은 물론이거니와 죄가 입증되지 않은 자들까

지 약간이라도 의심이 들면 잡히는 대로 처형했다. 유대의 성전과 제단은 로마인과의 전쟁이 아니라 동족끼리의 살육으로 인해 피로 물들고 있었다. 살해된 자를 위해 매장을 하거나 심지어 눈물을 흘려도 살해된 자와 같은 처벌을 받아야 할 자로 간주되었다. 그런 와중에도 "뇌물은 임자의 보기에 보석 같은즉 어디로 향하든지 형통케 한다.(註. 구약성서 잠언 17장 8절)"는 진리를 증명이라도 하듯 성문을 지키는 경비병에게 많은 뇌물을 주는 자는 예루살렘을 빠져나갈 수 있었다. 결국 부유한 자는 탈출해 살 수 있었고 가난한 자들은 살해되었다. 예루살렘이 봉기와 혼란으로 가득 차 치안이 해체되자 지방에서도 폭력을 쓰는 자들이 고삐가 풀려 군대보다는 작지만 도적 떼보다는 큰 폭도 무리가 되어 도시들을 돌아다니며 폭력과 약탈을 일삼았다. 상황이 이렇게 되자 베스파시아누스는 재빨리 예루살렘으로 진군하자는 휘하 장군들의 재촉에 그럴 필요 없이 기다려야 한다고 말했다. 그러면서 적들이 엄청난 적의로 자기들끼리 서로 죽이고 내분을 겪는 동안에는 차라리 방관자의 자세로 위험을 피하고 기다린다면 수고스런 전투 없이도 승리를 거머쥘 수 있기 때문이라고 설명했다.

○ 68년 승리를 계속하던 베스파시아누스는 로마에서 정변이 일어나고 네로가 자살하자, 새로운 황제에게 명령을 받기 위해 유대 전쟁을 잠시 중단했다. 그때 그는 동방 군단의 옹립과 도나우 군단의 지지를 받아 제위에 도전했다. 비텔리우스와의 내전에서 승리가 확실해지자 그 자신은 로마로 가고 큰아들 티투스에게 기존의 3개 군단과 케스티우스 휘하에서 패전한 1개 군단을 추가하여 유대 전쟁의 지휘를 맡겼다.

○ 그때까지도 예루살렘은 각각의 파당들이 성 밖과 성안과 성전을 점유하고 서로의 지역을 **빼**앗기 위해 내전을 벌이고 있었다. 요한이 엘르아살과 젤롯 파들이 점령하고 있던 성전을 공격하여 결국 성 밖은 시몬이, 성안은 요한이 지배했다. 이들은 광란의 기운을 흡수하듯 점점 더 야수처럼 변하여 새로운 살인 방법을 터득하고 아무런 죄책감 없이 학대와 잔인한 짓을 서슴지 않고 저질렀다. 서로 다투기만 하던 반란군 우두머리들도 의견 일치에 도달하는 것이 있었는데, 그것은 로마인들과 평화를 추구하는 자들을 적으로 몰아 살해하는 것과 유대 종족의 안녕과 번영을 위해 쓸 만한 인재들을 죽이는 것이었다. 심적 불안에 시달려 견디다 못한 노인들과 부녀자들이 차라리 외부 적들과의 전쟁을 통해서라도 이 상태를 벗어나기를 바라는 마음에서 로마군에게 도움을 요청하기에 이르렀다.

○ 마침내 티투스가 이끄는 강력한 진압군이 다가오는 것을 알고 예루살렘의 당파들은 처음으로 내전을 중단했다. 그들은 가까이에 로마군이 진영을 치는 것을 보고 두려운 마음에서 하나로 뭉쳤다. 반란군은 요새화 작업 중이던 로마군을 기습하여 뜻밖의 승리를 얻자 기고만장해져 기세를 올리기도 했지만, 로마군의 막강한 공격 앞에 힘은 갈수록 꺾였다. 계속 밀리던 유대 반란군은 로마군에게 제3성벽과 제2성벽을 내주고 마침내 허약한 제1성벽만이 남아 최후의 저항선에까지 몰렸다.

○ 티투스가 도시의 파괴를 주저하며 말을 탄 채 성벽 주위를 돌고 있을 때, 그의 친구 니카노르와 요세푸스가 성벽으로 다가가 반란군을 설득하던 중 반란군이 쏜 화살이 니카노르의 왼쪽 어깨에 박혔다. 이 일로 티투스는 격분하며 예루살렘을 포위 공격하여 섬멸하기로

결정했다.

○ 로마군에 포위된 예루살렘은 기근으로 고통받았다. 여인들은 남편에게서, 자녀들은 부모에게서, 어미들은 자식의 입에서 먹을 것을 빼앗았다. 심지어 요르단강 건너편 베데수바 마을 출신의 마리아란 여인은 자신이 낳은 젖먹이를 먹었다는 믿을 수 없는 소문까지 나돌았다. 도시를 장악한 반란군은 문이 잠긴 집을 보면 먹을 것이 있다는 것을 알아채고 강제로 문을 뜯은 후 침입하여 가진 것을 모두 빼앗았는데 입속에 있던 것까지 꺼내 갔으며, 이들은 노인이든 젖먹이든 결코 동정하지 않았다.

○ 제1성벽까지 뚫리고 로마군이 성전 입구까지 밀어붙이자, 반란군은 살인의 피가 묻어 있는 검을 들고 지성소로 몰려갔다. 유대 성전의 지성소는 대제사장만이 들어갈 수 있는 신성한 장소였다. 폼페이우스가 이방인의 신분으로 거룩한 지성소에 들어간 것을 두고 신성 모독죄를 저질렀다고 비난했던 그들이 이제 스스로 핏자국이 묻은 신발로 지성소를 침범하고 신성을 더럽혔다. 신전의 문에 다다른 로마군은 성전을 보존하려는 티투스의 노력에도 불구하고 성난 로마 병사들에 의해 성전이 화염에 휩싸이고 약탈되었으며 제단은 살해된 주검으로 가득 쌓였다. 이로써 다윗의 아들 솔로몬이 건립한 찬연하고 아름다운 유대 성전은 세상에서 사라졌다.(註. 솔로몬은 성전을 7년간, 궁궐을 13년간 지었다.)

○ 예루살렘의 마지막 성벽은 반란군들이 살려고 도망치는 통에 로마군이 무혈로 점령했다. 70년 9월 마침내 로마군이 도시의 모든 곳을 장악함으로써 유대 전쟁은 사실상 종결되었다. 티투스는 저항하는 자들은 살해하고 그렇지 않은 자들은 포로로 사로잡도록 명령했다. 예

루살렘 함락 때 포로가 된 유대인이 9만 7천 명이었으며 사망한 유대인이 무려 110만 명에 달했는데 이렇게 많은 사람이 죽은 것은 로마군의 포위 공격이 시작되는 때가 공교롭게 유대의 무교절이어서 예루살렘에 많은 사람이 모였기 때문이다. 당시 예루살렘에 모였던 시민들의 수는 어림잡아도 270만 명이 넘었다.(註. 무교절은 유대인들이 이집트에서 벗어난 것을 기념하기 위해 누룩을 사용하지 않은 떡을 먹는다고 해서 '무교절'이라고 한다.) 반란군 대장 시몬과 요한은 모두 체포되어 시몬은 로마 개선식 날 목에 밧줄을 매단 채 사형 집행인에게 계속 매를 맞으며 행렬 가운데를 걷다가 카피톨리움의 유피테르 신전 광장 위쪽에 위치한 처형장에 끌려가 참수되었고, 요한은 종신형에 처해졌다.

○ 그리스인들로서는 경쟁자인 유대인들이 밉살스런 종족이었음에 틀림없었다. 당초 유대인에게 반감을 갖지 않았던 로마인들도 유대인들과 접촉한 지 60여 년이 지날 때부터 그들의 집요한 고집과 폐쇄성에 넌더리를 내며 유대인들에 대해 반감이 생겨나기 시작했을 것이다. 그럼에도 티투스는 이집트 장관인 유대인 율리우스 알렉산드로스에 심취해 있었고, 북동부 유대를 다스리던 유대 왕 헤롯 아그리파 2세(註. 친로마파이며 헤롯 왕의 증손자였다.)의 누나 베레니케를 사랑하고 있었기에 유대인 자체를 싫어하는 사람은 아니었다. 더군다나 로마는 유대 전쟁을 같은 유대인인 율리우스 알렉산드로스와 헤롯 아그리파 2세의 적극적인 도움을 받아 치렀다.

○ 유대 전쟁은 예루살렘 함락 이후에 마케루스 요새에서 반란군의 저항이 있었고, 마지막은 사해 남서쪽에 해발 410미터의 불쑥 솟아오른 가파른 바위 요새 마사다에서 종지부를 찍었다.(註. 공화정 말기에

안토니우스는 클레오파트라가 유대 왕국을 자신에게 달라는 끈질긴 요구에도 주지 않았다. 이 말을 전해 들은 유대의 헤롯 왕은 혹시 안토니우스의 마음이 변해 왕국과 목숨을 빼앗길지 모른다고 염려하여 예전부터 천혜의 요새인 마사다에 적의 침입에 장기간 대항할 수 있는 시설을 건립했다. 마사다에 농성전을 벌인 유대인들은 헤롯 왕이 건립한 바로 그 시설을 이용했다. '마사다'란 '요새'라는 뜻.) 유대 장관 실바는 72년부터 73년까지 제10군단을 이끌고, 전쟁 초기부터 시카리오들이 장악하고 있던 마사다에 맹공격을 퍼부었다. 마사다에는 아녀자를 포함한 960명가량의 농성자들이 있었지만, 그곳은 접근하기도 어려웠고 반란군에게는 비축된 식량과 식수도 충분했다. 게다가 헤롯 왕이 비축한 무기가 그대로 보존되어 있어 1만 명의 병사가 사용해도 괜찮을 정도였다. 하지만 마사다의 굳건함도 로마군의 공성 무기와 화공(火攻)을 견디지 못하고 성벽이 모두 허물어져 함락 위기에 처했다. 요새가 함락 위기에 처하자 반란군 지도자는 로마군에게 죽음을 당하느니 차라리 우리 손으로 죽음을 선택하여 자유를 아름다운 수의로 삼자고 설득했다. 반란군 지도자의 자결하자는 연설에 나약한 자들은 머뭇거리며 눈물을 흘렸다. 그러자 그는 영혼 불멸을 말하며 치욕을 벗어나는 길은 죽음밖에 없다고 소리 높여 외쳤다.

○ 마침내 요새에 있던 자들이 용기를 얻어 행동으로 옮겼다. 반란군들은 아내와 아이들을 자신들의 손으로 죽였고, 그들은 자신들 중에 뽑힌 10명에 의해 가족 옆에서 살해되었다. 그리고 살아남은 10명은 그중 1명을 뽑아 나머지 9명을 죽였고, 마지막 1명은 주위의 모든 것을 불태운 다음 스스로 목숨을 끊었다. 하지만 여기에도 배반자가 있어 반란군 지도자의 친척인 나이 든 여자 1명과 젊은 여자 1명 그리

| 마사다

고 그녀의 자식 5명은 죽기를 거부하고 지하 통로에 숨어 있었다. 다음 날 로마군이 그곳까지 점령했을 때 살아남은 7명은 그동안 있었던 반란군의 믿기 어려운 용기를 자세히 알려 주었고, 로마군은 승리에 기뻐하기보다는 적들의 용기와 굴종을 거부한 행동에 감탄했다.

○ 반란군은 함락 직전에 자살을 결정하고 모든 것을 불태워 버렸지만 식량만은 그대로 남겨 두었다. 왜냐하면 자신들이 굶어 죽을 지경에 몰려서 자살을 선택한 것이 아니라 구속보다는 차라리 죽음을 선택했다는 것을 알려 주기 위해서였다. 이 전쟁이 끝난 후 만 20세 이상의 모든 유대인들은 베스파시아누스의 명령에 의해 거주지를 불문하고 매년 2드라크마의 인두세를 로마의 카피톨리움 신전에 바쳤다. 이는 유대인들이 예루살렘 성전에 내던 2드라크마를 대신했으며 도미티아누스 황제 때 더욱 강화되어 유대교를 믿는다고 고백하지 않

더라도 유대인으로 살아가는 모든 사람들에게 부과했다. 그 이후 네르바 황제는 유대교의 관습과 율법을 따르고 있노라고 고백하는 자에게만 이를 부과하는 것으로 다시 완화했다.

※ 무키아누스(Mucianus)의 실권 장악(70년)

≪내전의 승리자가 국가를 마음먹은 대로 다스리려면, 입김 센 공신들과 실력자들을 그대로 두어서는 힘든 법이다. '토사구팽'은 정치가의 양심이다. 내전의 막이 내려지고 평화가 찾아왔을 때, 공을 세운 지휘관들은 통치자에게 걸림돌만 될 뿐 쓸모가 없어졌다. 무키아누스는 이런 요소들을 천재적인 수완으로 조속히 제거했다.≫

○ 비텔리우스 파들을 제거하고 로마에 입성한 베스파시아누스 파 중 지위로 보나 명성으로 보나 최고 실권자는 무키아누스였다. 하지만 그도 전공이 혁혁한 안토니우스 프리무스와 아리우스 바루스를 두려워했다. 왜냐하면 그 둘은 전공뿐 아니라, 병사들의 신망이 두텁고 전쟁터 외에선 그 누구에게도 잔혹한 짓을 행한 적이 없어 시민들에게도 신뢰와 인기를 누리고 있었기 때문이다.

○ 게다가 프리무스가 스크리보니아누스 크라수스에게 제위에 오르라고 부추긴다는 소문이 나돌았다. 크라수스는 갈바 황제의 양아들이었던 피소의 동생이었다. 이런 소문이 들리자 무키아누스는 어떤 조치를 취하지 않으면 안 될 것 같다는 생각이 들었다. 소문 때문인지

몰라도 그는 크라수스에게 적의를 품고서 원로원이 결정한 피소의 명예 회복을 실행하지 않고 있었다. 그렇다고 죄 없는 프리무스를 공공연히 제거할 수는 없는 노릇이므로, 무키아누스는 원로원에서 그를 극구 칭찬하면서 가까운 히스파니아(Hispania Citerior) 속주의 총독 자리에 앉히겠노라고 은밀히 약속했다. 동시에 프리무스의 동조자들에게는 부장직과 동맹군 대장직을 제시했다.

○ 이런 식으로 프리무스에게 부질없는 희망과 욕망 그리고 체면을 채워 준 뒤, 무키아누스는 프리무스의 실질적이면서도 가장 강력한 힘의 근원이었던 제7군단을 동절기 숙영지로 이동시켜 프리무스를 군사력이 없는 지휘관으로 만들었다. 그리고 아리우스 바루스와 친밀하던 제3군단을 시리아로 되돌려보냈으며, 일부 병력은 차출하여 게르마니아로 이동시켰다. 이런 방법으로 무키아누스는 공신들을 거세하고 소동을 일으킬 수 있는 요인들을 제거하여 로마의 실권을 완전히 장악할 수 있었다.

| 마음에 새기는 말 |

중상모략이란 모든 호의와 자연적 본성을 파괴하며, 아무리 선한 감정일지라도 질투를 견뎌 낼 만큼 강하지는 않다.

_ 플라비우스 요세푸스

- 유대 왕 아리스토불로스가 자신의 동생 안티고노스를 아꼈으나, 주위의 중상모략을 견디지 못하고 질투로 동생을 의심하여 살해한 것에 대해서.

※ 역사가들이 본 유대인들의 기원

≪고대 로마 역사가들이 알고 있는 유대족의 유래는 유대인들의 역사를 담고 있는 성서와는 사뭇 다르다. 고대 역사가들의 기억에서 그들은 선민이 아니라, 이동이 심한 유랑 민족이었으며 심한 경우는 천대받던 민족이었다.≫

○ 타키투스(註. 55~117년경 로마의 역사가, 정치가)는 자신이 전해 들은 유대인들의 기원을 다음과 같이 기록했다. 크레타섬에는 이다(Ida)라는 유명한 산이 있어, 그곳에 살고 있는 주민들을 이다이족으로 불렀다.(註. 이다산은 그리스어로 이데산이라고 하며, 크레타섬뿐만 아니라 트로이아 부근에도 1,767m의 가르가론봉을 최고봉으로 하는 같은 이름의 산이 있다.) 그것이 후일 증음화(增音化) 현상으로 유대족으로 변형되었다고 한다. 또한 예루살렘과 유다가 부족들을 인솔해 인근 땅으로 이주했다고도 하며, 이집트인의 후예였던 케페우스 치세 때 공포와 증오심 때문에 정착지를 옮겨야 했다고도 했다. 혹은 유대인들은 거주할 영토를 가지지 못한 아시리아 난민으로 처음에는 이집트의 일부를 차지했으나 훗날 히브리 땅과 시리아 인근 지역에 그들의 도시를 세웠다는 주장도 있다고 전했다. 어떤 자들은 호메로스 서사시에 나오는 유명한 솔리미족이 유대족이며 그들은 자신의 이름을 따 도시 이름을 예루살렘이라 불렀다고 했다.

○ 그러나 고대 역사가들이 대체로 동의하는 유대족의 기원설은 다음과 같다고 타키투스는 서술했으며, 이는 성서와는 아주 다르다. 이집트를 온통 전염시키는 역병이 발생했을 때, 이집트 파라오 바켄라네프

가 암몬 신탁소에 가서 그 해법을 물었다. 신탁의 결과는 "왕국을 정화하기 위해 신들이 가증스러워하는 종족을 쫓아 버려라 하느니라. 그 종족은 유대인이니라."는 것이었다. 그리하여 유대인을 색출하고 집결시킨 다음 황야로 추방했다. 추방된 유대인은 모두가 눈물을 흘리며 망연자실했으나, 모세는 "신이나 인간 모두 우리를 버렸으니 그들의 도움을 기대하지 말고 우리 스스로를 믿되, 현재 참상을 벗어나게 처음으로 도와주는 자를 하늘이 보내 준 지도자로 삼읍시다."고 했다.

○ 유대인들은 모세의 말에 동의하고 앞날을 알 수 없는 길을 떠났다. 길을 나선 그들이 가장 견디기 힘든 것은 물이 부족한 것이었으며, 들판 한가운데서 쓰러져 거의 죽기 일보 직전이 되었다. 그때 초지의 야생 당나귀 한 무리가 숲의 그림자가 드리워진 바위 쪽으로 몰려갔다. 모세는 그 뒤를 쫓았고 그곳에서 큰 수맥을 찾아 따르던 무리의 생명을 구했다. 그 후 그들은 6일간 쉬지 않고 길을 걸어, 7일째 되던 날 닿게 된 땅에서 고난과 위기를 용맹성의 토대로 삼아 토착민을 몰아내고, 도시를 세운 뒤 자신들의 신전을 건립했다고 전한다.

☀ 베스파시아누스 황제의 기적

≪간절한 염원이라면 불합리한 것을 들어주는 것도 사람을 다스리는 방법 중 하나다. 베스파시아누스는 스스로 생각하기에도 황당한 치료법을 행했지만, 이는 신과 같은 능력과 기적을 바라는 속주민들의

간절한 소망을 들어주는 황제의 따뜻한 배려였다.≫

○ 비텔리우스와의 내전을 승
리로 이끌고 이집트의 알렉
산드리아에 체류했던 수개
월 동안, 베스파시아누스는
많은 기적을 일으켰다. 그것
은 동양의 미신적 기대와 희
망이 베스파시아누스를 통해
어우러져 나타났다. 한번은
눈병이 난 것으로 알려진 한
평민이 베스파시아누스의 무
릎 앞에 엎드려 흐느끼며 실
명을 치료해 달라고 간청했

▎ 세라피스 신

다. 그 평민이 말하기를, 세라피스 신의 지시에 따르면 황제가 침으
로 자신의 뺨과 눈을 적셔 주면 낫게 될 것이라고 했다.(註. 세라피
스 신은 이집트의 프톨레마이오스 1세가 이집트 원주민과 마케도니아 출
신 지배층을 통합하고자 찾아낸 신이다. 세라피스 신은 오시리스 신과 동
일시되었고 오시리스의 아내 이시스 신은 로마에서도 숭배되었다. 알렉
산드리아의 초기 그리스도교에서는 세라피스와 예수를 혼동하기도 했다.
다만 그리스도교 측에서는 그리스의 아르고스 왕 아피스가 함대를 이끌고
이집트로 가서 죽자 그를 신격화시켜 관을 뜻하는 '소로스'와 '아피스'가 합
성된 '소로스아피스'라고 하다가 '세라피스'로 변형되었다고 주장했다. 또
한 이시스는 아르고스 초대왕 이나쿠스의 딸 '이오'라고 했다. 이처럼 여

러 설이 있긴 하지만 아드리아해 남쪽에 위치한 '이오니아해'는 이오로부터 유래한 것이 틀림없다. 신화에 따르면 이오는 제우스의 사랑을 받았으나 헤라의 질투로부터 보호하기 위해 제우스가 그녀를 암소로 변신시켰으며, 그녀는 이오니아해를 헤엄쳐 이집트로 건너갔다고 한다.) 손이 아픈 또 한 사람은 역시 세라피스 신의 처방대로 자신의 손을 황제가 발로 밟아 줄 것을 애원했다.

○ 베스파시아누스는 이런 행위로 치료한다는 것은 가당치 않은 것이라며 웃어넘겼다. 그러나 그들이 집요하게 태도를 굽히지 않자, 쓸데없는 행동을 하여 치료도 못 하고 웃음거리만 될 것이 아닌가 싶어 두려워하면서도 환자들의 간절한 염원과 측근들이 한번 시도해 보라는 아첨에 그들의 요구를 들어주기로 했다. 요구를 들어주기 전, 베스파시아누스는 의사에게 실명과 불구 같은 것을 인력으로 극복할 수 있는지에 대해 물었다. 의사의 소견은 "시각 장애자의 경우는 시력을 완전히 잃은 것이 아니므로 시력 장애 요인이 제거된다면 시력을 되찾을 수 있을 것이며, 손이 아픈 자는 관절이 탈구되었지만 적절히 압박을 가해 치료한다면 나을 수도 있습니다."는 것이었다. 그러면서 아무튼 치료가 된다면 영광은 황제의 몫이고, 치료되지 않을 경우에 웃음거리는 황제가 아니라 무지하게 치료를 요구한 그 환자들의 몫이라고 말하며 베스파시아누스의 걱정을 덜어 주었다.

○ 최근의 승전으로 자신의 운에 자신감을 가진 베스파시아누스는 많은 사람들이 지켜보는 가운데 환자들이 원하는 대로 해 주어 자신의 능력과 운을 시험했다. 그러자 신적 능력을 보여 앞을 못 보던 자가 다시 광명을 찾았으며, 손이 아프던 자가 즉시 불구에서 회복되었다.

○ 이처럼 제국의 동부 속주에서는 황제를 신격화시켜 숭배하는 행위가

극성을 부렸는데 황제 숭배는 그들에게 확고한 정치적 그리고 경제적 이득을 가져다주었으며 황제도 이것이 싫지는 않았던 모양이다. 황제 제의를 유치한 도시는 로마 황제의 은덕을 톡톡히 입어 신전 건립 등 속주 산업이 활기를 띠었고 황제 제의에 관련된 무역에는 특별히 면세되었다. 게다가 베스파시아누스가 황제가 되자 제국의 동부 속주민들 중 많은 사람들이 공직에 임명되었다. 이런 이유로 황제 숭배와 관련된 사항들은 '신성한 법'으로 불리어 이를 어길 시에는 '이단'으로 처벌한 것이 아니라 '반역'으로 다스렸다.

| **알아두기** |

• 파로스(Pharos) 등대

알렉산드리아의 파로스섬(註. 섬은 제방으로 육지와 연결되어 있다.)에 있었던 파로스 등대는 높이가 무려 135m가 되는 세계 7대 불가사의 구조물 중 하나였다. 이는 BC 280년경 이집트 왕 프톨레마이오스 2세를 위해 세웠다고 전해진다. 이 등대는

| 파로스 등대

3단식으로 맨 아래층은 4각형, 중간층은 8각형, 꼭대기 층은 원통형이며 모두 약간 안쪽으로 쏠리게 지어졌다. 폭이 넓은 나선형 경사로가 옥탑으로 이어져 있었으며 옥탑에서 밤에 불을 밝혔다고 한다. 그러나 이 등대는 1100년과 1307년에 발생한 지진으로 붕괴되고 말았다.

✺ 베스파시아누스 황제의 분노(75년)

≪지속적으로 반복되는 무례한 태도는 온화한 성품의 소유자에게도 용서받기 힘든 법이다. 더군다나 절대 권력을 지닌 황제 앞에서는 용감하고 가식 없는 발언도, 황제에게 내심 반감을 품고 있던 자들의 박수도 프리스쿠스의 생명을 지켜 주지 못했다.≫

○ 건전하면서도 보편적인 사고를 지닌 베스파시아누스는 모든 문제에서 온건했으며 솔직담백했다. 리키니우스 무키아누스의 깔보는 듯한 행동에도, 견유학파 철학자 데메트리우스의 불손함에도, 네로 시절 의전관의 무례함에도 자신이 받은 모욕감 정도로만 대응했을 뿐, 권한과 권력을 내세워 무자비한 보복을 가하는 일이 거의 없었다.

○ 다만 헬비디우스 프리스쿠스의 경우는 예외였다. 그는 네로에게 아부를 거부하다 정적들의 모함으로 처형당한 트라세아 파이투스의 사위였다. 그 역시도 네로에게 대들다가 추방형을 받았으나 훗날 복권되어 가까스로 로마에 되돌아올 수 있었다. 69년 베스파시아누스 파가 막 실권을 잡았을 때, 법무관 예정자 헬비디우스는 연설할 기회를 얻은 적이 있었다. 그는 베스파시아누스를 예우하면서도 가식 없는 입장을 표명했고 원로원은 그의 연설에 열광했다. 그 연설로 헬비디우스는 인기를 얻었지만, 동시에 베스파시아누스의 눈 밖에 벗어난 시점이 되었다. 헬비디우스와 정적인 에프리우스에 따르면 "헬비디우스는 황제의 머리 꼭대기에 오르려고 한다. 또한 나이도 먹을 만큼 먹었거와, 개선장군이요, 다 큰 자식들을 두고 있는 베스파시아누스에게 훈계하려 들었다."고 꼬집었다. 알고 있는 것이라도 모두들

가만히 있으면 분노를 삭일 수 있지만, 옆에서 자꾸 들추어내면 참을 수 없게 된다.

○ 헬비디우스는 베스파시아누스가 시리아에서 로마로 돌아왔을 때 '베스파시아누스'라는 개인 이름으로 황제를 부른 유일한 자였다. 그가 70년 법무관으로 있을 때 공식적인 명령서에 베스파시아누스 황제의 명예와 관련된 모든 호칭을 생략했으며, 더 이상 베스파시아누스가 견딜 수 없을 만큼 무례한 태도로 황제를 일개 시민처럼 다루었다. 75년 베스파시아누스는 참다 못해 결국 분노를 터뜨렸다.

○ 그는 헬비디우스를 추방한 다음 처형하라고 명령한 것이다. 하지만 곧바로 목숨만은 살려 주어야겠다고 생각하고서 처형을 중지하라는 명령과 함께 전령을 급파했다. 급히 전달된 명령은 이미 처형되었다는 잘못된 보고로 처형 중지 명령을 취소했기에 헬비디우스의 목숨을 살리지 못했다. 만약 보고가 잘못 전달되지 않았다면 헬비디우스의 목숨을 구할 수 있었으리라.

○ 헬비디우스는 원로원 연설에서 네로 치하 때 밀고자 노릇을 한 자들을 색출한 다음 재판에 회부하여 처벌해야 한다고 말했으며, 위기에 놓인 국가 재정을 건실화하는 일에 원로원이 결정권을 회복해야 한다고 주장했다. 이러한 그의 주장을 살펴보면 그는 황제에게 도전하려 한 것이 아니라 원로원의 자유를 지키고 귀족들의 입장을 대변하려 한 것뿐이었다. 하지만 절대 권력하에서 무기력한 순종적인 태도를 버리고 황제의 권위를 훼손시킨 언행 때문에 그 어떠한 정당성과 정의감도 자신의 목숨을 지켜 주지 못했던 것이다.

한때 동격이거나 아랫자리에 있었던 자가 동료나 윗사람을 제치고 더 높은 지위에 다다를 수 있는 것은 실력에 따라 사람을 선발하는 현실 때문이다. 그러나 이런 현실을 납득하고 받아들일 수 있는 합리적인 정신과 사리 분별력을 가진 사람은 드물다. 많은 사람의 가슴에 더 깊이 파고드는 것은 합리적인 이성보다는 비합리적인 감성이기 때문이다.

– 이명박이 대통령에 취임한 지 얼마 되지 않았을 때의 일이다. 자동차 연비 향상이 국제적인 관심 사항이 되어 이와 관련한 기업체 수장들과 회의를 가졌다. 대통령이 장관의 보고를 받으면서 기업체 수장들에게 질의와 의견을 묻는 방식으로 회의가 진행되었는데, 그중에는 현대자동차 정몽구도 참석했다. 이명박은 한때 현대그룹에 몸담고 있었기에 그의 눈에는 이명박이 국가 최고 통치권자이기보다는 현대그룹 직원으로 보였는지, 대통령의 질문에 비스듬히 의자에 등을 기댄 채 낮춤말도 높임말도 아닌 어정쩡한 어투로 질문에 대한 답변은 하지 않고 엉뚱한 말을 했다. 이 상황은 겨우 수습되기는 했으나, 상식을 넘어서는 사태에 회의 참석자들은 긴장하여 등에 식은땀이 날 정도였다고 한다. 이 얘기는 회의에 참석한 에너지관리공단의 어느 간부가 전했다.

※ 베스파시아누스의 유머

≪유머는 복잡하고 어찌할 수 없는 현실에서 건전한 정신을 유지하게 하고 판단에 균형을 잡아 준다. 베스파시아누스는 평소 자신이 즐긴 유머에 따라 장례식에서 시민들의 놀림감이 되었지만, 살아 있

을 때 국가 재정을 위해 대단한 노력을 기울이며 황제의 의무를 다
한 자였다. 그리하여 후세 사람들은 그가 비록 부당하게 긁어모은
돈일지라도 더없이 올바른 목적에 사용했다는 것을 시인하지 않을
수 없었다.≫

○ 제9대 황제 베스파시아누스는 유머가 풍부한 사람이었다. 그는 자신
과 정치적 뜻을 달리하는 사람을 만나는 데에도 주저하지 않았다. 당
시에는 제정이 100년 가까이 진행되어 온 터라 공화주의자는 소수였
지만 베스파시아누스는 그러한 공화주의자와도 만났다. 그중 견유학
파 철학자 한 사람이 감히 베스파시아누스 황제 앞에서 공화정 복귀를
주장했다. 사실 이것은 역모를 주장하는 것과 다름없었으며 사형으로
처벌되어야 할 사안이었다. 한동안 잠자코 듣고 있던 베스파시아누스
는 더 이상 참지 못하고 소리를 버럭 질렀다. "나한테 처형당하기 위
해서라면 무슨 소리라도 지껄일 모양인데, 나는 깽깽 짖는다고 해서
그 개를 몽둥이로 두들겨 패거나 죽이지는 않소!"(註. 그 철학자를 개에
비유한 것은 그가 개와 같은 생활을 했던 까닭에 붙여졌다는 견유학파犬
儒學派였기 때문이다.) 그 이후로 베스파시아누스는 철학자들을 로마
에서 내몰고 그 자리를 수사학자들과 문법학자들로 채웠다. 수사학이
국가 경영을 위한 인재 개발의 주요 교과목으로 인식한 그는 로마 최
초로 국고에서 봉급을 주는 수사학 교사를 두는 데까지 나아갔다.

○ 내전에서 승리하고 황제의 자리에 앉았을 때 사실 그는 텅 빈 국고를
넘겨받았다. 칼리굴라 황제 때부터 국고를 비축하기보다는 쓰기에
바빴고, 내전으로 국고가 거의 바닥난 상태였기 때문이다. 바닥난
국고를 채우기 위해 베스파시아누스는 무엇보다도 국가 재정을 건전

하게 할 필요가 있었다. 그래서 부도덕한 징세업자를 고용하거나 탐욕스런 성격의 황제 소속 관리들에게 재산 불리기에 좋은 자리를 준 후, 적당한 때에 그들을 부당 취득죄로 잡아들여 그들이 번 돈을 쥐어짜 내어 국고로 돌리기도 했다.

○ 언젠가 아끼던 하인 중 한 명이 자신의 형제라는 사람을 위해 재산 관리인이 되도록 허락해 달라고 황제에게 청했을 때의 일이다. 베스파시아누스는 잠시 기다려 보라고 한 뒤, 그 하인의 형제라는 사람을 직접 불러 자신의 하인에게 재산 관리인을 시키면서 얼마를 주기로 했냐고 물었다. 하인의 형제라는 사람이 얼마를 주기로 했다고 순순히 말하자, 베스파시아누스는 "그렇다면 주기로 한 그 돈을 당장 내게 다오."라고 명령한 후, 돈을 받자 그 하인을 재산 관리인으로 임명했다. 하인은 원하는 대로 재산 관리인이 되었으나, 자신에게 돌아와야 할 돈을 이미 베스파시아누스가 가로챈 것을 알고 화가 나서 황제에게 따졌다. 그러자 베스파시아누스 황제가 말했다. "너는 다른 형제를 찾아보아야 할 것 같다. 네가 형제라고 착각했던 그 사람은 알고 보니 내 형제이더구나!"

○ 한번은 어떤 여자가 베스파시아누스를 깊이 사랑하고 있다고 고백하자, 베스파시아누스는 그녀를 침실로 데려가서 사랑을 나누었다. 그리고 그녀에게 금화 4천 닢(註. 금화 1닢을 1아우레우스로 보면 1아우레우스가 100세스테르티우스이므로 금화 4천 닢은 40만 세스테르티우스가 되며, 이는 1세스테르티우스가 약 3,000원임을 감안하면 무려 12억 원에 달하는 사례금이다.)을 주었다. 회계 담당자가 이 사실을 알고 난감해하며, 도대체 그 돈을 무슨 비용으로 처리해야 하는지 베스파시아누스에게 물었다. 황제는 '베스파시아누스를 향한 열정에 대한

사례금'으로 회계 처리하라고 넌지시 말했다.

○ 베스파시아누스는 비텔리우스와의 내전이 끝난 뒤 국가 재정이 고갈되었음을 알고 이를 바로잡으려면 400억 세스테르티우스가 필요하다고 선언했다. 국가 재정의 건전화에 온 힘을 다했던 그는 텅 빈 국고를 채우기 위해 세금을 신설하고 기존에 부과되던 세금은 인상했으며 매관매직도 서슴지 않았다. 심지어 공중변소에서 모은 소변을 이용하여 빨래를 하는 세탁업자에게도 세금을 부과했다. 이를 못마땅하게 여긴 큰아들 티투스가 너무 심하지 않느냐고 이의를 달았다. 그러자 아버지의 대답은 '페쿠니아 논 올레트.(註. Pecunia non olet돈은 악취가 나지 않는다.)'였다. 이 말은 오늘날에도 흔히 인용되고 있다.

○ 베스파시아누스는 재정의 건전화에 힘썼지만 인색함에서는 갈바와 유사했다. 베스파시아누스 파인 프리무스에 의해 크레모나가 점령되자, 점령군은 크레모나의 시민과 신전들을 마구 살육하고 부수었다. 모든 것이 점령군에 의해 불길 속에 사라지고 오직 말라리아 여신인 메피티스 신전만이 성벽 밖에 있었던 까닭에 온전했다. 포로가 된 크레모나 시민들은 로마 시민권자들이므로 노예로 팔 수 없었고, 다만 가족과 친척들에 의해 몸값이 지불되고 풀려나거나 아니면 처참하게 살해당했다. 그 이후 내전으로 부서진 광장과 신전들이 시민들의 자선기금으로 복구되었는데, 베스파시아누스는 그 작업을 격려하긴 했지만 자금을 한 푼도 지원하지 않아 인색하다는 비난을 받았다.

○ 그러나 베스파시아누스가 콜로세움을 건립할 때, 어떤 기술자가 노동력의 절감을 위해 기중기를 사용하자고 건의했을 때는 달랐다. 그는 기중기를 사용하면 가난한 사람들을 더 많이 고용할 수 없기 때문이라고 생각하며, 기중기의 사용을 거절했기 때문이다. 이것은 애민

정신이기도 했으나, 부정적인 면에서는 황제의 생각이 이러했으니 로마의 산업이 발전하기란 요원했다.

○ 임종의 자리에서 베스파시아누스는 "이런 빌어먹을, 이제 내가 신이 되려는 모양이야!"라며 농담을 그치지 않았다. 그가 죽고 난 후, 장례 행렬에서 아르키미무스 역할을 맡은 배우 파보르가 관습대로 고인의 가면을 쓰고 고인의 언행을 흉내 내었는데, 파보르는 "이게 다 얼마냐? 금화 10만 닢이라고!" "금화 1천 닢을 깎아야겠다. 대신 나를 묻지 말고 그냥 티베리스강에 던져 버리려무나." 하고 너스레를 떨었다.(註. 죽은 자의 말과 몸짓을 흉내 내는 자를 '아르키미무스 archimimus'라고 한다.)(註. 고인뿐 아니라 높은 관직을 역임한 조상은 사후에 채색한 밀랍 가면을 만들어 집 안에 장식해 두었다가, 가족의 장례식 때 이 가면을 배우가 쓰고 장례 행렬에 참가했다. 조상의 가면 행렬은 장례식에서 최고의 중요 행사였다.)

※ 티투스(Titus)의 애민 정신과 일사부재리 원칙

≪아버지의 제위를 물려받은 티투스는 통치의 근본을 애민 정신에 두었다. "황제를 찾아오는 사람들에게 아무것도 줄 수 없다면 어찌 황제라 하겠는가?" 이것이 로마 황제 티투스의 생각이었다. 그리고 그는 서로를 이간하고 밀고를 부추기는 사악한 자들을 국가라는 공동체에서 완전히 추방시키고, 이미 판결을 받은 죄에 대해 또다시 재판정에 세울 수 없도록 규정했다.≫

○ 티투스는 베스파시아누스가 황제로 있을 때 근위대장으로 임명되어 황제의 신변 안전에 책임을 졌다. 베스파시아누스가 네로를 자살로 몰고 간 것은 군대의 이탈이 아니라, 자신을 지켜 주리라고 굳게 믿었던 근위대장이 갈바 편으로 돌아섰기 때문이라는 판단하에 자신의 큰아들에게 황제의 안위를 맡긴 것이다. 이때 티투스는 카이키나 알리에누스가 주도한 모반을 알아채고 반역을 도모한 자들을 엄하게 처리했다. 그러자 시민들은 그의 폭력성을 보고서 앞으로 그가 황제가 되었을 경우 바로 그 폭력성이 거침없이 발휘될까 염려했으나, 황제가 된 후 티투스는 그러한 걱정을 말끔히 씻어 주었다.

○ 천성적으로 선량했던 티투스는 치세 기간 동안 로마 시민들의 민심을 잃지 않으려고 노력했을 뿐 아니라, 항상 시민들에게 무엇을 베풀어 주려고 했다. 또한 자신을 찾아오는 사람들에게 아무런 희망 없이 되돌아가는 일이 없도록 마음을 쓰기도 했다. 참모들이 청원자의 요구가 실현될 수 없는 것이라고 말했을 때도 티투스 황제는 "황제를 알현하는 사람이 아무 소득 없이 실망해서 돌아가는 일이 있어서는 안 된다."고 하며 청원자에게 희망을 주려던 자신의 주장을 굽히지 않은 적도 있었다.

▌ 티투스 개선문

○ 하기야 티투스는 유대 전쟁 시에 갈릴리 지역의 도시 기스칼라를 수많은 병사들이 목숨을

_____ 로마의 선택과 결정 ⑤ 야만의 침탈

잃은 대가로 겨우 정복했으면서도 기스칼라 시민들을 살육하지 못하게 할 만큼 온화한 마음을 가졌다. 그때 그는 반란에 가담한 자들을 색출하여 처형하는 대신 위협만으로 그들의 반란을 잠재우려 했는데, 이는 반란자들을 색출하면 많은 자들이 개인적인 증오와 반목으로 무고한 자들을 지목할 수 있음을 염려했기 때문이다.(註. 6·25 전쟁 때 마을의 점령군이 국군에서 인민군으로 인민군에서 국군으로 바뀔 때마다 반목하던 이웃들이 서로 간의 고발 때문에 민심이 황폐화되고 분노와 참혹한 비극이 반복된 사실로 판단하면, 2천 년이 지난 지금도 티투스의 예견은 참으로 정당했다고 볼 수 있다.) 다시 말해 차라리 반란을 일으킨 죄인들을 위협하는 편이 무고한 자들까지 처형하는 것보다 낫다고 생각했다. 이렇게 함으로써 반란에 가담한 자들은 지은 죄 때문에 경각심을 가지고 용서받은 것에 대해 깊이 가슴에 담을 수 있으나, 처형은 무고한 사람도 희생될 수 있으며 더구나 한번 처형되면 돌이켜 번복할 수 없다는 것이다. 이러함이 티투스의 성품이었다.

○ 예루살렘을 공략할 때였다. 제일 선두에 있던 병사들이 제자리를 지키라는 명령에 불복종하고 성급하게 진격하다가 패퇴한 적이 있었다. 티투스는 명령에 불복종하고 마음대로 공격한 병사들에게 명령을 따르지 않으면 비록 승리하더라도 처벌을 피할 수 없다며 엄히 꾸짖고 사형을 집행하겠다는 언질을 주었다. 하지만 군단의 병사들이 그를 에워싸고 몇몇 병사들이 조급함을 이기지 못하여 그런 것이니 용서해 달라고 간청하자 이를 받아들였다. 그는 개개인 병사의 징벌은 반드시 실행되어야겠지만 많은 사람들의 과실은 엄중한 경고만으로 만족해야 한다고 생각했기 때문이다. 이는 엄격한 로마 군법에서는 참으로 예외적인 경우였다. 이러함이 티투스의 성정이었다.

○ 하지만 티투스가 마냥 너그럽지만은 않았다. 로마 기마병들이 방심하는 동안 유대인들에게 군마를 빼앗기는 경우가 자주 발생하자 티투스는 군마를 철저히 보호하도록 엄한 군령을 내렸다. 그럼에도 어느 병사가 군마를 또다시 도난당하자 그 병사를 처형하여 군율을 바로잡았다.

○ 티투스가 황제로 있을 당시, 로마인의 삶에서 가장 끔찍한 해악은 오랫동안 허용되어 온 밀고자들과 사주자들의 존재였다. 왜냐하면 의심 많은 황제로부터 살아남으려면 누명을 뒤집어쓰기 전에 선수를 쳐서 남을 밀고하고 충성심을 입증해야 하기 때문이다. 티투스는 밀고자들과 사주자들을 경기장으로 끌고 가 채찍을 가하고 경기장을 돌게 했으며, 그 뒤 노예로 경매에 부치거나 절해고도로 추방했다. 또한 밀고나 사주를 하는 사람들이 생기는 것을 막기 위해 각기 다른 법률로 동일한 죄를 또다시 재판할 수 없도록 일사부재리의 원칙을 지켰다.

| 마음에 새기는 말 |

사람은 과거의 것을 존중해야 하며, 현재의 것에 복종해야 한다. 또한 선한 군주를 소망해야 하지만, 어떤 종류의 군주든 인내해야 한다.

_ 타키투스

− 마키아벨리는 이와 다르게 행동하는 사람은 자기 자신과 자신이 속한 사회를 파멸시킬 것이 확실하다면서 타키투스의 말을 인용했다.

✳ '권력과 신뢰'라는 관계

≪유연한 사고를 가진 베스파시아누스도 자식들의 행동을 의심하곤 했다. 죽음의 고비를 함께 넘긴 부자지간 그리고 형제지간에서도 권력의 정점에서는 서로를 의심하고 믿지 못하는 것이 인간성의 실체다. 하물며 남이면 무엇을 더 말하겠는가?≫

○ 베스파시아누스가 비텔리우스에게 승리했으나 아직도 유대 전쟁터에 남아 있을 때, 둘째 아들 도미티아누스에 관해 달갑지 않은 보고를 받았다. 내용인즉 도미티아누스가 총독과 집정관을 임명하는 등 자신의 직책과 황제의 아들로서 허용된 범위를 넘어 행동하고 있다는 것이었다. 도미티아누스의 월권이 얼마나 심각했던지 한번은 베스파시아누스가 그에게 이런 편지를 보냈다. "고맙다, 아들아! 네가 나를 황제의 자리에서 끌어내리지 않고 머물게 해 주니." 마침내 베스파시아누스는 도미티아누스의 방종을 그냥 놓아둘 수 없다는 판단뿐 아니라, 유대 전쟁도 거의 마무리 단계에 접어들어 이제는 로마로 가야 할 시점이 되었다는 것을 알았다. 그리고 티투스에 병력을 넘겨주어 유대 전쟁을 종결짓게 했다.

○ 티투스와 베스파시아누스는 각자의 임무를 위해 헤어지기 전 많은 이야기를 나누었는데, 티투스는 아버지에게 간청했다고 한다. "아버지! 도미티아누스를 헐뜯는 자들의 보고에 쉽사리 귀를 기울이지 마십시오. 그러니 선입견을 가지지 마시고 관용을 베풀었으면 합니다. 군단도 함대도 자식만큼 든든하지 못합니다. 친구들이란 세월의 흐름이나 운명의 변화, 탐욕이나 오해로 인해 곁을 떠나거나 절교하게

되는 수가 많은 법이지요. 특히 황제의 경우 부귀영화는 다른 사람들과 같이 누릴 수 있지만, 참고 견뎌 내야만 하는 불행에는 피로 맺은 혈육들만이 함께하기 마련입니다. 바라건대 아버지께서 관용의 모범을 보여야만 형제끼리도 항상 화목하지 않겠습니까?" 이 말을 들은 베스파시아누스 황제는 도미티아누스에 대한 분노가 풀렸다

| 티투스

기보다는 티투스의 동생에 대한 따뜻한 애정에 흡족해했다.

○ 그 이후 유대 전쟁의 지휘권을 넘겨받은 티투스도 아버지에게 의심을 받은 적이 있었다. 티투스는 유대 전쟁을 치르면서 지휘관으로서 탁월한 역량을 발휘하여 군대에서 격찬을 받았으며, 병사들은 티투스가 지휘권을 내놓을까 두려워할 만큼 잘 따랐다. 군단의 병사들은 티투스가 지휘권을 내놓으려면 자신들을 함께 데려가 달라고 협박이 반쯤 섞인 탄원을 할 정도였다. 하지만 병사들의 이런 충정과 헌신은 아버지 베스파시아누스에 대항하여 동방에서 스스로 왕이 되려 한다는 의혹을 사게 하고 말았다.

○ 그런데다 알렉산드리아로 가는 길에 멤피스의 아피스 황소(註. 힘과 권력을 상징하는 신)에게 봉헌할 때 왕을 상징하는 머리띠(註. '디아데마διαδημα'를 말하며, 반면에 '티아라τιαρα'는 금속으로 된 관의 형태다.

이는 페르시아와 그리스의 풍습이다.)를 두르자 의혹은 더욱 커졌다. 사실 이것은 고대의 종교적 관습에 따른 행동이었지만, 다른 사람들에 의해 악의적으로 해석되고 소문이 퍼져 갔다.

▌ 아피스

○ 그런 소문이 퍼지자 티투스는 베스파시아누스에게 알리지도 않은 채 급히 로마에 갔다. 사실 베스파시아누스는 티투스가 음모를 꾸밀지도 모른다는 사람들의 속닥거림에 귀 기울이지 않고 있었다. 그러던 차에 갑자기 로마에 나타난 아들이 "아버지, 저 왔어요." 하는 소리에 남아 있던 의심조차 모두 날려 버릴 수 있었다. 그 이후 티투스는 사려 깊은 아버지의 배려로 황제의 권력과 권위를 나누어 가졌다.

○ 티투스는 그런 식으로 아버지의 의심을 누그러뜨리고 부자지간에 신뢰를 쌓았지만, 그가 황제에 즉위했을 때 그의 동생 도미티아누스의 행동은 형을 본받지 못했다. 도미티아누스의 행동은 많은 사람에게 의심을 받고 있었기 때문이다. 그는 형을 살해하기 위한 음모를 멈추지 않았으며, 거의 노골적으로 군대를 선동하고 있었다. 도미티아누스는 아버지가 남긴 유언장의 내용이 바뀐 것이 틀림없으며 제국의 절반을 자신에게 주기로 했다며, 형 티투스 황제를 공개적으로 몰아세우기도 했다. 그럼에도 천성적으로 선량했던 티투스는 도미티아누스를 처벌하거나 모욕을 가하지 않았다. 다만 도미티아누스를 황궁

▌ 디아데마를 두른 안티오코스 3세   ▌ 티아라

으로 불러 "네가 나의 동료이자 후계자라는 사실을 결코 잊지 않았으면 한다."고 글썽거리는 눈으로 말하며, 자신이 보이고 있는 애정에 보답하기 위해서라도 마음을 바로잡도록 간청했을 뿐이다.

☀ 도미티아누스(Domitianus)의 실책

≪도미티아누스는 별다른 재능이 없었지만 아들이 없던 선제의 동생이었기에 제위를 물려받을 수 있었다. 그러나 기득권의 존재를 무시한 결과 그는 고립되었고, 사후 기록 말살형에 처해지고 말았다. 그는 정치란 타협 없이 올곧아서만 되는 것이 아님을 배울 기회가 없었던 것이다.≫

○ 티투스가 2년이 조금 넘는 치세 중 43세의 젊은 나이에 급작스럽게 서거하자, 도미티아누스는 근위대 막사로 달려가서 자신을 황제로 옹립해 달라고 요청했다. 근위대와 원로원은 별다른 대안이 없었기에 도미티아누스의 요구를 따를 수밖에 없었다. 한때 그는 아버지가 로마에 입성하기 전에 자신의 위치를 넘어서는 행동을 보이다가 아버지

┃ 도미티아누스

베스파시아누스로부터 질책을 받고 국정 운영의 뒷전에 밀려나기도 했었다.

○ 도미티아누스는 제위에 오르자 원로원에 갈 때면 개선장군의 복장을 하고서는 자신이 명령을 내릴 수 있는 임페라토르임을 부각시킴으로써 원로원 의원들을 모욕했다. 또한 관리들뿐 아니라 시민들에게도 자신을 주인님(dominus, 호격은 'domine')이라고 부르도록 권장했다.(註. 아우구스투스는 '도미누스'란 말을 무척 싫어해서 절대 쓰지 말라고 지시했으며, 티베리우스는 '도미누스'라고 부른다면 이는 자신의 통치 방법을 모독하는 것이나 다름없다고 말했다. 왜냐하면 황제를 '도미누스'라고 부른다면 이는 곧 전제 군주정을 인정하는 것이기 때문이다. 로마 제국의 전제 군주정은 3세기 말 디오클레티아누스 황제부터였다.) 그는 원로원 의원인 자가 임명되어야 할 자리에 기사 계급인 자를 앉혀 원로원의 분노를 샀고, 심지어 기사 계급들을 황제 법률 자문단의 위원으로 삼아 상위 계급인 원로원 의원들을 심판하도록 했으며, 원로원

속주인 아시아에 기사 계급을 총독으로 임명함으로써 원로원의 특권을 마구 짓밟았다.

○ 그의 오만불손하고 막가는 태도에 원로원은 경악했고 견디기 어려워했다. 그러다가 그가 가족과의 불화로 죽음을 맞이하자마자 원로원은 도미티아누스에 대한 모든 기억을 잊고 싶어 했고, 그 결과 그는 최고의 치명적 명예형인 기록 말살형(담나티오 메모리아이damnatio memoriae)에 처해졌다. 도미티아누스의 조각상은 공공장소에서 사라졌고 그의 치적 또한 모두 삭제되고 폐기 처분되었다. 그것도 모자라 당시의 역사가들은 그들의 저서에 도미티아누스를 악인이자 걷잡을 수 없는 폭군이라며 마구 난도질하여 기록에 남겼다.

○ 하지만 다른 한편에서 살펴보면 그는 검소하고 재물에 대한 탐욕이 없었을 뿐 아니라, 비도덕적인 것을 허용하지 않았으며 중상모략이라고 판단되는 것은 엄격하게 저울질하여 시민들의 억울함과 시시비비를 명확히 가려냄으로써 정의로운 심판관이라는 칭송까지 들었던 황제였다. 그럼에도 도미티아누스가 이렇듯 압제자로 남게 된 것은 그가 공적인 관계를 소홀히 했기 때문이다. 사람이란 죽어서 명예를 남긴다는 말이 진실에 가깝다면, 원로원을 짓밟았던 도미티아누스의 처신은 현명하지 못한 것이었다. 왜냐하면 사후의 명예는 기록에 의해 보존되는 것이고 기록이란 역사이며 로마 역사의 기록자들은 대부분 원로원 의원들이었기 때문이다. 물론 원로원 의원들을 모두 합쳐 본들 로마 제국 인구의 0.001%에도 미치지 못했지만 그들을 제외한 대부분의 시민들은 자신의 목소리를 후세에 전하지 못하고 역사에 보이지 않는 존재일 뿐이다. 도미티아누스가 로마의 기득권 세력과 기민하게 대처하고 겉으로만이라도 기존의 권위에 헌신하는 척이

라도 했다면 후세의 독기 품은 악평이 기록으로 남지는 않았으리라.

❀ 도미티아누스의 애정과 죽음(96년)

≪잘못을 용서하거나 남의 의견을 수용할 줄 모르는 도미티아누스는 자신의 성품 때문에 불행한 최후를 맞았다. 원로원 의원들이란 그들이 가진 권한을 정당하지 못한 방법으로 행사하려고 시도하기 마련이고, 이는 타협할 줄 모르는 원칙론자인 황제와 사사건건 충돌했다. 이러한 이유로 원로원 의원들은 도미티아누스가 죽자 잽싸게 기록 말살형에 처했고, 자신들 마음대로 주무를 수 있는 자가 다음 황제로 지명되기를 갈망했다.≫

○ 도미티아누스 황제는 편집증과 결백증이 있었는지 원칙과 규정에 대하여 예외 없이 병적으로 따르는 것을 좋아하고, 모든 것이 제자리에 깔끔하게 정리되어야 직성이 풀리는 성격이었다. 그는 법을 적용하는 데에서도 엄격했다. 그러나 스스로에게 엄격한 규정을 적용하는 자는 사람들로부터 칭송을 받겠지만, 남에게 규정을 엄격하게 적용한다면 꺼리는 대상이 될 수 있는 법이다. 더군다나 그 사람이 강력한 권력자라면 더 말할 나위가 없다. 도미티아누스는 사라진 옛날의 처형법을 되살려 시민들을 죽음의 공포로 몰아넣기도 했다. 실례로 베스타의 최고 여사제 코르넬리아가 정결을 지키지 못했다는 이유로 고발되었을 때 생매장했으며, 그녀의 연인을 민회가 열리고 있는 포

룸에서 곤봉으로 때려 살해했다.

○ 한때 도미티아누스가 라인강 전선의 게르마니아 방벽 건설로 로마를 비우고 있었을 때였다.(註. 방벽이나 성벽을 쌓는 일은 매우 중요하면서도 고된 작업이어서 황제가 직접 나서는 경우가 많았다. 훗날 고트족의 어느 부족장은 성벽을 쌓는 데 병사들과 부족민들을 동원하자 반발심으로 충성심이 낮아지고 마침내 정변이 터져 체계가 붕괴되기도 했다.) 황후 도미티아가 비극 배우인 파리스와 불륜 관계를 맺었다는 소문이 퍼졌다. 도미티아는 동방 사령관을 지내다가 네로의 명령을 받고 자살한 코르불로 장군의 딸이었다. 그녀는 도미티아누스와 결혼하기 전에 남편이 있는 유부녀였는데 그녀에게 반한 도미티아누스가 남편에게서 빼앗아 그녀와 결혼한 것이다. 그녀의 기품으로 보아 그렇게 방탕한 짓을 했겠는가 하는 의문을 가지고 깊이 조사해야 마땅

| 게르마니아 방벽

했다. 그러나 도미티아누스는 32세의 젊은 혈기에 분기충천하여, 깊이 있는 조사를 해 보지도 않은 채 아내와 이혼하고 불륜의 상대자인 파리스를 처형했다. 원래부터 내성적인 도미티아누스는 이때부터 더욱더 고독과 가까이 지냈다. 이즈음 율리아라는 티투스의 딸이 도미티아누스와 황궁에 함께 살았다. 율리아는 남편을 여의고 친정에 왔는데, 친정 부모가 모두 죽고 삼촌이 제위를 계승하자 황궁에서 같이 살게 된 것이다.

○ 하인들의 눈을 피할 수 없는 황궁에 살면서도 언제부터인가 도미티아누스와 율리아는 삼촌과 조카딸의 관계에서 남모르게 남녀 관계로 발전했다. 도미티아누스는 이러한 상태가 계속되어서는 안 되겠다고 생각하며 괴로워 견딜 수 없어 했다. 결국 그는 이혼했던 도미티아를 다시금 황궁으로 불러들였다. 그러면서 자신이 이런 결정을 내린 것은 시민들의 뜻을 따른 것뿐이라고 둘러댔다. 그 후 얼마 안 되어 율리아가 죽었다. 도미티아누스가 자신의 자식을 율리아가 임신한 사실을 알고서 낙태할 것을 종용했으며, 이로 인해 율리아가 죽게 되었다는 소문이 물결처럼 황궁 안에서 밖으로 퍼져 나갔다.

○ 도미티아가 분노와 굴욕을 씹으면서 남편의 불륜을 참고 넘겼더라면 율리아의 죽음으로 갈등은 해소되었으리라. 그러나 도미티아가 이런 사실을 알게 된 것은 율리아가 죽고 난 후였으며, 율리아의 죽음은 남편의 가슴속에 옛 애인에 대한 그리움으로 남게 되어 율리아는 도미티아가 이길 수 없는 연적이 되었다.

○ 슬하에 자식이 없던 도미티아누스는 플라비아 도미틸라(Flavia Domitilla)라는 생질녀의 두 아들을 양자로 맞아들였는데, 플라비아의 남편은 베스파시아누스 형 사비누스의 손자인 클레멘스였다.(註.

즉 6촌 간의 결혼이었다. 클레멘스는 율리아 남편의 동생이기도 했다.)
도미티아누스는 양아들의 친부모가 로마의 전통 종교가 아니라, 동
방의 일신교를 믿는다는 이유로 플라비아는 유배형에 처했고 클레멘
스는 사형에 처했다. 그들이 전통신을 믿지 않고 동방의 미신을 믿는
것은 신에 대해 불경하기 그지없는 무신론자로 간주되었기 때문이
다. 플라비아가 믿었던 종교는 당시까지만 해도 몇몇의 사람들끼리
은밀히 퍼뜨리고 있던 그리스도교로 알려졌다. 만약 클레멘스의 아
들에게 제위 계승이 순조롭게 이어졌다면 그리스도교는 콘스탄티누
스가 아닌 클레멘스의 아들에 의해 공인될 수도 있었겠지만 당시 상
황은 그렇게 되지 않았던 것이다. 일반 시민이라면 다신교였던 로마
에서 어떤 종교를 숭배하든지 문제가 되지 않았을지 모르나, 제국의
황실에서 그것도 제위를 물려받을 황태자의 친부모가 전통 종교를
믿지 않고 근거를 알 수 없는 동방의 종교에 심취되었다는 것은 용서
받을 수 없는 일이었다.

○ 이것은 황족의 일원이 처벌된 큰 사건이었으며, 황족인 플라비우스
씨족은 신흥 계급에 속했기 때문에 일가친척이 처형당하는 데 익숙
하지 않았다. 황족들은 이 사건을 겪고서 자신도 언젠가 처벌될 수
있다는 생각으로 공포에 휘감겼다. 황후 도미티아의 절망과 증오가
황족들의 공포와 뒤섞이고, 해방 노예 등 수족들의 부정과 고발이 위
험한 파도를 일으키며 황제를 죽음으로 이끌어 갔다.

○ 황제 시해는 플라비아가 총애했던 해방 노예 스테파누스가 스스로
하겠다고 나섰다. 그는 얼마 전에 횡령죄로 고발되어 있었다. 스테
파누스는 며칠 동안 다친 것처럼 팔에 붕대를 감고서 그 안에 단검을
숨기고 다녔다. 그는 도미티아누스가 오후 휴식을 위해 법정을 나서

는 순간을 선택했다. 한패였던 황실 의전관 파르테니우스는 도미티아누스가 베개 밑에 항상 놓아두던 검을 미리 치웠다. 스테파누스는 모반이 있는 것을 아는 것처럼 꾸며 황제에게 접근했다. 황제의 방으로 안내된 그는 도미티아누스에게 모반과 관련되어 있다며 어떤 문서를 건넸다. 도미티아누스가 그 문서를 펼쳐 보는 순간, 스테파누스는 팔에 붕대를 감아 그 속에 숨겨 가지고 간 단검으로 그를 찔렀다. 이 일격은 치명적이지 않아 둘은 엎치락뒤치락하며 몸싸움이 벌어졌다. 방 안에서 소란이 일자 이를 듣고 달려온 다른 공모자들이 도끼로 도미티아누스의 머리를 갈랐다.

○ 아무도 수습하지 않은 도미티아누스의 유해는 유모였던 필리스가 몰래 화장했다. 필리스는 화장한 유해를 매장할 때 먼저 매장되어 있던 조카딸 율리아의 유해와 섞어서 매장했다고 전한다. 도미티아누스는 기록 말살형에 처해진 황제이므로 묘비조차 세울 수 없었지만, 이렇게 하여 죽어서 무덤 속에서나마 사랑했던 여인과 영원히 잠들 수 있었다.

│ 마음에 새기는 말 │

전가의 보도는 칼집에 그대로 넣어 두어야만 보도일 수 있다.

– 황제들이 원로원 의원들에 대한 감찰 권한을 가졌지만 그 권한인 의석 박탈권을 행사하지 않은 것에 대하여. 도미티아누스 황제가 이 선례를 깨뜨리고 최초로 행사함으로써 원로원 의원들은 황제에게 결정적인 적대감을 갖게 되었다.

✳ 네르바(Nerva)의 선택과 트라야누스(Trajanus) 등장(97년)

≪네르바는 원로원의 추대로 제위에 올랐지만, 황제의 명령을 수행하고 안전을 책임져야 할 근위대가 오히려 황제를 감금해 버린 폭거에 대처조차 할 수 없는 군사적 무능력을 실감했다. 그렇다면 올바른 정신을 가진 유능한 장군을 후계자로 지명하는 것은 당연했다. 후계자 트라야누스는 양아버지의 권위를 짓밟아 버린 자들을 용서하지 않았다. 그들이 로마에 살아 있는 한 황제로서의 통치가 어려웠기 때문이다.≫

○ 도미티아누스의 죽음으로 갑작스레 황제로 추대된 네르바는 친도미티아누스 파도 아니었지만, 반도미티아누스 파도 아니었다. 그는 네로 황제와 친분이 두터웠고 피소 음모 사건을 진압하는 데 공을 세웠다. 근위대나 군단병들도 네르바에 대하여 반대하지는 않았지만, 그렇다고 적극적인 지지를 보낸 것도 아니었다. 도미티아누스의 독재에 신물이 난 원로원 의원들은 그때 67세였던 네르바가 그 나이에 황제가 되어 독재자가 되지는 않으리라고 생각하며, 장점 때문이라기보다는 흠결이 없다는 이유로 그를 선택했다.

○ 도미티아누스가 죽자 시민들은 그의 조각상과 기념비들을 파괴하면서 분노를 나타냈다. 도미티아누스의 밀고자들은 살해되었고 그가 추방시킨 자들은 사면을 받아 귀국했으며, 귀족들은 독재자의 폭정에 벗어나자 행복감을 느끼며 이제야 정의와 자유가 회복되었다고 믿었다. 하지만 갑작스런 자유가 줄곧 그러하듯 상황은 정도를 넘어서 방종으로 치달아 통제 불능이 되었고 고령의 네르바는 질서 회복

에 어려움을 겪었다. 도미티아누스 때에는 어느 누구도 황제가 원하는 바가 아니라면 아무것도 하지 못했다. 이제 누구나가 원하는 대로 할 수 있는 시대가 오자 질서가 무너지고 시민들은 오히려 더욱 위험에 처해졌다.

네르바

○ 네르바가 즉위한 지 1년쯤 되었을 때, 도미티아누스에게 심취해 있던 근위대가 불온한 움직임을 보이기 시작했다. 생전에 도미티아누스는 병사들에게 호의를 베풀어 병영 내에서 인기가 좋았다. 그런 이유로 근위대는 도미티아누스의 암살범이 밝혀지도록 1년을 기다렸으나 네르바가 아무런 조치를 취하지 않자, 황제를 방에 감금하고 도미티아누스 암살자를 색출하여 사형에 처해야 한다고 주장한 것이다. 근위대장 아일리아누스와 페트로니우스는 네르바를 감금하고 도미티아누스를 죽인 스테파누스와 파르테니우스를 넘기라고 으름장을 놓았다. 사실 2명의 근위대장 중 아일리아누스는 도미티아누스 집권 말기에 권력에서 밀려났다가 네르바에 의해 다시 등용된 자였다. 그런 이유로 그는 이 폭동의 주역은 아니었고, 동료 근위대장 페트로니우스가 주도적으로 이끌었다. 근위대의 요구에 네르바는 단호히 저항했지만 자신을 따르는 군사력이 없던 그는 황제 살해범 2명이 근위병들에게 체포되는 것을 막을 수 없었다. 두 범죄자 중 스테파누스는 그나마 단칼에 목숨을 잃는 행운을 얻었지만, 불운한 파르테니우스는 도려내진 자신의 생식기를 강제로 입에 물린 채 비참한 몰골로 참

수되었다.

○ 이런 일이 터지고 네르바의 위태로울 만큼 나약한 부분이 드러나자 원로원조차 황제를 가볍게 여겼다. 역사가 수에토니우스는 냉철한 경구로 말하기를 황제가 군대를 다루기란 '늑대의 귀를 붙잡고 있는 것(lupum auribus tenere)'과 같다고 했다. 이는 군대는 폭력을 지니고 있는 집단이어서 다루기가 위험하고 힘들다는 것을 암시한 것이리라. 약간만 방심해도 자신이 물려서 파멸할 것이므로 군대를 붙잡고 있으려면 대단한 용기와 요령이 필요했다. 하지만 네르바 황제는 근위대의 폭력 앞에 굴복하고 병사들에게 머리를 숙임으로써 최고 통치자로서의 권위와 위엄이 완전히 무너지고 말았다.

○ 이 같은 굴욕을 당하자 친아들이 없던 네르바는 현명한 선택을 했다. 근위대의 항명이 있던 97년 같은 해 가을, 판노니아의 승전을 알리는 자리에서 군단병의 지지가 확고하고 경험이나 능력에서 흠잡을 데 없는 고지 게르마니아 사령관(註. 라인강 상류의 방어군 사령관을 지칭하며, 하류의 방어군 사령관은 저지 게르마니아 사령관이라고 했다.) 트라야누스(Marcus Ulpius Trajanus)를 양자로 삼고 후계자로 지명했던 것이다. 네르바는 트라야누스를 후계자로 지명했을 뿐만 아니라, '임페라토르'와 '호민관 권력'도 주었으며, 다음 해 집정관 선거에 황제인 자신과 함께 출마하기로 결정했다. 즉 양아들이 된 트라야누스를 공동 통치자로 지명한 것이다. 이렇게 하여 불안했던 황제의 지위는 신속히 안정을 회복했다.

○ 네르바는 다른 황제들이 한참을 통치한 후에야 원로원으로부터 겨우 부여받을 수 있었던 파테르 파트리아이(註. pater patriae는 '국가의 아버지'란 의미)란 칭호를 일찌감치 부여받을 만큼 원로원과 사이가 좋

았다.(註. 2세기 말 페르티낙스
이후로는 즉위와 동시에 '파테르
파트리아이'란 칭호를 사용했다.)
게다가 그는 인정 많고 온화한
사람이기도 했다. 그러나 짧은
치세를 끝내고 죽음에 이르렀을
때 근위대의 오만과 방종에 분
노가 치밀었는지 그동안 참았던
분노를 터뜨린 후 열병으로 숨
을 거두었다. 그는 사후에 신격

▌ 트라야누스

화되었으며, 그의 유해가 아우구스투스 영묘에 매장되던 날 일식이
일어났다고 전해져 내려온다.(註. 일식에 대한 원리는 예전부터 잘 알
려졌다. 1세기의 스토아 철학자 세네카는 자신의 저서 『은혜에 관하여De
Beneficiis』에 일식은 달이 태양과 땅 사이로 이동하여 일직선상에 놓일 때
생긴다고 기록했다.)

○ 트라야누스는 히스파니아의 바이티카 속주의 이탈리카 출신으로서
  아버지 대에 이르러서야 겨우 베스파시아누스에게 발탁되어 원로원
  의원이 될 수 있었다. 그의 아버지는 군사적으로 탁월한 능력을 보여
  집정관, 시리아 사령관, 아시아 총독을 역임하고 개선식의 영광도
  몇 번씩이나 누렸던 신참자(homo novus)였다.

○ 황제 후계자로 지명된 트라야누스는 로마로 가지 않았다. 그뿐만 아
  니라 네르바가 죽은 후에도 즉시 로마로 가지 않고, 황제를 감금했
  던 근위대장과 몇 명의 동조자에게 특별 임무를 맡긴다는 구실로 그
  들을 콜로니아 아그리피넨시스(註. 현재 독일의 '쾰른')로 불러들였다.

근위대장 등은 특별 임무의 내용도 모른 채 호출되었겠지만, 설령 내용을 알았다고 하더라도 황제의 명령을 감히 거부할 수 없었을 것이다. 그들은 트라야누스를 만나기도 전에 명령을 받고 진영에서 기다리고 있던 병사들에게 모두 살해되었다. 트라야누스가 그들을 살해한 것은 양아버지를 우롱했던 그들을 용서할 수도 없었겠지만 그들의 권력 아래 방종이 판치는 근위대를 바로잡아야 했기 때문이다. 트라야누스는 네르바가 98년 초에 죽었지만 이런 일과 국경선 재정비를 모두 끝내고 99년 말이 되어서야 로마에 입성했다. 로마에 온 그는 양아버지에게 항명한 기존의 근위대를 해체하고 자신의 충실한 부하들로 재조직했다.

│ **알아두기** │

• **5현제**

역사가 타키투스의 역사관이 후세에 영향을 미쳐 96년 즉위한 네르바에서부터 트라야누스, 하드리아누스, 안토니누스 피우스를 거쳐, 180년 마르쿠스 아우렐리우스가 죽기까지 총 84년간을 5현제 시대라고 칭한다. 타키투스는 황제가 원로원과 우호적인 관계를 유지하는 것을 선정의 기본으로 보았다. 하지만 그가 마르쿠스 아우렐리우스 치세까지 생존했던 것은 아니었고, 네로 황제 때 태어나서 하드리아누스 황제 때 타계한 것으로 추정되고 있다.

✴ 클라시쿠스(Classicus) 재판(101년)

≪로마법에 의하면 상관의 명령을 따랐을 뿐이더라도 그 명령이 명백한 위법일 경우에는 법적 보호를 받지 못했다. 이는 요즘도 마찬가지다. 그렇다고 명령을 받는 위치에 있는 자가 위법한 명령을 거부하자니 지금 당장 상관의 위협에 시달릴 것이 분명하다. 요컨대 이런 갈등에 있는 자가 불행한 것은 법이 현실을 반영하지 못하고 있다는 점이다.

조선은 불과 100년 남짓한 과거에도 가족 중 한 명이 역모에 연루되면 3족이 멸문당했지만 로마는 1,900년 이전부터 연좌법 폐지를 확립했다. 로마에서는 아버지의 범죄 행위에 대해 자식에게 묻지 않았을 뿐 아니라 그 아들을 관리로 등용하기도 했다. 카이사르가 폼페이우스 편에 선 자들의 아들을 장군으로 기용한 것도 그러한 예다. 또한 키케로는 제2차 삼두 정치 체제에서 살생부에 올라 살해되었지만 옥타비아누스가 그의 아들에게 악티움 해전의 승전보를 원로원에 발표하는 역할을 맡긴 예도 있다. 사람들은 역사란 인권 유린과 인명 경시가 자행되던 과거로부터 인권과 인명이 중시되는 방향으로 나아간다고 믿고 있다. 하지만 이러한 점을 본다면 역사는 거꾸로 흐르기도 한다고 말할 수밖에 없다.≫

○ 히스파니아 남부의 바이티카 속주(註. 바이티카 속주에는 당시 황제였던 트라야누스의 고향인 이탈리카가 포함되어 있다.) 총독을 지낸 클라시쿠스(Caecilius Classicus)가 바이티카 속주 의원으로부터 고발을 당해 재판을 받게 되었다. 총독에 대한 고발은 임기 1년을 마치고 난 후부터 할 수 있도록 법적으로 정해져 있었다.

○ 결론부터 말하면 이 재판은 클라시쿠스의 독직과 수뢰 등의 위법 행위를 쉽게 파헤칠 수 있었던 원고 측이 승소했다. 냉철하기로 소문났던 피고 측의 변호인은 명백한 범죄 사실이 드러난 클라시쿠스 총독에 대한 변호를 포기하고, 총독과 함께 고발당했던 부총독 2명에 대한 변호에 집중했다. 부총독들의 주장은 수뢰 사실을 부인하지 않았지만, 그것은 상관인 총독이 시키는 일인지라 하급자인 자기들로서는 순순히 복종할 수밖에 없었다고 주장했다.

○ 원고 측의 변호사인 小 플리니우스(註. '박물지'를 저술한 삼촌을 大 플리니우스라고 호칭하여 서로 구분한다. 박물지는 'naturalis historia'이므로 직역하면 '자연의 역사'가 된다.)는 군사 법정의 판례를 빈틈없이 모조리 뒤져 "로마는 군단병에게도 상관의 명령이 위법일 경우에는 복종할 의무를 부과하지 않는다."는 반박할 수 있는 근거를 찾았다. 결국 부총독도 유죄 판결을 받았다.

○ 재판의 결과에 따라 클라시쿠스의 재산 중 총독에 취임하고 나서 증식된 재산은 모두 속주로 돌려주고, 총독 취임 이전의 재산은 재판 중에 클라시쿠스가 죽었기 때문에 딸에게 상속하기로 결정되었다. 아버지를 파멸시킨 자를 아들이 기소하여 보복할 만큼 로마 사회는 가족의 유대가 매우 돈독했었지만, "부모의 죄가 자식에게까지 미치지 않는다."는 사고방식이 플라비우스 왕조를 거쳐 트라야누스 황제 때 재확인된 것이다. 이는 "자녀로 인하여 아비를 죽이지 말 것이요 아비로 인하여 자녀를 죽이지 말 것이라."는 모세의 율법과 통했다.(註. 구약성서 열왕기 하권 14장 6절, 역대기 하권 25장 4절)

○ 그럼에도 생각해 보면 옛날 티베리우스 황제 때 근위대장 세야누스가 처형된 후 어린 아들과 딸이 함께 살해되었고, 훗날에는 호노리우

스 황제 때 스틸리코가 처형된 후 그의 아들이 뒤따라 살해되었다. 게다가 4~5세기 후반에는 모반에 실패하면 화가 가족에게까지 미치는 것이 보통이었음을 비추어 보면, 관용의 덕은 제국의 후기에 후퇴를 거듭하여 권력 투쟁의 승리자가 겨눈 칼날을 죄 없는 가족이 쉽게 피할 수 있는 것이 아니었다.

✻ 론기누스(Longinus)의 판단(105년)

≪조국을 향한 론기누스의 고귀한 생각은 그의 신분만큼이나 숭고했다. 론기누스의 숭고한 정신을 미처 깨닫지 못한 데케발루스는 론기누스가 죽자 그의 주검을 가지고 트라야누스를 농락하려 들었지만, 트라야누스는 데케발루스의 제안을 받아들인다면 론기누스의 자결을 헛되이 할 뿐이라는 것을 납득하고 있었다. 론기누스가 포로의 몸이 되어서도 적의 뜻을 따르지 아니했다면, 데케발루스는 그의 시신을 훼손할 수 있을지언정 정신까지 훼손할 수는 없는 것이다.≫

○ 다키아(註. 현재의 루마니아 지역으로 트라야누스에 의해 정벌되어 107년 속주가 되었다. '루마니아romania'는 로마인의 땅이란 뜻.)의 데케발루스가 부족의 세력을 결집하여 모이시아의 로마 총독을 죽이는 등 도미티아누스 황제에게 맞섰다. 도미티아누스는 병사들을 이끌고 데케발루스와 싸웠으나, 로마에서의 반란과 게르만족의 발호로 우선 급한 곳부터 진압하고자 89년 데케발루스와 평화 조약을 맺을 수밖에 없었다.

○ 그러다가 트라야누스가 등극하면서 데케발루스의 세력이 더욱 커지자, 로마는 그를 토벌하기 위해 101년 대규모의 병력을 동원하여 제1차 다키아 전쟁을 일으켰다. 로마 황제 트라야누스는 소요와 분쟁의 땅이었던 다키아를 정벌하기 위해 직접 병사들을 이끌고 쳐들어갔다. 여러 번의 전투를 연전연승으로 이끈 끝에 마침내 그는

| 데케발루스

다키아의 수도 사르미제게투사를 공략했다. 데케발루스는 로마의 전광석화 같은 공격에 화들짝 놀라 로마 황제 앞에 무릎을 꿇고 복종을 맹세하며 속국의 지위를 받아들였다.

○ 하지만 사람이란 흔히 위기가 닥쳐 급할 때의 마음을 쉽게 잊어버리듯 강화 조약을 맺고 로마군이 돌아가자 데케발루스의 마음은 또다시 예전으로 돌아갔다. 휴전 상태에 있던 로마와 다키아는 105년 봄에 다키아의 도발로 제2차 다키아 전쟁이 발발했다. 다키아 군이 강화 조약으로 느슨해져 있던 로마 7군단을 습격하여 군단장과 10명 안팎의 로마 병사들을 사로잡았던 것이다. 로마군은 그리스 출신의 탁월한 건축가 아폴로도로스의 기술에 힘입어 도나우강 위에 60개의 석재 교각으로 이루어진 웅장한 다리를 세운 후 파죽지세로 다키아의 수도를 공격하여 함락시켰다. 13개 로마 군단이 동원된 제2차 다키아 전쟁은 야만적이고 미개하며 잔혹한 민족 말살 전쟁이었다. 이 전쟁은 잔혹 행위가 만연했으며 자비와 관용은 찾아볼 수 없었던 참혹한 전쟁이었다.

○ 여기서 다루고자 하는 것은 제2차 다키아 전쟁의 원인이 되었던 사로잡힌 7군단 소속 로마군 중 군단장 론기누스(Gnaeus Pompeius Longinus)에 관한 것이다. 그의 집안은 대대로 원로원 계급에 속했다. 그래선지 론기누스는 포로임에도 데케발루스에게 너그러운 대우를 받았다. 그는 다키아 진영 안에서 행동이 자유로웠으며, 시중을 들어 주는 해방 노예도 거느릴 수 있었다. 그렇지만 로마군의 작전 등을 캐묻는 데케발루스의 물음에 론기누스는 항상 모른다는 대답으로 일관했다.

○ 하지만 다키아 왕 데케발루스는 론기누스가 아주 쓸모 있는 포로라고 여겼다. 그는 속주 출신인 트라야누스 황제가 고귀한 가문 출신의 론기누스를 버린다면 원로원의 반발을 사게 되어 정치적인 입지가 약화될 것이라고 생각하고, 유리한 강화를 맺기 위한 수단으로 론

▌ 트라야누스 원기둥

기누스를 이용하려고 했던 것이다. 그는 론기누스가 트라야누스에게 다키아가 원하는 강화 조건을 무조건 받아들이라고 청하는 편지를 쓰게 했다. 론기누스는 그렇게 하겠다고 답했다. 하지만 정작 그는 데케발루스가 해독할 수 없는 그리스어로 요구와는 반대되는 내용의 편지를 썼다. 그 편지를 해방 노예에게 가져가게 했으며, 또 다른 해방 노예에게는 독약을 준비시켰다. 론기누스는 자신의 목숨을 보전하기 위해 국가에 위해가 되는 행동을 할 수 없었던 것이다.

○ 이 같은 사실을 알게 된 데케발루스는 격노하며, 로마 측에 제의하기를 트라야누스에게 편지를 가져갔던 해방 노예를 론기누스의 주검과 교환하자고 했다. 그러나 트라야누스는 중요한 임무를 완수한 해방 노예를 적에게 넘긴다면 국가의 위엄을 깎아내리는 일이므로 데케발루스의 제의를 거절했다. 론기누스의 편지에 음독자살 후, 자신의 주검에 관한 내용이 있었는지 알 수 없지만, 트라야누스는 론기누스에게 무덤을 주는 것보다는 로마 제국의 존엄을 지키는 쪽을 선택했던 것이다. 그것이 론기누스가 바라는 바일 것이라고 믿었기에 그의 죽음을 헛되이 하지 않았다. 목숨까지 버리면서 조국의 안전과 승리를 염원했던 자가 어찌 자신의 무덤을 조국의 명예와 맞바꾸겠는가?

| 마음에 새기는 말 |

역사란 인간이 저지른 죄와 어리석음 그리고 불행의 기록이 대부분이라는 점에서 역사의 기록이 적은 시대는 질서와 평화가 가득한 때였다고 볼 수 있다.

- 트라야누스 치세 때의 사료가 많지 않은 것은 그 당시 로마 제국이 질서와 평화가 깃든 때였기 때문이라는 것과 관련하여.

• 로마 가도와 우편 제도

애초에 로마의 도로는 보아리우스 광장을 중심으로 수렴되어 있었다. BC 312년 아피아 가도를 필두로 아우렐리아 가도, 플라미니아 가도 등이 로마인들의 기술과 노력으로 만들어지면서 도로망에 변화가 일기 시작했고 지금도 격찬을 받고 있는 '로마 가도'가 탄생했다. 돌로 포장된 간선 도로만 하더라도 8만㎞에 달하는 엄청난 길이의 도로는 이정표로 정확하게 구획되어 있고, 사유지를 매수하고 높은 산을 뚫고 강을 가로지르는 다리를 놓아 도시와 도시 간에 거의 직선으로 연결했다. 또한 아피아 가도가 건설된 이후로 목적지를 도로명으로 하던 종전의 방식 대신에 가도 건설자의 이름을 도로명에 붙여 건설자를 명예롭게 했다.

도로는 속주에 사는 사람들도 편리하게 이용함으로써 제국을 통합시키는 데 기여했지만, 일차 목적은 군대의 이동 시간을 단축시키고 수월하게 이동하기 위해서였다. 로마의 무력과 권위가 신속하게 각 속주에게 전달되지 않는다면 어떤 속주라도 제대로 예속되었다고 할 수 없다. 따라서 로마 황제는 속주의 정보를 신속히 얻고, 습득한 정보를 판단하여 내린 지휘명령이 지체 없이 최단 시간으로 모든 통치 지역에 전달되기를 바랐다. 이러한 황제의 요구로 로마인들은 발달된 가도를 이용하여 각종 문서와 명령을 신속히 전달하는 우편 제도를 확립했다.

6~8㎞ 거리마다 세워졌던 역참들은 공공의 용도로서만 사용하는 것이 원칙이었으나, 때로는 위반이기는 했지만 사적인 용무나 편의를 위해 세력가들이 임의로 사용하기도 했다. 한 예를 들면 플리니우스가 비티니아 총독으로 있을 때였다. 그는 트라야누스 황제의 총애를 받는 공직자였으며, 생활에서도 귀족적이며 규범적이고 모범적인 인물이었다. 그러나 아내가 친정 할아버지의 부고를 받고 시급히 로마로 돌아가야 할 상황에 처했을 때, 국영 역마를 이용할 수 있도록 했다. 나중에 그것이 문제시되자 그는 공식적으로 사과해야만 했다.

※ 그리스도교에 대한 트라야누스 원칙(112년)

≪플리니우스가 생존하던 시대만 하더라도, 로마 제국에서 그리스도교는 소수 종교였으며 제국의 화합과 발전에 기여하기를 거부한 반국가적 종교였다. 그렇지만 다신교를 믿었던 트라야누스의 공정함이 그리스도교인들의 위험을 감소시키고 분노한 마음을 달래 주었다.≫

○ 트라야누스는 원로원을 통해 1년 임기의 속주 총독을 임명하는 절차도 거치지 않은 채 플리니우스(註. 小 플리니우스를 말한다.)를 비티니아 총독으로 파견했다. 이는 뇌물 수수와 독직으로 원성이 들끓고 있던 비티니아를 단속하기 위한 황제의 강한 의지였다. 비티니아 속주에 총독으로 부임한 플리니우스는 근절하려고 노력했으나 실패하고만 엄청난 악에 대하여 개탄했다. 이때는 예수 사후 80년도 채 지나지 않았을 때였다. 플리니우스는 트라야누스 황제에게 보내는 편지에서 신전들은 거의 황폐화되었고, 성스러운 희생 제물을 구입하려는 사람도 매우 드물다고 고했다.

○ 폰투스와 비티니아에서는 그리스도교라는 미신이 여러 도시를 감염시키고 있을 뿐 아니라, 여러 촌락과 전원 지대에까지 퍼져 가고 있다고 플리니우스는 단언했다. 이러한 상황에 대하여 그리스도교인들의 행동 원칙이 무엇이든 간에 그들의 완고한 고집을 처벌할 필요가 있다고 그는 생각했다.

○ 플리니우스가 비티니아 속주 총독으로 부임했을 때인 2세기 초만 해도 그리스도교에 반대하여 실시되고 있는 법률이나 칙령이 없었다. 아마도 그리스도교인들이래야 제국 전체에서 5만 명 안팎이었기에

그랬으리라. 로마 귀족 출신으로 황제와 가깝고 19세부터 법정에서 두각을 나타냈으며, 이탈리아 속주의 모든 계층의 사람들과 폭넓은 교류를 하고 있던 플리니우스조차도 그리스도교에 대해서 잘 알지 못했다. 따라서 그리스도교인들에게 어떤 박해가 가해졌다고 해도 판례로 내세울 만한 가치와 권위를 갖춘 것이 없었다고 볼 수 있었다.

○ 상황이 그러하자 플리니우스는 트라야누스에게 어느 정도 증거가 있으면 기소할 수 있는지, 어느 정도 죄상이면 국가 반역죄 또는 사교 신봉자로 처벌할 수 있는지, 피고발자의 나이는 형벌 경감의 사유가 될 수 있는지, 같은 그리스도교인이라도 어른과 철없는 젊은이 사이에는 다른 죄와 마찬가지로 차별을 두어야 하는지, 그리스도교인이 된 것을 뉘우치고 신앙을 버린 자를 사면해도 되는지, 지금 아무리 뉘우치고 있어도 과거 그리스도교인이었다는 이유로 처벌해야 하는지, 비난받을 악행은 전혀 저지르지 않았지만 악명 높은 조직의 일원이었다는 이유로 처벌해야 하는지 등에 대해 서한으로 답변을 구했다.

○ 이에 트라야누스 황제는 플리니우스에게 간결하고도 균형 잡힌 답을 주었다. 그것은 그리스도교인들을 구태여 색출할 필요는 없지만, 고발당하여 그리스도교인임이 입증된다면 처벌을 받아야 되며, 다만 이를 뉘우치고 후회한다면 동정을 베풀어야 한다는 것이었다. 그러면서 익명으로 고발된 것은 무시하라고 했다. 이 답변 내용은 이후 그리스도교인들이 자주 내세우는 근거가 되었다. 왜냐하면 황제의 답변이 그리스도교인들을 처단하는 것보다는 무고한 자들의 안전을 지키는 데 더 깊은 배려를 했으며, 일반적인 원칙을 정하는 것이 어

트라야누스 시장

렵다고 정의하면서도 그리스도교인들에게 위안과 버팀목이 되어 준 두 가지 정당한 원칙을 세웠기 때문이다. 하나는 법적으로 유죄 판결을 받은 자들을 처벌하되 그리스도교를 믿을 가능성이 있다는 이유만으로 이를 색출하여 심문하는 것을 금지시킨 것이며, 나머지 하나는 익명의 고발은 공정성에 위배되므로 어떤 법적 가치도 없는 것으로서 처리하게 한 것이었다. 또한 익명의 고발은 재판을 진행하는 것조차 허용하지 않았으며, 그리스도교인이라는 죄목으로 고발된 자들의 처벌을 위해서는 공정하고도 공개된 명백한 증거를 엄격하게 요구했다. 이처럼 트라야누스는 죄 없는 자가 처벌받기보다는 죄 있는 자가 처벌받지 않는 편이 차라리 낫다고 생각했던 황제였다.

○ 트라야누스의 답신을 받은 플리니우스는 그리스도교를 과도한 미신으로 볼 수 있으나 그 종교를 믿는 것만으로 죄를 저질렀다고 간주할

수 없다는 결론에 이르렀다. 그리하여 그는 그리스도교인이라는 이유로 끌려온 자들의 과거 행적이 아무리 의심스럽다고 해도 참회를 하고 있다면 용서하기 위해 로마 전통신의 제단에 제물을 바치게 했다. 이런 기회를 세 번 부여했지만 세 번의 기회를 모두 저버린 경우에는 유죄 판결하여 사형에 처했다.

○ 고발당한 자들 대부분은 재판 관계자, 고발자, 심지어 총독에게도 뇌물을 써서 죄를 면했다. 그렇게 되자 그리스도교인들을 고발하는 것이 돈벌이가 된다는 사실이 퍼져 악랄하고 부도덕한 밀고자들이 기승을 부렸다. 심지어 그리스도교인이 그리스도교인을 고발하는 일까지 벌어졌다. 훗날 하드리아누스 황제는 이 같은 악의적인 고발 사실을 알고 격분하여, 그리스도교인을 고발하려면 확실한 증거가 있어야 되며 고발 내용을 심사하고 법적 절차를 엄중히 지켜서 재판하도록 칙령으로 정했다. 만약 고발자가 증거를 제공하는 데 실패하면, 무고죄를 저지른 사람에게 가혹한 처벌을 내렸는데 심지어 사형에까지 처했다. 게다가 고발자는 고발에 성공하더라도 여러 상황을 들추어내야 하는 어려움이 있었고, 밀고자란 비난 여론을 감수해야 했다.

○ 그리스도교에 대한 트라야누스의 규정은 안토니누스 피우스 황제에 이르러 변화를 가져왔다. 그의 치세 말기에 방탕한 어느 남편이 자신의 아내가 그리스도교로 개종하고서 이혼을 요구하자, 그는 아내를 그리스도교의 신앙으로 인도한 프톨레마이우스에게 분노의 화살을 돌렸다. 남편의 고발로 프톨레마이우스는 결국 재판정에 서게 되었다. 재판관 우르비쿠스는 그에게 물었다. "그대는 그리스도교인인가?" 그는 즉답했다. "그렇습니다." 우르비쿠스는 그를 투옥했다.

그러나 그가 참회한다면 트라야누스 원칙을 적용하여 아직도 면죄의 길이 열려 있었다. 남편은 복수심에 가득 차서 이 정도의 처벌에 물러서지 않았다. 그는 재판관에게 프톨레마이우스는 참회하지 않는 자라며 더욱 강한 처벌을 요구했다. 우르비쿠스는 어쩔 수 없이 다시 프톨레마이우스를 심문했다. 재판관의 심문이 시작되자 프톨레마이우스는 자신은 틀림없는 그리스도교인이라고 반항적으로 답하며 주장을 굽히지 않았다. 그렇게 되자 프톨레마이우스는 트라야누스 원칙을 적용하더라도 처형을 면할 수 없게 되었다. 우르비쿠스는 그를 처형하라고 판결했다. 그때 재판정에 있던 방청객 중 루키우스란 자가 범죄의 증거가 없는데도 다만 그리스도교인이라고 처형하는 것은 지극히 부당하다고 항의했다. 그 말에 격분한 우르비쿠스는 말했다. "너도 이들 중 한 명이로군." 루키우스는 자신도 그리스도교인이라고 인정하자 재판관 우르비쿠스는 이자도 프톨레마이우스와 함께 처형하라고 명령했다. 이로써 트라야누스가 정하고 하드리아누스에 의해 강화된 그리스도교에 대한 처벌 원칙이 완전히 깨지고 말았다. 이후 마르쿠스 아우렐리우스 치세 때는 그리스도교에 대해 더욱 엄중한 태도를 보이기 시작했다.

| 마음에 새기는 말 |

새로운 운동은 무엇이든 가장 가까운 사람들한테서 맨 먼저 반발을 받게 된다.

– 그리스도교에 대한 반발이 유대교인으로부터 비롯되었다는 데서.

※ 파르티아 토호들의 판단(116년)

≪트라야누스의 무자비한 인종 말살 정책은 주변국을 공포로 떨게 했고 적개심을 키웠다. 트라야누스는 로마 시민권자이긴 해도 이탈리아 출신은 아니었다. 그가 히스파니아에 있는 바이티카 속주의 이탈리카 출신이었기에 로마 정신의 근간이 피정복자의 동화에서 비롯되었다는 것을 제대로 이해하지 못한 것이 아닐까 여겨진다.≫

○ 트라야누스는 선대 황제인 도미티아누스가 이루지 못한 다키아 정벌에 성공했다. 카이사르 이후 단시간 내에 무력으로 로마의 영토를 넓힌 트라야누스에게 로마 원로원과 시민들은 열광했다. 로마의 특징으로 간주되어 온 것은 정복한 후에 동화하는 정책이었다. 그러나 트라야누스는 이탈리아 출신의 로마인이 아니어서 그런지 로마의 동화 정책을 따르지 않았다. 다키아를 정복하고 난 후 민족말살정책을 시행했던 것이다. 젊고 반항하는 자는 모두 몰살했고, 노약자와 포로는 노예로 삼았다. 일부 살아남은 자도 대대로 내려오는 토지에서 살 수 없었으며, 차디찬 북쪽으로 로마의 세력이 닿지 않는 곳에 새로운 삶의 거처를 찾아 헤매야 했다.

○ 다키아 전쟁 이후 트라야누스는 파르티아에 주목했다. 파르티아는 언제나 로마에게 가상 적국이었다. 제1차 삼두 정치의 일원인 크라수스가 동방의 사막에서 섬멸된 후 로마는 군사적으로 파르티아를 제압한 적이 없었다. 그즈음 파르티아 왕 오스로에스가 아르메니아 왕 악시달레스를 무능하다는 이유로 폐위하고, 악시달레스의 동생인 파르타마실리스를 왕으로 임명하는 정변이 발생했다. 아르메니아 왕

의 제위를 둘러싼 분쟁은 언제나 화약고가 되었지만 이때도 그랬다. 쫓겨난 악시달레스는 로마의 구원을 요청했고, 이로써 전쟁의 구실을 얻게 된 로마는 마침내 파르티아를 향해 전쟁의 포문을 열었다.

○ 트라야누스가 전쟁 준비에 돌입하자 당황한 파르티아는 선물을 싸들고 사절을 보내 악시달레스를 폐위시킨 것은 그가 무능해서 로마나 파르티아 양국 모두에게 만족스럽지 않았기 때문이라며 해명했다. 하지만 아르메니아의 정변은 트라야누스에게 전쟁을 일으키는 구실이 되었을 뿐이다. 사절의 해명을 듣고 난 트라야누스는 꿈쩍도 하지 않고 말했다. "우호 관계는 말이 아니라 행동으로 결정되는 법이다. 내가 군대를 이끌고 시리아에 도착하면 응분의 조치를 취할 것이다." 이는 곧 평화란 기대할 수 없다는 말이다.

○ 파르티아의 사절이 이런 대접을 받고 로마군이 다가오자 다급해진 아르메니아 왕 파르타마실리스는 몇 번을 망설인 끝에 로마 진영의 트라야누스를 찾아가 왕관을 내려놓고 공개적으로 굴종의 모습을 보였다. 그런 복종의 모습에도 트라야누스는 그에게 왕의 자격이 없다고 호통치며 위협을 가했다. 그럼에도 얼마 뒤 로마 호위병들을 딸려 로마 진영을 떠날 수 있도록 허락했다. 하지만 파르타마실리스는 돌아가던 길에 의문의 죽음을 당했다. 아마도 트라야누스는 백기를 들고 찾아와 무릎을 꿇은 적을 살해했다는 비난을 받기 싫어 어두운 방법을 사용했으리라. 어쩌면 이러한 방법은 그가 네르바에게 항명한 근위대장 등을 제거할 때도 유사하게 사용했던 때 묻은 방식이었다.

○ 거칠 것 없는 트라야누스의 로마군은 파죽지세로 아르메니아와 파르티아를 정복해 나갔다. 116년 파르티아 수도인 크테시폰도 얼마 안 가서 로마의 공격 앞에 성문이 열렸다. 그러나 파르티아는 강력한 한

명의 군주가 국가를 다스리는 형태가 아니었다. 각 지방의 토호들이 자체 세력을 유지하며 왕과 협조하에 국가가 존립하는 체제였다. 겨울이 되어 로마군이 일부의 수비대만 남겨 놓고 안티오키아로 철수했을 때, 각 지방의 토호들이 게릴라전으로 봉기했다. 그들은 로마의 동화 정책을 본 것이 아니었다. 파르티아 토호들이 본 것은 다키아족에 대한 트라야누스의 민족말살정책이었다. 이러한 생각이 파르티아 토호들로 하여금 배수진을 치면서 로마에 대항하도록 했다. 그들의 항거로 트라야누스는 파르티아의 로마화에 실패하고 말았다. 하지만 카이사르가 계획했지만 암살당했고, 크라수스가 공격했지만 전사했고, 안토니우스가 시도했지만 실패하고 말았던 파르티아의 정복을 실현한 최초의 로마 황제였다.

※ 신분이 낮은 자에 대한 사회적 평가

≪사회를 이끌어 가는 자는 어느 시대이거나 상류 계층이다. 이 계층에 속한 자들은 당시 사회뿐 아니라, 훗날의 여러 평가에도 큰 영향을 미친다. 신분이 낮은 자는 그 어떤 명분일지라도 그들이 얻어낸 결과에 대해 냉소적이며 때에 따라서는 가혹한 판단을 받기 마련이다. 만약 그자가 비난받을 행동을 했다면 더욱 참혹한 처분을 당했고, 설령 칭송받을 만큼 대단하고 어려운 일을 해냈더라도 민심이란 그다지 호의적이지 못했다. 따라서 신분이 낮은 자는 이러한 부조리를 이해해야 부당함을 피할 수 있었다. 이 논리에 근거하면 근위대

병사들이 도미티아누스의 사후 처리에 왈가왈부하며 참견한 것은 주
제넘은 행동이었을 뿐이다.≫

○ 로마 황제가 사후에 비판을 받느냐, 아니면 훌륭한 황제로서 칭송을
받느냐는 역사가의 붓끝으로 이루어지기 전에 당시 지식인이었던 원
로원의 판단에 맡겨졌다. 티베리우스 · 네로 · 도미티아누스가 악명
높은 황제로서 이름을 떨쳤던 것은 그 황제들이 이룩해 놓은 업적으
로 평가받은 것이 아니었다.

○ 악명 높은 황제들의 공통점은 원로원과 사이가 나빴다는 것이다. 그
러한 황제는 원로원의 권한을 축소시켰을 뿐만 아니라, 카이사르가
살해되는 것을 보고 아우구스투스가 확립한 "황제 암살 음모를 꾸민
자는 국가 반역죄로 고발하여 사형에 처한다."란 법률을 적용했던 것
이다. 이것은 원로원 의원이라는 로마 최고의 권위를 가진 지배 계층
에만 주로 해당되었다.

○ 황제가 마음먹기에 따라서 암살을 기도했다는 이유로 언제든지 목숨
을 잃을 수 있는 상황을 두려워하지 않을 원로원 의원은 아무도 없었
다. 원로원 의원들이 로마를 이끌고 있었으며, 그들이 오늘날의 대
중 언론과 같은 역할을 했다. 후세에 현제로 알려진 트라야누스는 양
아버지 네르바 황제에게 반항했던 근위대장과 그 일파들을 라인강
전선으로 불러들여 재판정에 세우지도 않은 채 일시에 살해했다. 트
라야누스는 이 사건 때문에 자신에 대한 평가가 나빠질 것을 걱정하
지도 않았을 뿐 아니라, 실제로도 악평이 발생하지 않았다.

○ 이에 반해 하드리아누스의 경우는 반란을 도모하고 있다는 이유로
근위대장을 시켜 트라야누스 시대의 명장 4명을 순식간에 재판도 없

이 살해했다.(註. 학자에 따라서는 이들을 살해하는 데 하드리아누스가 관여하지 않았다고도 한다.) 하드리아누스는 이 일로 자신에 대한 평가가 악화될까 노심초사했는데, 왜냐하면 트라야누스가 처형한 근위대장 등은 당시만 해도 원로원 의원이 아니었고, 하드리아누스에 의해 살해된 4명의 장군은 모두 원로원 의원이었기 때문이다.

○ 게다가 사람이란 그자의 사회적 신분이 낮으면 도덕적 기준까지 낮게 보는 경향이 있다. 이러한 경향으로 신분이 미천한 자는 사회 구성원들에게 비호의적인 대우를 받기 쉬운데 이러한 비논리적인 편견은 인간의 마음에 자리 잡고 있는 매우 부당한 특성이 아닐 수 없다.

※ 하드리아누스(Hadrianus)의 제위 승계(117년)와 변덕

≪황후 플로티나의 하드리아누스에 대한 애정이 황제 승계에 중대한 영향을 준 것은 분명했다. 하지만 제위 승계의 내막을 어찌 알 수 있겠는가? 밀실에서 모든 게 결정된 후 햇빛 아래에서는 선포될 뿐이었다.

황제는 그 지위를 지킬 수 있는 자신만의 행동과 태도 그리고 생각이 필요한 법이다. 당연한 것이지만 그 방법이란 황제마다 각각 다를 수밖에 없다. 하드리아누스의 방법은 그것을 이해하지 못하는 사람에게는 수시로 변하는 변덕스런 성격일 뿐이었다.≫

○ 트라야누스 황제의 뒤를 이어 하드리아누스가 제위에 올랐다. 하드

리아누스는 스키피오 가문이 명성을 떨치던 시대에 피케눔 지역의 하드리아에서 히스파니아의 이탈리카로 이주한 가문 출신이었다. 트라야누스는 하드리아누스의 당숙이었을 뿐 아니라 일찍 고아가 된 하드리아누스의 후견인이었으며 황후 플로티나도 하드리아누스에게 듬뿍 애정을 주고 있었다. 하드리아누스에 대한 역사가들의 판단은 친절하다가도 까다롭고, 쾌락적인가 하면 금욕적이고, 온화하다가도 잔혹성을 보이는 등 한마디로 변덕이 죽 끓듯 했다는 것이다.

○ 사실 하드리아누스는 많은 청소년들이 흔히 그렇듯이 유년 시절을 방종과 낭비 속에 보냈다. 트라야누스가 그를 군에 복무시키려고도 했으나 이 또한 사냥에 빠져 무산되었다. 하드리아누스의 매부가 될 세르비아누스가 그의 무절제한 생활을 고하자, 트라야누스가 그를 자신의 곁으로 불러들여 더욱 엄중한 감시하에 둔 적도 있었다. 이러한 일이 마음속에 앙금이 되어 남았는지 훗날 하드리아누스는 아

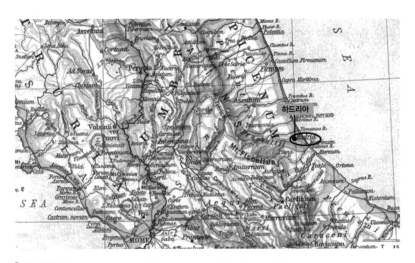

▌ 하드리아

　　　　　　　　　　____ 로마의 선택과 결정 ⑤ 야만의 침탈

일리우스 카이사르를 자신의 양자로 입양하여 후계자로 삼으려 하자 세르비아누스가 이를 비난했다는 이유로 매부인 세르비아누스와 그의 19세 된 어린 손자 푸스쿠스에게 자살을 명하는 참혹한 짓을 저질 렀다. 아마 세르비아누스가 손자인 푸스쿠스를 제위 계승자로 만들려고 한다고 그는 생각했으리라. 세르비아누스는 자신의 무죄를 주장하면서 하드리아누스에게 지독한 저주를 퍼부었다. "그가 죽음을 바라되 절대 죽을 수 없기를!" 자살을 명받을 당시 세르비아누스는 향년 90세였다.

○ 하드리아누스는 트라야누스가 네르바 황제의 양자로 지목되었을 때 이를 전하는 전령으로 갔고, 네르바가 죽었을 때는 자신을 질투하는 자들의 방해에도 불구하고 가장 먼저 트라야누스에게 소식을 전하는 기민함을 보이기도 했다. 그럼에도 그가 후계자로 지목되었다는 확실한 근거는 어디에도 없었고, 트라야누스는 파르티아와의 전쟁을

▌ 브리타니아에 건설된 하드리아누스 방벽 : 칼레도니아(註. 현재 스코틀랜드 지역)의 침입을 방어함.

중단하고 로마로 오던 중 타계하고 말았다. 2~3세기의 역사가 카시우스 디오에 따르면 트라야누스는 하드리아누스를 양자로 삼지 않았으며, 그의 제위 계승은 황후인 플로티나의 계략이었다고 주장했다. 플로티나는 트라야누스가 죽자 이를 4일간이나 숨긴 후, 로마 원로원에 하드리아누스가 양자로 받아들여졌다는 사실을 서신으로 알리고 나서 원로원의 승인이 있은 후에야 비로소 남편의 죽음을 선포했다고 카시우스 디오는 주장했다. 친아들이 없는 트라야누스에게 양자로 들어간다는 것은 황제의 후계자임을 의미했다. 그때 원로원에 보낸 서신의 서명은 플로티나가 대신했으며, 이에 대해 플로티나는 황제가 너무 허약해져서 서명을 대신할 수밖에 없었다고 둘러댔다. 이러한 사실로 짐작하면 하드리아누스에 대한 플로티나의 애정은 평범함을 넘어선 것이었다.

○ 사실 하드리아누스는 지적 능력이 탁월했던 몇 안 되는 로마 황제 중 한 명이었다. 그는 큰 키에 수염을 길렀고 건장하며 우아한 풍모에 남을 꿰뚫어 보는 듯한 맑은 눈을 가진 곱슬머리였다. 정확한 기억력으로 한 번이라도 만난 사람은 쉽게 잊지 않았을 뿐 아니라 무기를 잘 다루고 사냥을 좋아해서 경기장에 나서서 검투사와 직접 겨루는 등 활력이 넘쳤으며, 성미가 조급해 무엇을 하든지 안달했다. 종교에서는 균형 감각을 유지했고 병영에서는 불편한 생활도 마다하지 않고 군장을 메고 행군을 하거나 병사들과 함께 검소한 식사를 했다. 그는 감언이설로 원로원의 비위를 맞추며 노골적인 난폭성을 감추었으나 천성적으로는 잔인한 자였다. 그의 잔인함은 비밀 요원들을 구축하여 서로서로를 고발하게 만들었고 심지어는 아내가 남편에 대한 불만을 황제에게 일러바치도록 하는 데까지 나아갔다. 그의 성격은

예측 불가능하고 쉽게 분노를 터뜨리며 고집 세고 쉽게 결정을 바꾸며 질투심과 시기심으로 언제나 최고가 되어야 직성이 풀렸고 모든 일에 세세한 것까지 참견하며 일일이 간섭했다. 또한 앙심을 잘 품었고 원한으로 응어리진 감정을 쉽게 잊지 못하는 성격이었으며, 만 18세를 넘은 자를 동성애 상대자로 삼지 않았던 당시의 관습을 무시하고 안티노우스에게 애정을 보이는 등 어떤 면으로 보면 그는 정신에 하자가 있는 자였다.

○ 하드리아누스는 그리스 학문과 예술 그리고 건축에 대해서도 깊은 지식과 열정을 가졌으며, 스스로도 대단한 자부심을 가졌다. 이런 열정에 힘입어 당시 학문의 성지였던 아테네를 세 번이나 순방했고, 수많은 건축물을 건립하기도 했다. 하지만 이러한 노력과 성과도 질투심과 분노로 빛이 바래고 말았다. 왜냐하면 트라야누스 때 최절정에 달했던 건축가 아폴로도로스에게 신축 예정인 베누스 신전과 로마 신전에 대한 자신의 설계안을 제시하면서 냉정히 평가해 달라고 청하자, 아폴로도로스가 정말로 냉정히 평가를 내려 설계안이 공개적으로 비판받았을 때, 그는 이를 견디지 못하고 아폴로도로스를 처형했기 때문이다.(註. 아폴로도로스는 신전을 더 높은 지반 위에 세워서 신성하게 표현해야 한다는 점, 신전의 천장 높이에 비해 신상의 키가 너무 크다는 점 등을 지적했다.)

○ 하드리아누스는 자신의 회고록에서 아폴로도로스의 처형에 대해 변명했다. "이 재능 있는 사람은 트라야누스에게 가장 총애를 받은 건축가였지만 그리스 예술의 아름다움에 대해서는 아무것도 모르는 자였다. 논리에서는 오히려 평범할 뿐인 이자는 신상들이 정말로 일어서면 신전의 천장을 부술 거대한 조각상들로 채워졌다고 비판했다.

그것은 나보다는 페이디아스를 모욕하는 어리석은 비판이다.(註. BC 5세기 아테네의 최고 조각가인 페이디아스가 올림피아 신전의 제우스 상을 건립했을 때도 똑같은 비판을 받았다. 그는 BC 480년 페르시아 침공으로 파괴된 구 파르테논 신전을 새로 건립하기도 했다.) 신들의 조각상은 일어서지 않는다! 우리

❙ 올림피아 신전의 제우스 조각상 상상도

에게 경고하기 위해서도, 우리를 보호하기 위해서도, 우리를 벌하기 위해서도 신들의 조각상은 결코 일어서지 않는다. 오늘 밤 아폴로도로스의 목숨을 구하기 위해서도 그들은 일어서지 않으리라." 분노가 배어나는 이 문장을 보면 하드리아누스 황제는 예술적 감각을 갖춘 재능 있는 자였지만 그에 걸맞는 아량과 후덕함을 지니지는 못한 자였다.

○ 『황제들의 생애(de vita caesarum)』의 저자인 수에토니우스는 황궁에 쉽게 드나들 수 있는 특권을 가진 관료였으나, 황후 사비나에게 버릇없이 군다는 이유로 관직에서 해임되었다. 로마 시민들은 이러한 조치가 너무 심하다고 생각했다. 하지만 하드리아누스의 생각은 달랐다. 그는 아내 사비나를 사랑하지 않았지만, 윗사람이 아랫사람

을 허물없이 대하는 것은 가능하나 아랫사람이 윗사람에게 허물없이 대하는 것은 용납할 수 없다고 생각했다.(註. 하드리아누스는 황후 플로티나의 도움으로 트라야누스의 종손녀 비비아 사비나와 결혼했다. 그는 아내와 무척 사이가 나빠 제위에 대한 야심만 아니었다면 아마 이혼해 버렸을 것이다. 진실이야 알 수 없지만 137년 사비나가 사인이 불분명하게 죽었을 때, 사람들은 그녀가 후계자 계획에 반대하자 하드리아누스가 살해했다는 소문까지 나돌기도 했다.) 왜냐하면 아랫사람은 도가 지나치기 쉬워 이로 인해 윗사람의 권위를 무너뜨리게 되고 아랫사람 스스로도 걷잡을 수 없이 위험한 경계를 넘을 수 있음을 경고하기 위한 것이었다.

○ 자유분방한 예술가들이 흔히 그러하듯 스스로 예술가라고 자부했던 하드리아누스는 수시로 변덕을 부렸다. 그는 친절이 필요할 때는 친절을, 까다로움이 필요할 때는 까다롭게, 쾌락을 누려도 괜찮을 때는 마음껏 쾌락을 즐기며, 금욕이 필요할 때는 스토아 철학자처럼 금욕하기도 했다. 그의 이런 행동은 황제의 품성과 마음을 종잡을 수 없게 했고, 주변의 사람뿐 아니라 측근조차도 황제를 두려운 통치자로 여기게 했다. 당연한 귀결이지만 하드리아누스는 원로원 의원들의 미움을 사게 되었고, 사후에 다음 황제인 안토니누스의 설득과 노력이 없었다면 기록 말살형에 처해졌을 것임에 틀림없다.

○ 안토니누스는 원로원이 하드리아누스의 신격화를 거부하며 기록 말살형에 처하려고 하자 눈물로써 호소했다. "만약 나의 아버지를 비열하고 부적절한 사람으로 정의하여 공공의 적으로 처벌한다면 나는 황제가 될 수 없습니다. 왜냐하면 여러분은 아버지가 만들고 결정한 모든 법령을 무시하고 무효화할 것인데, 내가 입양에 의해 제위 계승자

로 선택된 것 또한 아버지의 결정이었기 때문입니다." 원로원 의원들은 안토니누스의 말을 이해하고 그의 효성과 선량한 마음을 존중하는 의미에서 그에게 '효성스러운, 경건한, 자애로운'이란 의미의 라틴어 '피우스(pius)'를 호칭으로 부여했다. 안토니누스는 피우스란 호칭에 걸맞게 나이 들어 힘없는 장인을 모임에서 부축했고, 하드리아누스가 처형을 명한 사람들을 사면하기도 했으며, 치세 기간에 어떠한 가혹 행위도 하지 않았고, 온화한 성품에 종교 의식도 성실히 거행했다.

※ 수사학자 프론토(Fronto)의 애정

≪프론토는 애정을 가지려면 자신감과 친밀감이 필수 불가결한 요소라고 말했다. 그렇다면 애정을 받으려면 온화해야 한다. 그래야만 상대방이 자신감을 가질 수 있기 때문이다. 대개 친밀한 애정을 품고 있는지는 대화 속에서 감지된다. 독일의 철학자 쇼펜하우어는 말했다. "대화를 결정짓는 요소에는 첫째 대화의 형식이 있으며, 지성·판단력·활발한 기지가 형식을 구성한다. 둘째 대화의 소재이며, 이는 일종의 지식으로서 만일 상대방이 지식이 부족할 경우에는 누구나 알고 있는 세속적인 이야기에 한정된다. 따라서 대화의 성공 여부는 소재에 있는 것이 아니라, 형식을 얼마나 잘 이끌 수 있는가 하는 능력에 달려 있다."≫

○ 하드리아누스 황제의 명령에 의해 마르쿠스 아우렐리우스를 교육시

키고, 안토니누스 피우스 황제의 명령에 의해 루키우스 베루스를 교육시킨 사람은 북아프리카 키르타(註. 현재 알제리의 '콩스탄틴') 출신 마르쿠스 코르넬리우스 프론토(Marcus Cornelius Fronto)였다. 수사학 교사였던 프론토는 하드리아누스가 심술을 부리던 마지막 통치 2년간 무시무시한 공포 속에서 하루하루를 보냈다. 그래선지 하드리아누스가 죽은 후 그는 마르쿠스에게 하드리아누스 정책을 거침없이 비판했다. 군대를 아낀 것은 그들의 폭력이 두려웠기 때문이라고 비난했고, 트라야누스가 여러 전쟁을 통해 힘들게 정복한 땅을 쉽사리 포기한 것은 방패와 검으로 적을 상대하기보다는 잡담과 천막에서 즐거움을 찾은 결과이며 진검 승부 대신에 목검으로 훈련시킨 격이라고 조롱했다. 마르쿠스는 그의 비난에 굳이 이견을 달지 않았는데 이는 마르쿠스도 하드리아누스를 좋게 여기지 않았기 때문이다.

▌ 키르타

○ 프론토는 마르쿠스 아우렐리우스가 즉위하자 옛 제자에게 편지를 보냈다. 그 편지에는 하드리아누스와 안토니누스를 비교하는 대목이 있었다. 그 편지 내용은 이러했다. "나는 하드리아누스에게 친밀한 애정을 품고 있었다고 말할 수 없습니다. 그를 대할 때면 그 명석한 사람의 뜻에 어긋나지 않도록 조심하는 게 고작이었지요. 마치 전쟁의 신 마르스나 저승의 신 플루톤 앞에 서기라도 한 것처럼

바싹 긴장하곤 했습니다. 왜 그런 기분이 들었냐고요? 애정을 품으려면 자신감과 친밀감이 필수 불가결하기 때문입니다. 그와 나 사이에는 친밀감이 서로 통하지 않았고, 따라서 그 앞에서는 나 자신에게 자신감을 가질 수 없었습니다. 나는 그를 진심으로 존경하고 있었지만 친밀한 애정을 품고 있었다고는 도저히 말할 수 없었지요. 안토니누스는 정반대였습니다. 해를 사랑하듯, 달을 사랑하듯, 아니 인생을 사랑하듯, 사랑하는 이의 숨결을 사랑하듯 나는 그를 사랑하고 있었습니다. 그리고 내가 그에게 친밀한 애정을 품고 있듯이 그도 나에게 친밀한 애정을 느낀다고 언제나 확신할 수 있었지요."(註. 프론토는 점잖고 친절하고 관대했지만, 자신을 표현하는 방법에 대해서만 관심이 있었고 어떤 것이 가치 있는 것인가에 대해서는 진지함이 부족했으며, 그에게서 역사란 찬사 연습에 지나지 않았다고 하이켈하임에 의해 비판받았다. 사실 프론토는 마르쿠스와 공동 황제였던 루키우스 베루스의 요청에 따라 파르티아 전쟁에서 그의 공적을 거의 조작하다시피 과장했다. 하지만 베루스는 총사령관이었음에도 유흥만 즐겼을 뿐 전투 현장에는 나가지도 않았다. 이로써 베루스의 스승이기도 했던 프론토는 수사학이란 허위의 암시, 진실의 은폐, 아부, 약간의 진실이 섞인 과장이라는 것을 제대로 가르쳤다.) 남에게 품는 사랑의 마음에 대해서 히포 레기우스(註. 현재 알제리의 '안나바')의 주교 아우구스티누스는 말했다. "올바름은 선한 사랑이며, 그릇됨은 나쁜 사랑이다. 사랑하는 대상을 얻으려는 사랑이 욕망이며, 그 사랑을 소유하는 사랑이 기쁨이다. 마주치는 것을 피하는 사랑이 두려움이며, 그 사랑이 주는 상처가 슬픔이다."

○ 노년의 하드리아누스는 행복하지 않았던 것으로 보인다. 그는 아내와도 그리고 원로원과도 사이가 좋지 않았으며, 죽음에 임박해서는

큰 고통에 시달렸다. 세르비아누스의 저주가 통했는지 견딜 수 없는 통증으로 목숨을 끊으려고 칼이나 독약을 사용하려고도 했으나, 시종들과 양아들 안토니누스 피우스의 만류로 실패했다. 한번은 그가 마스토르라는 노예에게 자신의 가슴을 칼로 찔러 달라고 하며 젖꼭지 바로 아래에 정확한 위치까지 표시해 주었으나, 황제의 명령을 받들어 황제를 죽이자니 반역죄가 될 것이고 황제의 명령을 거부하자니 그 또한 죄가 되었기에 마스토르는 황제의 명령을 실행하지 못한 채 도망치고 말았다. 그렇다고 하드리아누스 황제가 삶에 대한 미련이 없었던 것은 아니다. 그는 스스로 목숨을 끊지 못하는 나약함에 탄식하면서도 의사들이 자신을 제대로 치료만 해 주었더라면 훨씬 더 오랫동안 건강하게 살 수 있었을 것이란 생각이 들자, "의사들이 나를 죽였다!"고 외쳤기 때문이다.

※ 정신병자에 대한 하드리아누스의 처분(122년)

≪육체의 병이거나 정신적 병을 막론하고 병이 있는 자는 그에 합당한 치료를 받아야 하는 것이며 처벌을 받아야 하는 것이 아니다. 하드리아누스 황제는 정신병자의 죄를 묻지 않고 치료하게 했다. 이것은 심신 장애자에 대한 오늘날의 판단과도 크게 다르지 않다. 그러나 음주자를 심신 장애자로 판단하여, 그들이 저지른 범죄 행위까지 법의 잣대를 완화한다는 것은 잘못이다. 왜냐하면 음주는 심신 장애를 유발한다는 것을 알면서도 스스로의 의지로 그렇게 되었기 때문이다.≫

○ 하드리아누스는 통치 기간 동안 제국을 속속들이 순방하고 제도와 안전을 살펴 제국의 기반을 다졌다. 그의 제1차 순방은 121년 갈리아에서 시작하여 아테네를 마지막으로 125년 로마로 돌아왔으며, 제2차 순방은 126년 북아프리카였다. 그리고 3차 순방은 128년에서 134년까지 동방 지역을 시찰했다. 하드리아누스가 122년 제1차 순방 시 히스파니아의 타라코(註. 현재 에스파냐의 '타라고나')에서 한 사건이 일어났다. 그가 숙소인 총독 관저의 정원에서 혼자 거닐고 있을 때, 노예 한 명이 칼을 들고 하드리아누스를 덮쳤던 것이다. 어쩌면 그 노예의 심중 깊은 곳에 인생의 대부분을 질곡 속에 산 것에 복수하고자 하는 마음이 내재되어 있었는지 모른다.

○ 47세의 하드리아누스는 남의 도움을 청하지 않고 혼자서 습격자를 제압하고서, 뒤늦게 변고를 알고 뛰어온 사람들에게 범인을 넘겼다. 붙잡힌 범인은 정상적인 사람이 아니라 정신병을 앓고 있는 사람이었다. 하드리아누스는 이 사실을 알고서 그를 처벌하지 말고 치료할 것을 명령했다.

○ 정신 이상자에 대한 이러한 처분은 훗날 마르쿠스 아우렐리우스의 치세에서도 크게 다르지 않았다. 그는 신분이 높은 자가 정신 이상 증세로 죄를 저질렀을 때 무죄로 처분했으며, 다만 처벌을 면하기 위해 일부로 미친 척 꾸미는 것을 방지하기 위해 엄격한 규제를 마련했다.(註. 신분이 비천한 자에 대해서는 좀 더 강경한 자세를 보였겠지만 크게 다르지 않았다고 추측된다.) 그리고 정신병자가 사고를 저질렀을 경우에는 그를 관리하는 사람들이 책임을 져야 한다고 규정했다. 이는 1,900년 전부터 정신병자에게는 죄를 묻지 않았음을 알 수 있는 일화다.

※ 유대인들의 신앙

≪삼라만상에 존재하는 모든 신들을 거리낌 없이 받아들였던 로마인들에게 유대인들은 유별난 존재였다. 오직 자신들의 신만이 숭배받아야 할 유일한 신이요, 다른 신들은 악한 존재일 뿐이라며 경멸하는 태도는 로마인들이 보기에 광신이거나 신성을 모독하는 행위였다.≫

○ 다신교도였던 로마 황제나 속주 총독들은 속주민들의 신들에게도 존중을 표했으며, 예루살렘 신전에도 경의를 표한 경우가 많았다. 지상에 존재하는 모든 신들은 존재 이유와 가치가 충분하다는 것이 다신교 사회인 로마 제국의 종교에 대한 시각이었다. 따라서 카이사르 이래로 로마는 유대인들의 종교적 특성을 인정하고 율법에 따라 살 수 있도록 여러 특권을 부여했지만, 하드리아누스 치세 때 유대인들은 또다시 로마의 지배에 불복하여 다른 민족의 학살을 자행하고 반란을 일으켰다.

○ 그들은 위선의 가면을 쓰고 자신들을 전혀 의심하지 않은 토착민들에게 접근하여 우정이나 동맹을 맺은 다음 그 사회에 침투했다. 그러고 나서 그들의 친구들에게 끔찍한 잔혹 행위를 했는데, 주로 이집트·키프로스·키레네 등지에서 자행되었다. 유대인들의 이러한 극단적이고 맹목적인 광신은 인류 전체의 무자비한 적이 될 것으로 확신되었으며, 이들의 잘못을 깨닫게 해 주어야겠다는 생각에 로마 군단은 가혹한 보복을 가하곤 했다.

○ 유대인들의 광신은 우상을 숭배하는 정복자 로마인에게 세금을 내는 것은 불법이며, 머지않아 구세주가 강림하여 자신들이 처한 고

난의 족쇄를 풀어 주고 그리하여 지상 천국이 열릴 것이라는 믿음으로 지탱되었다. 유대인 바르 코크바가 군대를 집결시켜 2년간이나 하드리아누스 황제에게 저항했던 것도 스스로를 구세주라 선포하고 아브라함의 모든 후손들이 이스라엘의 희망을 이룩하자고 선동했기 때문에 가능한 일이었다. 아마도 하드리아누스가 예루살렘에 로마 군단을 상주시켰고 유피테르 신전을 건립했으며 그리하여 점차 로마인들의 정착지로 재건한다는 계획과 유대인에게 할례를 금지하고 안티노우스의 숭배 의식을 유대 지역에서 추진한 것이 반란에 불을 지폈으리라. 게다가 퀸틸리아누스·타키투스 등 반유대적 정서를 지닌 로마 지식인들의 영향에다, 유대인들과 경쟁 관계에 있던 그리스인들에 대한 하드리아누스의 친그리스 성향이 반란의 불씨에 부채질을 했다. 반란군 대장 바르 코크바는 치밀하게 계획했다. 하드리아누스 황제가 무기 제작 때 사소한 하자라도 발생되면 폐기 처분하도록 명령하자, 사용하는 데 전혀 문제가 없는 하자를 유대인들이 고의로 발생시킨 후 이를 빼돌려 반란군 무기 창고에 쌓아 두었다.

○ 유대인들의 항거는 당대 로마 제국 최고의 장군 섹스투스 율리우스 세베루스에 의해 유대 지역이 초토화된 후 결국 진압되었다. 카시우스 디오에 따르면 이 전쟁으로 무려 46만 명이 목숨을 잃었다고 전하며, 로마군의 피해도 막대했다. 반란이 진압된 후 하드리아누스는 항상 제국에 대한 항쟁의 근원지가 되곤 했던 예루살렘에서 유대인을 모두 추방시키고 다시는 들어가지 못하게 금했으며 도시의 이름도 '아일리아 카피톨리나(Aelia Capitolina)'로 바꿔 불렀다. 그러나 전후 처리는 로마인 특유의 관용 정책에 따라 처리되었다. 즉 유대

인들은 유대 율법에 따라 판결을 받게 한 사법권 유지, 군 복무와 행정 관리 종사 등과 같은 공무 면제, 유대 신앙에 따라 기부를 받는 권한 등의 혜택을 받았다. 이 관대한 조치는 다소나마 유대인의 마음을 누그러뜨리고 제국의 평화와 안정에 기여했다. 하지만 하드리아누스에 의해 쫓겨난 유대인들은 20세기 시온주의의 물결 속에 팔레스타인에 다시 나라를 세울 수 있을 때까지 세계 각지에 뿔뿔이 흩어져 살았다.

※ 안토니누스 피우스(Antoninus Pius)의 입양(138년)

≪네르바 이후 양자로 계승되었던 황제의 자리는 안토니누스 피우스에 이르러서도 계속 이어졌다. 그러나 안토니누스는 후손에 제위를 물려주려는 욕심이 없지 않았다. 이미 약혼한 자신의 딸을 파혼시킨 다음, 후계자와 결혼을 성사시켰기 때문이다.

마르쿠스가 황제로서 자질이 부족했던 친아들 콤모두스에게 제위를 넘긴 것은 스토아 철학자로서 분별력 없는 선택이라고 비난되곤 한다. 하지만 양아들에게 제위를 넘긴 네르바, 트라야누스, 하드리아누스, 안토니누스가 마르쿠스보다 욕심이 없기 때문이 아니라, 제위를 넘길 아들이 없었기에 어쩔 수 없는 선택이었으리라. 성군의 자질이 있는 후계자에게 제위를 넘기기 위해 양아들을 선택한 것이 아니라면, 그리고 결론을 보고 시작의 선악을 판단해서는 안 되는 것이라면 양아들에 의한 제위 계승도 동일한 잣대로 판단해야 하는 법이다.≫

○ 138년 하드리아누스는 안토니누스를 양자로 입양하여 후계자로 삼 겠다고 선언했다. 양자로 삼았던 아일리우스 카이사르가 죽자 다시 양자를 들인 것이다. 그러면서 안토니누스로 하여금 마르쿠스 아우 렐리우스(註. 입양되기 전의 이름은 '마르쿠스 안니우스 베루스Marcus Annius Verus')와 아일리우스 카이사르의 아들인 루키우스 베루스(註. 입양되기 전의 이름은 '루키우스 케이오니우스 콤모두스Lucius Ceionius Commodus'였다. 그의 이름에 베루스가 붙은 것은 마르쿠스가 그를 공동 황제로 삼으면서 자신의 가문명인 베루스를 하사했기 때문이다.)를 양자 로 삼게 했다. 하드리아누스는 안토니누스에게 도전할 위험이 있는 모든 자들을 제거했고, 심지어 공동 대제사장직에 임명했는데 이는 이제까지 어느 황제도 대제사장직을 공유한 적이 없던 전례를 깨뜨 린 것이다.

○ 훗날 황제가 된 마르쿠스 아우렐리우스의 집안을 살펴보면 선조들 이 히스파니아의 바이티카 속주에 살았는데, 바이티카 속주는 트라 야누스와 하드리아누스의 고향이기도 했다. 마르쿠스의 집안은 증 조할아버지가 올리브기름 사업으로 막대한 돈을 번 다음 정계에 진 출하여 원로원 계급이 됨으로써 제국의 상류층에 진입할 수 있었다. 이후 마르쿠스의 할아버지는 세 차례나 집정관을 지낼 만큼 대단한 영예를 누렸다. 그는 결혼으로 황가와 인연을 맺었는데 하드리아누 스 황제와 동서지간이 된 것이다. 즉 황후 사비나와 마르쿠스의 조 모는 이부 자매였다. 그리고 큰아들로 태어난 마르쿠스의 아버지는 갑부의 딸과 결혼했고 막대한 처가 재산의 대부분을 아내가 물려받 게 되어 엄청난 부자가 되었다.(註. 마르쿠스의 어머니 도미티아 루킬 라는 이탈리아 전역의 벽돌 공장을 상속받았다.) 마르쿠스는 불과 3살

때 아버지를 여의고 말았지만 할아버지의 세심한 교육 아래 막강한 친인척과 막대한 재산의 힘으로 로마 최고의 귀족답게 성장할 수 있었다.

o 이런 마르쿠스를 눈여겨본 하드리아누스 황제가 안토니누스에게 마르쿠스를 양자로 입양하도록 요구했다. 로마의 관례에 따르면 이는 안토니누스 다음의 황위 계승자로 마르쿠스를 지목한 것이나 다름 없었다.(註. 황위 계승자를 지명하면서 그다음 후계자까지 정한 선례는 아우구스투스가 티베리우스에게 제위를 넘기면서 그다음 후계자로 게르마니쿠스를 지명한 예가 있다.) 평소 하드리아누스는 마르쿠스를 진지한 소년이라는 의미의 애칭으로 '베리시무스(verisimus)'라고 부르며 아끼던 차였다. 이 애칭은 마르쿠스의 코그노멘 '베루스(verus)'가 '진지한'이란 의미여서 이를 최상급인 '가장 진지한(verisimus)'이란 뜻으로 부른 언어유희였다. 사실 안토니누스는 마르쿠스의 고모부였다.(註. 마르쿠스의 아버지 안니우스 베루스와 안토니누스의 아내 안니아 갈레리아 파우스티나는 오누이 사이였다.) 당초 안토니누스의 딸 파우스티나는 루키우스 베루스와 약혼되어 있었고, 아일리우스 카이사르의 딸 파비아는 마르쿠스와 약혼되어 있었다. 하지만 안토니누스는 황제의 자리에 앉자마자 아내를 통해 처조카에게 미리 맺어 놓은 혼약을 파기할 수 있는지를 물었다. 아마도 아들이 없던 그는 파우스티나와 마르쿠스의 결혼을 통하여 자신의 핏줄에게 제위를 넘기고 싶었으리라.

o 마르쿠스는 깊은 생각에 잠겼다. 비록 안토니누스가 비판과 의사 표현에 관대하다 해도 황제의 제의란 명령과 다름없지 않은가? 만약 황제의 제의를 거절한다면 이제껏 고생한 보람도 없이 제위가 다른 자

에게 넘어갈 것은 뻔한 이치다. 안토니누스의 성품으로 보면 제의가 거절당했다고 해서 분노하며 당장 후계자를 바꾸지는 않겠지만 황궁이란 음모와 은밀한 적의로 가득 찬 곳이어서 후계자를 바꿀 이유는 앞으로 얼마든지 만들 수 있었다. 여기까지 생각이 미치자 마르쿠스는 평소와 같이 온화한 태도로 그러겠노라고 답했다. 물론 그가 제위가 탐나서 그랬다는 것이 아니라, 오히려 그 반대였지만 책임에 대한 압박감이 그를 짓눌렀다.

○ 안토니누스는 두 약혼을 모두 파혼시키고 파우스티나를 10살 차이의 마르쿠스와 결혼시켰다. 그러니까 마르쿠스는 고종사촌과 결혼한 것이다. 이렇게 함으로써 아들이 없고 딸만 있던 그가 제위를 사위에게 넘기고 다음에 자신과 혈연관계로 이어지는 외손자가 넘겨받을 수 있게 되었다. 물론 안토니누스로서는 자신의 딸 파우스티나는 당초 루키우스 베루스와 약혼되었을 때부터 황후로서 예정되었다고 주장할 수는 있었다. 아일리우스 카이사르가 요절하는 바람에 루키우스 베루스는 제위 계승자가 되지 못했고, 마르쿠스가 제위의 계승자로 결정되었으니 파우스티나와 마르쿠스를 맺어 주어야 한다는 주장은 정략결혼이라는 관점에서 보면 타당했다.

○ 솔직하고 청순한 성격의 루키우스 베루스는 하드리아누스의 요구로 마르쿠스와 함께 안토니누스의 양자로 입양되었지만 안토니누스의 욕심으로 파혼까지 당했으니 마르쿠스에게 기분이 좋을 리가 없었다. 게다가 그는 안토니누스에게서 한 번도 형과 동등한 대우를 받은 적이 없었다. 여행을 떠날 때도 마르쿠스는 황제의 옆 좌석에 앉았지만 베루스는 근위대장의 마차를 타야 했다. 파혼으로 한동안 두 사람 사이에 어두운 그림자를 드리우기도 했지만, 훗날 마르쿠스는 드넓

은 제국을 혼자 통치할 수는 없다는 이유로 베루스를 공동 황제로 지명했을 뿐 아니라, 자신의 큰딸 루킬라와 결혼시킴으로써 그의 마음을 다독거렸다. 이를 두고 어떤 이들은 베루스가 파우스티나와 결혼하지 못하게 되자 그녀 딸과 결혼하게 되었다며 결혼의 난잡함을 비난하고 눈살을 찌푸렸다.

| 알아두기 |

• 로마인들의 약혼

로마인들은 결혼을 위해 꼭 필요한 의무 사항은 아니지만 결혼 전에 흔히 약혼식을 했다. 이것은 번잡스러운 하루 동안의 행사로 치러졌다. 먼저 친척과 친구 몇 명이 보는 앞에서 신랑신부가 청혼을 하고 상대 부모의 동의와 친구 몇 명이 증인이 되었다. 약혼식에 참석한 대부분의 많은 친구들은 그저 잔치를 즐기는 것에 만족하며 잔치가 끝날 때까지 즐겁게 어울려 놀았다. 약혼식은 신랑이 신부에게 약혼 선물을 증정하는 형태로 진행되었는데, 보통은 식장에서 신부에게 정성들여 약지에 반지를 끼워 주었다.

다만 약혼은 혼인 요건도 아니고 구속력도 없었지만 일정한 법률 효과가 결부되어 있어 정당한 사유 없이 혼인을 거절하면 손해배상을 청구할 수 있었다. 하지만 아우구스투스 때부터 파혼으로 손해배상을 청구하는 것이 미풍양속에 반하는 것으로 생각하여 이를 인정하지 않았으며, 디오클레티아누스 때부터는 그리스도교에 따른 엄격한 효력이 적용되었다.

✳ 안토니누스가 '피우스(pius)'로 불린 것에 대하여

≪안토니누스 피우스 황제는 사람들로부터 마음에서 우러나는 복종과 존경을 받고자 했다. 그러자면 불손한 자들의 스스럼없는 태도를 감내해야 했고, 자신의 내면이 까다롭다고 할지라도 이를 숨기고 무례한 자들의 언행에 대해 자유로운 비판을 허용한다고 자랑해야만 했다.≫

○ 안토니누스는 양부에 대한 효심 등으로 '피우스'라는 호칭을 얻었다. 그뿐만 아니라 그는 즉위하기 전부터 피우스라는 호칭에 걸맞는 태도와 행동을 보였으며 즉위한 이후에도 인내와 용서의 모범을 보여 주었다. 심지어 '신과 같은 인물', '경건함의 표본', '새로운 누마' 등으로 불리며 모

▌ 안토니누스 피우스

든 면에서 칭송받았고 훌륭한 교육과 문학적 소질 그리고 건강한 신체까지 두루 갖춘 뛰어난 인물이었다.

○ 안토니누스가 등극했을 때 마르쿠스 아우렐리우스가 아폴로니우스를 칭송하며 얼마나 뛰어난 자인지 아뢰자, 그는 아폴로니우스에게 사람을 보내 로마에 와서 마르쿠스의 개인 교사가 되어 달라고 부탁했다. 그러자 건방지게도 아폴로니우스는 황금 양털을 찾은 이아손처럼 로마에 도착해서는 개인 교사가 되는 조건으로 안토니누스에게

거액의 보수를 요구했다. 얼마나 큰 액수였던지 안토니누스는 눈이 휘둥그레졌지만 아무튼 황궁으로 들어와 인사를 하라는 전갈을 보냈다. 그때 아폴로니우스는 스승이 제자를 찾아가 머리를 조아리는 것은 옳지 못하니, 제자가 스승을 찾아와 스승의 발밑에 무릎을 꿇어야 하는 것이라고 답신을 보냈다. 가당치도 않은 무례함에 안토니누스 황제는 웃어넘기며 다만 이렇게 말했다. "아폴로니우스를 로마로 데려오기보다 로마에 온 그를 팔라티누스 언덕(註. 황궁이 있는 곳)으로 데려오기가 더 어렵구나!"

○ 마르쿠스의 그리스어 서신 담당 알렉산드로스가 자신의 고향 셀레우키아를 위해 청원할 때였다. 그는 안토니누스가 자신의 말을 제대로 경청하고 있지 않다고 생각하고서 말했다. "황제시여, 제발 제 말에 귀를 기울여 주소서!" 마르쿠스는 안토니누스가 화를 내는 모습을 본 적이 없다고 했지만 적어도 이때만은 격한 목소리로 소리쳤다. "나는 귀 기울이고 있노라! 게다가 나는 너를 잘 알고 있다. 너는 늘 머리를 단정히 빗고 이를 깨끗이 닦고 손톱을 다듬으며 언제나 향수를 몸에 뿌리고 다니는 자가 아니더냐?" 만약 소리친 자가 하드리아누스 황제였다면 반박이나 호통으로 끝나지 않고 알렉산드로스는 살아남지 못했으리라.

○ 즉위하기 전 안토니누스가 아시아 속주 총독으로 있으면서 오랜만에 멀리 원정을 가게 되었을 때였다. 그때 이다산 인근에서 좁은 길을 앞에 두고 안토니누스가 먼저 그 길을 지나가려고 하자, 스스로를 동방의 지배자로 자부하고 있던 헤로데스 아티코스가 이를 제지하며 일개 속주 총독보다 자신이 먼저 지나가야 한다고 주장했다.(註. 헤로데스 아티코스는 마르쿠스 아우렐리우스의 수사학 스승이었다.) 둘

은 서로 먼저 지나가겠다고 다투다가 안토니누스는 헤로데스 아티코스가 밀치는 바람에 하마터면 도랑에 꼬꾸라질 **뻔했다**. 안토니누스는 이 일을 분하게 여기고 복수하고자 하드리아누스에게 그를 부패 혐의로 고발했다. 헤로데스 아티코스는 알렉산드리아의 상수도 개선 공사를 위해 하드리아누스로부터 3백만 드라크마를 받은 적이 있는데 그는 그 공사를 완료하기 위해 7백만 드라크마를 사용했다. 그러면서 부족한 4백만 드라크마를 자비로 충당하여 공사를 완료했다며 공로를 내세웠던 것이다. 하지만 안토니누스는 부족한 4백만 드라크마는 분명 부정한 방법으로 모은 것이라고 판단하고 헤로데스 아티코스를 공금 유용과 직권 남용 등으로 고발했다. 그렇게 되자 헤로데스 아티코스의 아버지가 아들을 대신하여 하드리아누스에게 답함으로써 혐의를 벗어날 수 있었다. "황제께서는 사소한 일에 신경 쓰지 마소서. 추가된 4백만 드라크마는 제가 아들에게 선물로 준 것입니다. 그리고 제 아들은 그걸 그가 아끼는 도시를 위해 사용한 것이죠." 훗날 안토니누스가 황제에 즉위한 다음에도 헤로데스 아티코스는 과거의 무례에 대해 처벌받지 않았다. 만약 상대가 칼리굴라나 카라칼라였다면 그의 무례함은 결코 용서받지 못했으리라.

○ 소피스트 폴레몬은 난폭한 행동을 서슴지 않는 자였다. 어느 비극 배우가 안토니누스 황제를 찾아와 한참 연극을 상연하는

▌ 스미르나 유적지

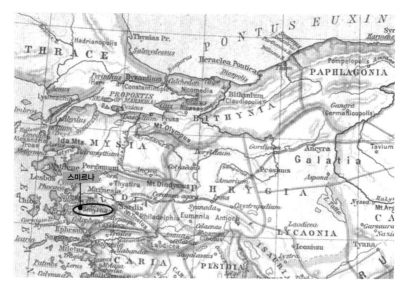

| 스미르나

중에 폴레몬이 자신을 공격했다며 탄원했다. 그러자 안토니누스가 물었다. "몇 시에 그랬느냐?" 그 배우가 정오 무렵이라고 답하자 안토니누스가 말했다. "너는 운이 좋은 편이다. 내가 스미르나(註. 현재 터키의 '이즈미르')에 있는 그의 집에 머무르고 있을 때, 그놈은 나를 한밤중에 내친 적이 있었지만 나는 아무 불평도 하지 못했느니라." 이는 안토니누스가 아시아 속주 총독으로 있을 때 생긴 일이었다. 안토니누스는 소피스트들을 싫어하기는 했지만 황제가 되어서도 폴레몬의 과거 행적을 들추어내어 처벌하지 않았다.

○ 게다가 호물루스라는 자는 황제로서 인내할 수 있는 극한의 상황까지 시험했다. 그가 안토니누스 황제를 자신의 집으로 초대한 적이 있었는데 그때 안토니누스가 훌륭한 반암을 보고 열에 들떠 얘기하자

무례하게도 이렇게 빈정거렸다. "어느 누구든 남의 집에 가면 귀머거리가 되고 벙어리가 되어야 하는 것이지요." 호물루스는 한 걸음 더 나아가 이런 말도 했다. 어느 날 그가 안토니누스와 함께 정원을 거닐다가 마르쿠스의 어머니인 도미티아 루킬라가 정원에 있는 아폴로 신상에 기도드리는 것을 보았다. 그때 호물루스는 곁에 있던 안토니누스에게 말했다. "도미티아 루킬라가 아들이 어서 제위를 차지할 수 있도록 기도드리고 있음이 분명합니다." 그 말은 곧 안토니누스가 빨리 죽도록 기도하고 있다는 의미였다. 대개의 황제가 이런 말을 듣는다면 불행한 결과가 예측되는 어떤 조치를 취했을 것이지만 안토니누스는 호물루스가 또다시 말썽을 일으키려는 짓으로 보고 그의 말을 무시했다. 만약 그가 의심 많은 황제였다면 잔악한 자의 말 한마디가 수많은 사람들의 목숨을 앗아갔으리라. 이렇듯 안토니누스는 속마음이야 부글부글 끓어올랐겠지만 '피우스pius'라는 호칭에 어울리는 절제된 행동을 결코 잃지 않았다.

※ 로마인들의 인생관과 진리에 다가가는 길

≪흔히 동양인들은 운명에 순응하는 인생관을 지녔고, 서양인들은 운명을 개척하는 정신을 가졌다고 말해지곤 한다. 그러나 죽음을 대하는 로마인의 태도를 살펴보면 이러한 생각이 틀린 것이 아닌가 하고 의심하게 된다.≫

—— 로마의 선택과 결정 ⑤ 야만의 침탈

○ 로마 황제들 중에는 중국 황제처럼 불로불사의 묘약을 구하기 위해 광분한 사람이 없다. 또한 죽어 가는 황제의 목숨을 연장하기 위해 신들에게 제물을 바치고 기도하라고 국가가 모든 신전에 명령했던 일도 없다. 물론 인기가 높았던 황제가 병에 걸리면, 명령이 아닌 시민 스스로 신전에 가서 기도하는 경우는 있었다.

○ 유력자들 중에는 죽음이 다가온 것을 깨달으면, 키케로의 친구인 아티쿠스나 네르바 황제처럼 스스로 곡기를 끊는 방법으로 자살을 선택한 경우가 많았다. 마르쿠스 아우렐리우스 황제의 경우에도 눈을 감기 얼마 전부터 죽음을 예견하고 음식을 끊었다. 그는 불치병에 걸리거나 노화로 정신이 혼미하여 도리를 알지 못하고 훌륭한 삶을 영위할 수 없게 되면, 차라리 스스로 삶을 중단시켜야 하는 것을 거의 도덕적 의무로 생각했다. 아우구스투스 황제 때 케리니우스 갈루스라는 원로원 의원이 갑자기 눈이 멀어 굶어 죽기로 결심하자 황제가 그를 방문하여 위로하며 마음을 돌리려고 설득하기도 했다.(註. 로마인들의 평균 수명은 25세 정도였고 인구의 1/2이 20세까지 1/3이 40세까지 1/6이 60세까지 생존했다.)

○ 키케로는 제3차 포에니 전쟁을 마무리 지은 스키피오 아이밀리아누스가 원로원 연설을 앞두고 그 전날 갑자기 죽었을 때 그는 사람으로서 이룰 수 있는 모든 것을 이루어 낸 후의 죽음이므로 그의 친구들은 위안을 받았을 것이며, 죽은 스키피오 아이밀리아누스가 영생을 원한다는 것은 생각도 할 수 없는 일이라고 말했다. 라틴어로 인간을 '모르타리스(註. mortalis는 영어 'mortal'의 어원)'라고 하는데, 이는 '죽음을 면치 못할'이라는 형용사적 의미를 동시에 지니고 있다. 즉 로마인들에게 인간이란 반드시 죽을 수밖에 없는 존재였다. 이처럼 로

마인들은 수명이 다했으면 조용히 죽음을 맞이하는 것이 어차피 죽음을 피할 길 없는 인간이 취해야 할 태도라고 생각했으며, 그것이 고대 로마인들의 생사관이었다.

○ 2세기의 작가이자 철학자 아풀레이우스는 인간을 이렇게 정의했다. "인간은 땅 위에 살면서 이성과 언어 능력을 갖추었고, 그 혼은 죽지 않지만 육체는 죽어 사라진다. 정신은 불확실하고 부정확하며 신체는 무디고 상처받기 쉽다. 성격은 다양하고 비슷한 잘못을 수시로 저지르며, 단호한 용기를 가지고 희망을 집요하게 추구하지만 그들의 노력은 헛되고 언제나 불운에 휩쓸린다. 그들 개개인은 사라져도 씨앗을 퍼뜨려 세대가 교체되며 인류 전체는 계속 이어지지만, 시간은 빠르게 흘러가고 지혜는 어리석고 둔한 상태로 죽음이 순식간에 들이닥쳐 그 생애는 비탄으로 가득 차 있다. 이러한 존재가 바로 인간이다." 참으로 인생이란 무엇인가를 객관적 사고로 분석한 철학자의 냉철한 지적이 아닐 수 없다. 세네카는 말하기를 "여행자가 대화하거나 독서하거나 무엇을 골똘하게 생각하다가 어느새 목적지에 닿은 것을 깨닫듯이, 인생의 황혼이 덮칠 때 마음은 여전히 소년이지만 준비도 무장도 하지 않은 채 아무런 대비 없이 갑자기 노년이 되어 버렸다는 것을 알게 되니 인생이란 이처럼 짧은 것이다." 하며 한탄했다. 호메로스는 "대지 위에서 숨 쉬며 다니는 생명 중에서도 진실로 인간보다 더 비참한 것은 없다."며 탄식했고, 다윗은 "인생은 그날의 풀과 같으며 그 영화가 들의 꽃과 같도다."고 읊었다. (註. 구약성서 시편 103편 15절)

○ 2천 년 전의 로마인들과 현대인들을 생물학적 능력에서 본다면 별반 차이가 없으리라. 중세 시대쯤에 갑작스런 이유로 전 인류에 돌연변

이가 발생했다면 모를까, 인류 탄생 전체로 놓고 볼 때 극히 짧은 기간이기 때문이다. 수천 년 전 과거의 인류가 현재보다 열등하고 무엇인가가 생리적으로도 다를 것이라고 여긴다면, 이는 축적된 문명의 발전을 마치 인간의 생물학적 발전인 것처럼 착각에 빠진 현대인들의 오만과 근거 없는 우월감에서 비롯된 것일 뿐이다. 이런 점에서 로마인들의 생사관이 현대인보다 더 못하다고 볼 수 있는 근거는 없다고 하겠다.

○ 실증을 제쳐 두고서라도 근본을 건드리는 세계관에 대해 말하고자 한다. 원래 가당찮을 만큼 깊고 넓은 이런 논제에 대한 신념은 인간의 능력에 속하는 것이 아니어서 실증이 요구되는 성질이 아닌 것도 사실이지 않은가? 많은 사람들은 이를 두고 말하기를 자신에게 닥친 현실적인 문제도 답하지 못하면서 온갖 추측과 개념을 만들어 혼란 속에 빠뜨리고, 대단한 발견이나 한 것처럼 오만스런 어두운 지성의 그림자에 자신을 가두고 있다고 비난한다. 그럼에도 인간 개개인에게서 신의 경험 다시 말해 진리를 이해하는 일보다 더 위대한 목적은 있을 수 없으며, 페르시아 왕 키루스(키루스 2세)도 신에 관한 일을 할 때 가장 행복했다고 말했다. 키케로에 따르면 진리는 사물을 자료로 취급하여 그 속에서 발견하려고 애쓰는 사람에게 보이는 것이며, 진리에 대한 이해와 통찰은 도덕적으로 선하고 명예로운 것이라고 했다.

○ "우주가 창조되기 이전에 도대체 신은 무엇을 했는가?" 그 옛날 이런 종류의 질문에 교부들은 이렇게 대답하곤 했다. "그런 불경한 질문을 하는 자들을 위해 그때 신께서는 지옥을 만들고 계셨느니라!" 하지만 성 아우구스티누스의 대답은 달랐다. "신은 시간 속에서 우주를 만든

것이 아니라, 우주와 시간을 동시에 만드셨다. 따라서 시간이란 신이 창조한 우주의 한 특성이며 그 시간은 우주가 시작되기 이전에는 존재하지 않았다.”고 말한 것이다.(註. 아우구스티누스는 덧붙여 ‘시간이 존재하지 않았던 때가 있었다.’고 하면 ‘시간이 존재하지 않았던 시간이 있었다.’와 동일한 의미가 되어 모순이 생기므로 ‘현재 우주의 시간이 아닌 다른 시간이 있었다.’고 하는 것이 옳다고 주장했다.) 사실 만물이 존재하지 않거나 존재하더라도 변화하지 않는 상태라면 시간 개념은 없다고 보는 것이 타당하다. 놀랍게도 16세기 전에 단언한 교부의 이런 말을 현대 물리학자들은 하나의 가설로 두고 있다.

○ 진리란 수많은 가설 중 어느 하나에 포함되어 있기 마련이다. BC 5세기의 철학자 아낙사고라스는 당시 대부분의 사람들이 태양을 존엄하고 신성한 신이라고 했을 때, 그는 태양이란 불덩어리에 불과한 것이며 결코 신이 아니라고 주장했다. 역설적이지만 신이란 거스를 수 없는 자연계의 섭리로 정의된다면 아낙사고라스는 틀렸다. 태양은 거대한 대지와 바다 그리고 하늘을 품고 있는 지구조차도 어떻게 할 수 없는 강력한 존재이기 때문이다. 원시 신앙을 옹호하자는 것이 아니라 말하자면 그렇다는 것이다. 어떤 자는 신과 같이 영혼이 있는 존재라면 다독거려 분노를 누그러뜨릴 수도 있어야 하는데 태양은 그렇지 못하기 때문에 물질일 뿐 그 이상 아무것도 아니라고 주장하기도 한다. 하지만 영혼이 있는 인간 중에도 누구나 이해하고 용서하는 것을 아무리 달래어도 분노의 마음을 누그러뜨릴 수 없는 자가 있다. 그렇다면 그자는 인간이 아니고 물질인가?

○ 바티칸 교황청에서 주최한 우주론에 대한 회의에서 교황 요한 바오르 2세는 현재 가장 지지를 받고 있는 빅뱅 이론을 거론하면서 빅뱅 이

후의 우주 진화 과정을 연구하는 것은 정당하지만 빅뱅 그 자체에 대해 의문을 가져서는 안 된다고 말했다. 왜냐하면 그리스도교에서 빅뱅은 신에 의한 창조의 순간이기 때문이다.(註. 많은 사람들이 빅뱅이 시작되는 특이점을 우주의 시작 곧 창조의 순간이라고 설명하지만 사실은 물리학 방정식이 논리를 잃어버리는 점일 뿐이라고 주장되기도 한다.) 그러나 이때 회의에 참석한 호킹 박사는 시공은 유한하지만 출발점이 없고, 따라서 창조의 순간도 가지지 않을 수 있다고 생각했다. 빅뱅을 위한 우주의 씨앗은 엄청난 밀도를 지닌 것이지만 빅뱅 이론에서는 씨앗의 출처를 밝히지 못하고 있다. 결국 우주란 시간과 공간이 유한하면서도 그 어떠한 경계나 가장자리를 가지지 않는 곡면의 상태로 형성되어 있는지 모른다는 것이다. 그렇다면 우주는 시작과 끝이 없는, 다시 말하면 창조되거나 파괴되지 않고 다만 '존재할 뿐인 것'이 된다. 하지만 이러한 생각은 어디까지나 그 가능성을 말한 것이며, 그의 믿음은 아니었다. 호킹은 시간과 공간이 빅뱅 이후부터 시작되었고 빅뱅 이전의 우주는 신이 인간으로서는 도저히 이해할 수 없는 방법으로 만들었으며, 이는 신의 권능이라면 충분히 가능한 일이라고 인정했다. 그러면서 신은 천지창조 이전의 우주를 인간이 도저히 알 수 없는 방식으로 구성했다가 우주가 시작되면서 인간이 이해할 수 있는 법칙에 따라 전개하도록 내버려 두었다고 말했기 때문이다.(註. 천체 물리학자 버나드 헤이시는 창조란 아무것도 없는 상태에서 무엇을 만들어 내는 과정이 아니라, 모든 것이 있는 상태에서 무언가를 걸러 내는 필터링 과정이라고 주장했다. 이는 물체가 푸른빛이라면 모든 색깔이 들어 있는 백색광에서 푸른색을 제외한 다른 모두를 제거한 것과 같다는 것이다.)

○ 지구의 반지름이 대략 6,400㎞나 되지만 인간이 개척할 수 있었던 곳은 불과 땅속 몇 백 미터일 뿐이다. 하물며 거대한 우주야 말하면 무엇하랴. 윤회의 이론과 보존의 법칙이 틀리지 않는다면 시공간을 품고 있는 대우주는 한정된 범위에서 반복되고 있다고 보는 것이 당연한 귀결이다.(註. 불교나 힌두교는 물론이거니와, 철학자 니체도 "모든 것이 되풀되는 순환 운동을 믿지 않는다면 제멋대로 구는 신을 믿는 것이 틀림없다."며 모든 만물은 원을 그리며 윤회한다는 믿음을 선택했다.) 다만 그 크기가 어마어마하기에 작은 존재인 인간들은 그것이 반복되고 있음을 느끼지 못하고 계속 앞으로 끝없이 나아간다고 보일 따름이다. 이렇듯 인간이 볼 수 있는 눈앞의 광경은 진실을 제대로 반영하지 못하여 거대한 곡선의 극히 일부분만 잘라서 본다면 직선으로 보이며, 드넓은 대지를 보면 지구가 편평하게 보일 뿐이다. 진리가 균형 잡힌 반복의 연속이라면 물질도 비물질도 커다란 시공 속에서 반복되며, 인간의 삶도 광활한 우주의 반복 현상의 한 부분에 속한다는 것을 부정할 수 없다. 현 세계에서 다른 세계로 그리고 또 다른 세계로 수없이 반복되어 무한이라고 느끼겠지만 사실은 계속 나아가면 다시 원점으로 되돌아와 자신이 속한 세계와 만나게 된다.(註. 4~5세기 성직자 아우구스티누스는 반복을 인정하지 않았다. 그는 창조주가 전능으로 모든 생명체를 무한하게 창조한다고 주장했다. 하지만 무한하다는 것은 끝을 알 수 없다는 것과 달라 쉽게 수긍할 수 있는 것이 아니다.)

○ 그렇게 반복되며 휘어진 시간과 공간을 지닌 대우주가 있다.(註. 천체 물리학자들은 공간과 시간이 지상에서 인간들이 감지하고 있는 방식이나 형태가 아닌 다른 어떤 특성을 보인다고 해도 중력으로 시공간의 일

부분이 휘어질 수는 있으나, 우주 공간 그 자체는 휘어지지 않았다고 한다.) 그것의 형태가 구(球)처럼 생겼는지 원반처럼 생겼는지 아니면 다른 모양을 하고 있는지 알 수 없지만, 시간과 공간 속의 자원은 한정되어 있어 없어지지도 않을 뿐 아니라 새로 생겨나지도 않는다. 다만 반복될 뿐이다. 회전한다는 것은 당초 있었던 지점에 다시 돌아온다는 것이므로 반복한다는 의미와 같다. 고요 속에 정체하지 않고 회전 속에 반복되는 것은 안정을 추구하기 때문이다. 살펴보면 지구가 돌듯이 태양계도 돌고 은하도 돌고 있다.(註. 우주 자체는 팽창하고 있지만 회전하지는 않는다고 한다. 하지만 팽창과 수축을 반복한다면 같은 지점으로 되돌아온다는 의미에서는 동일한 결과다.) 많은 현자들이 이미 제시했듯이 모든 만물은 회전하고 반복되므로 안정이 유지되고 있다. 회전하는 물체가 안정을 유지하듯 반복되는 현상 또한 균형 잡힌 안정을 유지하기 마련이다.(註. BC 1세기에 태어난 시인 오비디우스조차도 지구는 회전하기 때문에 균형을 유지한다는 것을 깨닫고 자신의 저서에 이를 서술해 두었다.) 우주는 균형과 안정을 이룬 코스모스(cosmos, 질서) 세계라고 했으며, 따라서 코스모스 세계란 반복되는 현상 속에서 유지될 수 있다는 말이 된다. 이러한 반복이란 진리는 선각자들이 인류에게 수없이 던진 메시지였다. 그 옛날 인간의 뛰어난 직관으로 해석한 진리가 수많은 의심과 복잡한 증명과 분석을 거쳐 지금에 와서 다시금 인정되고 있는 형국이다. 이것은 먼 길을 떠나려고 마음먹고 길을 나섰지만 돌고 돌아 다시 제자리에 온 것이나 다름없다.

○ 인간의 마음이란 간혹 진리를 얻기도 하지만 대개의 경우는 길을 잘못 드는 경우가 많다. 이는 인간이 오감과 도구를 통해서 확인할 수

있는 현상만을 믿으려 하기 때문이다. 하지만 인간의 인지 한계를 벗어난 어떤 존재 또는 힘에 의해 만물이 지배되고 통제될 수 있음을 고려해야 한다. 중량을 가진 모든 것이 하늘에서 땅으로 떨어지는 환경 속에서 사는 인간은 불과 최근에 자신이 속한 환경을 벗어나서 사고할 수 있는 천재에 의해 물체가 땅으로 떨어지는 것을 비로소 의심하게 되었고 그 결과 만유인력을 발견했다.(註. 만유인력 법칙이 세상에 알려진 3세기 전은 인류의 역사로 보면 극히 짧은 과거다. 하지만 아우구스티누스에 따르면 지상의 물체들이 공중에 있을 수 없는 것은 중력 때문이라고 그가 생존했던 당시의 철학자들이 주장했다고 한다. 지구와 물체 사이의 만유인력, 즉 중력에 대한 개념은 고대에서부터 인지되었던 것이며, 다만 만유인력 법칙을 발견한 뉴턴에 의해서 물리학적 수식으로 입증되었던 것이다. 신국론 13권 18장) 인간은 이제야 겨우 자신이 속한 환경을 벗어나는 세계에 대해 관심을 가지고 사고할 수 있게 된 것이다. 그렇다면 앞으로 수많은 시간이 흐르면 우리를 덮고 있는 조건이 하나하나씩 벗겨질 것이 분명하다. 시간도 공간도 예외일 수 없다. 인간이 진리에 가까이 다가가지 못하는 것은 자신이 처한 시간과 공간이 생각을 왜곡시키기 때문이다. 지구라는 조그만 텃밭 위에 살면서 머리 위는 하늘이요 발아래는 땅이라고 말하는 것이 당연하지 않은가? 하지만 우주란 위와 아래가 없는 것이다. 어느 집단의 실상을 제대로 알려면 그 집단의 분위기가 팽배한 곳을 벗어나 멀리서 바라보아야 한다. 마찬가지로 진리를 깨달으려면 자신을 감싸고 있는 현상을 모두 내던질 수 있는 우주 한가운데서, 아니 우주에서도 벗어나보아야 한다. 미치오 카쿠의 말대로 우리의 상식이 진실을 반영하고 있다는 믿음 자체가 틀릴 수 있기 때문이다.

○ 그리스도교에서는 신은 한 분이지만 모든 곳에 다 계시므로 낱낱이 알고 있다고 한다. 쉽게 납득할 수 없는 이 교리를 대개의 인간들은 신이라면 충분히 그런 능력이 있을 수 있다고 인정하는 선에서 논쟁을 피할 것이다. 그러나 놀랍게도 양자론에 따르면 전자는 여러 위치에 동시에 존재한다고 증명한다. 이는 속도가 빨라 인간의 인지 능력으로 여러 위치에 존재하는 것처럼 보이는 것이 아니라 실제로 1개의 전자가 동시에 여러 곳에 존재한다는 것이다. 다시 말해 수소는 핵 주위에 1개의 전자가 맴돌고 있는 형태(註. 러더퍼드 원자 모형 또는 보어의 원자 모형)가 아니라, 핵 주위에 1개의 전자가 뿌옇게 구름처럼 분포된 상태다. 이처럼 하나의 존재가 동시에 여러 곳에 공존할 수 있다는 것은 인간이 여태껏 인지하지 못했을 뿐, 사실은 신의 법칙이자 자연의 섭리였다. 다만 이러한 사실은 지금도 인간의 지각으로는 쉽게 깨달을 수 없는 현상이다. 그러므로 신은 바쁘셔서 내 주위에 없기 마련이고, 따라서 나의 선행과 고난을 보살펴 주지도 못하며, 이웃과 나의 악행을 징벌하지도 못한다고 불평한다면 오류인 것이 입증된 셈이다. 비록 유일신의 교리에 따라 신이 오직 한 분일지라도 신은 무수히 많은 곳에 동시에 공존하므로 항상 내 곁에 있기 때문이다. 1~2세기 노예 출신 스토아 철학자 에픽테토스도 "문을 닫고 방 안에 있을 때 홀로 있다고 생각하지 말라. 그곳에는 신이 당신과 함께 방 안에 계신다."고 말했다. 이러한 점은 진리에 가까워질수록 겸허해질 수밖에 없는 이유가 아니고 무엇이겠는가?

○ 1개의 전자가 여러 곳에 동시에 존재하는 것이 틀림없고 인간의 눈으로 관측하는 순간에 위치가 확정되어 1개로 보인다면, 그것을 이해할 수 없는 이상한 현상이라고 말하는 것은 자연의 문제가 아니고 인

간의 문제다. 즉 자연 현상은 여러 곳에 공존하는 상황이 변하지 않았지만 인간의 관측은 1곳에 있는 것처럼 느낄 뿐이다.(註. 거시 세계에 전자가 부딪치면 파동 수축이 일어나서 1개로 나타난다는 것은 인간의 눈으로 관측하는 순간 1개로 보이는 것과는 다르다. 관측이란 물체에 반사된 빛을 망막에서 받아 인지한다는 것이므로 빛의 영향을 받을 수밖에 없다.) 이 난해한 문제를 풀려면 물리학이 아니라 인지의 한계, 인체의 특성, 기억의 범위와 같은 인간에 대한 공부가 필요하다. 왜냐하면 인간은 진리를 제대로 볼 수 있도록 만들어져 있지 않았고, 신은 인간이 오감을 가지고 진리를 볼 수 있도록 허락하지 않았기 때문이다. 정직하고 경건하며 선량하기도 한 욥이 시험에 들어 모든 재물과 자녀들을 잃고 자신 또한 병들자 "사람들이 신음하며 상한 자가 부르짖으나 신은 그 불의를 보지 아니하시는구나!(註. 구약성서 욥기 24장 12절)"라며 절규했지만, 신의 전지는 의심할 수 없으며 다만 그 처우가 유예되는 것은 신의 방정식이 인간의 그것과는 다르기 때문이다. 종교에서도 물리학에서도 철학 등에서도 진리를 찾을 수 있겠지만, 사실 진리란 하나일 뿐이다.

○ 이처럼 인간의 감각과 도구만 가지고서 어떤 무엇이 존재하지 않는다고 정의하는 것은 좀 더 신중한 자세가 필요하다. 청각을 가지지 않은 생명체에게 보이지는 않으나 들리는 현상을 어떻게 설명할 수 있겠는가? 신은 없다고 주장한 빅터 스텐저는 이 점을 고려하지 않았다. 그는 이렇게 주장했다. "신이 존재한다면 그러한 속성을 지닌 일정 현상들을 관찰할 수 있어야 되며, 증거의 부재는 결국 부재의 증거다!" 이 얼마나 인간이 보일 수 있는 오만한 태도이며 경솔한 생각인가? 인간이란 신이 허락한 만큼만 볼 수 있고 신이 허락한 만큼만

들을 수 있도록 만들어져 있지, 진리 그 자체를 보고 들을 수 있는 능력은 애초부터 주어지지 않았다. 기계의 도움을 받아 자외선이니 초음파니 하는 인간의 인지 능력 밖의 현상을 알게 된 것도 신이 허락한 범위 안에서일 뿐이다. 빅터 스텐저는 경전에 적힌 기적적인 사건은 역사적인 증거가 아무것도 발견되지 않았을 뿐 아니라, 감옥은 무신론자로 득시글거리고 반면 모든 신자들은 사랑하는 가족과 애완동물에 둘러싸여 행복과 부유함 속에 만족스런 삶을 살아가야 했지만 그런 일이 일어나지 않았다는 것이다. 또한 수소는 핵융합 반응으로 헬륨이 생성되고 헬륨은 융합되어 베릴륨이 되며 헬륨과 베릴륨은 융합되어 탄소가 생기며, 이렇게 탄생한 탄소가 헬륨과 융합되면 마침내 산소가 생성되므로, 이런 식으로 현재의 복잡성은 최초의 단순성에서 비롯하여 모든 만물이 생성되었으니 신의 손길이란 있을 수 없다고 그는 주장하고 있다.

○ 미국 아칸소 주의 윌리엄 오버튼 판사가 정의한 것처럼 과학이란 '경험적 세계를 상대로 시험할 수 있는 것'이어야 된다면 진리란 과학에서 멀어질 수밖에 없다. 왜냐하면 과학이란 인간이 가질 수 있는 감각과 도구만을 가지고 판단할 수밖에 없고 인간의 눈과 귀는 신이 허락한 만큼만 보고 들을 수밖에 없는 반면, 진리란 인간이 사용 가능한 감각과 도구를 뛰어넘어야 하기 때문이다. 하지만 인간이 인지할 수 없는 자극이 인간에게 그 어떠한 영향조차 줄 수 없다고 단언할 수 있는가? "유일신은 전지·전능·전선(全善)이라는 3개의 덕목 중에 적어도 1개는 결여되어 있다."는 빅터 스텐즈의 비판에 끄덕여지는 것도 사실이지만, 우리가 신을 말할 때는 종교에서 말하는 구체적인 그리고 인격화된 신만을 말하는 것이 아니다.

○ 슈뢰딩거의 고양이, 전자의 위치, 신이 임하는 곳 등 인간이 보는 순간에 상황과 위치가 확정된다면 이는 관념의 문제이지 현실의 문제는 아니다.(註. 보고서도 깨닫지 못한다면 '관측'이란 용어보다는 '관념'이란 용어가 더 적절하다.) 신이 우리에게 내려 준 감각으로는 그것을 깨닫지 못하게 인간이 만들어져 있으니 아무리 고차원의 논리와 수식을 적용해도 헛될 뿐이다.

○ 결국 존재하는 것도 존재하지 않는 것도 관념 속에서 이루어지므로 존재와 부존재는 아무런 차이가 없다. 불경에서 말하는 '색즉시공(色卽是空) 공즉시색(空卽是色)'과 일맥상통하는 이 의미는 어쩌면 있는 것(색)과 없는 것(공)이 똑같은 이 세계란 결국 상상이 만들어 낸 허구의 세계라는 생각이 들기도 하지만, 한편으로는 자신의 생각이야말로 모든 것이며 바로 우주라는 뜻이 아닌가? 이는 인간이 속한 물리적 환경 속에서 인간의 인식 체계가 현실이라고 받아들이도록 구성되어 있다는 의미다. 결국 모든 삼라만상은 관념의 세계이며 생각이 없다면 실체도 없다. 그렇다면 현실이란 것도 관념과 인식의 결과물이므로 결국 하나의 영혼은 곧 하나의 우주이며, 탄생이란 우주의 문이 열리는 것이고 죽음이란 우주의 문이 닫히는 것이다. 따라서 아주 작은 하나는 상상을 초월할 만큼 광대한 모든 것과 동일할수밖에 없다. 이처럼 만물은 모두 연결되어 사실은 한 덩어리이지만 사람이 나와 너를 구분하는 것은 인식할 수 있는 범위가 신경 세포가 이어진 곳까지로 한정되어 있기 때문이다. 신은 인간에게 그만큼만 허락했다. 그러한 까닭에 신라의 고승 원측은 색(존재)과 공(부존재)에 대한 집착을 떠나 곧바로 실체를 꿰뚫어 보아야 한다고 가르쳤으리라.

○ 이는 제3의 감각을 가진 존재만이 대개의 인간이 볼 수 없는 세계를 볼 수 있고 느끼게 된다는 의미다. 물리학과 수학으로 해석되지 않는 이런 종류의 문제는 결국 철학과 종교의 영역으로 넘어가지만, 이는 인간의 감각만을 기준으로 모든 것을 이해하려는 데 따르는 오류인 것이다. 수천 년 전 델포이 신전 기둥에 인간의 오만함을 질타하는 글이 쓰여 있지 않았던가?

"너 자신을 알라(그노씨 세아우톤 Γνωθι σεαυτον)."

이처럼 인류는 자신의 능력과 한계를 정확히 이해하지 못하는 데 따르는 오류를 이미 지적당했던 것이다. 존재와 부존재가 동일하다는 간단하고 명료한 명제를 흠결투성이로 만들어진 인간으로서는 과거에도 현재에도 깨닫는 데 무척 힘들 수밖에 없기 때문이다.

○ 인간의 지적 탈피는 자신의 무지함을 깨달을 때부터다. 확신을 가진 자는 대개 공부가 부족한 경우다. 자신이 경험한 것과 보고 알게 된 것이 전부라고 생각한다면 길을 잘못 들어선 것이기 때문이다. 아직 인류는 '왜?'라는 물음에 답하지 못한 것이 너무나 많다. 아마 그것은 인간이 알 수 있는 범위를 벗어나 있기 때문일 것이다. 신이 아닌 인간인 이상 진리의 샘에 풍덩 빠져 그것을 완전히 이해하고 해탈의 경지에 도달하기란 매우 어려우리라. 다만 무지를 깨닫고 있으면 현명한 것이고, 조금씩 깨치고 있다면 그나마 위안이 될 뿐이다. 어떤 자는 수학만이 진리에 가깝다고 주장하기도 한다. 플라톤도 소크라테스의 입을 빌려 수학은 오로지 지성만을 사용하여 진리 자체에 도달하도록 우리의 영혼을 강요하는 교과목이라고 주장했다. 하지만 수소의 주위를 맴돌고 있는 전자만 보더라도 '1'이란 수학적 의미조차 어디까지나 인간의 관점일 뿐 신의 개념은 아니다.(註. 수학과 물리

학의 깊고 넓은 이론들에게 놀라움과 경의를 느끼지 않는 것은 아니지만, 인간의 오감으로써 해석이 불가능한 신의 표현을 '확률'이란 그럴듯한 용어로 둘러댈 수는 없으리라.) 이처럼 인간의 언어로 표현되는 모든 것은 인간 세상에서만 통용될 수 있음을 고려해야 한다.

○ 더군다나 다중세계이론(다중 우주론, 평행 우주론)은 "모든 가능한 결과들은 각자 분리된 우주에서 하나의 결과로 나타나며 모순 없이 진행된다."고 가정했다. 이 가설에 따르면 이 세상에 가지 않은 길이란 없으며, 단지 우리 눈앞에 보이는 하나의 실체를 제외하고는 다른 모든 실체들은 다른 우주에서 진행되고 있을 뿐이라고 정의했다.(註. 양자론에서 말하는 불확정성은 많은 상태가 공존하고 있어 인간이 관측하는 순간에 확정된다고 한다. 따라서 2명이 동시에 관측한다면 서로 다른 상태를 보게 되는 경우가 발생한다. 결국 수많은 서로 다른 실체가 실제로 다른 세상에서 진행된다는 다중세계이론을 의심할 수 없게 된다.) 물론 이 이론은 세세한 변화까지 고려한다면 헤아릴 수 없이 많은 경우의 수가 발생하므로 쉽게 믿을 수 없다. 운명론의 함정에 빠지기는 해도 오히려 신이 만든 지도는 하나뿐이라는 말이 더욱 마음에 와 닿기 때문이다. 다중세계이론의 신봉자들은 코페르니쿠스가 천체의 모든 것이 지구에게 경의를 표하며 지구를 중심으로 돌아가고 있다는 것을 거스르다가 신의 존엄성에 도전하는 죄로 고발되었지만 진리란 변할 수 없듯이, 이제 우리는 코페르니쿠스적 사고로 우리 우주가 평범하기 이를 데 없는 여러 우주 중의 하나이므로 유일한 우주라는 주장을 버릴 때가 왔다고 말한다.(註. 그리스 철학자 헤라클레이토스와 로마의 연설가 키케로는 주기적 우주론을 주장했다. 또한 다중 우주를 신봉하는 현대 천체 물리학자들 중에는 주기적으로 수개의 우주가 충돌하여

그 안의 모든 것이 붕괴된 후 새로운 우주가 탄생한다고 추측하는 자도 있다.)

○ 우리의 우주가 우주 탄생의 기점으로부터 다시 시작하더라도 모든 조건이 완전히 일치한다면 현재와 똑같이 이루어져야 한다. 만물이 우연의 산물로 탄생했다고 주장하는 환원주의 과학자들조차도 그들이 말하는 정밀한 생물학적 기계(註. '인간'을 말한다.)가 모든 조건이 동일하다면 동일한 결과가 나와야 된다는 것을 부정하지는 못하리라. 왜냐하면 아인슈타인이 말했듯이 신은 우주를 가지고 주사위 놀이를 하지는 않기 때문이다.

○ 이처럼 광활한 우주는 오감을 사용하여 느끼고 알 수 있는 것뿐 아니라 인간의 인지 능력으로서는 도저히 알 수 없는 것으로 가득 차 있다고 봄이 적절하다. 흔히 인간은 자신의 능력으로 인지할 수 없으면 아무것도 없다고 단정한다. 올바르게 말한다면 그것은 "존재의 유무를 알 수 없다."라고 표현해야 옳다. 예루살렘의 지성소에 들어간 폼페이우스는 그곳에 '아무것도 없다.'고 말했지만, 유대인들은 그곳이 '신성한 기운이 충만한 곳'이라 주장했다. 사실 완전히 빈 공간을 우리는 보지 못했다. 과거에 인간은 빈 공간을 자주 말했지만 이제는 그 속에 수많은 광자, 파장, 기체 그리고 힘(註. 만물에 존재하는 4가지 힘, 곧 중력·전자기력·강한 핵력·약한 핵력. 아직도 인간은 그것의 작동 원리를 제대로 알지 못한다.) 등이 섞여 있는 공간이란 것을 알았기 때문이다. 따라서 우리가 공(空)이라고 말한다면 이는 진리에서 멀다. 물질과 반물질이 만나 에너지를 쏟아 내고 무(無)로 돌아가거나, 무한한 시간이 흘러 모든 물질이 산산이 부서진 다음 사라진다 해도, 우주에 충만한 에너지는 우주 안에 그대로 존치되어 극히 드물고 우

연하며 미세한 원인에 의해 다시금 시작될 수밖에 없기 때문이다.

○ 인간은 그저 서둘러 왔다가 황급히 사라지는 의미 없는 물질인가? 이는 진리의 세계를 알고자 했지만 실패한 데서 나오는 자학적인 외침이다. 육체의 사멸 후에 인간의 영혼이란 흔들리다 이내 꺼지고 마는 촛불과 같은가? 영혼은 연기처럼 소멸하는 육체와 달라서 쉽게 소멸되지 않고 다른 형태로 다른 차원으로 존재하리라. 따라서 죽은 후에 반드시 지나야 한다는 망각의 강이란 차원이 바뀌는 데 따른(註. 또는 물리학자들의 말대로 '결이 어긋난 데 따른') 상호 정보 교환의 단절을 일컬을 따름이다. 우리가 오감을 통해서 알 수 있는 것은 우주의 4%, 그리고 인간의 오감뿐 아니라 인간이 만든 기계와 장비를 통해서조차 전혀 알 수 없는 암흑의 물질과 에너지로 우주의 96%가 채워져 있다고 하지 않은가?(註. 대우주는 물질 4%, 암흑물질 23%, 암흑에너지 73%로 채워져 있다고 한다. 은하의 별들은 은하 중심을 돌고 있다. 만유인력 법칙에 따르면 별의 속도는 중심에서 멀어질수록 느려져야 하지만, 먼 곳이나 가까운 곳이나 큰 차이가 없다. 따라서 이러한 결과가 나오려면 우주 공간에는 더 많은 질량이 필요하다. 또한 빛은 질량이 큰 별의 주위를 지날 때 휘어진다. 그때 휘는 정도를 관찰하면 별의 질량보다 훨씬 더 큰 질량이 있어야 한다. 이런 현상이 나타나는 데 필요한 질량을 가진 물질을 암흑물질이라고 천체 물리학자들은 정의했다. 만유인력 이론에 따르면 별들 간의 인력으로 우주의 크기가 줄어들어야 하지만, 실제로는 팽창하고 있다. 이 현상을 설명하려면 만유인력을 감쇄시킬 뿐 아니라 우주를 현재 속도대로 팽창하기 위한 척력을 가져야 한다. 천체 물리학자들은 이 에너지를 암흑에너지라고 부른다. 암흑물질과 암흑에너지가 무엇인지 밝혀내면 노벨상은 예약되어 있다.) 그러니 인간이 알 수 있는

범위가 얼마나 작은 부분인가? 수많은 선각자들이 제3의 눈과 감각을 통해서 영혼의 불멸을 말해 왔고 우리의 눈에 보이는 것은 오히려 허상과 같다고 말했다. 다시 말하면 선각자들은 무엇을 안다고 하지 않았고 무엇을 모른다고 말했으며, 이는 알고 있는 것이란 극히 적은 부분이라는 것이리라. 이를 이해하지 못한다면 어찌 인간이 신과 닮은 신의 피조물이라 하겠는가?

○ 유전 공학이니 생명 공학이니 하는 수단으로 미래의 인류가 육체와 두뇌에 초인적인 능력을 갖추게 된다면, 이는 신의 영역에 도달한 미래인이라고 미래학자들은 두려움과 기대감이 섞인 채 치켜세우지만 사실은 그릇된 판단이다. 만약 천 년 전의 사람이 TV · 컴퓨터 · 비행기 등 과학이 낳은 생산품을 마음대로 다루는 현대인을 본다면, 아마도 그들은 현대인을 신으로 생각할지 모른다. 기나긴 생명, 놀라운 체력과 두뇌 등은 미래의 과학으로 실현 가능한 영역일 뿐 결코 신의 영역이 아니다. 신의 영역은 인간의 오감으로서는 알 수 없도록 구성되어 있기 때문이다.

○ 물질은 잘게 나누면 분자, 더 나누면 원자, 더 나아가면 소립자 그리고 쿼크, 더욱 잘게 나누면 인간의 감각으로는 알 수 없는 어떤 상태(현상, 존재)가 있어 그것이 만물의 씨앗이다. 그 상태가 파동일지도 모른다고 물리학자들은 주장한다. 그렇다면 모든 물질의 기초는 파동이며, 파동이란 인간의 기준으로는 만질 수 없는 비물질이며 기운이다. 그 파동이 서로 간에 간섭하고 요동치면서 물질로 변화한다고 추측된다. 따라서 물질과 비물질 즉 있는 것과 없는 것은 동일하지 않은가? 수많은 선각자들은 이 말을 하고 싶었으리라. 이 관점에서 보면 빅뱅 전 태초에 우주는 고밀도의 물질이 아닌 압축된 파동으로

존재하고 있었다는 것이 훨씬 진실에 가까울 수 있다. 공간과 시간을 감싸고 있는 어떤 기운이 만물을 생성하게 하는 힘이었던 것이다.

○ 인간의 두뇌 활동은 뇌신경세포들의 전기적·화학적 신호라고 알려졌다. 기억이란 것도 일정한 시간이 흐른 후에 동일한 신호로 반복할 수 있는 능력이라고 볼 수 있다. 이 신호는 일종의 파동이요 기운이며, 곧 영혼의 지배를 받는다. 과연 이러한 작용을 하는 영혼에 생(生)과 사(死)가 있을까? 이는 '영혼의 불멸'을 주장할 수 있는 근거다. 뇌신경세포들의 전기적·화학적 신호가 물질세계에 어떤 영향을 미치는지 알 수 없지만, 만물이 파동의 간섭과 요동으로 이루어졌다는 가정에 기초하면 신호와 파동의 영향을 무시할 수 없다고 봄이 타당하다.

○ 빅뱅 이론에 따르면 대우주는 하나의 점에서 시작되어 커져 가고 있다고 한다. 그렇다면 커져 가는 공간은 무한한가? 아니다. 한정된 공간 속을 커졌다 작아졌다 하거나 형상을 변경할 뿐이라는 것을 인류는 언젠가 증명하고 말 것임에 틀림없다.(註. 물리학자 중에는 우주가 커졌다 작아졌다를 반복한다면 엔트로피가 감소할 수 없다는 열역학 제2법칙을 거스르게 되는 것이므로 난감해하지만, 초기의 상태가 어떤 방식으로 작동되는지는 미지수이며 인간의 인지 능력을 벗어나는 문제일 수 있다. 게다가 우주 공간 자체의 팽창이나 수축은 우주 공간 내의 물리 법칙이 적용되지 않는다.) 무한이라는 것과 아무것도 없다는 것은 어디까지나 인간이 느끼는 관점일 뿐이어서, 우주가 아무리 무한히 커지기만 하는 것처럼 보이더라도 반복의 원칙에 따라 결국 여러 변화를 겪은 후 다시금 시작될 수밖에 없기 때문이다. 창조주가 세상을 만들었다고 해도 창조주의 손끝에 세상의 모든 무게와 지도가 들어 있었

던 것이 아닌가 말이다.

○ 그렇다면 모든 만물은 불멸하는 것이니 인생이 무의미하다는 논객들의 주장에서 좀 더 벗어나는 것이 아니겠는가? "삼라만상이 성긴 몸으로 짜이지 않은 것이 없고, 신은 인간을 위해 세상을 창조한 것이 아니다."고 했던 루크레티우스(註. Titus Lucretius Carus, BC 1세기 에피쿠로스 철학자이자 시인)의 외침이 옳더라도 인생이란 가치 있는 것을 추구할 만하지 않은가? 인간의 몸이 흙에서 태어나서 흙으로 되돌아가듯이 인간의 영혼은 영기에서 태어나서 영기로 되돌아가게 된다. 우리가 이런 진리를 조금이라도 느낄 수 있을 때는 영혼이 육체의 속박을 벗어나는 순간부터다. 나이가 들어 힘이 약해지고 사지가 늘어지면, 총기가 흐려지고 혀가 굳어지며 이성은 비틀거리고 모든 것이 일시에 무너져 사라지더라도 영혼은 흩어지지 않는다. 하지만 모든 나무가 열매를 맺는 것이 아닌 것처럼 제아무리 가르침을 받은 영혼일지라도 영혼의 강건함이란 누구에게나 똑같이 주어지는 것이 아니다. 종교·학문·일·선행 심지어 악행까지도 열정으로 충만한 자는 그 영혼이 흩어지지 않고 응집된다. 다만 선량한 자는 긍정과 빛으로 풍요롭게 장식되고 사악한 자는 부정과 어둠으로 참혹한 상태가 되어 남을 뿐이다. 싸늘한 죽음의 자취가 지나간 후 남겨진 영혼은 잘게 나뉘어 바깥으로 흩어져 결국 소멸된다는 루크레티우스의 주장은 연약한 영혼을 가진 경우에만 정당하다. 신을 생각하는 자가 신의 곁으로 다가갈 수 있듯이 진리를 생각하는 자가 진리의 곁으로 다가설 수 있는 강건한 영혼을 소유하는 법이기 때문이다.

○ 이 세상이 사실은 꿈이요 바람이며 관념 속에 있는 허구요 상상이라면, 꿈속의 세상이 깨어남으로써 현실로 되돌아오듯이 관념 속의 세

상은 죽음으로써 진실의 세계로 되돌아오리라. 이는 곧 죽음이란 깨어남이 아닌가? 그러니 사랑하는 자가 죽었다고 해서 슬퍼해야 할 이유가 한결 사라졌다고 하겠다. 그리고 선량하게 살아가야 하는 이유는 더욱 커졌다. 우주의 자원은 시공조차도 한정되어 있어 언젠가는 다시 되돌아올 수밖에 없기 때문이다. 비록 자식을 내리 5명이나 모두 잃은 프론토가 슬픔을 견디지 못하며 마르쿠스 황제에게 "영혼의 불멸이 아무리 확실하다 해도 그것은 철학자들의 논쟁일 뿐 사랑하는 이가 이 세상에 없다는 것을 생각하면 우리에게 눈곱만큼의 위안도 주지 못한다."며 울먹였을지라도.

마음에 새기는 말

법은 누구에게나 평등하게 집행되고, 개인의 권리와 언론의 자유도 보장된다. 이 목표를 달성하는 것이야말로 모든 국민의 자유를 보장하는 데 기반을 둔 정치의 존재 이유다.

- 근대 유럽의 계몽사상과도 같은 이 말은 2세기 때 로마 황제 마르쿠스 아우렐리우스로부터 나온 말이다. 그는 자신에게는 엄격했고, 타인의 결점에 대해서는 관대했으며, 모든 인간에게 공평하고 자비롭게 대했다. 그럼에도 불구하고 마르쿠스는 정적들로부터 위선자라는 의심을 받았지만, 시리아 총독이었던 아비디우스 카시우스 반란에 대한 관용적인 후속 처리와 혹독한 도나우강변에서 게르만 야만족과의 전쟁을 치렀던 것을 살펴보면, 마르쿠스의 인간성을 더 쉽게 확인할 수 있다.

✵ 마르쿠스 아우렐리우스와 루키우스 베루스

≪마르쿠스 황제는 즉위하자마자 베루스를 공동 황제로 앉혔다. 그가 베루스를 공동 황제로 둔 것은 예약되었던 제위뿐만 아니라 약혼자까지 빼앗긴 그를 달래 주어야 했고 드넓은 제국을 혼자 다스리기에는 어렵다고 생각했기 때문이다. 두 사람은 공동으로 제국을 다스려야 했지만 너무도 다른 성격 차이로 베루스는 형을 미워했고, 마르쿠스는 동생의 방탕하고 절제할 줄 모르는 행동으로 힘들어했다.

하지만 역사의 가르침은 황제에게 도전장을 던질 수 있는 지위에 있는 자가 유능한 자질을 갖추었다면 항상 말로가 비참했다는 사실이다. 만약 베루스가 야심 있는 매우 유능한 지휘관으로서 좀 더 오랫동안 살았더라면, 엄격한 스토아 철학자인 마르쿠스의 칼날은 비켜 간다 하더라도 종국에는 콤모두스의 분노에 희생되었으리라. 그런 점에서 철부지 같은 베루스의 행동은 권력의 꼭대기에 부는 세찬 바람을 피할 수 있는 길이기도 했다.≫

○ 마르쿠스가 고집을 부려 공동 황제가 된 루키우스 베루스는 허영심 많은 쾌락주의자요 착하기는 하나 쉽게 나쁜 길로 빠져들어 방탕하고 무절제한 생활을 탐닉하는 자였다. 마르쿠스는 황제의 자리에 앉자마자 터진 파르티아와의 전쟁에 베루스를 총사령관으로 파견했지만 그를 미덥게 생각하지 못하여 감시자로 자신의 사촌이자 원로원 의원인 안니우스 리보를 따라 붙였다. 안티오키아에 도착해 로마로 처음 쓴 편지에서 베루스는 로마군 총사령관으로서 적절한 질문과 전투 상황 그리고 병사들의 무공에 대해 적은 것이 아니라 고작 자신

이 응원하는 녹색파가 전차 경기에서 잘하고 있는지를 물었다. 이러한 베루스의 행동으로 보아 당연한 결과이지만 리보가 보내오는 서한에는 한결같이 비난의 소리뿐이었다. 감정이 쌓인 두 사람은 적진을 앞에 두고 격렬하게 언쟁했다. 그런 후 얼마 되지 않아 갑자기 리보가 죽음을 맞았다. 사람들은 베루스가 그를 독살한 것이라고 수군거렸다. 아마도 베루스는 자신에게 감시자를 붙인 마르쿠스에게 분개했으리라.

○ 그는 4년간의 전쟁 기간 중에 대부분을 휴양지에서 보냈고, 참모진들의 거듭된 요청으로 마지못해 단 한차례 유프라테스강 전선을 방문했을 뿐이었다. 게다가 판테아라는 여성에게 완전히 빠져 그녀의 변덕을 일일이 맞추곤 했다. 그럼에도 한 가지 인정해야 할 것은 베루스가 중재자로서의 능력을 발휘하여 휘하의 유능한 장군들이 서로 충돌하지 않고 각자의 능력을 최대한 발휘할 수 있도록 조정했다는 점이다.

○ 그가 파르티아와의 전쟁을 끝내고 수많은 배우들과 로마로 돌아왔을 때 사람들은 "베루스가 전쟁을 끝내고 온 것이 아니라 연극을 끝낸 것처럼 보였다."며 조롱했다. 로마로 귀환해서도 그는 국정에 전념한 것이 아니라 별장에 술집을 차려 놓고 배우와 음악가 무리들과 함께 밤새도록 흥청망청거리며 도박을 하다가 아침이 되어서야 잠자리에 들곤 했다. 들리는 소문에 따르면 파르티아 전쟁이 끝나고 베루스가 무리를 이끌고 로마로 귀환하자 시리아의 주민들은 기뻐하며 자신들은 파르티아와의 전쟁을 끝낸 것이 아니라 배우들과의 전쟁을 끝냈다며 빈정거렸다고 한다.

○ 이렇듯 수년간의 타국 생활에도 베루스의 생활이 전혀 변하지 않자

마르쿠스는 실망을 넘어 분노했다. 그 둘은 달라도 너무나 달랐다. 베루스의 초청으로 별장에 들렀을 때도 마르쿠스는 그곳이 황궁인 양 국무에 여념이 없었지만 베루스는 무관심하게 날마다 잔치판을 벌였다.

○ 마르쿠스는 매사에 진지했고 절제된 생활을 유지했으며 책임감과 의무감을 가지고 자신의 행동을 성찰했다. 그는 법률과 포고문을 항상 세심하게 작성했는데 이는 그의 성격 탓도 있지만 아랫사람들이 해석을 잘못하거나 심지어는 일부러 자의적으로 해석하는 것을 방지하기 위해서였다. 왜냐하면 그는 대개의 인간이란 도덕성과 지적 결함으로 항상 악을 행할 준비가 되었다는 믿음에 도달했기 때문이다. 범죄에 대한 그의 생각은 범죄자로 지목되어 조사를 받는 도중 사망했을 경우에 그때까지 아무런 범죄 행위도 입증되지 않았다면 무죄로 처분하고 사망 시점에서 모든 조사가 종결되어야 한다는 것이었다.

○ 노예 해방에 대한 마르쿠스의 생각은 적극적으로 지지하는 쪽이었지만 도망하거나 불복종하거나 또는 주인을 살해한 노예에게는 아주 강경했다. 로마법에 따르면 주인이 노예에게 살해되었을 경우 집안의 모든 노예들이 고문을 당했으며, 57년 원로원 결정에 따라 해방 노예에게도 이 규정을 적용할 수 있었는데 마르쿠스는 이처럼 엄격한 규정을 버리지 않고 계속 유지한 것이다. 이는 제도와 규정을 중시해야 한다는 그의 태도 때문이었다.

○ 마르쿠스는 피비린내 나는 검투사 경기나 맹수 경기를 싫어해서 칼날이나 창끝을 덮개로 감싸게 하거나 무딘 무기를 사용하게 하여 관중들의 흥을 깨기도 했다. 경기장에 참석하여 시민들과 함께하는 것이 황제의 의무인지라 어쩔 수 없이 검투사 경기장에 자리 잡았을 때

도, 그는 경기에 열중하지 않고 책을 보곤 했다. 그러자 황제의 그런 행동을 보고 시민들이 거부감을 느낄 수 있다는 측근들의 경고에 마르쿠스는 경기장에서 임시 회의를 열거나 서신을 구술했다. 이는 황제가 관리들과 경기에 대해 이야기하고 필경사에게 내기를 하라고 지시하는 것으로 경기장의 시민들에게 비치게 하기 위해서였다.

○ 마르쿠스는 사회적 계급을 존중했고 피라미드식 계급 구조는 자연의 법칙을 따른 것이라고 생각했다. 심지어 계급에 따라 복장을 달리하여 단박에 그의 사회적 지위가 눈에 드러나기를 원했다. 전통을 중히 여겨 이에 따르는 계급 간의 역할에 충실할 것을 강조했고 이런 역할에 혼돈을 주는 어떤 것도 매우 싫어했다. 평민 남성과 원로원 의원 집안의 여성과 결혼하는 것을 금지했고, 비천한 여성과 원로원 의원이 결혼하는 것도 금지했다.

○ 기존 제도와 규정을 중시하는 그의 보수적 성향은 원로원 계급의 권익을 보호하는 형태로 나타났다. 트라야누스가 이탈리아 토지의 가치를 높이려고 원로원 의원의 경우 재산의 3분의 1 이상을 이탈리아의 부동산에 투자해야 한다고 규정했던 것에 대해 너무 과하다고 생각한 마르쿠스가, 원로원과 대립하지 않고 그들을 끌어안고자 이 규정을 4분의 1 이상으로 완화했던 것이다. 이런 보수적 성향으로 그는 새로운 건설 사업보다는 기존의 시설물들을 유지 보수하는 데 관심을 보였으며, 다만 조상들의 땅이었던 히스파니아의 경우는 이탈리아 이주민들에게 수탈을 당했다고 생각해서인지 그곳 주민들의 복지를 위해서 힘을 기울였다.

○ 하지만 177년 소아시아의 스미르나가 끔찍한 지진 피해로 잿더미가 되자, 그곳의 지도층 인사인 아일리우스 아리스티데스가 마르쿠스

에게 서신으로 도움을 요청했을 때 황제는 눈물을 흘리며 지원을 아끼지 않았다. 그때 아리스티데스는 마르쿠스 황제에게 글을 올렸다. "재앙의 정도를 글로써 나타내려면 모든 단어들이 부적절합니다. 황제께서는 자선을 할 수 있는 크나큰 기회가 찾아왔습니다. 당신의 미덕과 인품 등을 생각하면 너무 많은 말을 하는 것은 잘못일 것입니다." 마르쿠스는 즉시 원로원에 스미르나 재건을 위해 자금을 요청했고 그 요청은 받아들여졌다. 179년 스미르나는 폐허에서 재건되었다. 이것이 그동안 국가 재정을 아끼고 건설 사업을 일으키지 않아 지속적으로 비난받아 왔던 마르쿠스 황제의 진면목이었다.(註. 마르쿠스가 건설 사업을 많이 하지 않은 것은 나태함으로 인한 것이 아니라, 이미 많은 건설 사업이 이루어져 필요성이 적었거나, 재위 기간의 대부분을 전쟁터에서 보냈기 때문이거나, 전쟁으로 국가 재정이 바닥나서 꼭 필요한 경우에만 건설 사업을 했기 때문이라고 보아야 한다.)

○ 166년 파르티아 전쟁이 끝나자마자 167년 게르만족의 일파인 마르코만니족이 아퀼레이아로 진군하여 로마를 충격에 빠뜨렸다. 마르쿠스 황제는 거의 1년 동안 이들과의 전쟁을 준비했다. 그는 안토니누스 피우스가 남겨 준 막대한 국고를 모두 소진하고도 자금이 모자라 새로 모집한 군단병들의 봉급을 지급하기 위해 2개월 동안 황실의 재물을 파는 등 모범을 보였다. 황실 재산의 경매 처분은 매매 대금으로 전쟁 자금을 모으기 위한 것이기도 했지만, 많은 모금을 모으기 위해 홍보와 선전의 효과를 노린 것이었다. 마르쿠스는 마르코만니족, 콰디족, 이아지게스족 등 야만족과의 전쟁에서 시작은 고전했으나 171년 이후 지속적인 승리를 거두었다.(註. 마르코만니족과 콰디족은 게르만족에 속했으며, 이아지게스족은 사르마티아족의 한 분파였다.)

○ 이 철학자 황제는 승리 후 이어지는 사후 처리만큼은 철학적이지 않았다. 무장 해제된 포로들이 사형 집행자의 검에 목이 잘렸고 스스로 판 구덩이에 들어가 몰살당했으며 정복된 부족들의 여성들은 무차별로 능욕당하고 심지어 어린아이들도 목숨을 건지기 어려웠다. 물론 마르쿠스가 전쟁의 잔혹함과 비참함을 즐기지는 않았겠지만 전쟁이 비참하다고 해서 야만족들의 침탈을 방치하지 않았다. 황제란 국가 통치자인 까닭에 국가 안전을 책임져야 했으며 게다가 그는 무엇보다도 삶이란 쾌락보다는 의무라고 생각하는 책임감이 강한 스토아 철학자였기 때문이다.

※ 실패한 야만족의 정착

≪인간이란 절대적 빈곤보다는 상대적 빈곤에서 더욱 박탈감을 느끼기 마련이다. 따라서 관습과 경제력이 유사한 사람들 간에는 서로에게 불평불만이 적지만, 관습과 경제력 차이가 크면 이로 인해 불평이 터져 나오게 마련인데, 마르쿠스 아우렐리우스 황제는 야만족을 정착시키면서 이런 인간적인 감정을 살피지 못했다.≫

○ 스토아 철학자 황제 마르쿠스 아우렐리우스는 161년 제위에 오르자마자 파르티아 전쟁이 터져 공동 황제인 베루스를 보내 전쟁을 치렀고, 167년 게르만족의 침공 때는 친히 도나우강 전선에 나아가 적과 맞서야 했다. 이것은 그의 기질과는 전혀 맞지 않는 일이었다. 그

는 게르만족들이 강화를 위한 회담을 열자고 제의해 오자 이를 받아
들였다. 그들 중 규모가 작고 세력이 약한 게르만족들은 로마 황제가
제국 안에 정착할 수 있는 땅을 마련하여 준다면, 어쩔 수 없이 이어
지고 있는 폭력적인 침략 행위를 그치고 로마의 품에서 평화롭게 살
것이라고 약속했다. 마르쿠스는 이 제안을 받아들였다. 그가 이런
결정을 하게 된 것은 파르티아 전쟁이 몰고 온 전염병의 끔찍한 여파
로 농촌에서 농사를 지을 사람이 부족했기 때문이기도 했다. 15년에
서 20년 동안 퍼진 이때의 전염병이 얼마나 심했는지 전체 로마 제국
주민의 약 10%가 줄었으며, 그 여파로 제국이 몰락의 길로 들어섰다
고 주장하는 학자도 있다.(註. 이 전염병을 '안토니누스 역병'이라고 부
르며, 황실 의사 갈레노스가 증상을 상세히 기록해 두었다.)

○ 사실 게르마니아의 야만족들은 로마인들의 호화스럽고 사치스런 생
활 양식과 화려한 가재도구며 장신구 등에 매혹되어 점차로 로마화
되어 갔다. 그런데다 로마 상인뿐 아니라 심지어 로마 병사까지도 게
르만족과 생활하면서 서로에게 득이 되는 온갖 편법들이 만연했다.
국경에 배치된 로마군과 게르만 부족민들 사이에 일종의 공생 관계
가 형성된 것이다. 게르만족은 로마군 진영에서 노임을 받고 일하거
나 로마인 시장에서 물건을 사고팔면서 부유하게 사는 것이 어떤 것
인지 느꼈고 문명의 풍요함을 맛보고 있었다.

○ 그리하여 마르쿠스는 부족별로 다키아·모이시아·판노니아·저지
및 고지 게르마니아 등지에 땅을 내주어 이주시켰다. 이주 정착지는
모두 라인강과 도나우강 연변에 있는 속주들이었고, 그곳은 원래부
터 게르만계 지방이었기에 원주민과 이주민의 생활 습관이 서로 비
슷하여 이주 정책은 아주 성공적이었다.

o 이주 정책이 성공하자 이에 고무된 마르쿠스는 연이어 콰디족 포로들에게도 제국 내의 농지를 주어 그들을 정착시키고자 했다. 마르쿠스는 그들에게 이탈리아 북동부의 라벤나 근교의 땅을 주어 이주시켰는데, 이는 완전한 실패였다. 라벤나는 로마 제국에서 미세눔(註. 현재 지명 '미세노')과 함께 2대 해군 기지였으며, 생활 수준이 제국에서 손꼽힐 만큼 번영한 도시였다. 민족과 언어와 생활 습관만 다른 것이 아니라 생활 수준까지 현격한 격차가 나자, 그곳의 주민들은 이주한 야만족들과 섞이지 못했고 서로 간에 감정의 골이 깊어지며, 한쪽에서는 멸시와 조롱이 그리고 다른 한쪽에서는 울분과 배신감이 생겨났다.

o 마침내 야만족들은 자신들의 불만스런 처지를 참아 내는 데 한계에 다다랐다. 그것은 폭동과 폭력의 형태로 나타났다. 이주한 지 1년도 채 지나기 전에 야만족 이주자들이 떼를 지어 라벤나를 습격한 것이다. 군대까지 동원된 후에야 겨우 폭동이 진압되었다. 그리고 라벤나 근교로 이주했던 야만족들은 모두 이탈리아에서 추방되었다. 로마는 야만족들을 그들이 자란 지방과 환경이 비슷한 곳에 다시 이주시켜야만 했다.

※ 헤로데스 아티코스(Herodes Atticos)의 몰락(174년)

≪수사학자이며 로마 집정관까지 역임했던 아테네의 지식인 헤로데스는 오만하고 격한 감정을 억제하지 못하고 마르쿠스 황제에게 무

_____ 로마의 선택과 결정 ⑤ 야만의 침탈

레를 저질렀다. 그는 감히 황제의 면전에서 폭언을 퍼부었고 위협을 가했으며, 그 결과 다시는 회복할 수 없는 몰락의 길을 걸었다. 이렇게 된 가장 큰 이유는 그와 아테네 시민들과의 갈등이겠지만 좀 더 근본적으로는 아버지의 유언조차도 패대기쳤던 자신의 고집과 독선을 버리지 못했기 때문이다.≫

○ 아테네의 유서 깊은 가문 출신인 헤로데스 아티코스는 2세기 말 아테네와 로마에서 화려한 정치 경력과 마르쿠스 아우렐리우스와 루키우스 베루스에게 수사학을 가르치는 등 수사학자로서 명성을 날렸다. 그의 가문은 고귀한 혈통을 내세워 아테네의 주요 관직을 차지하면서 황제 숭배의 사제직을 대대로 이어받았고, 로마 시민권을 획득하여 점차로 황제 가문과 연줄이 닿았다. 특히 할아버지 히파르코스에 이르러서는 그리스를 넘어 로마에까지 가문의 부유함과 명성이 자자했다. 하지만 히파르코스는 독재를 했다는 정적들의 고발을 받고 재산을 몰수당했으며, 결국 도미티아누스 황제 때 사형에 처해지고 그의 가족들은 스파르타로 이사를 했다.

○ 96년 도미티아누스가 살해당하고 네르바가 즉위하자 헤로데스의 아버지는 10여 년에 걸친 타향살이를 정리하고 아테네로 귀향했다. 그는 히파르코스가 숨겨 놓은 재물을 찾아 다시금 가문의 부유함을 되찾았으며 이를 기반으로 로마 정계에 진출하여 108년 마침내 보결 집정관에 올랐다. 그럼에도 그는 히파르코스의 불행을 잊지 않았기 때문인지 아테네인들에게 신중함과 도리를 잃지 않았다. 아테네로 되돌아왔을 때 그는 아테네인들에 대한 금전적 지원도 아낌없이 베풀어서 100마리의 소를 아테나 신전에 바치고 연회를 열기도 했으며 디

오니소스 제전에 참가하는 모든 시민들에게 포도주를 제공하기도 했다. 이렇듯 아테네인들의 환심을 사려고 노력했던 그는 죽을 때 아테네 시민 1인당 매년 1므나(註. 1므나는 100데나리우스에 해당.)씩 나누어 주라는 유언을 아들에게 남겼다.

○ 하지만 그의 아들 헤로데스 아티코스는 아버지의 유언을 따르기보다는 대신 당장 한 번에 5므나씩 나누어 주겠다고 시민들을 설득했다. 시민들은 몇 년에 나누어 푼돈을 받느니 차라리 한 번에 5므나를 주겠다는 제안을 쉽게 받아들였다. 그렇지만 헤로데스는 이 순수하고 간단한 약속을 마음대로 바꾸어 아테네인들의 신뢰를 저버렸다. 돈을 받기 위해 시민들이 광장에 모이자 그는 그곳에 모인 시민들의 할아버지와 아버지가 자신의 가문과 맺은 계약과 자신의 가문에게 진 빚에 대해 낭랑하게 읽어 내려갔다. 결국 시민들 중 어떤 자는 빚을 제하고 약속한 돈의 일부만 받아 갔고, 어떤 자는 전혀 받아 가지 못했으며, 심지어 어떤 자는 오히려 채무자가 되었다.

○ 헤로데스가 이렇게 한 것은 아마도 돈을 나눠 주면 그것으로 끝나지만 그 돈으로 공공건물을 건립하면 자신의 선행이 더욱 오랫동안 잊히지 않고 아테네인들의 기억 속에 남아 있을 것이란 계산이 깔려 있었다. 좋게 말하면 아테네인들에게 적은 돈으로 환심을 사기보다는 공공사업을 통하여 은혜를 갚고자 한 것이다. 이렇게 하여 얼마 후 그가 아테네의 판아테나이아 축제를 주관했을 때 아테네인들에게 순백색의 대리석으로 지은 경기장을 선물하겠노라고 선언했다.(註. 판아테나이아 축제는 아테나를 숭배하는 행사로 BC 5세기 아테네 정치가 페리클레스에 의해 주된 행사인 운동 경기 외에 음악 경연이 도입되었다.) 그는 이 약속을 지켰을 뿐 아니라 축제에 필요한 창고, 신전, 다

리 등 부대시설까지 모조리 건립했다. 하지만 아테네 시민들은 그의 노고에 고마워하기는커녕 자신들에게 돌아와야 할 돈으로 선심을 썼다며 악담을 퍼부었고 프론토를 내세워 그를 고소했다. 마르쿠스 황제로서는 두 스승이 법정에서 다투게 되어 매우 곤란했겠지만 프론트는 헤로데스를 궁지로 몰아세웠고, 결국 이 일로 헤로데스는 성난 아테네 시민들을 피해 로마로 다시 돌아와야만 했다.

○ 헤로데스는 마라톤에서 태어났지만 아버지를 따라 로마에 와서 유년기를 보냈다. 그는 훗날 황제가 된 마르쿠스 아우렐리우스의 외할아버지 저택에서 기초 교육을 받아 자연스레 로마 황가와 가까워졌다. 그가 본격적으로 철학과 수사학을 교육받은 것은 아테네로 돌아간 뒤부터였다. 젊은 날 그가 연설에 보인 열정과 자존심은 대단해서

▌ 헤로데스 아티코스 극장

118년 아테네의 대표로 판노니아에 주둔 중인 하드리아누스 황제에게 파견되었을 때 자신의 연설에 스스로 실망한 나머지 그대로 도나우강에 몸을 던져 목숨을 끊으려 했다고 전해진다.

○ 170년경 마르쿠스 황제는 기근과 전염병으로 혼란에 빠진 그리스를 구하기 위해 자신이 총애했던 퀸틸리우스 형제들을 파견했다. 그러자 논쟁을 좋아하고 공격적인 헤로데스는 퀸틸리우스 형제들과 경쟁했고 불화를 일으켰다. 퀸틸리우스 형제들이 자신처럼 지체 높은 가문 출신인 데다 황제의 총애까지 받고 있으니 헤로데스로서는 반감과 시기심이 끓어올랐다. 마침내 음악 경연 대회에서 사소한 의견 차이로 발생한 언쟁이 발화의 불씨가 되어 타올랐다. 데모스트라토스를 비롯한 아테네의 헤로데스 정적들은 기회를 놓치지 않고 퀸틸리우스 형제들을 시의회에 초빙하여 헤로데스가 자신들에게 가하는 억압으로부터 구해 달라고 청하자, 형제들은 기다렸다는 듯이 헤로데스를 독재 혐의로 황제에게 고소했다.

○ 헤로데스는 고소를 당하자 이는 전혀 근거 없는 모함이라고 주장하며, 오히려 퀸틸리우스 형제들이 자신을 적대시하도록 아테네 시민들을 부추겼다고 맞고소로 대응했다. 그 당시 마르쿠스 황제는 마르코만니족과 전쟁을 치르느라 판노니아의 시르미움에 주둔하고 있었다. 10여 년 전 헤로데스가 아내 레길라(註. 레길라는 황후 파우스티나의 친척이었다.)의 임신한 배를 발로 걷어차 살해했다는 이유로 고발당했을 때, 황제는 레길라의 오라비로부터 기소를 위임받은 수사학자 프론토에게 부탁하여 무죄를 받게 해 준 터였다. 그런 그가 또다시 말썽을 일으킨 것이니 마르쿠스 황제로서는 헤로데스가 곱게 보일 리가 없었다.

○ 174년 재판을 받기 위해 시르미움 재판정에서 황제 앞에 섰을 때 헤로데스는 놀랍게도 황제를 향해 거침없이 악담을 퍼부었다. 그는 마르쿠스 황제에게 소리 질렀다. "이것이 당신이 내게 보낸 당신의 동생 루키우스 베루스에게 내가 베푼 환대의 대가인가요? 이는 당신이 마치 3살 난 아이나 여인처럼 변덕을 부려 나를 희생시키려는 것이오." 헤로데스의 말과 태도는 대단히 위협적이었고 노골적으로 공격성을 드러냈다. 그가 흥분하여 황제에게 한 발자국 다가서자 곁에 있던 근위대장 바사이우스 루푸스가 검을 빼어 들었다. 만약 황제가 급히 근위대장을 제지하지 않았더라면 그는 목숨을 잃었을 것이다. 헤로데스는 근위대장에게 이런 말을 내뱉고는 재판정을 빠져나왔다. "나이 든 사람은 두려움이 적거늘." 아마도 자신이 나이가 들어 그 정도의 위협에는 굴하지 않는다는 의미리라.(註. BC 59년 집정관 카이사르가 권력을 마구 휘두르며 폭력과 전횡을 저지르자 많은 원로원 의원들이 회의에 불참하곤 했다. 그렇게 되자 카이사르가 나이 많은 의원 콘시디우스에게 의원들이 왜 원로원 회의에 참석하는 자가 적냐고 물었다. 콘시디우스는 원로원 의원들이 집정관의 무장 세력들을 두려워한다고 말했다. 그러자 카이사르는 그럼 왜 그대는 회의에 참석했냐고 되묻자, 그는 즉답했다. "나는 이미 늙어서 앞으로 살날이 얼마 남지 않았으므로 두려움을 초월했기 때문이오.")

○ 이 재판에서 헤로데스는 황제에게 실언과 무례를 저질렀지만 자신이 받은 혐의가 해방 노예 알키메돈에게 돌아갔다. 여기에는 스승에 대한 황제의 다사로운 아량과 관용이 작용했으리라. 그리고 알키메돈조차도 무거운 벌을 면하고 법이 허용하는 가벼운 처벌을 받는 것으로 마무리되었다. 헤로데스에게 지극히 호의적인 소피스트 필로스트

라토스는 그가 수사학자로서는 생각할 수 없는 실언과 무례로 황제에게 대든 것은 전날 그가 딸처럼 여기던 알키메돈의 쌍둥이 딸들이 벼락에 맞아 모두 사망했기 때문이라고 편들어 주었다.

○ 이 사건 이후로 헤로데스는 에페이로스의 항구 도시 오리콘에 머물렀는데 이는 사실상 유배형에 처해진 것이나 다름없었다. 2년이 지난 후 그는 황제로부터 매우 온정이 넘치는 편지를 받고 유배지에서 풀려났지만, 다시는 과거의 영향력을 회복하지 못하고 수사학 교사로서 조용히 말년을 보내다가 77세에 생을 마감했다. 헤로데스는 자신을 마라톤에 묻어 달라는 유언을 남겼지만 아테네인들은 판아테나이아 축제를 위해 그가 지은 경기장에 묻었다.

※ 아비디우스 카시우스(Avidius Cassius)의 오판(175년)

≪마르쿠스는 잦은 병치레로 건강에 의심을 받고 있었다. 그러한 이유에서 황제가 병으로 죽었다는 소식이 사실처럼 들렸으리라. 아비디우스가 마르쿠스에게 어떤 불만이 있었는지 아니면 단순한 야심으로 그랬는지는 알 수 없다. 그러나 아비디우스가 마르쿠스의 사망 소식에 반란을 꿈꾼 것은 후계자를 명확히 해 두지 않은 마르쿠스 황제에게 책임의 일부를 묻지 않을 수 없다.≫

○ 시리아 속주 총독 아비디우스 카시우스는 어렸을 적에 마르쿠스 황제와 함께 동문수학한 사이였다. 아비디우스는 마르쿠스가 제국의

다른 곳이 무너져 내리고 있는데도 도나우강 국경 지역에만 진력을 다하고 있다는 것에 불만이었다. 더군다나 얼마 전에는 아프리카의 무어인들이 히스파니아에서 반란을 일으켰고, 나일강의 불순한 부랑자와 목동들이 반란을 일으켜 알렉산드리아를 위협하기도 했다.

○ 원래 아비디우스의 집안은 카이사르 암살에 참여한 공화파였기에 '황제'라는 말 자체를 싫어했다.(註. 하지만 아비디우스 카시우스가 스스로 황제라고 칭하며 역모를 도모한 것을 생각하면 그가 진정으로 공화파였는지 의심스럽다.) 또한 아비디우스는 냉혹한 군인이기도 했다. 그는 약탈을 일삼은 병사들을 노예들이나 처형하는 방식인 십자가형에 처하기도 했으며, 탈영병의 경우 팔다리를 자른 후 그냥 살려 두기도 했는데 이는 그들을 죽이는 것보다 살아서 비참한 모습을 보여 주어야 탈영을 준비하는 병사들에게 더 좋은 본보기가 된다는 이유에서였다.

○ 마르쿠스 황제의 사위이자 공동 황제였던 루키우스 베루스가 파르티아 전쟁의 총사령관으로 있을 때였다. 그는 아비디우스가 제위를 노리는 위험한 인물이니 콤모두스에게 신경을 써야 할 것이라고 마르쿠스에게 알린 적이 있었다. 그때 마르쿠스는 이렇게 답했다. "제국이 신의 뜻에 따라 아비디우스의 것이라면 내가 아무리 원한다고 해도 그를 죽일 수 없을 것이다. 또한 마르쿠스의 자식보다 아비디우스가 제국을 다스리는 것이 더 낫다면 비록 내 자식일지라도 죽도록 내버려 두어야 하리라." 마르쿠스는 아비디우스가 반란을 일으키더라도 진압하는 데 어려움이 없을 것이라고 생각했을 수도 있다. 그에게는 사나운 야만족과 수년간의 전쟁으로 강철같이 단련된 병사들이 있었던 반면, 아비디우스가 지휘하는 병사들은 안락하고 나태한 생활에 젖어 있던 나약한 동방의 병사들이었기 때문이다. 아우구스투

스 때만 해도 로마군의 68%가 이탈리아 출신이었으나 클라우디우스 때는 48% 그리고 트라야누스 때는 22%로 감소하더니만 급기야 마르쿠스 황제 때에 이르러서는 로마 군단병 중 이탈리아 출신이 단지 2%에 지나지 않았다.(註. 근위대의 경우는 마르쿠스 황제 때에도 이탈리아 출신이 65%였다.) 이는 병사들을 그 지역의 주민 중에서 선발했으므로 병사들의 기질이 지역 주민의 성향을 많이 따른다는 의미이기도 했다.

○ 아비디우스는 평소 황제에 대해 어떠한 불만도 표시하지 않았다. 그러다가 마르쿠스 아우렐리우스가 병사했다는 소식을 듣자, 그는 소식의 진위를 확인하지도 않은 채 황제에 대해 수많은 비난을 퍼부었다. 그러면서 후임 황제로는 자신이 적격자라고 자처하면서 반란의 검을 뽑아 들었다. 마르쿠스의 뒤를 이을 사람은 15세인 아들 콤모두스가 아니라, 자신이라고 주장하면서 시리아 속주에 주둔한 3개 군단의 병사들에게 동조를 얻어 낸 것이다. 물론 마르쿠스 아우렐리우스가 병으로 죽었다는 소식은 잘못된 정보였다.

○ 아비디우스가 제위에 도전장을 날렸다는 소식을 듣고서 마르쿠스와 아비디우스를 모두 가르친 수사학 스승 헤로데스 아티코스는 어이없다는 생각에 단 한마디로 그를 꾸짖었다. "너, 미쳤느냐?"(註. 마르쿠스 황제는 코르넬리우스 프론토와 헤로데스 아티코스에게 수사학을 배웠다. 같은 과목을 마르쿠스에게 가르친 두 스승은 경쟁심에서인지 아니면 헤로데스 아티코스의 과격한 성격 때문이지 서로 간에 사이가 무척 나빴다. 앞서 서술했듯이 한번은 프론토와 헤로데스가 재판정에서 맞붙었다. 헤로데스의 아버지가 아테네 시민들에게 물려준 재산을 헤로데스가 가로챘다고 분노하여 아테네인들이 그를 고소하자, 프론토가 아테네인 측에

서서 헤로데스와 싸웠던 것이다. 그때 마르쿠스는 까다롭고 완고한 두 스승이 법정에서 공개적으로 격렬하게 다투자 이를 말리기도 했다.) 반란의 소식을 접하자 마르쿠스는 원로원에 서신을 보냈다. 그는 역모를 토벌한 후 역도들을 사면할 것이며, 특히 아비디우스는 추방형에 처하고 그의 가족에게도 해를 입히지 않을 것이라고 약속했다.

○ 황제의 너그러운 선언에 분노한 사람은 엉뚱하게도 황후 파우스티나였다.(註. 2~3세기 역사가 카시우스 디오에 따르면, 황후 파우스티나는 허약한 마르쿠스가 예기치 않게 죽을지 몰라 아비디우스 카시우스에게 자신과 결혼한다면 제위를 넘겨주겠다며 은밀히 약속했다고 주장했다.) 그녀는 공모자가 죽지 않으면 언젠가는 자신의 공모 사실이 탄로 나고 말 것이라는 여자의 절망에 격분하여 남편에게 편지를 보냈다고 여겨진다. 그 편지에서 그녀는 진실을 숨겼다. 다만 가족보다 남을 더 중시하고 아내와 자식들을 해치려는 자에게 자비를 베풀려고 한다며 마르쿠스에게 맹비난을 가하고 있었다.

○ 마르쿠스가 병사했다는 것이 사실과 다르다는 것을 아비디우스가 알았을 때는, 자신의 경솔함을 자책했지만 사태를 돌이키기에는 너무 늦어 버렸다. 동방의 병사들 사이에서 이미 반란의 불길이 점화되기 시작했기 때문이다. 그러나 2곳의 중요한 속주 비티니아와 카파도키아가 반란에 참가하지 않았다. 특히 카파도키아 총독 마르티누스 베루스는 냉정했다. 그는 반란에 참가하지 않았을 뿐 아니라 마르쿠스 황제에게 사태를 알리기 위해 전령을 보냈다.

○ 그제야 마르티누스가 보낸 전령으로부터 긴급한 상황을 겨우 전해들은 마르쿠스는 도나우강 유역의 전쟁을 깔끔하게 마무리 짓는 것을 포기하고 서둘러 강화 조약을 맺어야 했다. 이미 마르코만니족

과 콰디족은 패전을 맛보게 한 후 강화 조약을 맺어 둔 상태였고, 이 아지게스족의 목을 조르고 있던 참이었다. 마르쿠스 황제는 이아지게스족과도 긴급히 강화 조약을 맺은 후 어쩌면 내전으로 번질 수 있는 상황에 대비하기 위해 그들에게 기병 8천 명을 제공하라고 요구했다.(註. 사르마티아족의 한 분파인 이아지게스족에서 제공한 8천 명의 기병들 중 5천 5백 명은 심각한 반란이 터진 브리타니아에 즉시 투입되었다. 그들은 그곳에서 혁혁한 전공을 세웠으며, 역사학자에 따라서는 이 상한 갑옷을 입고 용감무쌍하게 싸웠던 그들이 훗날 6세기에 풍미했던 아더 왕 이야기의 모태가 되었다고 주장한다.) 그리고 병사들을 모아 놓고 만약 로마가 원한다면 기꺼이 황제 자리를 아비디우스에게 넘기겠다고 천명하자, 병사들은 그런 일은 있을 수 없노라며 충성을 맹세했다. 마르쿠스는 병사들의 충성이 확인되자 반란을 진압하기 위해 병사들을 이끌고 시리아로 향했다. 그러나 마르쿠스 황제가 동방으로 떠나기도 전에 아비디우스의 부하 백인대장과 그의 부하가 아비디우스를 죽이고 그 목을 마르쿠스에게 보내왔다. 반란에 성공하지 못할 것이라고 생각한 부하 백인대장이 배반한 것이다. 마르쿠스는 한때 친구였던 아비디우스의 잘린 머리를 외면하며 정중히 장례를 치러 주라고 명했다.

○ 아비디우스가 살해당하고 반란의 불길이 꺼졌을 때, 마르티누스는 파장을 생각하여 아비디우스가 가지고 있던 모든 서류를 불태웠다. 역모에 대한 기록이 뒷일을 처리하는 데 도움이 되지 않는다고 생각했기 때문이다.(註. 반란이나 역모에 관한 증거 자료의 처분에 대하여는 폼페이우스로부터 적절한 예를 들 수 있다. BC 72년 히스파니아에서 세력을 굳히고 있던 세르토리우스는 폼페이우스와 전쟁 중에 자신의 부하

인 페르페르나에게 살해당했다. 그러나 페르페르나는 얼마 버티지 못하고 폼페이우스의 포로가 되고 말았는데, 그는 세르토리우스가 체제의 변화를 꾀하고 있는 로마 원로원 의원들과 비밀 서신을 주고받았다는 것을 폭로하며 자신의 목숨과 편지 다발을 교환하자고 제의했다. 그때 폼페이우스는 젊은이답지 않게 성숙하고 냉철한 판단력으로 대처하여 국가를 혼란에 빠뜨리지 않았다. 그는 페르페르나의 제의에 응하는 것처럼 말하고서 편지 다발을 받았으나 편지의 내용을 읽지도 않고 모두 불태웠던 것이다. 편지의 내용이 공개되었을 경우 정치적 대란이 일어날 것은 뻔한 이치였기 때문이다. 그 이후 이 편지에 연루된 원로원 의원들이 혹여 남아 있는 편지가 있을까 두려워서 그랬는지 그때부터 수많은 원로원 의원들이 폼페이우스와 우호적인 관계를 유지하려고 애썼다. 결국 폼페이우스의 결정은 탁월한 정치적 식견이었다는 것이 입증된 셈이다. 하지만 페르페르나는 자신의 목숨을 지키지 못하고 폼페이우스에게 곧바로 처형되고 말았다.) 물론 마르쿠스 황제도 이를 문제 삼지 않았다. 그리고 이 사건을 해결하는 준비 과정에서야 비로소 나이도 차지 않은 콤모두스에게 성년식을 치르고 황태자 칭호(註. 프린켑스 유벤투티스priceps juventutis)를 주었다. 시리아 출신으로 시리아 총독을 맡았던 아비디우스가 반란을 일으킨 후 어느 누구도 자신의 고향 속주에 총독으로 임명되지 않도록 상피제를 실시했다. 이는 총독과의 개인적인 친밀 관계로 총독의 추종 세력들이 너무 강해져 황제의 권력을 넘보지 않을까 염려되었기 때문이다.

○ 훗날 콤모두스가 즉위한 후 아비디우스의 서신을 담당했던 자가 붙잡혔다. 그는 아비디우스의 중요 서신의 사본을 만들어 두었던 것이다. 콤모두스는 서신의 내용을 밝히라는 지시를 해 놓고서도 어머니

가 죄인이 되는 것을 견딜 수 없었던지 서신의 사본을 모두 불태우라고 명령했다.

※ 마르쿠스 아우렐리우스(Marcus Aurelius)의 죽음(180년)

≪마르쿠스 황제는 절제력과 인내력을 보여 준 스토아 철학자였다. 그럼에도 불구하고 그의 많은 치적은 후계자 선정 때문에 평가 절하되었다. 그가 후계자 선정에서 핏줄에 대한 애정을 버리고 제5대 왕 타르퀴니우스 프리스쿠스의 아내 타나퀼라의 예를 본받았던들 골육상쟁을 피할 수 있었을 것이며, 후계자 선정에 대한 모범을 후대에 보여 주고, 제국의 기운이 내리막길로 내달리게 하지는 않았으리라.≫

○ 마르쿠스 아우렐리우스의 수사학 교사였던 프론토는 어깨, 팔꿈치, 무릎 등 알 수 없는 통증으로 괴로워하며 불면증에 시달렸다. 그가 제자에게 서신을 보낼 때도 좋아하는 주제가 질병과 건강에 관한 것이었고 마르쿠스가 통증이나 질병에 대해 말하면 매우 기뻐했다. 프론토의 편지에서는 마르쿠스가 병약자의 대열에 합류하게 된 것을 기뻐하는 내용이 은근히 묻어나기도 했다. 마르쿠스가 스승에게 보낸 편지는 주로 이런 식이었다. "체력은 분명 회복되고 있습니다. 목욕을 하고 나서 약간 걷기도 했습니다. 음식도 많이 먹었고요. 가슴의 통증 역시 거의 사라졌고요. 하지만 기관지염은 여전히 남아 있습니다." 또 다른 편지에서 프론토가 자신이 감기와 무릎 통증으로 무

┃ 트리폴리의 마르쿠스 아우렐리우스 개선문

척 고생을 겪고 있다며 장황하게 늘어놓자 마르쿠스는 맞받았다. "우리 집안 또한 며칠을 힘들게 보냈습니다. 누이동생이 갑자기 통증이 생겨 헤어나지 못하자 수심에 가득 찬 어머니께서 벽 모서리에 옆구리를 부딪쳤지요. 그 일은 우리 가족 모두에게 고통을 주었고, 저는 근심에 싸인 채 잠자리에 들려는데 전갈이 침대에서 발견되기도 했답니다." 이렇듯 프론토가 병증에 대해 민감하게 보인 만큼 마르쿠스 역시 갖가지 통증에 시달렸다.

○ 특히 위장과 심장의 통증으로 병약했던 마르쿠스는 감수성이 예민하고 책임감이 강했으나 비애감으로 싸인 사람이었다. 황실 의사 갈레노스는 테리아카(theriaca)라는 약제를 사용했는데 그 약제에는 아편이 들어 있었다. 그가 사용한 테리아카는 토끼풀 씨앗, 태생초, 운향

초, 야생 완두콩 등을 혼합하여 만든 통증 치료제, 수면제, 해독제로 쓰이는 약제였다.(註. 테리아카는 1세기경 그리스에서 제조되기 시작하여 만병통치약으로 널리 사용되었다. 갈레노스는 질병이란 '기능의 이상'이라고 정의했으며, 히포크라테스의 체액 병리학과 알렉산드리아의 해부학적 병리학을 결합시켜 병리학 이론의 근본 토대를 마련함으로써 서양의학 이론 발전에 지대한 공헌을 했다.)

○ 마르쿠스 황제는 선제 안토니누스 피우스에게 엄격한 후계자 교육을 받았으며, 선제가 통치하던 시대에 황궁을 떠난 것은 단 이틀이었다. 이는 마르쿠스가 절제된 책임감으로 그렇게 할 수 있었겠지만 무엇보다도 안토니누스 황제의 집착에 기인한 것이어서 마르쿠스로서는 고통스런 황궁 생활이었던 것도 사실이었다. 그렇지만 마르쿠스는 사생활에서 선하고 다정다감했으며, 공적 생활에서는 의무감에 최선을 다했고, 인내력에는 특별한 능력을 발휘했다. 스토아 철학자 마르쿠스는 자신에 대한 통제도 철저하여 늦은 밤까지라도 상소에 대한 검토를 마치고, 판결문을 몇 번이고 퇴고했다. 이는 인간의 한계를 넘어서는 격무를 스스로 받아들인 것이다. 그의 성격을 반영한 듯 마르쿠스가 도나우강변 게르마니아에서 전쟁을 수행 중에 집필했던 명상록은 게르마니아의 우중충한 회색빛 날씨처럼 비애감으로 가득 차 있다.(註. 마르쿠스 아우렐리우스의 『명상록』은 제2차 마르코만니족과의 전쟁 때 『자기 자신에게〈타 에이스 헤아우톤Τα εις εαυτον〉』란 제목의 그리스어로 쓴 것이다.)

○ 차가운 날씨의 3월에 마르쿠스는 도나우강 연안 전선에서 향연 60세로 생을 마감했다. 죽음의 원인은 전염병이었다.(註. 전염병은 천연두로 추정된다.) 병이 들자 그는 즉시 아들을 진영으로 불러 게르마니

아 전쟁을 꼭 승리로 종결시켜야 한다며 압박했다. 콤모두스는 대답을 얼버무리다가 자신이 할 수 있는 것이라면 하겠다고 억지로 답하며 무엇보다도 자신의 건강이 최우선되어야 된다고 덧붙였다. 아버지가 걸린 병이 자신에게도 전염될 수 있다는 것을 염두에 둔 말이었다. 콤모두스가 진영 내의 병사들에게 아들 노릇을 제대로 하지 못하는 것처럼 비춰지자 그는 한마디 변명을 했다. "건강한 사람도 큰일은 천천히 이룰 수 있을 뿐이며, 더욱이 죽은 자는 아무것도 못 한다."(註. 다만 카시우스 디오에 따르면 마르쿠스 황제는 질병으로 사망한 것이 아니라 황실 의사가 콤모두스의 총애를 받기 위해 독살한 것이라고 주장했다. 물론 그것이 진실이라면 배후에 콤모두스가 관련되었다는 것을 충분히 추측할 수 있지만 진위는 알 수 없다.)

○ 죽음을 눈앞에 두고 마르쿠스는 아들 콤모두스와 휘하의 장군들을 불러 두 가지를 당부했다. 하나는 콤모두스를 도와 제국의 안전에 진력해 달라는 것으로 결코 내란이 일어나게 해서는 안 된다는 것이었고, 또 하나는 게르마니아 전쟁을 계속하여 야만족을 제패한 후 속주화시켜 달라는 것이었다. 그러면서 슬퍼하며 우는 장군들을 보고 말했다. "죽음이란 우리 모두가 비켜 갈 수 없다는 것을 생각하지 않고, 왜 자네들은 나를 위해 울기만 하는가? 여기 있는 내 아들은 아직 어린 나이이니 인생의 모진 비바람을 뚫고 나가기 위해 많은 지도와 편달이 필요할 것이네. 그렇게 하는 것이 자네들이 나에게 감사의 뜻을 보여 주는 유일한 방법이라네." 유언을 마친 마르쿠스는 약도 음식도 거부하고 그로부터 7일째 되는 날 콤모두스를 불렀다가 혹시 아들에게 병이 전염될까 두려워한 탓에 금방 다시 돌려보냈다. 그러고서 잠이 들었는데 선잠 도중에 죽음을 맞이했다. 병약했던 그는

기질에 맞지 않게 재위 기간 대부분을 전쟁터에서 보냈을 뿐 아니라, 야만족과 대치한 전선에서 죽음을 맞이한 최초의 로마 황제였다. 그때가 치세 19년째 되던 해였다.

○ "사랑하는 로마, 어린 나를 키워 준 카일리우스 언덕(註. 카일리우스 언덕은 대저택이 즐비한 상류층 주거지였다. 마르쿠스의 할아버지 안니우스 베루스의 저택도 그곳에 있었고, 마르쿠스는 어렸을 적에 할아버지 저택에서 자랐다.)"이라고 명상한 지극히 감성적인 이 스토아 철학자는, 자신이 태어난 곳인 햇살 눈부신 로마를 떠나 머나먼 북쪽에서 진눈깨비가 흩날리는 계절에 적과 싸우다 생을 마감했다. 그가 죽은 곳은 도나우강변의 빈도보나(註. 현재 오스트리아의 '빈')라고도 하고 시르미움(註. 현재 세르비아의 '스렘스카 미트로비차')이라고도 하며 보노니아(註. 현재 지명 '볼로냐')라는 주장도 있다. 그가 남긴 마지막 말은 당번 대대장에게 내린 군호였는데 다음과 같았다. 아마도 자신의 아들 콤모두스를 염두에 둔 말이었으리라. "떠오르는 태양한테 가라, 내 태양은 이미 지고 있나니!"

| 알아두기 |

• 스토아(stoa)의 유래

스토아학파의 시조인 제논이 아테네에서 가르친 교실이 스토아 포이킬레(註. στοα ποικιλε는 '채색 주랑'이란 의미)였던 데서 유래했다. 스토아는 기둥이 줄지어 있는 긴 복도 형식의 주랑을 말하는 건축 용어로 아테네 시내에는 이런 곳이 여러 군데 있어 공공장소로 이용되었다. 스토아학파는 이곳에서 강의와 토론을 했으므로 스토아는 곧 강당이었다.

_____ 로마의 선택과 결정 ⑤ 야만의 침탈

※ 파우스티나(Faustina)에 대한 평가

≪파우스티나의 무절제와 오접은 남편에 의해 장막으로 감추어지고 화려하게 장식되었다. 이처럼 아내의 애정이 남편을 변화시킬 수 있듯이 남편의 애정 또한 아내의 명예를 지킬 수 있음을 보여 주었다.≫

○ 마르쿠스 황제는 자신에게는 엄격한 규율을 적용했고, 다른 사람들에게는 온화한 성품으로 대했다. 특히 가족들에 대한 애정은 거의 무조건적이었는데, 가족들의 사회적 지위가 황족이니 만큼 그 폐해는 사적인 경계를 넘어 공적인 피해를 가져오기도 했다.

○ 마르쿠스의 아내 파우스티나는 그 미모도 상당했지만, 화려한 남성 편력으로 이름을 떨쳤다. 한번은 그녀가 자신의 애인 테르툴루스와 함께 있는 것을 마르쿠스에게 들킨 적도 있었다. 하지만 그녀의 많은 애인들은 모두 높은 관직에 올랐다. 권력의 최상층에 있는 황후의 사랑은 여자 쪽에서 노골적으로 접근하는 경우가 대부분이었기에 황후의 자유분방한 기질이나 변화를 추구하는 열정을 엄숙하고 고지식한 황제가 통제하기가 힘들었으리라. 여러 사람들과 심지어 군중들조차 마르쿠스가 아내의 행실에 대해 너무 관대하다고 비난하자 그는 이렇게 말했다. "만약 내가 그녀를 내치려면 그녀의 지참금까지도 내던져야 합니다!" 그녀의 지참금이란 바로 로마 제국을 의미했다. 이는 안토니우스 피우스가 파우스티나와 결혼하는 조건으로 마르쿠스에게 제위를 넘겼으니, 마르쿠스가 아내와 이혼하려면 황제의 자리에서 내려와야 한다는 것을 넌지시 지적한 것이다. 그럼에도 마르쿠스는 아내의 음행에 대해 전혀 모르는 사람처럼 행동했다. 로마 제

국 안에서 파우스티나의 부정을 모르는 사람은 마르쿠스 한 사람밖에 없다는 우스갯소리가 생겼고, 이는 아내가 속이려고 마음만 먹는다면 남편은 누구라도 속게 된다는 말을 낳았다.(註. 파우스티나와 같은 예를 6세기 동로마 장군 벨리사리우스의 아내 안토니나에게서 볼 수 있다. 벨리사리우스는 유스티니아누스 황제에게 충성을 다한 건전하고 탁월한 장군이었다. 안토니나의 성적인 방탕함을 모르는 자는 동로마에서 그녀의 남편뿐이었다고 한다. 그러나 한 시녀의 고발로 벨리사리우스는 이 사실을 알게 되었지만, 그는 아내의 간통을 고발한 시녀를 믿지 못하고 오히려 아내의 눈물을 믿고 말았다. 결국 시녀는 남편으로부터 결백을 인정받은 안토니나의 앙심과 분노의 표적이 되어 혀가 잘리고 온몸이 토막 난 채 바다에 버려졌다.) 마르쿠스는 파우스티나의 연인에게 부와 명예가 보장되는 공직을 맡기기도 했으며, 30여 년간의 결혼 생활 중에 아내 외의 다른 여자에게는 전혀 관심을 두지 않고 오직 아내에게만 변함없는 사랑과 신뢰와 존중을 나타냈다. 그래서인지 마르쿠스와 파우스티나는 금슬이 좋아 당시로서는 드물게 15남매를 두었고 그중 6명이 어른으로 성장했다.

○ 174년 겨울 파우스티나의 방종한 열정도 황제의 의심 없는 사랑에 감복했는지, 도나우강변의 혹독한 전쟁터도 마다하지 않고 그녀는 황제를 따라갔다. 병사들은 안락한 황궁 생활을 포기하고 남편을 따라 전선으로 나선 파우스티나를 존경하며, 그녀를 '마테르 카스트룸(mater castrum막사의 어머니)'이라고 불렀다. 하지만 마르쿠스가 아내의 방종을 알고 있었다는 추측도 가능했다. 왜냐하면 파우스티나가 검투사 애인에게 푹 빠져 있다는 걸 눈치채고 마르쿠스가 걱정했다는 이야기가 있기 때문이다. 그때 황제에게 조언하는 자가 파우스티

나를 열정에서 벗어나게 하려면 검투사를 죽여 그 피로 그녀를 목욕시킨 후 잠자리를 해야 한다고 했다. 조언자가 말한 대로 하자 정말로 파우스티나의 열정이 사그라졌지만, 마르쿠스의 혈육이 아닌 검투사의 피를 받은 아들이 태어났다는 믿지 못할 소문이 나돌았다. 그 아들이 바로 콤모두스였다.(註. 검투사의 피는 당시 로마인들에게 간질 치료와 사랑하는 사람을 유혹하는 특효약이라고 알려졌다.)

○ 파우스티나는 도나우강 전선에서 아비디우스 반란을 토벌하러 가는 남편을 따라 동방으로 가다가 카파도키아를 지났을 때 죽었다. 그녀가 죽자 세간에서는 그녀가 아비디우스와 공모한 것에 괴로워하다가 자살했다는 등 아내의 역모를 알게 된 마르쿠스가 그녀를 살해했다는 등 진위를 알 수 없는 소문들이 퍼졌다. 하지만 마르쿠스는 파우스티나가 죽은 후에도 존경을 나타내 정숙하고 온화하며 검소한 부인을 내려 주신 것을 신에게 감사드리며 원로원에 요청하여 파우스티나를 신격화했다. 그리고 그녀가 숨을 거둔 도시를 파우스티노폴리스로 개명했으며, 모든 청춘 남녀는 결혼식 날 정숙을 관장하는 여신, 다시 말해 신격 파우스티나 앞에서 서약해야 한다는 법령까지 선포했다.(註. 전통적으로 로마의 결혼식에서 신부는 이렇게 선언했다. "당신이 가이우스인 곳에서, 나는 가이아Ubi tu Gaius, ego Gaia." 로마의 관습에 따르면 율리우스 씨족의 딸을 율리아, 코르넬리우스 씨족의 딸을 코르넬리아로 부르는 것처럼 아버지 성씨의 여성형으로 딸을 호칭했다. 신부가 결혼식에서 '가이우스Gaius'의 여성형인 '가이아Gaia'로 선언한 것은 아내의 지위가 딸과 같은 것임을 알려 준다.) 사랑하는 자가 죽더라도 냉정함을 잃지 않아야 된다고 생각했던 마르쿠스는 아내를 이렇게 표현했다. "너무도 순종적이고 너무도 사랑스러우며 너무도 소탈

한 너무도 좋은 여인!"

☀ 루킬라(Lucilla)의 불만과 모반(182년)

≪때때로 여자는 실리보다 허영으로 살아갈 수 있는 존재다. 그녀들이 왜 명품에 목말라하겠는가? 첫 남편 베루스가 죽자 루칠라는 두 번째 남편감으로 명품을 원했고 이는 지체 높은 가문 출신의 신분이었다. 그것이 뒤틀어지자 여자로서 굴욕감을 느끼고 결국 그녀는 파

멸의 길을 걸었다. 차라리 마르쿠스 황제가 루킬라를 유서 깊은 가문에 재혼시키고, 그 대신 황후의 자리를 빼앗았던들 황궁을 가족의 피로 적시지는 않았으리라.≫

○ 스토아 철학자 황제인 마르쿠스 아우렐리우스와 파우스티나 사이에서 15명의 자녀가 태어났으며, 그중 아들 콤모두스와 딸 5명이 성인으로 자랐다. 맏딸 안니아 아우렐리아 갈레리아 루킬라는 15세 때 마르쿠스와 공동 황제인 20세 연상의 루키우스 베루스와 결혼했으며, 마르쿠스는 아내 파우스티나가 있었지만 루킬라에게 '아우구스타(註. Augusta는 '황후'로 해석된다.)'라는 존칭까지 부여했다. 당시 사람들은 콤모두스가 있었지만 마르쿠스보다 10살 아래인 베루스가 다음 황제가 될 것이라고 여겼다. 그렇게 되면 콤모두스가 공동 황제가 되어 베루스를 돕는다고 생각할 수 있었다. 따라서 베루스의 아내 루킬라가 아우구스타로 불린 것에 대하여 당연한 대우로 여겼으며 누구도 의문을 가지지 않았다.

○ 그런데 베루스는 명이 짧은 집안의 내력이 그대로 유전되었는지 결혼 후 5년 만에 죽고, 루킬라는 20세 때 과부가 되었다. 마르쿠스는 과부가 된 맏딸 루킬라를 자신이 신임하는 부하 클라우디우스 폼페이아누스와 재혼시켰다. 폼페이아누스는 황제의 오른팔이라고 할 만큼 신임이 두터운 장군이었지만, 루킬라보다 나이

▌ 마르쿠스 베루스

가 너무 많았으며 시리아 속주 출신에다 신분조차 낮았다. 게다가 마르쿠스는 베루스를 위한 공식 애도 기간이 채 끝나기도 전에 결혼을 발표했다. 그렇게 되자 루킬라는 물론이거니와 아내 파우스티나도 불만에다 분노까지 보태었지만, 마르쿠스 아우렐리우스의 강권으로 어쩔 수 없이 결혼하게 되었다.

○ 루킬라가 남편 폼페이아누스를 멸시하는 것은 비천한 신분이라는 것이 이유였으나, 황제 즉위 시부터 야만족의 침입에 시달렸던 마르쿠스는 군사적 능력이 통치에 얼마나 중요한 것인가를 깊이 깨달아 출신 신분과 상관없이 군사적 능력이 있는 남자를 사위로 삼고 싶어 했다.(註. 마르쿠스가 아들의 지위에 도전할 수 있는 야심 있는 자들을 모두 제외하고 콤모두스를 결코 넘볼 수 없는 자들로 사위를 골랐다는 주장도 있다. 그럼에도 훗날 폼페이아누스는 콤모두스와 페르티낙스가 죽었을 때 두 번이나 황제가 될 것을 제의받았다. 특히 페르티낙스는 폼페이아누스의 충실한 지지자였으며 그에 의해 승진의 사다리 꼭대기에 올라 마침내 황제가 될 수 있었다.) 마르쿠스는 불만에 쌓인 딸을 달래기 위해 황후를 뜻하는 "아우구스타"란 칭호를 계속 유지한다는 조건을 걸어 루킬라와 아내를 설득시켰다.

○ 마르쿠스가 살아 있을 때만 해도 아버지와 함께 공동 황제가 된 콤모두스에게는 아내 크리스피나가 있었지만 로마 제국의 정식 아우구스타는 어디까지나 루킬라였다. 그러나 마르쿠스가 죽고 콤모두스가 단독 황제가 되자, 루킬라는 자신의 지위가 위태로워졌다고 느꼈다. 콤모두스의 아내 크리스피나가 아들을 잉태했다는 소문이 나자, 그녀는 더욱 불안에 휩싸였다. 그녀에게는 베루스와의 사이에서 딸 하나만 살아남았기 때문이다. 나중에 헛소문이란 것을 루킬라는 알았

지만, 만약 올케인 크리스피나가 아들을 얻게 되면 황가의 여자 중 최고 지위는 크리스피나에게 돌아갈 것이고, 자신이 아무리 아우구스타로 불린다고 해도 빛 좋은 개살구일 뿐이라는 것은 뻔한 이치라고 생각되었다. 여기에까지 생각이 미치자 아직도 젊음이 넘치는 33세의 루킬라는 견딜 수 없었다. 게다가 크리스피나 때문에 극장에서 앞줄 좌석을 잃게 되자 루킬라는 더 이상 견디기 어려운 모멸감을 느꼈다. 결국 그녀는 황후의 자리를 지명할 권리가 있는 유일한 인물인 황제를 죽이기로 마음먹었다.

o 역모를 꾀하려면 대의명분, 치밀한 계획 그리고 과단성 있는 용기가 필요하거늘 30대 초반의 여자가 세운 계획은 독재자를 전복시키고 국가 통치권을 잡기에는 참으로 허술하기 짝이 없었다. 친동생 콤모두스 황제를 죽이는 일이었으므로 다음 황제 자리에는 자신의 남편 폼페이아누스를 앉히는 것이 타당하겠지만, 루킬라는 남편을 끔찍이도 싫어했다. 따라서 그녀는 고종사촌이며 집정관을 지낸 바 있는 40대 중반의 콰드라투스를 유혹했다. 콰드라투스는 암살에 성공하면 폼페이아누스와 이혼하고 당신과 결혼하겠다는 루킬라의 미끼에 걸려들었다. 사실 루킬라는 성격이 드세기는 했지만 꽤나 미인이었다.(註. 이 당시 루킬라는 살이 뒤룩뒤룩 쪘다고도 한다.)

o 자객으로는 남편 폼페이아누스의 조카 퀸티아누스를 골랐다. 그러나 퀸티아누스는 생각과 행동이 깊지 못했고 살인에도 재능이 없는 사람이었다. 마침내 그가 원형 경기장에서 숨어 있다가 마음먹고 범행을 저지를 때 너무 긴장한 나머지 칼을 빼 들고 "원로원의 이름으로"(註. 로마에서 죄인을 처단할 때 흔히 외치는 말이었다.)라고 쓸데없이 소리쳤기 때문이다. 그렇게 외치는 찰나의 순간에 근위병들이 자객을 제

압했다. 암살은 실패했고 22세의 콤모두스 황제는 격노했으며, 피비린내 나는 고문과 처형이 뒤따랐다. 그는 사건의 주모자가 자신이 그렇게도 따랐던 큰누나인 것을 알고 큰 충격을 받았다. 자객과 콰드라투스는 당장 목이 잘렸고, 루킬라는 카프레아이섬으로 귀양을 보냈으나 섬에 도착하자마자 살해되었다. 하지만 주모자의 남편인 폼페이아누스는 의심받을 만도 했으나 어떠한 처벌도 받지 않았다. 왜냐하면 루킬라가 폼페이아누스를 지독히 싫어한다는 것을 로마에서는 누구나 알 만큼 유명했기 때문이다. 폼페이아누스는 이 사건 이후에도 콤모두스의 유력한 조언자로 계속 남아 있었다. 황가의 골육상쟁으로 끝난 이 사건은 콤모두스를 역사에서 폭군으로 기억하게 하는 첫 사건이며, 친아들에 의한 제위 승계를 고집한 마르쿠스 아우렐리우스의 선택이 완전히 실패했음을 입증한 첫 번째 비극이었다.

※ 콤모두스(Commodus)의 광기와 근위대장 클레안데르(Cleander)의 폭정

≪3세기의 로마 역사가 카시우스 디오는 콤모두스가 황제에 오른 것을 두고 '제국의 재앙'이라고 평했다. 아버지와는 성격이 판이하게 달랐던 콤모두스를 두고 사람들은 남자 편력이 심했던 파우스티나가 휴양지에서 검투사와 즐기다가 낳은 아들이라는 소문이 나기까지 했다. 콤모두스의 아버지 마르쿠스도 그리고 외할아버지 안토니누스도 모두 겸허하고 온화한 정신의 소유자였고 강건한 육체를 타고나

지 못했다. 친가와 외가가 모두 이러했지만 콤모두스가 건장한 체격의 검투사 황제였다는 것은 핏줄을 의심받기에 충분했다. 하지만 그런 소문을 믿기에는 조각상의 외모로 보아 마르쿠스와 콤모두스는 너무나 닮았다. 어쩌면 마르쿠스의 내면에 쌓여 있던 폭력성은 교육의 힘으로 억제되었지만, 교육의 힘이 결여된 아들에게 전이되자 마구 몸 밖으로 뛰쳐나온 것인지도 모른다.

클레안데르는 비천한 출신에 걸맞게 행동도 비천했다. 주군은 자신을 비추는 거울과 같다. 주군이 현명하지 못하고 정의로운 인격을 소유하지 못했다면 시민들의 신망을 잃게 될 것이며, 최종적으로는 자신의 목숨조차 유지할 수 없기 때문이다.≫

○ 콤모두스는 161년 남자 쌍둥이로 태어나 쌍둥이 형제는 5살의 어린 나이에 죽었지만 그는 성인이 되어 마르쿠스 아우렐리우스 황제의 뒤를 이었다. 콤모두스 황제 때의 역사가 카시우스 디오는 마르쿠스가 죽고 콤모두스의 치세가 도래하자, 황금 제국으로부터 이어 온 로마의 역사가 이제는 녹슨 철의 제국으로 넘어가려 한다며 비탄에 젖기도 했다. 왜냐하면 콤모두스의 즉위 이후 제국의 운명이 내리막길로 내달렸기 때문이다.

○ 황궁이란 연줄을 이용하여 어떻게든 한자리 차지하려는 사람들로 붐비는 곳이다. 그런 곳에서 겨우 20세의 어린 나이에 단독 황제가 되었으니, 막강한 권력을 탐하기는 쉬워도 절제하기는 어려운 법이다. 또한 그곳에서 어느 누가 위험을 무릅쓰고 황제의 잘못을 직언하고 일깨워 바로잡으려 하겠는가? 고대 역사서에는 그가 어린 시절부터 포악하기 짝이 없었다고 서술되어 있지만, 카시우스 디오에 의하면

■ 마르쿠스 아우렐리우스　　■ 헤라클레스로 분장한 콤모두스
　　　　　　　　　　　　　　　(요정 헤스페리데스 동산의 황
　　　　　　　　　　　　　　　금 사과를 왼손에 들고 있다.)

　콤모두스 황제는 본성이 악하지 않았으나 아둔해서 쉽게 그른 길로
접어들었다고 했다. 사실 마르쿠스가 도나우 전선으로 콤모두스를
데려와 군단병들에게 소개시켰을 때만 해도 강인하고 용감했던 콤모
두스는 병사들에게 깊은 호감을 얻기도 했다. 콤모두스가 부친의 부
지런함을 조금만 따랐던들 그도 마르쿠스를 이어 탁월한 성군이 되
었으리라.

○ 마르쿠스는 즉위 시부터 전쟁으로 골치를 앓았으므로 황제의 미덕이
　란 수사학, 철학, 법학에만 있는 것이 아니라 강인한 체력과 군대의
　통솔에도 있으므로 후계자 교육에서 이를 중시해야만 되는 것을 이
　해했다. 그 결과 콤모두스는 고등 교육을 받지 못한 자처럼 공허한
　표정과 어수룩한 말투 그리고 난폭함과 내적인 빈곤함이 더해져 완
　전히 멍청한 폭군처럼 보였다. 마르쿠스는 콤모두스가 잔인하고 책
　임감이 없고 향락적이어서 황제의 자질이 전혀 없다는 것을 알면서

도 황제의 자리를 물려주었다. 사실 제국의 제위를 친인척 관계가 아닌 순수한 양아들로 승계한 것은 네르바에 의한 트라야누스밖에 없었다. 황제의 자리를 승계한다는 것은 권력의 승계뿐 아니라 황제 개인의 재산까지도 승계한다는 의미였으므로 친아들을 제위 승계에 탈락시킨 채 재산 상속권만 유지하기란 사실상 힘들었다.(註. 황제의 재산은 황제 속주에서 거두는 세금인 '피스쿠스fiscus'를 기반으로 하며, 이는 원로원 속주에서 공공용 국고로 거두는 세금인 '아이라리움aerarium'과 서로 구분했다. 하지만 곧 피스쿠스와 아이라리움은 혼합되어 사용되었고 황제가 국가 재정을 틀어쥐자 피스쿠스가 아이라리움을 밀어내고 국가 재정의 중심적인 금고 역할을 했다. 학자에 따라서는 피스쿠스의 의미가 '바구니, 광주리'인 만큼 이는 황제 관할 속주에서 거둬들인 세입으로 군인을 위한 금고이지 황제의 사금고는 아니라고 주장한다.) 따라서 만약 제위를 물려주지 않는다면 친아들은 빈털터리가 되어 쫓겨나야 할 판이었다. 쫓겨난 아들은 불만을 가진 자들이 반란을 도모할 때마다 그 중심에 서게 될 것은 뻔했다. 훗날 막시미아누스의 친아들 막센티우스가 제위 승계에 탈락하자 불만 세력들을 규합하여 반란을 일으킨 결과 제국의 영토가 동포의 피로 적셔졌던 사실이 이를 입증한다. 이런 이유로 마르쿠스가 비록 진지하고 엄격한 스토아 철학자였지만 혈육에 대한 감정을 저버릴 수 없었으리라.

○ 180년 마르쿠스 아우렐리우스가 죽고 콤모두스가 단독 황제가 되어 제위를 계승하자, 통치에 열의를 보이지 않던 그는 국사를 아예 통째로 해방 노예이자 자신의 동성애 상대인 사오테루스에게 맡겨 버렸다. 부친의 성품과 선정을 이어받지 못한 콤모두스는 루킬라의 반란을 겪고 얼마 후에 사오테루스까지 암살당하자 신변에 위협을 느끼

고 무자비한 보복을 가하기 시작했다. 그는 퀸티아누스가 자신을 살해하려고 할 때 원로원을 외쳤던 것을 기억하고서 그때부터 원로원 의원들을 두려워하고 증오했다. 사실 콤모두스는 그전부터 고집 센 의원들을 탐탁지 않게 여겼으나 이제는 은밀한 적으로까지 여기게 된 것이다.

○ 콤모두스가 보인 정신병적인 광기는 황실 의사 갈레노스로부터 외과수술을 익혔다며 희생자들을 찌르고 잘랐으며 특히 수술 실력을 보여 주겠다며 뚱뚱하게 살찐 자의 배를 갈라 내장을 끄집어내기도 했다. 그는 종종 사람들의 한쪽 발을 자르거나 한쪽 눈을 멀게 하여 재미를 느끼곤 했다. 연회석에서는 호화로운 음식물에 분뇨를 섞어 놓고 사람들의 반응을 재미있게 살폈다. 게다가 다리를 절거나 걸을 수 없는 불쌍한 사람들에게 무릎 아래를 감싸 동여매어 마치 뱀처럼 보이게 한 다음 활로 쏘아 참혹한 죽음을 선사했다. 그의 광기는 천기에도 영향을 미쳐 8월을 콤모두스, 9월을 헤르쿨레스, 10월을 인빅투스 등으로 바꾸게 했다.

○ 사실 루킬라가 콤모두스를 암살하려 할 때, 근위대는 사오테루스 암살을 계획했다. 루킬라가 콤모두스를 암살하는 데는 실패했지만 얼마 후 근위대는 사오테루스를 죽일 수 있었다. 하지만 공모자인 근위대 부장 페렌니스가 근위대장 파테르누스를 배반하고 콤모두스의 귀에 속닥거리자, 사오테루스의 죽음에 격분하고 있던 콤모두스는 파테르누스를 가차 없이 처형했다. 파테르누스는 체포될 때 근위대를 떠나 원로원 의원이 되어 있었다. 왜냐하면 근위대장이 처형당하면 근위대 병사들의 반발이 우려되었으므로 콤모두스가 그의 신분을 원로원 계급으로 올려 주어 기사 계급이 임명되는 근위대장직을 떠나

게 했기 때문이다. 파테르누스가 사오테루스의 암살과 연루되어 처형되자, 파테르누스의 뒤를 이어 근위대장이 된 페렌니스는 근위대뿐 아니라 아예 제국의 통치권까지 틀어쥐었다.

○ 그러나 페렌니스의 호화롭고 대단한 권세는 그리 오래 지속되지 못했다. 페렌니스가 브리타니아의 반란을 진압할 때 가혹했던 처사에 불만을 품은 브리타니아 군단의 대표들이 콤모두스를 찾아와 위험을 경고했기 때문이다. 그들은 무려 1,500명이나 되는 대규모 대표단을 구성하여 완전 무장한 채로 제국의 영토를 가로질러 로마 황궁까지 찾아왔다. 브리타니아 군단의 대표들은 콤모두스를 알현한 자리에서 페렌니스가 권력이 커지자 그에 만족하지 못하고 아예 판노니아 군단 지휘관인 자신의 아들을 황제로 옹립하려 한다고 고발했다. 게다가 페렌니스가 근위대와 기사 계급 출신을 우대하자 그는 군단병과 원로원 양측으로부터 공격을 받았다. 그때 황제에 대한 영향력이 점차 커지고 있던 클레안데르가 슬며시 나타나 콤모두스의 불안감을 부추기며 페렌니스가 역모를 꾸몄다는 조작된 증거를 제출했다. 반란의 기미에 대해 항상 불안을 느끼던 콤모두스는 이를 확인하고 즉시 페렌니스와 그의 두 아들 그리고 아내와 딸을 모두 처형했다.

○ 그 이후 제국의 권력은 짐꾼 노예에서 황제 침실 시종으로 있던 프리기아 출신의 비천한 해방 노예 클레안데르의 손안에 들어갔고, 근위대장 자리도 몇 번이 바뀌더니만 마침내 콤모두스의 지명으로 그가 차지했다. 사실 페렌니스가 야심이 엄청났다 해도 그는 청렴결백했고 뛰어난 행정가요 탁월한 재정 전문가였다. 하지만 클레안데르는 달랐다. 그는 콤모두스와 첩들의 욕망에 헌신적으로 봉사함으로써

황제의 신임을 얻어, 황제의 권좌에 도전했다는 의심을 받고 처형당한 근위대장 페렌니스의 후임 자리에까지 신속히 올라간 자였다. 의심 많은 군주가 대개 그렇듯이, 콤모두스는 군주의 총애를 제외하고는 기댈 데가 없는 비천한 신분의 사람은 은혜를 베푼 군주에게만 충성할 것이란 저속한 생각에서 클레안데르를 등용했으리라.

○ 클레안데르는 근위대장이 된 후에도 페렌니스보다 훨씬 강력하게 콤모두스의 마음을 사로잡았는데, 집정관·호민관·원로원 의석 등의 자리를 공공연히 매매하여 그 수익을 가졌고, 그중 상당한 몫을 콤모두스에게 바쳤다. 어떤 해에는 무려 25명을 집정관으로 임명하면서 엄청난 수입을 거둬들이기도 했다.(註. 공화정 시대의 집정관은 매년 2명을 선거로 선출하여 국정을 맡겼으나, 제정 시대가 도래하면서 황제가 집정관을 임명하고 3개월마다 교체하여 매년 8명의 집정관이 배출되었다. 이와 같이 제정 시대의 집정관은 실권보다는 명예직의 성격이 컸으며 연초에 임기를 시작하거나 두세 차례 재임되면 영광으로 생각했고, 특히 황제와 동료 집정관이 되면 최고의 영예로 간주되었다.) 그는 사익을 위해서 속주민의 재산을 약탈했고, 돈이 많은 범죄자에게는 뒷거래를 하여 정당한 판결을 뒤집고, 고소자나 목격자 그리고 재판관조차도 마음먹은 대로 처벌했다.

○ 콤모두스는 이 타락한 관리가 바치는 어마어마한 선물에 만족했고, 클레안데르는 자신에 대한 원망을 잠재우기 위해서 대중이 사용할 수 있는 공중목욕탕·경기장 등 공공 시설물을 황제의 이름으로 건설했다. 그러나 클레안데르의 비인간적인 폭정은 마르쿠스 아우렐리우스 황제가 딸을 주고 사위로 삼을 만큼 덕망이 높은 원로원 의원 비루스를 죽였으며, 고결한 안토니누스가(家)의 마지막 자손인 아리

우스 안토니누스의 삶을 끝장냈다. 더군다나 비루스는 클레안데르의 실체를 콤모두스에게 밝히려다가 죽음을 맞았으며, 아리우스 안토니누스는 아시아의 속주 총독이 클레안데르에 대항한 죄로 판결을 받을 때 공정한 판결을 내렸다는 이유로 처형당했다. 마르쿠스 황제 때 유행했던 전염병이 다시 창궐하고 기근으로 로마 시민들이 인간적 한계를 시험받고 있는 중에서도 클레안데르는 부와 권력을 이용하여 곡식을 전매하고 있었다.(註. 호가호위하는 자는 선정을 펼치기보다는 부패와 폭정을 일삼기 마련인데, 이는 국사를 돌보지 않고 타인에게 일임하는 최고 권력자가 제대로 된 자에게 국정을 맡길 리가 없기 때문이다. 부드러운 성정을 생각하면 폭군과는 거리가 멀었던 박근혜도 그처럼한 결과 정적들의 공격과 국민의 분노를 고스란히 받아 수의를 입어야 했다고 여겨진다.)

○ 콤모두스가 국정을 돌보지 않고 방탕을 일삼자 시민들은 황제에게 불만을 품고 폭군이라고 비난하기도 했다. 한 예를 들면 아피아노스라는 이집트 사제는 콤모두스 황제가 직접 재판하는 법정에 서게 되었다. 아피아노스는 자신이 처형될 것이라고 예견하면서도, 재판 중에 피고인이 사형에 처해져야 할 것임을 콤모두스가 암시하자, 그는 콤모두스에게 도전적인 태도로 벌떡 일어나 따졌다. 그러자 콤모두스는 당황하여 물었다. "지금 그대는 그 말을 누구한테 하고 있는지 알고나 있는가?" "당연하죠. 폭군한테죠!" 콤모두스는 말을 자르듯 이어 갔다. "아니지, 황제한테지!" 아피아노스는 반박했다. "틀렸지요. 당신의 아버지 신격 마르쿠스 아우렐리우스는 지혜와 교양을 갖추고 재물을 경멸하며 선행을 존중했기에 황제라고 불릴 자격이 있지만 당신은 아니지요. 당신은 당신의 아버지와 완전히 딴판이니까

요. 이 폭군, 악한, 짐승 같으니라고!" 그리고 아피아노스는 스스로가 예견한 대로 사형에 처해졌다.

o 식량청 장관 디오니시우스는 클레안데르가 자신을 한직으로 좌천시킨 것에 앙심을 품고 있었다. 그는 페르티낙스와 또 다른 근위대장 율리우스 율리아누스와 모의하여 일부러 로마시에 곡물 부족 현상을 일으켰다. 경제에 무지한 콤모두스는 폭등하는 곡물가를 통제하고 곡물 수송 비용을 위해 새로운 세금을 신설했다. 하지만 가격 통제 조치는 오히려 상황을 악화시켜 로마에서 식량 공급이 완전히 끊기는 사태가 발생했다.

o 189년 엄청난 관중이 모인 대경기장(註. 대경기장circus maximus에서는 전차 경기가 열렸고 아우구스투스 때 일시에 15만 명의 관중이 관람할 수 있었던 이 경기장을 트라야누스가 25만 명이 관람할 수 있도록 넓혔다. BC 7세기 말 타르퀴니우스 프리스쿠스 왕이 처음으로 이 경기장에서 전차 경기를 개최한 후 549년 동고트족 토틸라가 마지막 전차 경기를 열었다.)에서 마침내 분노가 폭발했고 시민들은 클레안데르를 외치며 그의 목을 내놓으라고 콤모두스에게 요구하고 있었다. 그러자 클레안데르는 근위대의 기병대를 이용하여 무참하게 시민들을 살해하고 폭동을 진압했다. 기병대의 말발굽에 쫓긴 시민들은 같은 근위대에서도 기병들의 특권과 오만을 질시하던 보병대의 도움을 받아 기병들을 퇴각시켰다. 사건이 이에 이르자, 콤모두스의 누이 파딜라(註. 파딜라는 훗날 게타가 살해되고 난 뒤 폭정을 일삼은 카라칼라 황제에게 사형을 당했다.)와 애첩 마르키아는 향락을 중지시켰다는 콤모두스의 노여움을 받게 될 위험을 무릅쓰고 콤모두스에게 민중의 분노에 대해 사실대로 알렸다. 파딜라와 마르키아가 엎드려 시민들의 분노를

▌ 대경기장(circus maximus) 터

아뢰자 콤모두스는 깜짝 놀라며 쾌락에서 깨어났다. 진실은 최악의 경우에 다다라서야 모습을 드러냈던 것이다.

○ 클레안데르에 대한 시민들의 분노로 폭동의 기세는 콤모두스의 목숨까지 위태롭게 했다. 위기를 느낀 콤모두스가 즉시 클레안데르를 소환하여 처형하자, 겨우 폭동은 잠재워질 수 있었다. 시민들에게 내던져진 클레안데르의 시신은 난도질당한 후 머리가 잘린 다음 장대에 꽂혀 시내를 돌아다녔다. 그리고 클레안데르의 자식들은 물론 그의 먼 친척까지도 모조리 학살당했다. 그런 혼란을 겪은 후에도 콤모두스는 방종과 망상에서 벗어나지 못하고 로마를 자신의 이름을 따 '콜로니아 콤모디아나(註. Colonia Commodiana는 '콤모두스의 땅'이란 의미였다.)'라고 부르게 했다.

☀ 콤모두스의 빗나간 애정과 죽음(192년)

≪신분이 비천한 자는 행동에 음흉함을 띠기 마련이다. 왜냐하면 정
당성의 힘이 결여되어 있을 경우가 많기 때문이다. 이러한 점에서 콤
모두스는 애정의 대상으로 마르키아를 선택하는 데 신중했어야 마땅
했다. 더군다나 로마 황제라면 쉽게 취할 수 있는 여자 노예를 애정
의 대상으로 삼고자 죄 없는 아내를 살해한 것은 돌이킬 수 없는 패
덕이었다.≫

○ 콤모두스는 천박한 노예 출신인 마르키아를 차지하기 위해 자신의
  아내 크리스피나가 연인과 정사를 벌이다가 현장에서 발각되었다며
  카프레아이섬으로 추방한 후 살해했다. 마르키아가 노예 출신이었던
  까닭에 크리스피나를 살해하지 않더라도 자신의 성적 대상으로 삼는
  데 어려움이 없었지만 아내가 거추장스럽고 부정하다는 이유로 살해
  한 것은 쉽게 납득되지 않았다. 로마 상류 사회의 여성이 연인을 두
  는 일은 흔했고 게다가 부정한 여성이 황후라면 처형당하는 일은 더
  욱 없었다. 메살리나가 처형당한 것도 그녀가 간통죄를 저질러서가
  아니라 황제의 지위를 위협했기 때문이다. 크리스피나가 간통 혐의
  를 받은 것은 아마도 죄를 뒤집어쓴 것이리라. 그녀는 마르키아를 차
  지하려는 콤모두스의 욕망에다 안티스티우스 부루스란 자가 역모를
  도모했을 때 이에 연루되자 살해당한 것이 분명했다.

○ 마르키아는 콤모두스의 애인이 되기 이전부터 콤모두스의 침실을 담
  당하던 에클렉투스라는 해방 노예의 아내였다. 에클렉투스는 마르쿠
  스 아우렐리우스의 공동 황제였던 베루스의 총애를 입던 자였다. 베

루스가 죽고 난 다음 마르쿠스는 베루스를 따라다니던 비천한 무리들을 모두 제거했으나 에클렉투스만은 살려 두었던 것이다. 따라서 이들 부부가 황제를 농락하리라는 것은 충분히 예견할 수 있는 상황이었다. 언젠부터인가 황궁 내부에서는 콤모두스 황제와 황제의 총애를 받고 있는 이들 사이에서 심각한 문제가 증폭되었다. 콤모두스의 잔인성을 항상 옆에서 지켜볼 수 있었던 이들은 이제 그 잔인성의 칼날이 자신들을 겨누고 있음을 느꼈다. 콤모두스가 자신의 위엄과 처신을 책망하는 이들에게 앙심을 품고 제거하려고 마음먹은 것이다.

○ 그는 집정관들이 새로 임명되는 193년 1월 1일을 결행일로 잡고, 전날 밤에 죽이기로 마음먹은 자들의 명단을 침대의 베개 아래에 숨겨 두었다.(註. 3월 15일부터 시작되던 집정관의 임기가 BC 154년부터는 1월 1일부터 시작되었다.) 그의 계획에는 예정 집정관 2명을 모두 죽이고 새해에는 자신이 단독 집정관에 취임하려는 것도 포함되었다. 그러나 그가 목욕하러 간 사이에 한 소년이 우연히 그 명단을 발견했다. 소년은 명단을 들고 나가다가 마르키아를 만났고, 그녀는 소년이 들고 있던 명단을 빼앗았다. 목숨이 위험에 처했음을 알게 된 마르키아 일당은 선제공격으로 콤모두스를 제거하기로 모의했다.(註. 콤모두스 살해에는 근위대장 라이투스가 함께 관여했다.)

○ 콤모두스는 군중들이 운집한 경기장에서 자신의 완력과 사냥 기술을 뽐내곤 했는데, 그날도 경기장에서 맹수 사냥을 한 후 지쳐 있었다. 마르키아는 콤모두스에게 포도주를 가져다주면서 독약을 탔다. 잠자리에 든 콤모두스가 술과 독 기운에 정신을 차리지 못하고 있을 때, 콤모두스의 체육교사 나르키수스가 황제의 목을 졸랐고, 이는 12년 동안 광대한 로마 세계를 지배했던 황제의 어이없는 마지막이었다.

○ 훗날 나르키수스는 마르쿠스 아우렐리우스의 양아들로 입적한 셉티
미우스 세베루스 황제에 의해 사자 밥으로 던져졌다. 많은 사람들이
셉티미우스 세베루스가 자신의 출신 가문을 바꿔치기하는 것을 두고
꼴사납다고 조롱했지만, 그는 아랑곳하지 않고 자신을 성군 마르쿠
스의 양아들로 입적시켰다. 그렇게 되자 이제 형제가 된 콤모두스를
죽인 자를 용서할 수 없었던 것이다.

☀ 페르티낙스(Pertinax)의 즉위 수락(193년)

≪인간사에서는 대개 기회를 놓치지 않는 신속성이 중요하긴 해도, 확
인과 같은 세심함이 더욱 중요할 때가 있음을 보여 주는 일화다. 페
르티낙스는 황제가 되려는 야심이란 매우 위험하다는 것을 알고 있었
지만 조용히 운명을 따랐다. 하지만 폭군이 지나간 자리에는 고삐 풀
린 방종이 춤추고 있었고, 그가 방종을 멈추게 하지 못한다면 자신도
위험에 처해지고, 제국은 내전의 어두운 기운으로 덮이게 될 터였다.≫

○ 시리아 속주 총독 카시우스는 마르쿠스 아우렐리우스 황제가 병사했
다는 잘못된 정보를 믿고 반란을 일으켰다가, 나중에 마르쿠스가 병
사했음이 사실무근이라는 것을 알았을 때는 이미 돌이킬 수 없었다.
반란은 실패했고 카시우스는 반란의 실패를 두려워하는 내부의 음
모 세력에 의해 살해되었다. 이와 비교하여 콤모두스가 살해되고 난
뒤 근위대로부터 황제 제의를 받았던 로마 시장 페르티낙스(Publius

Helvius Pertinax)는 달랐다.

○ 루킬라의 역모가 실패하고 콤모두스가 광분에 휩싸여 피비린내 나는
숙청이 몰아칠 때, 페르티낙스는 처
형 선고를 받은 퀸틸리우스 콘디아
누스를 체포하는 임무를 맡은 적이
있었다. 하지만 콘디아누스는 토끼
의 피를 입에 담고 있다가 일부러 말
에 떨어져 죽은 것으로 가장했다. 그
가 정말로 죽었다고 생각하여 방심
한 사람들이 수레로 시체를 옮기는
사이, 그는 기회를 포착하여 탈출에
성공했다. 체포하러 갔던 자들은 책

▌ 페르티낙스

임을 피하려고 죽은 양을 태워 속였으나, 얼마 되지 않아 진실은 밝
혀졌고 콤모두스 황제는 콘디아누스가 도망칠 수 있었던 것은 페르
티낙스가 도왔기 때문이라고 의심하고 있었다.

○ 또한 브리타니아 군단에서 소요가 발생했을 때 콤모두스는 병사들
을 진정시키기 위해 페르티낙스를 그곳의 사령관으로 임명하여 급파
한 적이 있었다. 브리타니아 군단의 소요 사태는 근위대장 페렌니스
가 처형당한 후 한동안 잠잠해졌으나, 다시금 새로운 불만을 찾아내
소요가 발생했던 것이다. 병사들은 자신들의 사령관 페르티낙스에게
황제로 즉위할 것을 제안했다. 이는 성공의 가능성이 거의 없는 반란
이 될 터였다. 페르티낙스는 병사들의 제안을 거절했을 뿐 아니라 계
속 브리타니아 군단의 사령관으로 있다간 병사들에게 살해될 것이라
는 두려움 때문에 콤모두스에게 로마로 귀환할 수 있게 해 달라고 요

청하기에 이르렀다. 그 요청은 받아들여져 그는 로마로 돌아와 알리멘타를 담당하게 되었다.(註. 알리멘타 제도는 네르바부터 시작되어 트라야누스가 확대한 정책으로 육성 기금을 마련하여 빈곤하고 불행한 아이들을 도왔다.)

○ 그런 일이 있었으니 콤모두스가 살해된 후 근위대에서 페르티낙스에게 황제가 되어 줄 것을 청하러 찾아갔을 때, 페르티낙스는 황제가 자신을 시험하기 위한 것으로 알고 근위대의 요구에 응하지 않았던 것은 어쩌면 당연했다. 그때 페르티낙스는 마르쿠스 황제의 신하였거나 친구였던 사람 중 거의 유일하게 살아 있었으므로 자신도 드디어 죽음의 문턱에 들어섰다고 느끼며, 찾아온 근위대에게 황제의 명령대로 어서 처형을 집행하라고 오히려 요구했던 것이다.(註. 다른 주장에 따르면 페르티낙스는 콤모두스의 암살에 직접 참여하지는 않았지만 모든 것을 알고 도왔으며, 장막 뒤에서 지켜보다가 황제가 죽자 전면에 나서 근위대장 라이투스와 해방 노예 에클렉투스의 지지를 받고 있음을 선언했다고 한다.)

○ 이처럼 페르티낙스는 콤모두스가 죽었으니 황제가 되어 달라는 근위대의 말을 처음에는 믿지 못했다. 그러나 사람을 보내 콤모두스의 시신을 확인하고 근위대장 라이투스까지 나서서 즉위할 것을 적극적으로 권하자, 마침내 그는 황제의 자리가 진심으로 내키지는 않았지만 그 제의를 받아들이겠다고 수락했다. 페르티낙스가 제위에 오르기를 마음 내키지 않게 생각한 것은 그 자리에 고된 의무와 위험이 도사리고 있음을 알고 있었기 때문이다. 그런 후 그는 근위대로 가서 콤모두스가 자연사했으니 자신을 황제로 추대하면 근위병들에게 각각 1만 2천 세스테르티우스의 하사금을 주기로 약속했다.

○ 193년 1월 1일 이른 아침 임시 원로원 회의가 열렸다. 페르티낙스는 병사들의 호위를 받으며 원로원으로 갔으나 회의장의 문이 잠겨 있고 관리자도 찾을 수 없어 우왕좌왕하다가 할 수 없이 콘코르디아 신전으로 회의 장소를 변경했다. 원로원 회의가 시작되고 황제 승계를 요청받자 그는 티베리우스의 전례에 따라 자신의 나이와 건강을 이유로 형식상 한 번 거절한 후, 다시 한 번 황제에 오르기를 권유받자 이를 받아들여 로마 제국의 황제로 선포되었다.

○ 콤모두스가 살해되고 페르티낙스가 제위에 오르자 원로원 의원들은 기다렸다는 듯이 콤모두스를 비난하는 글을 올렸고, 심지어 그의 시신을 갈고리에 꿰어 시내를 질질 끌고 다녀야 한다고 주장했다. 이는 콤모두스의 밑에서 아부를 다하여 잇속을 챙기고 권세를 누리던 자일수록 더욱 그를 난도질하자고 목청을 높이는 등 가관이었다. 하지만 페르티낙스는 이 모두를 물리치고 예우를 갖추어 콤모두스의 시신을 매장하라고 명령했다.

☀ 페르티낙스 황제의 노력과 근위대의 불만(193년)

≪대담한 개혁을 추진하고자 하는 자라면 사소한 일에는 당분간 눈을 감는 도량이 필요하지만, 페르티낙스는 이 점을 무시했다. 그는 근위대장의 욕망대로 이집트 장관 자리를 그에게 내주고 자신의 주변을 신망이 두터운 자들로 채워야 마땅했다. 그뿐만 아니라 페르티낙스는 선제의 가신들이 황궁의 문을 반란군에게 열어 주도록 내부

의 적들을 방치하는 실책을 저질렀다. 이것은 관용 정책이 아니다. 개혁에는 반드시 반대하는 세력이 있기 마련이다. 은밀한 반대파를 색출하고 제거하는 것이야말로 개혁과 선정을 위한 바탕임을 역사는 알려 주고 있다.

자신을 옹립한 자들이, 그것도 부당한 자들이 버리고 있는 황궁은 황제에게 너무나 위험한 무대였다. 훗날 서로마의 마요리아누스도 그리고 리비우스 세베루스도 자신을 제위에 올려 준 리키메르에 의해 살해당함으로써 페르티낙스의 죽음에서 깨달을 수 있는 교훈이 또다시 입증되었다.≫

○ 근위대장 라이투스에 의해 황제로 추대된 페르티낙스는 콤모두스의 실정을 바로잡아 제국을 탄탄한 기반 위에 다시 올려놓기 위해 최선을 다했다. 콤모두스의 학정으로 부당하게 유배지나 감옥에 있던 자들을 풀어 주고 그들의 명예와 재산을 모두 회복시켰으며, 살해당한 후 매장되지 못한 원로원 의원들의 시신을 조상들의 묘지에 안치될 수 있게 했으며, 부당한 밀고자들을 처벌했다. 무겁게 부과된 세금을 관대하고 단호하게 폐지했으며, 절약과 근검을 실행하고, 황실의 경비를 반으로 삭감했고, 황궁에 남아 있던 노예를 포함한 모든 사치스런 도구들을 공매에 부쳤다. 또한 콤모두스의 총신들로부터 부정 축재한 재산의 일부를 몰수하고, 국가가 지불할 체불 임금을 일시에 지급했다. 상업에 부과되던 규제들을 철폐하고, 미경작지를 개발하기로 한 사람에게는 10년간 세금을 면제하기도 했다. 이 모든 것이 민중의 편견이나 분노를 달래고 제국의 번영을 위해 페르티낙스가 노력한 정책적 산물이었다.

○ 페르티낙스는 반역에 대해서도 관용을 보였다. 팔코라는 명문 집안의 젊은이는 페르티낙스 황제의 즉위식 때 무례하게 행동했을 뿐 아니라, 황제의 지위를 찬탈하기 위한 음모까지 꾸몄다. 다행히도 이 음모는 사전에 발각되었고 페르티낙스가 단호하게 대처하여 진압되었으며, 팔코는 당연히 반역죄로 처형되어야 했다. 그러나 그는 페르티낙스의 관용으로 구제되었다.

○ 개혁에는 저항하는 무리가 있기 마련이어서 페르티낙스의 개혁 정책에도 반대하는 세력이 있었다. 그가 황제에 오르도록 결정적으로 도움을 준 사람은 근위대장 라이투스였다. 라이투스는 이집트 장관에 임명되기를 기대했으나, 페르티낙스는 원로원의 눈치를 보느라 이를 뒤로 미루었다.(註. 기사 계급으로서 최고의 지위는 이집트 장관이었고, 그다음이 근위대장, 세 번째가 식량청 장관이었다.) 그런데다 페르티낙스가 추진했던 개혁에는 근위대의 구조 조정도 포함되어 있었다. 이런 것들이 라이투스로 하여금 불만을 품게 만들었다. 페르티낙스가 좀 더 신중하고 현명하게 처신했더라면 이집트 장관의 임명과 같은 어쩌면 사소한 일은 즉시 처리하여 라이투스를 지명하고, 황제 측근으로 하여금 근위대를 통솔하게 했어야 마땅했다. 더군다나 근위병들에게 약속했던 1만 2천 세스테르티우스는 절반밖에 지급되지 않았지만 그는 더 이상 하사금을 줄 수 없다고 선언하며, 이미 지급한 하사금만으로도 마르쿠스 아우렐리우스와 루키우스 베루스가 즉위하며 하사했던 액수와 같다고 주장했다. 하지만 마르쿠스와 베루스는 즉위 시에 2만 세스테르티우스를 하사했던 것을 병사들은 알고 있었다. 병사들은 분노했고 즉위 첫 주만 해도 반란의 움직임이 두 차례나 발각되었다. 그때 페르티낙스는 반란을 진압한 뒤, 그가 즉위할

때 원로원 의원들을 살해하지 않겠다던 약속을 지키기 위해서인지 주모자격인 원로원 의원들을 처형하지 않았던 반면, 반란에 가담한 병사들의 경우 모두 처형하자 근위병들의 반감이 극도로 깊어졌다. 더하여 그는 국가 재정의 부실이 황궁 행정 업무를 담당하고 있던 해방 노예들이 초래했다고 선언함으로써 황궁 관리들까지 적으로 만들고 말았다.

○ 한번은 페르티낙스의 개혁 정책에 불만을 품은 근위대가 원로원 의원 한 명을 납치하여 근위대 병영으로 데려가 황제의 자의를 입히려 했다. 자신의 의지와는 상관없이 근위대를 따라간 그 원로원 의원은 황제로 추대한다는 말에 기겁하여 병사들 몰래 근위대 병영을 탈출했다. 그런 후 페르티낙스 황제에게로 달려가 자신에게 일어난 일을 고함으로써, 겨우 이 위험스런 제안을 피할 수 있었다. 이처럼 불충했던 근위대는 몇 번의 실패에도 불구하고 개혁의 불만과 반란의 소요가 잠들지 않았다. 결국 얼마 뒤 200~300명의 근위병들이 무장을 한 채 황궁으로 진군했다. 그때 황궁의 문은 동료 근위병과 황궁 관리들에 의해 활짝 열렸다. 황궁 관리들은 주로 콤모두스 황제 때의 가신들이었으며, 그들은 자신들의 잣대로는 지나치게 청렴한 페르티낙스를 제거하기 위해 이미 은밀한 준비를 하고 있었던 것이다.

○ 근위대장 라이투스는 눈에 띄지 않으려고 몸을 숨겼고, 해방 노예 에클렉투스만이 황제의 곁을 끝까지 지켰다. 황궁에 난입하여 폭도로 변한 근위병들에게 페르티낙스는 도망치거나 숨는 대신 당당히 맞섰다. 황궁 내에 호위대가 있었으나 페르티낙스는 호위대로 반란군을 진압하지 않고 반란병들에게 잘못을 일깨워 주겠다며 직접 나선 것이다. 폭도들은 페르티낙스의 태도에 감명받아 자신들의 잘못을 곧

깨달았다. 그리고 이렇게까지 된 이상 자신들이 용서받을 수 없는 죄를 저질렀다는 것도 동시에 깨달았다. 그들은 절망감에 휩싸여 통그르 출신의 야만족 근위병이 먼저 황제에게 일격을 가했고, 그 뒤 무수히 많은 칼날이 페르티낙스의 몸에 꽂혔다.

○ 폭도들은 페르티낙스의 목을 잘라 창에 꽂고는 승리에 도취되어 근위대 병영으로 갔다. 이는 페르티낙스가 황제로 즉위한 지 불과 3개월이 채 지나지 않았을 때 일어난 참극이었다. 이로써 제국의 번영과 발전을 위한 노력은 중단되었고, 혼동과 피로 얼룩진 시대가 도래하게 되었으며, 이제 키잡이를 잃은 제국은 야심가들의 각축장으로 변했다.

╷╷╷╷╷ │ **마음에 새기는 말** │ ╷╷╷╷╷╷╷╷╷╷╷╷╷╷╷╷╷╷╷╷╷╷╷╷╷╷╷╷╷╷╷╷

개혁이 어려운 것은 기득권층은 결사반대하고, 그 개혁으로 이익을 얻게 될 사람들은 어떤 이익을 받게 되는지 잘 몰라서 미지근한 지지밖에 보내지 않기 때문이다.

– 마키아벨리는 군주론에서 다음과 같이 말했다. "새로운 질서를 도입하는 것은 기존 정책을 집행하는 것보다 성공하기가 훨씬 어렵다. 이는 옛 질서로부터 이익을 취하던 모든 사람들은 세차게 저항하지만, 새 질서로 이익을 얻게 될 사람들은 미지근한 호응만을 보내기 때문이다. 그들이 이처럼 미온적인 태도를 보이는 이유는 새로운 질서를 오래 경험해 보기 전까지는 신뢰하지 않는 인간의 회의적인 속성에 기인하며, 다른 한편으로는 옛 질서로 이제껏 이익을 누리던 기득권자들을 두려워하는 것도 이유가 되고 있다.(註. 대개의 경우 기득권자들은 기존에 강한 권세를 누리던 자일 경우가 많기 때문에 이제껏 소외된 자들로서는 그들이 두려운 존재다.)"

※ 경매에 부쳐진 황제 자리(193년)

≪단련을 거쳐 성취된 것이 아닌 지위는 쉽게 무너진다. 게다가 권력의 최고 자리는 돈으로 살 수 있는 흥정의 대상이 더욱 아니다. 권력이란 전통적인 방식에 의해 결정되어야 권위가 주어지며, 실질적인 권력을 행사할 수 있는 법이다.≫

○ 페르티낙스 황제가 근위대에 처참하게 살해된 후, 로마는 극도의 혼란에 휩싸였다. 그때 페르티낙스의 장인 술피키아누스가 제위에 오르겠다는 야심을 가졌다. 그는 자신을 제위에 오르게 해 주면 근위병들에게 하사금을 얼마만큼 주겠다고 흥정했다. 그렇게 되자 근위대 지휘관 2명이 175년 페르티낙스 황제의 동료 집정관이던 디디우스 율리아누스를 찾아가 황제로 나설 것을 설득했다. 디디우스 율리아누스는 마르쿠스 아우렐리누스 황제 때 폼페이아누스, 페르티낙스 등과 함께 게르만족과의 전쟁에서 혁혁한 무공을 세웠던 자였다. 몇몇의 근위대 지휘관들이 디디우스 율리아누스에게 황제 자리를 제의한 것은 술피키아누스가 야망뿐만 아니라 페르티낙스의 원한을 피로써 되갚기 위해 황제가 되려 한다고 두려워했기 때문이다. 부유한 원로원 의원이었던 디디우스 율리아누스는 처음에 망설였지만 근위대의 설득과 아내와 가족들의 부추김으로 마침내 자신이야말로 황제에 오를 수 있는 사람이란 걸 주장하기에 이르렀다.

○ 이렇게 되자 지고한 자리를 두고 비천한 일이 벌어졌다. 수치스럽게도 근위대의 방벽에 제위 경매에 관한 공고문이 나붙고, 방벽 아래서 디디우스 율리아누스와 술피키아누스가 황제 자리를 놓고 서로 간에

| 디디우스 율리아누스가 새겨진 주화

경쟁을 벌인 것이다. 그 결과 더 많은 하사금을 약속한 디디우스 율리아누스에게 황제 자리가 낙찰되었다. 디디우스 율리아누스는 근위병 한 사람당 2만 5천 세스테르티우스의 하사금을 약속했던 것이다. 그가 황제 자리를 낙찰받은 것은 술피키아누스보다 더 많은 하사금을 약속하기도 했지만, 술피키아누스가 사위의 죽음을 애석하게 여기며 자신이 황제가 되면 범죄자들을 처벌하겠다고 별렀기 때문이기도 했다.(註. 많은 학자들은 황제의 자리가 근위대 방벽 아래에서 경매로 낙찰되었다는 내용을 진실로 받아들이기보다는 카시우스 디오의 서술을 헤로디아누스가 따오면서 수사학적 비유를 곁들여 과장한 것으로 본다. 황제가 되려면 근위대의 옹립이 필요했고 근위대의 옹립을 받으려면 하사금을 제시해야 한다는 것을 비유하여 암시했다는 것이다.)

○ 이로써 근위대는 총사령관 페르티낙스 황제를 살해한 하극상의 죄를 저질렀을 뿐 아니라, 경매를 통해 황제를 옹립함으로써 황제의 지위라는 존엄성마저 훼손시키고 말았다.(註. 황제는 임페라토르이므로 로

마군 총사령관이자 통수권자였다.) 게다가 무참히 살해당한 페르티낙스의 자리를 차지했으면 묵과할 수 없는 뒤치다꺼리가 많았을 터인데도 디디우스 율리아누스는 황궁에 들어가던 그날 밤, 아직도 페르티낙스의 시신이 누워 있는 황궁 안에서 전혀 개의치 않고 음식을 가득 먹어 치우고는 친구들과 주사위 놀이를 했다.

○ 황제의 자리가 이렇듯 모욕을 당하자 분노한 시민들은 디디우스 율리아누스에게 욕설을 퍼붓고 황제가 황궁을 나서려고 하면 돌팔매질을 했다. 그러던 중 일부 시민들이 콜로세움에 모여 시리아 총독 니게르에게 군대를 일으켜 제위에 오르라고 결의하는 일까지 발생했다. 이제 황제 자리를 경매에 부쳤다는 수치스럽고 기가 막힌 소식은 최전방의 군단병들에게도 전해졌다. 그들은 놀라움과 분노 그리고 얼마간의 시기심이 뒤섞인 감정으로 수치스런 방법으로 승인된 황제를 인정할 수 없다는 것을 명백히 했다. 이는 곧 내전의 발발을 의미했다.

마음에 새기는 말

모든 원칙과 열정은 야망이라는 최고의 명령에 자리를 내어 준다.

- 사위인 페르티낙스가 살해당했을 때, 술피키아누스는 제위를 차지하려고 디디우스 율리아누스와 경쟁했다. 술피키아누스가 제위에 오르려고 한 것은 억울한 죽음을 당한 사위의 원망스럽고 응어리진 마음을 풀어 주려고 하는 그 어떤 고귀한 이유가 있어서이지 자신의 야망을 실현하기 위해서는 아니었을 것이란 추측을 낳았다. 하지만 인간성이란 그렇듯 순수하지 않을 수 있다는 것을 탄식하면서.

❄ 셉티미우스 세베루스(Septimius Severus)의 합종연횡(193~197년)

≪루비콘강을 건넌 후 행동과 태도가 분명하지 않다면 경쟁자를 이롭게 하고 비참한 결과만이 기다릴 뿐이다. 분명한 결의를 보이지 않는 동안 기회와 용기가 사라지고, 경쟁에서 패배하면 승리자의 관용을 기대하기란 어렵기 때문이다. 정치적 경쟁자에게 관용을 기대한다는 것은 어쩌면 카이사르에게만 바랄 수 있었던 특성이 아니던가? 만약 니게르가 자신의 통치 지역이던 시리아로 아들들을 일찌감치 불러들였다면, 세베루스의 본심을 좀 더 일찍 알아챌 수 있었으리라.≫

○ 페르티낙스가 근위대장 라이투스의 책략으로 살해되고 난 후, 디디우스 율리아누스가 황제로 추대되었으나 야심 있는 군사령관들은 그가 경매로 낙찰된 자라며 황제로 인정하기를 거부했다. 사실 디디우스 율리아누스는 게르만족과의 전투에서 무공을 세웠을 뿐 아니라, 페르티낙스와 함께 집정관을 지냈고 4곳의 속주에 총독을 지냈으며 당시 존경받던 원로원 의원이었다. 그럼에도 시민들과 병사들에게 인기 있는 자는 아니었다. 군사령관 중 유프라테스강 지역을 맡고 있는 페스케니우스 니게르, 브리타니아 지역을 맡고 있는 클로디우스 알비누스, 도나우강과 판노니아 지역을 방어하고 있는 셉티미우스 세베루스 등이 율리아누스에 대한 충성을 거부하고 황제 쟁탈전에 돌입했다.

○ 그중 세베루스는 황제 쟁탈전에 참가한 가장 젊은 사령관이었기 때문인지, 결정된 군사 행동을 민첩하고도 과감하게 밀어붙였다.(註. '세베루스severus'의 어원은 사비니 지방의 험한 산을 지칭한다. 학자들 중

에는 세베루스가 판노니아 지역을 담당한 것을 보면 그에게 군사적 능력이 없었다고 주장하는 자도 있다. 즉 이탈리아에 근접한 그곳에 군사적 능력이 탁월한 자에게 지휘권을 맡기면 반란의 위험이 있어 군사적으로 무능해 보였던 세베루스에게 맡겼다는 것이다. 하지만 로마에 가까운 판노니아가 야만족에게 뚫리면 매우 위험하므로 무능한 자에게 그곳의 지휘를 맡길 리가 없으며, 세베루스가 니게르와 알비누스에게 모두 이겼고 파르티아와 칼레도니아 공략에도 적극적이었던 것을 보면 군사적 재능이 아주 없었던 것은 아니었다고 짐작할 수 있다.) 그가 병사들을 로마로 이끌자, 디디우스 율리아누스는 이를 저지하기 위해 근위대에게 반란군을 진압하도록 명령하기도 하고 암살범을 보내기도 했으며 마지막에는 절망적인 조치로 원로원을 통하여 세베루스를 공동 통치자로 임명하겠다고 제안했지만, 모두 실패했다. 세베루스는 무력에 자신이 있어 굳이 공동 통치자로 하겠다는 제안을 받아들일 필요가 없었기 때문이다. 디디우스 율리아누스는 다급해져 근위대만이라도 휘하에 두려고 근위대장 라이투스와 콤모두스의 애첩 마르키아를 죽였지만 그것도 세베루스를 방어하는 데 허사였다. 마침내 세베루스는 창검으로 디디우스 율리아누스를 제위에서 끌어내리고 로마와 이탈리아 본국을 점령하여 자신의 지휘하에 두었다.

○ 로마를 손안에 넣은 세베루스는 근위병들을 무장 해제하고 도열시킨 다음 그들이 페르티낙스를 살해한 것에 대해 질책하며 훈시했다. 그런 후 황제를 살해한 책임을 물어 모든 근위병들의 군복을 벗기고 추방했다. 만약 해산된 근위병들이 로마시에서 160㎞ 이내에 접근한다면 처형될 것이라는 말도 덧붙였다.(註. 이때 추방된 근위병들은 훗날 비적 떼로 변신하여 제국의 치안 유지에 골치 아픈 존재가 되었다.) 디디

우스 율리아누스는 모든 사람들에게 버림받아 홀로 된 채 사형 집행인에게 끌려가면서 절규했다. "내가 무슨 잘못을 저질렀는가? 내가 누구라도 죽였단 말인가?" 하지만 불안한 시절의 황제란 힘이 없는 것도 죄가 될 수 있음을 그가 깨닫지 못한 결과였다. 이는 그가 제위에 오른 지 8주 만의 일이었다. 세베루스는 디디우스 율리아누스를 제거한 후 자신과 함께 북아프리카 출신인 알비누스에게는 회유 책략을 썼다. 혼란한 시대에 다 같은 북아프리카 출신끼리 서로 다투어서는 안 될 것이라는 뜻을 전하며 알비누스에게 공동 황제를 제의하여 동맹을 맺고, 이에 대해 원로원의 승인도 받아 냈던 것이다.(註. 셉티미우스 세베루스는 가족 초상화에서 유난히 어두운 색으로 표현되어 있다. 그는 피부색이 어두운 흑인 계통의 사람이었던 것이 분명하다. 그러고 보면 이미 2세기 때 흑인 로마 황제가 나왔으므로 오바마가 최초로 미국 흑인 대통령이 되었다며 놀라워할 이유가 없다.)

○ 시리아 속주 총독이었던 니게르는 병사들과 속주민의 존경과 사랑을 받았으나, 주변에 있는 모든 속주들이 황제로 받들며 페르티낙스의 복수를 청했을 때, 그것이 무엇을 뜻하는지 정확하게 의미를 파악할 수 있을 만큼 영민하거나 야심이 없었다. 니게르는 경쟁자와 반대 세력 없이 황제에 즉위할 수 있을 것으로 단순하게 믿어 버리고는 로마로 향한 신속한 진군을 미루고 있었다. 그뿐만 아니라 이 엄청난 경쟁을 마무리 짓거나 적어도 균형을 잡아 줄 수 있

❙ 셉티미우스 세베루스

는 라인강·도나우강·브리타니아 전선의 사령관들과 협상을 벌여 그들의 의도를 확인하지도 않았다. 그에 반해 세베루스는 발 빠르게 알비누스를 계책으로 회유한 후, 시간을 허비하지 않고 로마를 접수한 지 한 달 만에 시리아에서 분명한 행동을 보이지 않고 머뭇거리다가 비잔티움에서 겨우 진을 치고 있던 니게르를 공격하러 떠났다.

○ 니게르의 예상과는 달리 세베루스는 비잔티움을 우회하여 소아시아를 공략했고, 세베루스가 소아시아 공략에 성공하자 니게르는 니케아까지 후퇴하여 진을 쳤다. 그 옛날 알렉산드로스가 다레이오스 3세를 무찌른 이수스 평원에서 니게르와 맞붙은 세베루스는 결정적인 승리를 거두었다. 패배한 니게르는 남쪽으로 달아나다가 안티오키아 근처에서 붙잡혀 무참히 참수되었다. 결국 디디우스 율리아누스에 이어 또 하나의 제위 경쟁자가 사라졌다.

○ 세베루스와 니게르가 각축을 벌이고 있을 때 니게르의 아들들은 계속해서 로마에 머물고 있었다. 니게르가 세베루스와의 경쟁에서 패하자, 한때 니게르의 권력이 두려움이나 존경의 대상이 되어 세베루스 황제의 자제들과 함께 최고의 교육과 대우를 받았던 니게르의 아들들은 시민의 동정조차 없이 멀리 추방되었다가 그곳에서 곧 처형되었다. 예전에 오토 황제가 비텔리우스와 내전을 벌일 때 비텔리우스 가족들이 로마에 거주하고 있었다. 그때 오토는 비텔리우스 가족들을 처벌하지 않았다. 하지만 잔인한 세베루스에게는 그런 관용을 찾아볼 수 없었다.

○ 시리아의 니게르를 무찌른 세베루스는 195년 여세를 몰아 파르티아로 쳐들어갔다. 당시 파르티아는 새로이 부상하는 사산조 페르시아와 다투느라 국력이 쇠약해져 로마의 공격을 당해 낼 재간이 없었다.

단기간의 시위적인 공격을 마친 세베루스는 군대를 이끌고 제국의 영토로 되돌아왔다. 그것은 알비누스와의 싸움을 염두에 두었기 때문이다.

○ 니게르에게 승리하고 제국의 동방을 손안에 틀어쥐자 이제 세베루스는 서방으로 창검을 겨누었다. 그는 알비누스와 니게르가 연합 전선을 펼 수 있다는 두려움에 니게르를 제거할 때까지 알비누스에게 다 같은 아프리카 출신임을 내세워 최대한의 존경과 예우를 다하며 공동 황제로 알비누스를 대했다. 하지만 그는 제국을 공동으로 통치하려는 생각은 애초부터 없었고, 마지막에는 알비누스까지 제거한 후 제국을 자신의 깃발 아래 두려고 마음먹고 있었다. 니게르를 제거한 후 세베루스는 알비누스에게 보내는 편지에서 알비누스를 영혼의 형제이자 제국의 형제라고 부르며 아내인 율리아 돔나와 자식들이 그에게 보내는 안부 문의까지 전했다. 그러면서 뒤로는 전령에게 단검으로 알비누스를 죽이라는 은밀한 명령을 동시에 지시했다. 비열한 이 음모는 사전에 발각되어 실패했고, 결국 세베루스는 위선의 가면을 벗을 수밖에 없었다.

○ 니게르가 패하여 죽고, 세베루스의 야비한 음모가 발각된 다음에야 알비누스는 세베루스의 위선과 속임수를 완벽하게 납득했다. 그리고 자신이 3년 동안 시간만 허비했다는 것을 알아차리고 군사 행동을 개시했다. 그때는 이미 세베루스가 니게르에게 승리한 것을 알고서 라인강 방위선의 4개 군단이 자신에게서 이탈하고 난 후였다. 3년 동안 세베루스는 병력이 2배로 늘어났으며, 알비누스는 자신을 지지하는 병력이 절반으로 줄어든 셈이다. 브리타니아 병력을 주축으로 하는 알비누스와 도나우강 병력을 주축으로 하는 세베루스는 루그두눔 근

처에서 격렬하게 맞붙었다. 준비한 자를 이기지 못하는 것은 당연하다. 최종적으로 세베루스는 알비누스를 자살로 몰아넣고 제국의 통치권을 손안에 넣었다.

○ 세베루스는 패잔병을 용서하지 않고 참혹하게 처분하는 자였다. 적군이라 해도 내전에서 적군은 다 같은 로마인이다. 그럼에도 세베루스의 행동은 변함없이 일관되었다. 그는 자살한 알비누스의 벌거벗겨진 시체를 끌고 나와 말발굽으로 짓밟고, 그것도 모자라 목을 잘라 몸통은 살해당한 알비누스의 아내와 아들의 주검과 함께 론강에 내던졌고, 머리는 로마로 가져와 자신에게 적의를 품은 사람들에게 본보기가 되게 했다. 세베루스는 니게르와 전투 중일 때는 알비누스에게 같은 아프리카 동향이라고 다정하게 회유했지만, 동향 출신이라는 것이 의미를 갖는 것은 그것을 이용할 수 있을 때뿐이고, 승리한 후에 이를 고려하여 배려할 사람이 아니었다. 그가 콤모두스 치세 때 아프리카 출신 근위대장이던 라이투스의 추천으로 판노니아 총독이 되어 막강한 군사력을 가지게 된 다음 그 힘으로 권력의 꼭대기까지 오른 것을 생각하면, 동향인의 은혜를 받은 자가 같은 동향인에게 배은망덕한 태도를 보인 것이다.

○ 니게르는 남달리 정직했고 알비누스는 온후하며 훌륭한 가문 출신이었지만, 세베루스의 잔혹함과 냉철함을 이기지 못했다. 이렇듯 잔혹한 쪽이 승리한다는 사실은 역사가 남기는 비극이었다. 이 내전은 네로 황제 사후에 벌어진 내전보다 로마 제국의 전반에 더 큰 상처를 남겼으며 치유 기간도 훨씬 오래 걸렸다.

○ 알비누스와의 마지막 승부까지 승리로 끝낸 세베루스는 또 한차례 파르티아를 공략하여 198년 단번에 파르티아의 수도 크테시폰을 점

령하고 의기양양하게 막대한 전리품을 챙겼고 199년 메소포타미아 지역을 빼앗아 로마의 속주로 편입시켰다. 하지만 이러한 공격은 죽어 가는 자에게 칼부림을 한 것일 뿐 로마의 국익에 도움을 주기보다는 오히려 해악을 끼쳤다. 왜냐하면 파르티아의 멸망을 재촉시킨 것은 더욱더 호전적인 페르시아의 성장을 부추긴 결과가 되었기 때문이다.(註. 군사적인 면에서 파르티아는 상비군이 없었지만 페르시아는 상비군 체제에다 중앙 집권적이어서 훨씬 강력한 군사력을 지녔다.)

｜ 마음에 새기는 말 ｜

비열한 무리는 공공의 혼란 속에서 오히려 개인의 이득을 챙기고, 공평무사한 법보다는 폭군의 총애를 더 좋아하는 법이다.

– 페르티낙스 황제가 콤모두스의 폭정과 낭비로 생긴 제국의 상처를 치유하기 위해 관대한 정책과 검소한 생활 그리고 엄격한 군율을 요구했으나, 방종과 특권에 젖어 있던 근위대가 이를 못마땅하게 여긴 것에 대하여.

※ 제국 멸망의 초석을 마련한 세베루스

≪통치자가 국가의 흥망을 살피지 않고 자신과 황족의 안정과 권력의 오랜 독점만을 열망한다면, 국가 존립을 위태롭게 하는 독소를 만들 수밖에 없는 법이다. 국가를 자신의 소유물처럼 다루었던 세베

루스는 원하는 것을 얻기 위해 병사들에게 아부하는 정책을 시행했다. 그 결과 제국의 환부는 치료되지 못하고 썩어 갔다.≫

○ 그 옛날 공화정은 정치적 견해를 달리하는 두 개의 당이 치열한 의견 대립을 보이면서 군사적 충돌로 발전하는 경향을 보였다. 그 대립은 부유하고 가문이 좋은 당파 지도층과 그들을 지지하는 시민들과 병사들이 같은 명분을 가지고 정적들과 투쟁했다. 설령 지도자가 사망했다고 하더라도 당에서는 지도자가 될 우수한 인재들을 항상 보유하고 있으면서 정쟁을 발전시켜 갔다.

○ 그러나 제정 시대는 달랐다. 정치적 의견 대립으로 내전이 벌어진 것이 아니라, 제위를 놓고 실력자들 간에 피비린내 나는 혈전을 벌였다. 원칙이나 정치적 견해 없이 황제 후보자의 깃발 아래 몇몇은 애정으로, 일마쯤은 동조하지 않는다면 각오해야 할 처벌이 두려워서, 그리고 대부분의 경우는 이해관계가 맞아떨어졌기 때문에 모여들었다. 명분이나 충성심이 아니라, 내전의 승리 후에 돌아올 후한 하사금이나 보상에 대한 욕심이 군단병들을 내전으로 이끌었다. 속주민들은 누가 황제가 되든지 간에 문제가 되지 않았으나, 내전에서 승리한 자는 병사들에게 약속한 막대한 하사금을 해결하기 위해서 가장 비협조적이었던 속주를 희생시킬 수밖에 없었다. 속주가 희생되더라도 제정 시대는 스스로의 힘으로 부당하다고 생각되는 로마군의 진군을 막을 수 있는 개인이나 가문 또는 정치 집단이 거의 없었으며, 그럴 필요를 느끼지도 않았다.

○ 이러한 경향으로 유럽과 아시아를 나누는 길목에 위치한 비잔티움(註. 훗날 '콘스탄티노폴리스'로 불리다가 현재 '이스탄불'로 부른다.)은

헬레스폰토스 해협(다르다넬스 해협), 마르마라해, 콘스탄티노폴리스, 보스포루스 해협

니게르의 편에 서서 3년간이나 세베루스의 군대와 혈전을 벌였으나, 결국에는 기아로 패배하고 패배자 처리에 잔혹하기로 소문난 세베루스에게 그 벌로써 관리와 병사들이 처형당하고 도시는 소규모 촌락으로 몰락하는 결과를 낳았다. 미래를 내다볼 줄 모르는 세베루스의 어두운 눈은 비잔티움의 몰락으로 아시아를 넘어오는 야만족의 방어를 무시했다는 비난을 들었다. 이후에 고트족 함대가 보스포루스 해협을 통과해 지중해까지 진출하게 됨으로써 이 비난은 정당성이 입증되었다.(註. 고트족은 스칸디나비아 반도의 스웨덴 남부에 살다가 남쪽으로 이주한 것으로 추정되며, 그들은 그곳에 '고트랜드'란 지명으로 자신들의 흔적을 남겼다.)

○ 세베루스의 잔인성은 그가 최종적으로 승리한 후에 서서히 표면화되었다. 시리아와 브리타니아 속주의 주요 인물들은 자신의 의지와는

상관없이 파견된 총독의 통치를 따랐을 뿐인데도 니게르와 알비누스의 추종자라는 이유로 처형당하고 추방당했으며 재산을 몰수당했다. 그리고 패배자 측에 섰던 동방의 많은 도시들은 니게르에게 바치던 세금의 4배를 세베루스에게 바치게 되었다.(註. 자신에게 반기를 들었던 도시에게 처벌과 폭정을 일삼는 황제의 경우 과중한 세금 부과는 일상적인 조치였다.) 세베루스는 통치에 걸림돌이 되거나 의심이 되는 로마 · 히스파니아 · 갈리아의 귀족들과 그들의 처자식 및 하인들을 처형했다. 그는 이것을 엄격한 정의라고 규정하면서 이런 조치들이 국민에게 평화를 보장하고 제위에는 안정을 도모할 수 있으며, 관대해지려면 먼저 잔인해져야 할 필요가 있다면서 자신의 잔인성을 정당화시켰다.

○ 세베루스가 잔혹한 보복을 계속하지는 않았다. 내전의 상처를 아물게 하기 위한 세베루스의 노력, 다시 말해 공공사업과 생필품의 배분, 관대한 정책으로 고요한 평화가 찾아왔기 때문이다. 그의 말대로 잔인함 이후에 관대함을 보였던 것이다. 하지만 세베루스의 정책에는 치명적인 독소가 제도적 장치 안에 주입되어 있었다. 승리감에 도취된 군단은 세베루스 황제에 의해서 감사의 뜻이든 정책의 오류 탓이든 간에 어쨌든 파격적인 대우를 받았다. 규율은 느슨해졌고, 병사들이 금반지를 낄 수 있는 영예는 허영심을 부추겼고, 병영 바깥에서 아내와 함께 지낼 수 있도록 허용된 조치는 군대를 더욱 안일한 곳으로 변질시켰다.(註. 셉티미우스 세베루스 황제는 197년 병사들의 결혼을 허용했고, 병사의 아내가 병영 바깥에 사는 것을 공식으로 허용했다. 이는 이미 현실이 되어 있던 것을 합법화한 것이라고 추정된다.) 세베루스는 병사들의 급여를 현격하게 인상시켰고 그것도 모자라서

각종 행사 시에 후한 하사금을 주었다.(註. 셉티미우스 세베루스 황제
는 군단병들의 연봉을 300데나리우스에서 600데나리우스로 올렸다.) 병
사들에 대한 파격적인 우대는 점차로 당연시되었고, 병사들은 그들
본연의 임무를 수행하기 위해 필요한 용기와 힘의 발휘에는 전혀 쓸
모없는 오만과 방종으로 인도되었으며 사치스런 생활로 나태해져 갔
다. 세베루스는 어느 군단장에게 보내는 서한에서 군대의 특권적 지
위와 오만을 개탄하면서 장교들부터 솔선하여 개혁할 것을 촉구한
적이 있었다. 살펴보면 군대의 일차적인 타락의 원인 제공자는 치명
적일 정도로 특혜를 베푼 황제 자신이었다. 이제 군대는 존경받지 못
하는 지휘관들로 가득 찼으며, 그들은 고된 병영 규칙에서 반드시 있
어야 할 부하들의 복종조차 기대할 수 없었다.

○ 세베루스는 페르티낙스를 자신의 칭호에 덧붙이며 그를 살해한 대가
로 근위대를 응징하기로 결정했다.(註. 세베루스 황제의 공식 호칭은
'임페라토르 카이사르 루키우스 셉티미우스 세베루스 페르티낙스 아우구
스투스'였다.) 그는 근위병들에게 무기를 내려놓고 도시 외곽으로 이
동하라고 명령한 후 페르티낙스의 암살에 가담한 자들을 모두 처형
했다. 그다음 기존의 근위병들을 완전히 해체시키면서, 만약 그들이
로마 외곽 160㎞ 이내로 접근하면 처형될 것이라고 경고했다. 그런
후 기존 근위대가 없어진 자리를 자신의 부대 병사들로 채워 넣기로
하고 모든 지역의 군단에서 힘과 용기와 충성심이 가장 뛰어난 병사
들로 차출하여 종전보다 4배로 증강시켰다.(註. 로마 수비대가 4배로
증원되었다는 것은 헤로디아누스의 기록에 따른 것인데, 이는 근위대뿐
아니라 경찰대·소방대 및 세베루스가 로마 근교에 주둔시킨 제2파르티
카 군단병들까지 합친 것으로 보이며, 그렇더라도 조금 과장된 것으로 여

겨진다.) 그 결과 이탈리아 내에서 유일한 군사력으로 반란을 진압하고 황제를 호위하던 근위대장은 이제 더욱 막강한 군사력을 보유함으로써 황제 다음가는 자리가 되었다. 근위대장은 모든 군대의 수장으로 변모했고 재정부와 사법부의 장관까지 겸하게 되었으며, 행정 부서에서는 황제의 권력을 대신할 정도였다.(註. 근위대를 해체시킨 일은 과거에도 여러 번 있었다. 비텔리우스 황제가 오토를 따랐던 기존의 근위대를 해체하고 게르마니아 군단에서 차출하여 재조직했으며, 트라야누스 황제가 네르바에 항명한 기존의 근위대를 해체하고 자신의 지지자들로 재조직했다. 이렇듯 근위대는 황제를 근접하여 보필하는 부대이므로 충성과 신뢰에 의심이 갈 때는 언제든지 해체되었다.)

○ 세베루스는 공화국에서 원로원과 시민으로부터 권력을 위임받은 프린켑스(註. princeps는 '제일인자'란 의미)가 아니라, 자신의 제국과 시민을 다스리는 군주로 변신했다. 아우구스투스 이래로 지켜 온 위선적인 정책을 버리면서, 황제의 권력을 원로원의 권위로 위장하지 않고 독단적으로 떳떳스레 향유했다. 원로원은 개인적인 아부를 공적인 봉사라는 이해할 수 없는 새로운 논리로 정당화시키는 무리들로 채워졌으며, 군주에 대한 절대적인 복종의 의무를 주입시키고 자유의 폐해를 열심히 주장하는 사람들이 권력의 주변을 에워쌌다. 로마의 정신을 이끄는 지식인들은 황제의 권위는 원로원으로부터 위임받은 것이 아니며, 황제는 의지대로 시민의 재산과 생명을 지배하고 제국을 황제의 세습 재산으로 처분할 수 있다고 세뇌시켰다. 이렇듯 세베루스의 심중을 꿰뚫어 보고, 그의 마음에 영합하는 정책과 논리를 쏟아 낸 얄팍한 지식인들은 황궁의 보호 아래 찬란한 세도를 누렸다.

○ 이러한 일련의 정책에도 불구하고 훗날 세베루스가 그토록 열망했던

가문의 번영을 지켜 주지 못했다. 다만 그의 정책과 선례가 남긴 치명적 독소만이 로마 제국의 몰락을 초래하는 주요 요인으로 남게 되었을 뿐이다.

☀ 율리아 돔나(Julia Domna)의 비극

≪세베루스는 마르쿠스 아우렐리우스가 선제들의 양자 계승 전통을 따르지 못하고 무능한 친아들 콤모두스에게 제위를 물려준 것에 대해 비난하곤 했다. 이는 그의 이성적 판단이 작동했기 때문이지만, 정작 그 자신이 선택을 강요받자 자유롭지 못했다. 그는 두 아들 중 약한 쪽이 강한 쪽에게 희생이 될 것이며, 강한 자 역시도 스스로의 악으로 파멸할 것이라며 비극을 예언했고 그 예언은 적중했다. 만약 세베루스가 양자 계승 전통을 따르거나, 그것이 아니더라도 두 아들의 화합을 기대하느니 차라리 현실적으로 판단하여 둘 중에 하나를 선택했다면 역사는 달라졌으리라.≫

○ 율리아 돔나는 세베루스의 두 번째 부인이었다. 그녀는 시리아에 있는 에메사 신전의 태양신 엘라가발을 모시는 제사장 율리우스 바시아누스의 딸이었다. 점성술을 믿었던 세베루스는 그녀와 결혼을 결심하기 전에 점성술사를 찾아가서 자문을 구했다. 율리아 돔나의 별자리를 보면서 그녀는 왕과 결혼할 운명이라는 점성술사의 말에 세베루스가 결혼을 결심했다고 전해진다. 율리아 돔나는 태양신 제사장의

딸이었지만 그리스 철학에도 조예가 깊을 만큼 교양인이었다. 남편 세베루스가 살아 있을 때까지 그녀는 행복했으며 현모양처였다. 황궁에서도 수다거리나 찾아내는 상류층 부인들보다는 철학자나 당대의 지식인들과 교류했다. 그녀의 온화한 자질이 남편의 음울하고 질투심 많은 성격을 순화시키지는 못했으나, 아들들의 지나친 방종을 교정하여 주었으며, 나이가 들었어도 미모를 간직했고, 생기 있는 확고한 정신과 보통의 여성에게 기대하기 힘든 판단력까지 있었다.

○ 돔나에게는 큰아들 카라칼라와 한 살 어린 게타가 있었다. 카라칼라의 어린 시절은 매력적이었고 예의바르며, 친절과 선행을 베푸는 데 결코 인색하지 않았으며, 용서할 때도 마지못해 하는 적이 없었다. 하지만 카라칼라는 자라면서 타고난 격렬한 성품이 드러났다. 202년 그가 15세 때 아버지의 친구였던 근위대장 플라우티아누스의 딸 플라우틸라와 결혼했는데, 플라우티아누스는 세베루스 황제로부터 위임받은 엄청난 권력으로 온갖 만행을 저지르고 부를 쌓은 자였다. 심지어 멀쩡한 남자들을 거세해 플라우틸라의 시종으로 만들기도 했는데 무려 100명이나 한꺼번에 성불구자로 만들었다고 한다. 카라칼라는 아버지의 권유에 따라 어쩔 수 없이 결혼을 했으나 강력한 권세로 어머니와 맞서는 플라우티아누스를 증오하면서 아내와 잠도 자지 않았고 식사도 함께하지 않았다. 플라우티아누스의 파멸을 노리던 그는 어느 날 부하 백인대장을 동원하여 플라우티아누스가 반란을 꾀했다고 거짓으로 고발하게 했다.(註. 기록에 따라서는 반란의 음모가 사실이라고도 한다.) 그러면서 카라칼라는 반란을 꾀했다는 죄목으로 아버지 세베루스 황제 앞에서 장인을 찔러 살해했고, 아내를 리파라(註. 현재 지명 '리파리')섬으로 유배 보냈다. 그 이후 세베루스가 죽고 자신이 단

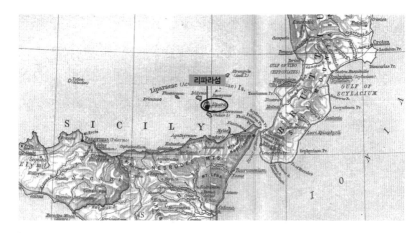

| 리파라섬

독 황제가 되자마자 아내를 암살했으며, 그것도 모자라 장인과 아내를 기록 말살형(담나티오 메모리아이damnatio memoriae)에 처하고 그들의 조각상을 흉측하게 잘라 내어 망자의 영혼을 모독했다.

○ 이처럼 카라칼라는 아버지의 잔혹한 성격을 그대로 이어받았지만, 반면에 동생 게타는 온화하고 느긋한 성격이었다. 비판적으로 말하는 사람에 의하면 게타는 애정을 억제하지 못하고 탐욕스러우며 자신을 위해서는 돈을 쓰지만 남을 위해서 선물할 줄 모르는 성격이라고도 했다.

○ 카라칼라는 동생 게타와 처음에는 흔히 있는 어린아이들의 다툼처럼 서로를 증오하며 싸웠으나, 17세가 되었을 때는 돌이킬 수 없을 만큼 형제 사이는 벌어져 있었다. 게다가 황궁의 관리들은 황가의 안녕과 질서를 위해 형제의 싸움을 말리고 달래야 했거늘 그렇지 못했다. 오히려 카라칼라와 게타의 반목질시는 서로에게 충성하는 총신들의 이

해관계가 얽혀 더욱더 심화되었다. 각각의 지지자들은 형제들의 욕망과 천박한 취향에 비위를 맞추었고, 한쪽의 즐거움이 다른 한쪽의 분노를 사게 될 일들을 유발시켜 두 형제들을 화목으로 이끌기보다는 반목으로 잡아당겼다. 결국 세베루스와 돔나는 후계자가 될 자식 교육에 실패하고 말았다.

○ 세베루스 황제는 큰아들 카라칼라에게는 일찌감치 후계자 자리를 주었지만 작은아들 게타는 10년이나 지나서 공동 후계자로 지명했다. 그것은 애초에 세베루스가 카라칼라만을 후계자로 생각했으나, 황후 율리아 돔나가 게타의 제위 계승을 강력히 원했기 때문이다. 카라칼라가 단독으로 황제가 되겠다는 야심은 이로써 무산되었고, 불행의 씨앗이 뿌려졌다. 3세기의 역사가 헤로디아누스에 의하면 카라칼라는 칼레도니아 정벌 때 몸이 아픈 아버지를 성가신 존재로 여기고 좀 더 빨리 아버지를 죽게 하기 위해 의사와 시종들을 설득하려 했다고 한다. 심지어 그가 병사들보다 앞서 아버지와 함께 말을 달릴 때 아버지의 등을 찌르려 하자, 이를 알아챈 근처의 사람들이 소리를 질렀고 그 바람에 세베루스가 위험을 알아차리고 몸을 돌리자, 겁먹은 카라칼라가 만행의 용기를 접었다는 소문이 전하기도 한다.

○ 세베루스 황제는 알비누스와의 내전으로 브리타니아 전선이 약화된 틈을 타 발호하고 있던 칼레도니아(註. 현재 스코틀랜드 지역)를 공략하던 중에 에보라쿰(註. 현재 잉글랜드 '요크')에서 죽음을 맞았다. 그는 생을 마감하며 두 아들에게 유언을 남겼다. "형제가 서로 아끼면서 사이좋게 나라를 다스려야 하느니라. 그리고 병사들에게 신임을 잃지 않도록 그들의 주머니를 두둑하게 후대하고 다른 자들은 경시해도 괜찮느니라." 이는 지극히 가정적이고 다정다감한 아버지였던

셉티미우스 세베루스 황제가 아마도 형제간에 우의가 나쁜 것을 걱정하고 군대의 중요성을 두고 한 말이었으리라.

○ 그럼에도 사이가 벌어진 형제들은 아버지가 죽자 칼레도니아와 재빨리 평화 조약을 맺고 귀국하는 내내 언쟁을 벌였다. 절제와 화해의 덕성을 발휘하여 제국을 꾸려 나가기에는 너무 젊었는지 이들은 로마에 와서도 황궁을 둘로 가르고 통로를 막은 후 혹여 형제의 공격으로 위험에 처하게 될까 서로 간에 경비병을 세웠다. 이처럼 서로를 믿지 못하고 사사건건 의견이 충돌하자 형제들은 제국을 동서로 나누어 가질 것을 깊이 고려했다. 카라칼라가 제국의 서측인 갈리아와 히스파니아 그리고 아프리카를 통치하고, 게타가 제국의 동측인 아시아 속주들을 차지할 계획이었다. 제국을 분할 통치하려고 한다는 소문이 들리자 율리아 돔나는 제국을 분할할 거라면 어머니는 어떻게 나눌 것이냐고 따지며 형제끼리 화해하라고 간곡히 타일렀다. 결국 두 형제는 율리아 돔나의 적극적인 호소와 시민들의 놀람과 분노로 제국의 동서 분할을 포기할 수밖에 없었다. 하지만 두 형제가 적의를 품은 채 청소년기를 보냈다면 어머니의 충고 몇 마디로 화해되기란 애초부터 불가능하거늘 율리아 돔나가 화해를 종용했다는 것이 얼마나 무모한 짓이었는지 얼마 후 형제간의 살육으로 입증되었다.

○ 카라칼라는 제국의 권력 분할이라는 문제를 간편하고 재빠르게 해결하기 위해 정당하지 못한 방법을 쓰기로 마음먹었다. 그는 어머니의 처소에서 평화와 화해를 목적으로 동생을 만나자고 제안했다. 당시 두 형제는 황궁을 둘로 나눠 거주하고 있었으며, 강력한 호위대가 두 형제의 주변을 항상 감시하고 있었다. 형의 뜻을 의심하지 않고 순진하게 받아들여 어머니의 처소로 간 게타는 카라칼라의 지시로 만남

의 장소 뒤에 미리 매복한 병사들에 의해서 살해되었다. 카라칼라의 사악한 계획을 전혀 몰랐던 율리아 돔나는 병사들의 칼날로부터 작은아들을 보호하려고 품 안에 안고서 자신의 손에 상처를 입으면서까지 실랑이를 벌였지만, 결국 게타는 깊은 상처를 입고 어머니의 품을 피로 물들이면서 죽었다. 그때 게타의 나이 24세였고 형 카라칼라는 25세였으며, 공동 통치를 한 지 10개월만이었다. 카라칼라는 온화한 성격의 소유자인 게타와 권력을 나누어 가지는 데 참을 수 없었기 때문에 게타를 죽였지만, 겉으로는 게타가 자기를 암살하려 했다고 주장했다. 세베루스가 그토록 많은 피와 수고를 들여 방어한 제국의 제위는 두 아들의 시기와 갈등으로 위태로워졌으며, 두 아들에게 공평함과 균형을 유지하고자 한 노력도 물거품이 되었다.

○ 카라칼라는 시민들의 분노가 두려워 살해된 게타를 신격화했다. 그리고 성대한 장례식도 함께 치러 주었다. 카라칼라는 게타를 신격화하면서 유명한 말을 남겼다. "게타여, 살아 있지 않는 동안에만 신이 될지어다(Geta sit divus dum non sit vivus)!" 이것은 게타가 죽어서 불멸의 신이 되는 것은 얼마든지 베풀겠지만, 살아서 신과 같은 강한 힘을 가진다면 용서하지 않겠다는 의미였다.

○ 세베루스는 마르쿠스 아우렐리우스 황제가 자신의 아들이 황제로서의 자질이 부족함에도 단호한 결정을 내리지 못하고, 제위를 넘김으로써 시민들로 하여금 콤모두스의 폭정으로 고통받게 했다고 종종 비난을 해 왔다. 그는 자신이 똑같은 상황에 처하자, 황제로서의 엄격함도 아버지로서 아들에게는 얼마나 무기력한지 몸소 경험했다. 세베루스가 자신이 비난했던 친자 상속의 오류를 범하지 않았던들 그는 지난날의 잔혹함도 모두 용서되고 정당화되어 탁월한 군주

로 길이 남았으리라. 하지만 마르쿠스가 양위했던 것과 같이 자질이 없는 아들에게 제위를 물려줌으로써 이제껏 행했던 자신의 잔인한 행동보다 훨씬 더 치명적인 독소를 로마 제국에 집어넣었다.(註. 제정 로마에서 아버지가 친아들에게 양위할 수 있었던 경우는 그렇게 많지 않았다. 그중에서도 친아버지로부터 제위를 물려받아 실권을 향유했던 황제는 티투스, 콤모두스, 카라칼라, 갈리에누스, 콘스탄티우스 3형제, 그라티아누스, 호노리우스, 테오도시우스 2세 정도일 만큼 황제의 지위는 항상 위험하고 불안했다. 또한 친아버지로부터 제위를 승계받은 티투스·갈리에누스·콘스탄티우스 2세·그라티아누스 등이 황제의 의무와 소임을 방치하지 않았으며, 디오클레티아누스의 4두 체제에서는 모두 친아들이 아닌 자로 제위를 승계했지만 그리 성공적이지 못했다는 것을 보면 제위 승계의 견실함은 친아들이냐 아니냐의 문제가 아니라 자질의 문제였다.)

○ 훗날 카라칼라 황제의 파르티아 원정길을 따라서 안티오키아까지 갔던 돔나는, 그곳에서 큰아들이 암살당했다는 소식을 전해 들었다. 남편이 죽었다는 소식도 그리고 작은아들이 품 안에서 죽어 가는 고통도 견디어 냈던 그녀였지만 큰아들의 암살 소식에는 충격을 받았다. 게다가 새로 황제가 된 마크리누스가 처음에는 율리아 돔나에게 깍듯한 예우로 대했지만 곧 그녀가 술책으로 반란을 도모한다며 유폐시켰다. 그렇게 되자 그녀는 이에 항의하면서 단식 투쟁을 벌이다 앓고 있던 유방암이 더욱 깊어져 죽고 말았다. 아마도 그녀의 죽음은 새로이 황제가 된 마크리누스가 원했던 것이기도 했으리라. 그녀는 시리아 속주 태생으로 로마의 황후까지 되었으나 결코 행복했다고만 할 수 없는 여인이었다.

○ 언젠가 세베루스는 "두 아들 중 약자가 강자에게 희생되고, 강자 역시 그 자신의 악 때문에 파멸을 면치 못할 것이다."라고 예견한 적이 있었다. 이제 그의 예언이 적중했음이 입증되었다.

│ 마음에 새기는 말 │

권리란 일단 주었다가 다시 빼앗기는 거의 불가능하다.

– 카라칼라 황제의 안토니누스 칙령이 황제가 죽은 지 1~2년도 지나기 전에 로마 시민들에게 부과되었던 상속세와 노예 해방세는 세율이 10%에서 5%로 원상태로 되었지만, 속주민들의 로마 시민권을 비롯한 혜택은 그대로 유지할 수밖에 없었던 것에 대하여. 이와 같이 혜택과 복지란 나아가기만 할 뿐 물러설 줄 모르는 정책이다.

※ 마르쿠스 아우렐리우스와 셉티미우스 세베루스

≪마르쿠스와 세베루스는 지나온 운명의 수레바퀴 자국이 서로 간에 너무나 많이 닮았다. 그러나 두 황제가 암울하고 비극적인 면에서는 유사했지만, 통치에서는 서로 다른 면모를 보였다. 살펴보면 한 사람은 선제의 양아들 자격으로 황제가 되었지만 다른 한 사람은 동료와 병사들의 피로써 황제가 되었으며, 한 사람은 선정을 펼쳐 5현제의 한 명이 되었고, 다른 한 사람은 잔인한 보복과 폭정을 후세에 남겼다.≫

○ 마르쿠스는 '녹음이 짙은 나의 카일리우스 언덕, 내 사랑하는 로마'라는 지극히 감성적인 글로 떠나온 고향 로마를 그리워했지만, 진눈깨비가 흩날리는 도나우강 전선에서 죽었다. 세베루스는 겨울에도 눈부시게 쏟아지는 햇살 아래 쪽빛 지중해가 펼쳐지는 북아프리카 렙티스 마그나에서 나고 자랐지만, 음산하며 춥고 온종일 비가 그치지 않는 브리타니아 북부 전선에서 삶을 마감했다. 세베루스는 마르쿠스에 이어 전쟁터에서 죽음을 맞이한 두 번째 로마 황제였다.

○ 마르쿠스는 죽기 전 콤모두스를 불러들여 게르마니아 전쟁을 성공적으로 종결짓는 것은 자신의 절대적 명령임을 강조하며 아들을 압박했다. 하지만 콤모두스는 마르쿠스가 죽고 난 뒤 휘하 장군들의 반대에도 불구하고 게르만 부족들과 강화 조약을 맺고 전쟁을 중단했다. 카라칼라도 세베루스가 죽고 난 뒤 재빨리 칼레도니아인과 강화 조약을 맺고 부친의 유골을 수도에 매장해야 한다며 로마로 돌아왔다.

○ 철인 황제 마르쿠스의 "명상록"과 군인 황제 세베루스의 유언에 우수가 감도는 것도 마찬가지다. 마르쿠스는 "죽으면 황제나 노예나 매한가지"라고 했으며, 세베루스는 "나는 모든 것을 이루었으며, 임무를 충실히 이행했다고 자부한다. 하지만 이제 와서 생각해 보니 그 모든 것이 헛된 것 같구나."라는 유언을 남겼다.

○ 두 황제 모두 아내 외에는 연인을 두지 않은 좋은 남편이었으며, 화목한 가정을 이루기 위해 노력을 아끼지 않았다. 그들의 후계자들은 매우 가정적이었던 아버지의 슬하에서 자랐지만 마르쿠스의 후계자 콤모두스 황제는 누나 루킬라를 반역죄로 귀양을 보낸 후 살해했고, 세베루스의 후계자 카라칼라는 형제끼리 반목하다가 어머니 면전에서 동생 게타를 살해했다.

○ 마르쿠스의 아내 파우스티나와 세베루스의 아내 율리아 돔나는 소
　문을 기록하기 좋아하는 역사가들로부터 많은 연인을 가졌다는 의
　혹을 받았으며, 그녀들의 남편들은 모두 아내의 정숙함을 의심하지
　않았다.
○ 그리고 마르쿠스와 세베루스의 후계자인 콤모두스와 카라칼라는 둘
　다 천수를 다하지 못하고 암살당했다.

| 알아두기 |

• 안토니누스 칙령(constitutio antoniniana)(212년)

카라칼라 황제는 제국에 사는 자유로운 신분의 모든 사람에게 로
마 시민권을 주는 칙령을 제정했다. 그러면서 말했다. "나와 내 백
성들은 제국을 지키는 부담을 나누어 가질 뿐만 아니라, 영예도 나
누어 가져야만 좋은 관계를 수립할 수 있을 것이고, 지금까지 오랫
동안 로마 시민권자만 누릴 수 있었던 영예를 이 칙령에 따라 비로
소 모든 국민이 함께 누리게 되었다." 즉 로마 시민과 속주민의 차
별이 철폐된 것이다.

안토니누스 칙령은 인간적인 측면에서는 지극히 존중되어야 하
겠으나, 속주세 문제와 신분의 유동성이 없어지는 결과를 낳아 로
마 멸망에 단초가 되었다.(註. 로마 제국은 2세기 말부터 신분 계급
이 고착화되고 유동성이 뚜렷하게 감소했다.) 그러나 일부 학자들
은 안토니누스 칙령에 의한 속주세의 감소는 미미하고 오히려 로마
시민권자들에게 부과되었던 상속세의 증가를 가져왔다고 주장한다.
카라칼라가 칙령을 반포하면서 노렸던 것도 바로 이 점이라고 했
다.(註. 제정 원수정기의 주요한 세입원이었던 속주세는 훗날 디오
클레티아누스 황제의 조세 개혁에 의해 폐지되었다.)

※ 파피니아누스(Papinianus)의 답변(212년)

≪셉티미우스 세베루스 황제의 근위대장이던 법률가 파피니아누스는 카라칼라의 명령을 거부함으로써 세베루스와의 약속을 지키고, 자신의 명예도 지켰다. 그럼으로써 그가 지키지 못한 것은 자신의 목숨이었다.≫

○ 카라칼라는 동생 게타를 살해한 뒤 신변 안전과 지지를 얻고자 근위대를 찾아갔다. 게타에게는 그를 따르는 대담하고 막강한 친구들이 많았기에 그들의 분노를 두려워했던 것이다. 카라칼라는 근위대에서 말했다. "기뻐하라, 동료 전우들이여! 이제 내가 그대들에게 마음껏 호의를 베풀 수 있는 지위를 갖게 되었노라." 그러면서 게타를 죽일 수밖에 없었던 것은 자신을 살해하려고 했던 까닭에 선수를 친 것이니 이는 범죄가 아니라 정당방위라고 주장했다. 이 무모한 주장이 근위병들에게는 쉽게 먹혀들었으나, 세베루스가 유사시를 대비해 로마 근처에 주둔시킨 제2파르티카 군단의 경우는 달랐다. 그들은 자신들이 두 형제 모두에게 충성 선서를 했으니 한 명만 섬길 수 없다며 카라칼라가 진영으로 들어오는 것을 거부했다. 그러자 카라칼라는 진영의 방벽 앞에서 큰 소리로 동생의 음

세베루스 황제의 가족 초상화
— 카라칼라에 의해 게타의 얼굴이 지워져 있다.

모론을 다시 한 번 되풀이하며, 엄청난 하사금과 선물 그리고 급료의 인상을 약속을 하자 모두들 그의 말을 믿는 척하며 충성을 약속했다. 이미 게타가 죽고 없는 상황에서 1개 군단만으로 항명하며 반란을 일으키는 것이 무모하다고 판단했으리라.(註. 카라칼라는 연봉을 600데나리우스에서 900데나리우스로 인상했다. 그는 이 조치로 국고가 고갈되자 상속세와 노예 해방세를 5%에서 10%로 두 배나 올렸다.)

○ 단독 황제가 된 카라칼라는 게타와 관련이 있는 사람들을 모두 처형하거나 추방했다. 그들은 재판조차 제대로 받지 못하고 아주 그럴듯한 혐의를 뒤집어쓴 채 처벌되었다. 게타의 남녀친구 2만여 명이 처형되었고 게타를 위해 일하던 근위대 병사, 해방 노예, 관리 등이 처형되거나 추방되었다. 처형당한 자 중에는 페르티낙스의 아들도 있었다. 그는 아버지가 살해당할 때 나이가 너무 어렸기에 살아남았지만, 게타가 암살당하자 이를 두고 몇 마디의 쓴소리를 했다가 목숨을 잃었다. 마르쿠스 아우렐리우스의 마지막 남은 딸도 반역을 꾀했다는 이유로 자살을 강요받았다. 이처럼 수많은 인재들과 사회 지도층에 속한 사람들이 하찮은 이유로 형장으로 끌려가서 살해되었다. 그중에서 근위대장 파피니아누스의 처형은 제국의 안위를 생각해서라도 재앙이라고밖에 볼 수 없었다.

○ 법률가 파피니아누스(Aemilius Papinianus)는 세베루스 황제의 총애를 받았던 근위대장이었다. 그는 세베루스의 사돈이자 근위대장이었던 플라우티아누스가 사위 카라칼라에게 살해당한 후 근위대장에 올랐다. 세베루스와 파피니아누스는 저명한 법률가 스카이볼라 아래서 동문수학한 사이이기도 했다. 세베루스는 임종시에 파피니아누스의 덕망과 능력을 믿고, 가족들의 번영과 화합을 부탁했다. 하지만 세

베루스의 유언을 성실히 이행하려던 것은 카라칼라의 증오심을 부채질했을 뿐이었다. 카라칼라는 네로가 세네카에게 아그리피나를 살해한 잔학 행위를 변호할 수 있는 글을 쓰라고 한 것과 같이, 게타를 죽인 자신의 행위를 변호할 수 있도록 모든 기교와 웅변술을 동원하라고 파피니아누스에게 명령을 내렸다.

○ 하지만 파피니아누스는 황제의 명령을 수행한다면 자신의 명예가 더럽혀질 것이 분명할 터이니 차라리 죽더라도 이를 거부하겠다고 마음먹었다. 어둠이 짙으면 짙을수록 한줄기 빛의 밝음은 더욱더 강렬했다. 그는 카라칼라에게 답했다. "가족 살해를 정당화하는 것은 그것을 저지르는 것보다 어려운 일입니다." 파피니아누스는 목숨을 잃는 것과 명예를 잃는 것 사이에서 조금도 주저하지 않았던 것이다. 백조는 죽기 전에 가장 아름다운 노래를 부른다고 했다. 죽음의 그림자가 마침내 눈앞에 다다르자 그는 자신에게 이렇게 명령함으로써 가장 아름다운 말을 남겼다. "비록 네가 죽는 한이 있더라도 네 자신의 의무를 다하라!"(註. 훗날 파피니아누스는 최고의 로마 법률가로 받아들여졌다. 전제 군주정 시대에 파피아누스를 포함한 5명의 법률가 의견에 대해서만 권위가 인정되었고, 5명의 의견이 각각 다르면 다수의 의견에 따르되 의견이 없는 자가 있는 등 서로 다른 의견이 동수일 때는 파피니아누스의 의견을 따랐으며, 파피니아누스의 의견이 없을 경우에만 재판관의 재량에 따라 법리를 해석하여

파피니아누스
(파피니안Papinian은 영어식 표기)

판결할 만큼 파피니아누스의 권위는 대단했다.)

※ 카라칼라(Caracalla)의 죽음(217년)

≪마크리누스가 제위에 오르려고 애초부터 마음먹었던 것은 아니었
으나, 어떤 이유였든지 간에 근위대장인 그가 곤경에 처했던 것만은
사실이다. 과거 공화정 때 전쟁에 나선 집정관의 호위를 동맹국 병사
들이 맡았으며, 카이사르 이후부터는 황제에 대한 호위를 라인강 서
쪽 출신의 게르만 병사들이 맡았다. 이처럼 최고 권력자에 대한 호위
를 동맹국 병사들에게 맡겨 호위병들이 황제의 반대파와 내통하여 반
란을 꾀하는 위험을 피한 과거의 제도는, 마크리누스가 카라칼라 황
제를 살해한 예에서 보더라도 매우 현명한 방식이었음을 알 수 있다.

상존하는 반란의 위험 속에서 카라칼라가 보호받지 못한 것은 그
가 아버지의 잔인성은 그대로 이어받았지만, 친구와 주변의 우호적인
사람에게 용서를 베푸는 법은 이어받지 못했기 때문이다. 잔혹하고
난폭한 군주라도 자신의 목숨을 지켜 주는 사람들에게 함부로 대해
서는 안 된다는 은밀한 진실을 카라칼라는 무시했던 것이다.≫

○ 병사들 사이에 인기를 얻어 군사력에 자신만만했던 카라칼라는 병력
  을 모아 군마를 파르티아로 돌렸다. 카라칼라의 로마군은 유프라테
  스강 동쪽 약 50㎞ 지점의 에데사에서 겨울을 나기 위해 숙영을 하고
  있었다. 그곳에서 겨울이 끝나 갈 무렵 로마군 병사 중에서 불상사를

일으킨 자들이 있었다. 카라칼라 황제는 자신의 격한 성품을 이기지 못하여 불상사를 일으킨 병사들에게 인격적으로 심한 굴욕감을 주는 징벌을 가했다. 이들은 이에 반감을 품고서 당시 근위대장이던 마크리누스에게 카라칼라에 대한 불만을 호소했을 뿐만 아니라 "파르티아에게 고전을 하고 있는 카라칼라보다 당신이 나으니까, 당신이 황제가 되기를 원하기만 한다면 우리가 협력하겠다."며 되돌릴 수 없는 제의를 발설했다. 이즈음 한 아프리카 점성가는 마크리누스가 앞으로 황제가 될 것이라는 위험한 예언을 했다. 그는 로마로 끌려와서 심문을 받았고, 그 점성가의 심문 결과가 전령에 의해 시리아에 있던 카라칼라에게 전해지고 있는 중이었다. 위기를 느낀 마크리누스

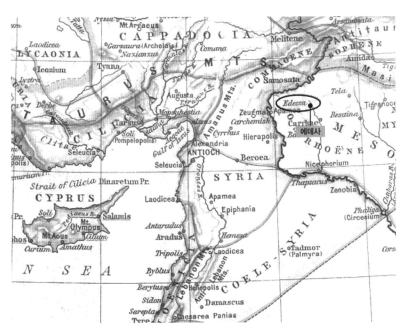

▌에데사

의 친구는 마크리누스를 아끼는 마음에서 편지를 띄워 전령보다 먼저 이 사실을 마크리누스에게 전했다.

○ 이런 불안한 모의와 주변 상황으로 마크리누스의 가슴에는 엄청난 불안감이 퍼져 갔다. 결국 그는 모의에 관한 은밀한 내용을 카라칼라 황제의 친구가 눈치챘다는 것을 알았다. 만약 이 친구가 황제에게 고하기라도 하는 날에는 끝장이라는 데까지 생각이 미치자 마크리누스는 직속 부하인 황제 호위대장을 불러 황제를 살해할 것을 지시했다. 마크리누스는 카라칼라 황제가 정략결혼을 위해서 파르티아 공주에게 청혼했을 때, 호위대장이 황제가 무력으로 파르티아를 굴복시키지 못하고 정략결혼을 시도한다고 말하면서 분개한 사실을 기억해 냈던 것이다. 그것으로 로마 황제 카라칼라의 운명이 결정되었다. 호위대장은 백인대장으로 승진하지 못하여 불만에 싸여 있던 마르티알리스라는 병사를 시켜 카라칼라를 살해하기로 했다.(註. 다만 3세기의 역사가 헤로디아누스에 의하면 마르티알리스는 자신의 형제가 부당한 혐의를 받아 며칠 전에 처형되자 분노하고 있었다고 주장했다.)(註. 이당시에 연간 약 97명 정도의 백인대장을 새로 선발해야 했다. 70명 정도는 현역 군단병 중에서 승진시켰고, 10명 정도는 신규로 채용했고, 나머지 17명 정도를 근위병 중에서 선발했다. 따라서 백인대장으로 승진하려면 근위병이 가장 유리했다.)

○ 카라칼라 황제가 복통으로 변을 보기 위해 행군을 정지시키고 단 한 명의 시종만이 그를 지키고 있을 때, 마르티알리스는 부름을 받은 척하며 카라칼라 앞으로 대담하게 다가가 검으로 황제를 찔러 죽였다. 그러나 마르티알리스는 반역을 도모하기 위한 도구에 지나지 않았다. 왜냐하면 이 암살자는 황제를 살해한 후, 그를 즉시 제거하라는

| 카라칼라 목욕장

명령에 의해 스키타이 궁수의 화살에 맞아 죽었기 때문이다.

○ 마크리누스는 자기와는 아무런 관련이 없는 것처럼 카라칼라의 죽음에 대해 다른 사람들과 함께 애도했다. 카라칼라는 잔인하면서도 통치자로서의 능력도, 군대의 지휘력도, 국정에 대한 관심도 있었고 법률을 심리할 때 인내심과 양심을 보이기도 했지만 사소한 잘못으로 어이없이 살해당하고 말았던 것이다. 그는 성기능 장애로 후사가 없었던 까닭에 제위는 동료 근위대장의 양보를 받은 마크리누스가 차지했다. 카라칼라가 성기능에 장애가 있다는 것은 그가 한때 불경스럽게도 베스타 여사제를 강간하려다가 미수에 그치고 말았던 것 때문에 밝혀졌다. 그때 여사제는 순결 서약을 지키지 못했다는 이유로 기소되었는데 그녀는 자신이 순결을 잃을 위험에 처한 것은 사실

이나 황제가 성기능 장애자여서 처녀성이 훼손되지 않았다고 재판정에서 밝혀 카라칼라의 불완전함이 세상에 알려졌다. 그럼에도 불행한 그녀는 순결을 잃은 여사제가 처벌받는 방식대로 산 채로 매장당했다.

> **│ 마음에 새기는 말 │**
>
> 남을 나무라는 것 자체가 어려운 일이지만, 질책할 때 상대에게 심한 굴욕감을 주는 것은 가장 좋지 않은 방법이다.
>
> – 카라칼라가 불상사를 일으킨 병사를 호되게 꾸짖은 후 반역 모의가 시작된 것과 관련하여.

※ 아내를 살해한 황제들

《황후는 정결을 의심받거나, 황제에게 연인이 생겨 아내가 싫어지거나 하는 이유로 살해되곤 했다. 어떤 이유든 간에 아내를 살해한 행위는 비난받았으며 후세에 악명을 남겼다. 다만 그리스도교를 공인한 콘스탄티누스의 경우만은 그리스도교 세상이 된 지금 그의 모든 부정과 악행이 신의 섭리라며 용서되고 있다.》

○ 클라우디우스의 황후 메살리나는 황제와 결혼 생활 중에 연인이었던 실리우스와 이중결혼을 했다. 그러자 클라우디우스의 비서진들은 황

후의 이중결혼으로 황제의 권위가 훼손될 수 있음을 염려했고, 더군다나 자신들의 권력 기반이 무너질 수 있다는 염려에서 황후를 살해했다. 황제가 황후 살해에 직접 연루되었다는 근거를 찾을 수 없지만 이는 황제의 묵인하에 이루어졌다고 볼 수밖에 없다.

○ 네로는 아내를 두 번 죽였다. 첫 번째는 포파이아와의 결혼을 위해 선황의 딸인 아내 옥타비아를 유배지로 보낸 다음 그녀를 살해했다. 그런 후 홀딱 반했던 포파이아를 오토로부터 어렵게 빼앗아 아내로 삼았다. 그 이후 네로는 전차 경기를 보느라 집에 늦게 들어온다고 불평하는 포파이아를 발로 차 죽였다. 그때 포파이아는 임신 중이었다. 그렇게 해서 그는 보통의 사람이 한 번도 하기 힘든 패덕을 두 번이나 부렸다.

○ 콤모두스는 천박한 노예 출신인 마르키아를 차지하기 위해 아내 크리스티나에게 간통죄를 씌워 카프레아이섬으로 추방 후 살해했다. 마르키아는 콤모두스의 침실을 담당하고 있는 에클렉투스라는 해방 노예의 아내였다. 콤모두스는 황제라는 엄청난 지위에 있었기에 노예 출신 정도는 얼마든지 자신의 성적 노리개로 취할 수 있었지만 아내의 간섭이 싫다는 이유로 살해해 버린 것이다. 더군다나 일설에는 300명의 여자와 같은 수의 미소년을 기거하게 한 하렘까지 있었다고 한다.

○ 카라칼라는 15세 때 세력가이며 야심가인 근위대장 풀비우스 플라우티아누스의 딸과 결혼했으나, 3년 후 아버지 세베루스 황제 앞에서 장인을 찔러 죽였다. 이유는 반란을 도모했다는 것이다. 게다가 아내 풀비아 플라우틸라를 섬으로 귀양 보냈다가 자신이 단독 황제가 되자마자 살해했다. 이런 등등의 까닭으로 카라칼라는 후세에 유명한 폭군으로 이름을 남겼다.

○ 콘스탄티누스의 아내 파우스타는 전처 자식인 크리스푸스가 자신을 강제로 범하려 했다고 고발했다. 콘스탄티누스는 격노하여 크리스푸스를 폴라 감옥에 처넣은 후 모진 고문을 가한 끝에 처형했다. 그렇게 되자 손자의 죽음을 불쌍히 여긴 할머니 헬레나는 크리스푸스가 파우스타의 모함에 빠졌다고 주장했다. 얼마 후 파우스타가 마구간의 노예와 간통했다는 의심스런 폭로가 터졌다. 결국 파우스타는 문이 잠긴 목욕탕에서 뜨거운 증기로 질식되어 숨졌다. 다만 콘스탄티노폴리스 대주교 요한 크리스토무스는 콘스탄티누스가 파우스타를 나체로 묶은 채 산속에 던져 놓아 짐승의 먹이가 되게 했다고 전했다.

※ 엘라가발루스(Elagabalus) 황제의 태양신 숭배

≪엘라가발루스는 로마 황제라기보다는 종교 지도자였다. 정치 지도자가 종교에 몰입하면 그 폐해가 국민 전체에 미친다는 말은 그의 예를 보면 틀리지 않았음을 알 수 있다. 그럼에도 그가 다른 신들을 박해하지 않은 까닭에 피를 부르지 않았던 것이 그나마 다행이었다.

트라야누스는 선제 네르바를 감금하고 협박했다는 이유로 관련자들을 모두 처형했다. 그러나 엘라가발루스가 폭동을 일으킨 병사들에게 살해된 뒤 알렉산데르가 즉위했지만, 알렉산데르는 트라야누스의 전례를 따르지 못했다. 명령을 따르지 않는 방종과 충성심 없는 폭력이 병사들로부터 제거되지 못한 채로 제위를 이어 간 알렉산데르 황제가 훗날 엘라가발루스의 비극을 답습한 것은 어쩌면 필연이었다.≫

○ 마크리누스는 원로원 의원이 아닌 자로서 최초로 로마 황제가 되었으나, 자신의 안전에만 탐닉하여 적에게 평화를 매수했고 병사들의 혜택을 제한함으로써 스스로 위험을 자초했다. 그는 파르티아와의 전쟁에서 돈을 주고 평화 조약을 맺었을 뿐 아니라, 기존의 병사들에게는 카라칼라보다 더 높은 연봉을 제시했으나, 신병들에게는 예전 수준을 적용하겠다고 선언했던 것이다. 그러자 돈으로 매수한 평화에 병사들이 굴욕감을 느낀 데다 황제의 지위가 안정되면 기존의 병사들 연봉이 카라칼라가 올려 준 액수까지 모두 깎이고 말 것이라며 불만이 퍼져 갔다. 그 결과 마크리누스는 병사들로부터 버림을 받고 반란군에게 쫓기는 신세가 되어 도망치다 살해되었다.

○ 이렇게 된 이유는 마크리누스를 몰아내고 외손자 엘라가발루스를 제위에 앉히고자 했던 율리아 돔나의 동생 마이사의 야심과 계략의 결과이기도 했다. 시리아의 태양신 엘라가발을 모시는 세습 제사장이었던 엘라가발루스(註. 엘라가발루스는 "태양신 엘라가발의 성소를 관리하는 자"란 의미이며, 본래 이름은 '바리우스 바시아누스 아비투스'였다.)는 외할머니 마이사의 지혜, 용기 그리고 도움으로 마크리누스를 물리치고 로마 제국의 제위를 차지한 것이다. 사실 엘라가발루스의 황제 옹립을 위한 실행은 어머니 율리아 소아이미아스의 애인인 간니스의 용기에 의존했다. 그는 야음을 틈타 제3군단(註. '갈리카 군단'이라고 불렀다.)으로 가서 병사들에게 엘라가발루스를 소개시키고 황제로 추대하게 한 것이다. 간니스의 충심과 용기로 제위에 오른 엘라가발루스가 니코메디아에서 처음 행한 일은 간니스에게 죽음을 내린 것이다. 그는 간니스가 절제와 신중함을 강요하는 잔소리를 늘어놓자 이를 듣기 싫어했기 때문이다.

▌엘라가발루스가 새겨진 주화

○ 엘라가발루스는 로마에 올 때 자주색 비단 옷에 볼에는 연지를 바르고 진주 목걸이를 걸고 보석 박힌 면류관을 쓴 모습이었다. 그는 태양신의 가호가 있어 갑작스런 행운을 잡을 수 있었다고 믿었으며, 그러한 생각이 무리한 것이라고도 할 수 없었다. 태양신은 검은색 원뿔 모양의 돌로 돌출된 작은 조각들과 눈에 띄는 무늬가 있어서, 시리아 사람들은 그것이 태양신의 모습이라고 생각하며 하늘에서 에메사(註. 현재 시리아의 '홈스')로 떨어졌다고 믿었다.(註. 신의 형상은 운석으로 추정되는 커다란 검은 돌이며, 제2차 포에니 전쟁 때 페르가몬에게서 양도받은 키벨레 여신의 신상도 이와 유사했다.) 엘라가발루스는 그 신성한 검은 돌을 팔라티누스 언덕에 엘라가발리움이라는 화려한 신전을 건립하여 안치하고서는 지성으로 돌보았다.

○ 엘라가발루스는 에메사의 태양신이 모든 신들 위에 군림하기를 바랐으며, 시내를 격식에 맞춰 행진할 때는 거리에 금가루가 뿌려졌고 화려하게 치장된 6필의 백마가 이끄는 전차에 태양신이 형상화된 신성

_____ 로마의 선택과 결정 ⑤ 야만의 침탈

한 그 검은 돌을 모시고, 주위를 보석들로 둘러싸 놓았다. 팔라티누스 언덕에는 웅장한 태양 신전이 세워졌고, 제단에는 제국 내에서 가장 좋은 포도주와 진귀한 제물들, 희귀한 향료들이 성대하게 차려졌다. 관습과 전통에 따라 전해져 내려오던 로마의 종교 유물은 모두 태양 신전으로 옮겨져 신성한 검은 돌 아래에 놓였다. 제단의 주위에는 시리아의 무녀들이 외설스레 춤추고 관리와 군대는 이 엄숙한 의식에 의무적으로 참배해야 했다. 역사가 카시우스 디오에 의하면 엘라가발루스는 몸에 온갖 부적들을 잔뜩 붙이고서 어머니, 할머니와 함께 소년들을 죽이고 신전 내에 사자, 원숭이, 뱀을 가둔 후 그 속에 사람의 생식기를 던지기도 했다고 한다.(註. 카시우스 디오의 이런 서술은 그가 동방의 의식을 제대로 이해하지 못하여 왜곡된 눈으로 바라본 결과일지도 모른다는 것을 의심해야 마땅하다.)

○ 엘라가발루스는 태양신을 위해 계급이 낮은 여러 신들에게 직위를 부여하고, 이 위대한 태양신을 최고의 신으로 모시게 했다. 그는 태양신을 위해 높은 계급의 여신을 태양신의 아내로 맞아들이지 않는다면 이 신전이 완벽하다고 생각하지 않았다. 태양신의 아내로서는 팔라스(註. 전쟁과 지혜를 관장하는 아테나 신의 별칭) 여신이 간택되었으나, 부드럽고 섬세한 시리아의 태양신이 전투적인 팔라스 신을 두려워할 수 있다는 우려로 파혼시키고, 아프리카의 아스타르테라는 달의 여신과 혼인시켰다. 이 여신상은 막대한 지참금과 함께 카르타고에서 로마까지 화려하고 장엄한 의식을 치르며 운반되었다. 그리고 엘라가발루스는 두 신의 결혼식 날을 제국 전체의 공공 축제일로 선포했다.

○ 황제의 낯선 동방 의식에 시민들은 모두 어리둥절했으며, 더 나아가 유피테르 신을 버리고 시리아의 태양신 엘라가발을 제국의 최고신으

로 숭배하려고 하자 로마 시민들은 경악을 금치 못했다. 그러면서도 국정을 방치하여 외할머니 마이사에게 거의 내맡기다시피 하고, 자신이 마음에 드는 자만을 골라 제국의 고위직에 앉혔다. 그가 뽑은 고위 관리를 보면 전문 무용가를 근위대장으로, 전차 기수를 소방대장으로, 이발사를 식량청 장관으로 임명하는 식이었다.

○ 10대였던 엘라가발루스는 무려 여섯 번이나 결혼을 했으며, 아내 중에는 베스타의 여사제 아퀼리아 세베라도 있었다. 그가 태양신의 제사장인 자신과 로마의 여사제인 아퀼리아와의 결혼이 참으로 걸맞다고 생각하며 혼인했을 때, 로마 시민들은 황제가 저지른 신성 모독에 놀라움을 넘어서 분노했다. 그 결혼은 로마 시민의 반대로 얼마간 지속되지 못하고 다른 여인과 재혼했다. 재혼한 여인과도 얼마 후 이혼하고 또다시 아퀼리아와 결혼했는데 그때는 그녀가 이미 신성함을 잃어버렸다고 생각했는지 시민들의 반발이 일어나지 않았다.

○ 엘라가발루스의 성도착은 더욱 가관이었다. 밤이면 여자 가발을 쓰고 술집에 가서 창녀가 되었고, 그것도 모자라 아예 의사를 불러 자신의 몸에 여성 생식기를 넣어 달라고 요구하면서 그렇게 해 주면 엄청난 돈을 지불하겠다고 약속했다. 그의 행동에 넌더리를 내고, 한때 그를 지지하며 황제 옹립에 앞장섰던 제3군단은 자신들의 지휘관을 황제로 내세웠지만 반란은 실패했다.

○ 마이사의 만류에도 불구하고 엘라가발루스는 상식에 벗어난 행동을 계속했고 이것이 위험으로 이어질 것은 뻔했다. 마이사는 엘라가발루스를 제위에 앉혔을 때 보여 주었던 기지를 또다시 발휘했다.(註. 마이사는 엘라가발루스를 제위에 앉히기 위해 간니스의 도움을 받아 로마 군영을 찾아가서 엘라가발루스가 카라칼라의 숨은 자식임을 은근히 내비치

며 지지를 호소했던 적이 있다. 즉 자신의 딸을 이종사촌과 간통시킨 것이다. 엘라가발루스의 외모는 어떤 면에서 카라칼라와 비슷한 점이 있었고, 카라칼라는 군대에서 아주 인기 있는 황제였기 때문에 이러한 기지가 먹혀 들었다.) 그녀는 다른 딸이 낳은 손자 알렉산데르를 후계자로 삼는다면 태양신을 섬기는 일에 전념할 수 있을 것이라고 엘라가발루스를 꼬드겨 성사시킨 것이다. 엘라가발루스는 외할머니의 설득에 넘어가 이종사촌 알렉산데르를 양자로 입양하는 절차를 거쳐 후계자로 맞았다.

○ 그러나 그는 알렉산데르가 원로원과 시민들에게 자신보다 더욱 신망을 얻는 것을 알아채고 곧 자신의 결정을 후회했다. 알렉산데르를 제거하려고 그는 두 번이나 시도했지만 모두 실패했고, 암살의 위기를 벗어난 알렉산데르와 그의 어머니 율리아 마마이아가 근위대에 도움을 요청하자 황제의 목숨은 오히려 위험에 처해지고 말았다. 왜냐하면 근위대는 기다렸다는 듯이 엘라가발루스와 그의 어머니 소아이미아스를 공격했고 두 모자는 막다른 곳까지 쫓기어 화장실에 숨어들었지만, 병사들은 끝까지 추적하여 그들을 찾아내 목을 자른 후 시신을 능욕하고 알렉산데르를 옹립했기 때문이다.

사산(Sassan)조 페르시아 건국자 아르다시르

≪페르시아의 경쟁국이었던 로마는 사산조 페르시아의 시조를 폄하했지만, 페르시아는 자신의 시조에게 위엄과 전통을 주고 경의를 표했다. 이와 같이 역사는 누가 쓰느냐에 따라 이미 고인이 된 자의 품

격과 위엄이 달라졌다.≫

○ 로마 알렉산데르 황제 때, 아르다시
르는 파르티아의 아르타바누스 4세
를 패퇴시키고, 226년 사산조 페르
시아를 건국했다. 페르시아 측의 기
록에 따르면 아르다시르는 아르타바
누스와 일대일로 겨루어 파르티아
왕을 죽였다고 한다. 다만 페르시아

▌ 아르다시르 1세

를 중상모략하는 사람들의 말에 따르면, 사산조 페르시아를 건국한
‘아르다시르’는 무두질하는 사내 바베크(Babec)의 아내가 파르티아 병
사인 사산과 바람을 피워 태어난 사생아였다고 말한다.

○ 사산에 대해서는 파르티아 병사란 주장 외에도 다양한 설이 있다. 그
가 페스시스(註. 현재 지명 이란 남서부 ‘파르스’) 지방의 조로아스트교
제사장이었다고도 하며, 지방 제후였던 고키르 왕의 봉신이었다고도
한다. 사산의 아들 바바크가 고키르에 대항하여 난을 일으켜 영지를
빼앗은 후 낳은 아들이 아르다시르라고 전하기도 하며, 바바크는 사
산의 아들이 아니라 자신의 딸을 신분이 미천한 사산과 결혼시켜 아
르다시르가 태어났다고도 한다.

○ 그러나 페르시아를 추종하는 사람들은 ‘아르다시르’는 고대 페르시
아 왕가의 후손이며, 그 일족이 시간이 지나면서 불행이 겹쳐 일반
시민으로까지 추락한 것이라고 주장했다. 어느 것이 사실인지는 알
수 없다.

○ 로마가 내전으로 국가의 기초가 흔들릴 때, 여태껏 로마인들이 자부

심의 근거로 내세웠던 수많은 건국 전설들이 적국들과 동맹국들로부터 심각하게 훼손된 적이 있었다. 그들은 로물루스가 팔라티누스 언덕에서 보았다던 독수리는 썩은 고기나 뜯어 먹는 맹금류요, 로물루스가 모았다던 최초의 로마인들은 방황하던 빚쟁이며 도망자요, 창건자 로물루스는 동생을 죽인 살인자며 마르스 신이 실비아를 능욕하여 태어난 사생아가 아니냐고 조롱했다. 이렇듯 눈살을 찌푸리며 무조건 비난하는 자와 앞뒤를 헤아리지 않고 무조건 추종하는 자의 말들을 그대로 모두 받아들일 수는 없는 법이다.

> **마음에 새기는 말**
>
> 군주의 권위는 군사력에 의해 지탱되고, 군사력은 세금에 의해서만 유지될 수 있다.
>
> _ 아르다시르

⁂ 울피아누스(Ulpianus)의 실각(228년)

≪근위대는 자신들의 지휘관 울피아누스에게 반감을 품었다. 왜냐하면 근위병들이 누릴 수 있던 방종을 울피아누스가 가로막고 있다고 생각했기 때문이다. 이미 근위대는 그들 조직의 수장인 근위대장조차 마음대로 다스릴 수 없을 만큼 방종과 부패가 만연되어 있었고, 모후의 치마폭에 둘러싸인 알렉산데르는 충신의 목숨조차 지켜 주지 못했다.≫

o 법률가 울피아누스(Gnaeus Domitius Annius Ulpianus)는 카라칼라의 이
  모인 율리아 마이사의 후원으로 알렉산데르 황제에게 발탁되어 근위
  대장이면서 내각을 실질적으로 이끌고 있었다.(註. 울피아누스는 셉티
  미우스 세베루스 황제의 근위대장이었던 법률가 파피니아누스 밑에서 근
  무했다. 명료하고 수려한 문체로 쓰인 울피니아누스의 법률서는 6세기 동
  로마 황제 유스티니아누스가 편찬한『학설휘찬』에서 거의 3분의 1을 차지
  하고 있다.) 알렉산데르는 근위대장을 기사 계급에서 임명하던 것을
  원로원 계급에서 선출했으며 울피아누스는 원로원 계급이었다. 이즈
  음 근위대장은 황제의 신분을 호위하는 것을 넘어 명분상으로나 실질
  상으로나 제국의 제2인자였다. 울피아누스의 발탁은 성공적이었으
  며, 로마 제국은 안정과 평화가 지속되었다. 알렉산데르는 검은 돌
  을 다시 시리아로 보냈고 팔라티누스 언덕의 엘라가발리움을 유피테
  르 신전으로 바꾸었다. 율리아 마이사가 자연사하고 난 후 알렉산데
  르 뒤에서 권력을 쥐고 있었던 사람은 모후 마마이아였다. 그러나 알
  렉산데르는 모후의 탐욕과 집착이 너무 심하다고 개탄해 마지않았다.

o 마마이아가 권력을 휘두르는 데 거추장스러운 것은 며느리인 황후
  오르비아나였다. 사실 알렉산데르를 오르비아나와 결혼시킨 것은 마
  마이아였다. 그녀는 아우구스타 칭호가 며느리에게 부여되는 것을
  질투했고, 며느리의 친정아버지가 지닌 권세와 영향력을 탐냈다. 이
  러한 상황이 계속되다가 오르비아나가 마마이아로부터 심한 모욕을
  받고 황궁에서 쫓겨나게 되자, 친정아버지는 그녀를 근위대로 피신
  시켰다. 하지만 황궁으로부터 도망쳐 근위대로 가는 것은 이제껏 근
  위대가 황제 옹립의 주역이 되어 왔기에 반란 행위로 간주되었다. 마
  마이아는 바깥사돈을 처형하고 며느리는 북아프리카로 추방했다. 알

렉산데르는 아내를 사랑했지만 어머니에게 맞설 만큼 강하지 못해 방관할 수밖에 없었다.

○ 이런 일이 있은 후 마마이아는 울피아누스에게도 거리를 두었다. 정치에는 항상 반대파가 있게 마련이지만, 울피아누스의 반대파들도 울피아누스가 황제의 후견인과 거리가 벌어지는 것을 보고 고개를 쳐들기 시작했다. 그런데다 근위대는 자신들의 오만과 방종에 제동을 거는 불리한 개혁 정책이 울피아누스의 충고로 진행되고 있다고 간주하고 있었다.

○ 알렉산데르 황제는 선량하고 책임감이 강하기는 했지만 지도자로서 부족한 것이 있었다. 그것은 유연성과 '악'도 필요하면 실행할 수 있는 결단력이었으며, 지도자로서 부족했던 이 점이 울피아누스를 지켜 주지 못하게 했다. 울피아누스는 자신의 부하인 근위병들에게 쫓기어 황궁까지 도망쳐 왔으며, 알렉산데르 황제는 그를 살려 달라고 눈물로 호소했지만 실추된 황제의 권위로는 소용없었다. 충신 울피아누스는 알렉산데르 황제 면전에서 무참히 살해되었다. 이는 강력한 후원자인 율리아 마이사가 죽은 지 2년 만에 일어난 사건이었다.

○ 이후 근위대뿐 아니라 국경의 군단에서도 무질서와 항명이 계속되었다. 심지어 알렉산데르가 당시 집정관이던 역사가 카시우스 디오에게 혼란과 방종이 난무하는 로마에서는 목숨을 지키기 어려우니 어서 로마를 떠나 집정관직을 수행하라고 권유하자, 그는 로마를 떠나 고향 비티니아에 머물기도 했다. 근위대가 두려웠던 황제는 폭동의 주동자인 에피가투스를 처벌하기는커녕 이집트 장관으로 승진 임명할 수밖에 없었다. 그 후 근위병들이 그를 잊을 때가 되어서야 황제는 그를 법정에 세워 처형했다.

• 악법도 법이다(Dura lex, sed lex).

"악법도 법이다."란 말은 "법은 엄하지만 법이다(Dura lex, sed lex)."라는 로마의 격언에서 나왔다. 로마 법률가 울피아누스는 "이것은 진정 몹시도 엄하기는 하지만 그것이 기록된 법이다(Hoc quod quidem perquam durum est, sed ita lex scripta est)."라고 말했으며, 후세 사람들이 이 말을 줄여 "두라 렉스, 세드 렉스(Dura lex, sed lex)."라고 사용했다.

이 격언을 흔히 소크라테스가 했다고 알려졌지만, 이는 사실과 다르다. 경성제국대학 교수였던 일본의 법철학자 오다카 도모오는 일본 제국주의가 기세를 뻗치던 1930년대에 자신이 쓴 저서에서 "악법도 법이기 때문에 우선 지켜야 하며 악법이라는 것을 국민들에게 널리 홍보하고 정당한 입법 절차에 따라 그 악법을 개정해야 한다."고 했다. 그러면서 "소크라테스가 독배를 마시고 죽은 것은 실정법을 존중했기 때문이며 악법도 법이기 때문에 지켜야 한다."고 주장한 것이 "악법도 법이다."란 말을 소크라테스가 한 것으로 잘못 전해지고 있다. 오다카 도모오는 일본의 한국 지배를 정당화하고 강제 징병을 적극 주장했으며, 해방 후 그의 가르침을 받은 제자들이 한국 법학계의 주류를 이루어 절대적인 영향을 미쳤다.

다만 소크라테스는 플라톤의 저서 「크리톤」에서 크리톤이 탈옥을 권유하자 이를 거부하며 말했다. "나는 가장 좋은 것으로 판단되는 원칙 이외에는 그 어떤 것도 따르지 않는 사람이네.(註. 그의 원칙이란 국민은 국가의 명령에 복종해야 하며, 더군다나 자신이 사형 대신 국외 추방을 요구하지 않았던 것은 스스로 사형 판결을 받아들인 것이므로 탈출하여 국법을 파괴할 수 없다는 것이다.) 그러니 나에게 이런 운명이 닥쳤다고 해서 이제껏 내가 주장해 오던 원칙들을 이제 와서 내던져 버릴 수 없네. 마치 아이들에게 하듯 겁을 주고 투옥과 사형 그리고 재산 몰수로 압력을 가할지라도." 이러한 소크라테스의 주장을 살펴보면, 악법이라도 지켜야 된다는 의미를 끌어들

일 수는 있겠지만 그가 "악법도 법이다."라며 정형화된 말을 한 것은
아니었다.

☀ 알렉산데르(Alexander) 황제의 실패와 죽음(235년)

≪군대는 폭력을 보유하고 있는 집단이다. 선량하고 평화적인 것이
여자의 특성이라 하더라도 죽음 앞에서 명예롭게 대처할 수 있는 여
자는 드물고, 병사들은 피를 아끼는 것보다 명예를 더욱 중히 여기
며, 승리 후에는 실질적인 이득을 가져다주는 약탈과 전리품을 요구
한다는 것을 순수했던 알렉산데르 황제는 미처 깨닫지 못했다.≫

○ 근위대가 엘라가발루스 황제를 제거하고, 이종사촌인 알렉산데르를
  옹립한 것은 앞서 서술한 그대로다. 알렉산데르의 외할머니 율리아
  마이사는 엘라가발루스의 실패를 반복하지 않기 위해, 법률가 울피
  아누스를 제2인자인 근위대장에 임명되게 하는 등 제위의 안정에 노
  력을 다했다. 외할머니의 기대에 부응하여 알렉산데르 황제는 타락

과 사치에 물든 국가를 안전과 번영의 기반 위에 다시 올려놓기 위해 타고난 영민함과 탁월한 기억력에 성실함과 절제를 보태어 제국을 다스렸다. 신앙에 있어서도 엘라가발루스가 추앙하던 시리아의 신을 버리고 로마의 신들을 숭배했으며 매일같이 신전을 찾아 기도드렸다. 심지어 역사가 람프리디우스의 말에 따르면 그는 로마 신뿐만 아니라 예수에게도 기도를 했다고 전한다.

○ 그즈음 이런 로마의 노력을 시샘하듯 제국의 동쪽에서 정치적 변혁이 일어나 파르티아가 멸망하고 사산조 페르시아가 새로이 건국되어 호전적인 기세로 국경을 넘보게 되자 양국 간에는 전운이 감돌았다. 231년 아르다시르에 의해 창건된 페르시아는 주변 국가들을 굴복시키고 당시 최강이었던 로마 제국에게 감히 도전장을 내밀었던 것이다. 아르다시르는 먼저 사절단을 보내어 소아시아 등의 지역은 고대 페르시아의 땅이며, 자신이 세운 사산조 페르시아는 고대 페르시아를 이어받은 국가이므로 소아시아 주변의 지역을 페르시아에게 양도하라며 거만하게 요구했다.(註. 하지만 역사가에 따라서는 사산조 페르시아가 고대 아케메네스 왕조 페르시아의 영토를 모두 탈환하려 했다는 증거는 어디에도 없다고 주장한다.) 이는 사실상 선전 포고였다. 페르시아의 교만한 사절단을 접견한 알렉산데르는 친히 페르시아를 정벌하기로 결정했다. 아르다시르는 17만 명의 병력으로, 알렉산데르는 6만 명의 병력으로 메소포타미아에서 맞붙었다.(註. 유프라테스강과 티그리스강 사이에 위치한 메소포타미아는 BC 4세기 무렵부터 역사책에 얼굴을 내밀기 시작한 곳으로, '두 강 사이의 지역'이란 의미를 지녔다.)

○ 로마군은 적은 병력에도 불구하고 병사 개개인의 전투 능력과 체계

| 왼쪽의 아르다시르 1세가 아들 샤푸르 1세에게 권력을 이양하는 부조

화된 군사 조직으로 페르시아군을 압도했다. 세 갈래로 공격한 로마군은 페르시아의 수도 크테시폰을 점령할 수 있는 결정적인 승리의 기회를 잡았으나, 어이없게도 황제는 그냥 철군 명령을 내리고 말았다. 이것이 황제의 미숙함·소심함·나약함 때문인지, 아니면 대도시 점령 후에 벌어질 비인간적이고 참혹한 약탈과 살인을 막기 위한 황제의 순수한 인간적인 결정인지는 알 수 없으나, 승리의 명예와 약탈을 감행할 수 있는 기회를 놓쳐 버린 병사들은 황제의 이런 결정을 참을 수 없는 행위로 간주했다. 게다가 알렉산데르는 군사비 지출을 줄이고 병사들의 연봉을 삭감하려 했기에 병사들로부터 더욱더 많은 적개심을 쌓아 가고 있었다.

￼ 셀레우키아, 바빌론, 크테시폰

○ 이후 게르만족 중의 한 갈래인 알레만니족이 라인강 유역에서 로마 제국으로 대거 침입했을 때, 알렉산데르 황제는 어머니 율리아 마마이아와 함께 출정했다. 그때 마마이아는 나약하고 소심한 여인의 마음에서인지 아니면 참혹한 전쟁이란 피할 수 있으면 피해야 한다는 도덕심에서 그랬는지 심중을 알 수 없지만 게르만족에게 얼마간의 금전을 주고 강화 조약을 맺는 것이 병사들이 피를 흘리지 않고도 제국을 전쟁에서 구해 내는 좋은 방법이라고 아들에게 충고했다. 알렉산데르는 이때도 어머니의 충고를 따랐다.

○ 사실 로마가 야만족들에게 보조금을 주는 것은 국경을 관리하는 여러 가지 방법 중 하나이며 아주 오래된 관행이었다. 보조금은 로마가 전쟁에서 승리한 이후에도 지급되곤 했으며, 이는 보조금을 받는 대신 속국이 되어 굴종과 예속의 테두리 속에서 로마의 명령과 방침을 잘 따르라는 의미였다. 하지만 이때는 보조금의 의미가 병사들에게 다른 의미로 와 닿았고, 마마이아는 전쟁에 대한 병사들의 마음을 모르는 여인일 뿐이었다. 이러한 결정이 알려지자 병사들의 분노와 불

만은 극에 달했다. 로마 병사들은 페르시아 전쟁 때를 상기하면서, 또다시 황제가 유약하고 어린애 같은 결정을 했다며 돈을 주고 산 굴욕적인 평화 조약에 분노를 나타냈다. 이때 야심을 품고 있던 신병 훈련 담당 사령관 막시미누스가 불만을 품은 병사들에게 알렉산데르 황제의 나약한 점을 들추어내면서 반란을 부추겼다. 결국 병사들은 모군티아쿰(註. 현재 독일의 '마인츠') 부근에서 신병 훈련을 책임지고 있던 막시미누스를 찾아가 반란을 도모했다.

○ 알렉산데르는 반란이 터졌다는 소식을 듣자 정신 나간 사람처럼 막사를 뛰쳐나와 그동안 자신이 막시미누스에게 베풀었던 은혜들을 하나하나 열거하며 배은망덕한 놈이라고 고함을 지르고 흐느껴 울며 두려움에 몸을 떨었다. 알렉산데르 황제 주변을 지키던 병사들은 걱정 말라며 충성을 맹세했지만, 멀리서 막시미누스의 반란군이 보이자마자 단박에 마음을 바꿔 주군을 버리고 반란군에 가담했다. 공포에 제정신을 잃고 떨고 있던 알렉산데르는 막사에서 죽음을 기다렸다. 그는 어머니에게 매달려 울면서 자신이 이렇게 파멸하게 된 것을 어머니 탓으로 돌렸다. 그때 백인대장들과 몇몇의 병사들이 알렉산데르와 마마이아 그리고 측근들을 찾아내어 신속히 학살했다. 이것이 13년간이나 황제로 있으면서 제국의 안전과 평화를 지키고자 했던 자에 대한 마지막 처분이었다.

○ 황제는 통수권자로서 병사들에게 지휘력을 보여 주고 관대함을 베풀어야 하는 법이다. 알렉산데르는 페르시아 전쟁이 터지기 전까지 불만을 초래할 어떠한 원인도 만들지 않고 제국을 훌륭하게 통치했지만, 전쟁에 임해서는 너무나 나약했고 지나치게 모후의 영향 아래 있었던 것이 파멸의 원인이었다.

※ 막시미누스(Maximinus)의 배은망덕

≪열등감이란 승화되기보다는 그릇된 곳에 머물기 쉽다. 막시미누스는 황제의 지위에까지 올랐으나, 신분과 학문에 대한 열등감으로 고뇌했으며, 자신의 과거를 기억하는 자들을 처벌했다. 황제가 되어서도 주변에 지식인을 두지 않았고, 전선에서 국경의 방어에 열중했다. 그러나 황제의 자리란 완력만으로는 유지될 수 없는 막중한 자리였다.≫

○ 알렉산데르 황제가 살해된 후 미천한 신분의 트라키아 출신 막시미누스가 황제로 즉위했다. 병사들이 알렉산데르의 유약함에 염증을 느낀 나머지 강인한 성격과 용모를 지닌 막시미누스를 옹립한 것이다. 막시미누스는 셉티미우스 세베루스 황제 때 발탁된 자였다. 세베루스가 트라

▌ 막시미누스

키아에서 경기 대회를 열었을 때 신병이었던 그는 자신의 놀라운 완력과 체력을 선보여 황제의 눈에 들었다. 그러다가 엘라가발루스가 천박한 행동을 보이자 넌더리를 내며 군대를 떠났다가 알렉산데르가 황제에 즉위하자 다시 로마군 지휘관이 되어 반란이 터지던 때에는 신병 훈련을 담당하는 사령관이었다. 그는 군대의 반란으로 황제의 자리를 꿰차긴 했지만 미천한 출신의 신분과 야만스런 용모 그리고 학문과 지식에 대한 무지가 선제인 알렉산데르와 극명하게 비교되었

다. 스스로도 이에 대해 열등감을 느꼈던 막시미누스는 자신이 미천한 신분일 때 로마 귀족의 저택에서 무례한 노예들에게 문전박대당한 일을 기억했다. 또한 자신을 가난에서 구원해 주고 야심을 실현하도록 도와준 몇몇 친구들도 기억해 냈다.

○ 트라키아인 막시미누스는 자신을 천대했거나 또는 도움을 주었거나 간에 자신이 미천한 출신이라는 것을 알고 있다는 것은 한결 같다고 생각했다. 황제의 열등한 점을 알고 있다는 것만으로도 막시미누스의 기준으로는 범죄였고 처단되어야 할 사람들이었다. 결국 이 죄로 인해 막시미누스의 은인까지 포함된 많은 사람들이 처형되었으며, 막시미누스는 은혜를 저버리는 배은망덕한 황제라는 오명으로 역사에 남았다.

○ 막시미누스가 즉위한 이후부터 신분이 미천한 사람이더라도 용맹을 갖추고 행운이 따른다면 군대에서 높은 지위에 오를 수 있고, 이 지위를 이용하여 간단한 범죄를 저지르면 나약하고 인기 없는 황제로부터 제위를 빼앗아 올 수 있다고 여겼다. 그 결과 황제의 자리가 안전하다고 생각될 수 없었고, 변경 지대의 야만족 농부조차도 행운이 따르면 존엄하고도 위험한 그 자리에 오를 수 있다고 생각하게 되었다.

|||||| │ **마음에 새기는 말** │ |||||||||||||||||||||||||||||||||||||||||||

훌륭한 군주라도 내분이나 중상모략으로 그의 통치에 독소를 퍼뜨리거나, 군주의 덕망을 악덕으로 교묘하게 변모시켜 비난하기는 매우 쉽다.

– 막시미누스가 알렉산데르 황제의 나약한 점을 은밀하게 퍼뜨리면서 병사들의 불만을 부추긴 것에 대하여.

✺ 막시미누스의 오판과 고르디아누스의 파멸(238년)

≪권력의 꼭대기에 올랐을 때 힘의 근거가 되는 곳부터 장악해야 한다는 원칙에 따른다면, 막시미누스는 즉위한 후 로마에 입성하여 권력 기반을 다지는 작업을 무엇보다 먼저 처리해야 마땅했다. 하지만 무공을 쌓으면 황제의 지위와 권위가 유지될 수 있다는 순수한 생각에서인지 아니면 자신을 경멸하는 원로원을 피하고 싶어서인지 알 수 없지만 그는 이를 소홀히 보아 넘겼다. 황제의 지위에 있는 자가 자신의 교양이 부족하다고 생각되면, 부족함을 메워 줄 충실한 비서진을 조직하여 지위에 걸맞는 위엄을 얼마든지 갖출 수 있다. 그리고 완벽한 사람이 어디 있겠는가? 이 점은 누구나 느끼는 보편적인 감정이다.

고르디아누스는 강권에 떠밀려 어쩔 수 없이 제위에 올랐지만, 최고 권력이란 남이 바친다고 야심 없는 자가 함부로 가진다면 위험한 법이다. 평화로운 시절이 아닐 때는 더더욱 그러하다. 훗날 프로부스가 황제였던 시절, 동방 사령관 사투르니누스가 강권에 못 이겨 어쩔 수 없이 황제를 자칭하며 반란의 주모자가 되었을 때, 그는 앞으로 닥칠 위험을 예견하면서 운명의 비참함을 한탄하지 않았던가? 고르디아누스는 재무관을 죽이고 카르타고로 쳐들어온 폭도들의 분노와 공포를 달래어 위협으로부터 벗어나야 마땅했다. 그러나 범죄자들이 강요하는 제위를 받아들임으로써 자신뿐만 아니라 아들까지도 불행한 죽음을 비켜 갈 수 없었고, 훗날 그 덕에 외손자 또한 황제가 되긴 했지만 천수를 누리지 못한 채 어린 나이에 비참하게 생을 마감했다.≫

○ 앞서 서술한 대로 알렉산데르 황제는 라인강 전선에서 게르만족과 전투를 벌이지 않고 강화 조약을 맺은 데 불만을 품은 군단병에 의거 살해당했다. 그리고 나서 알렉산데르의 유약함에 신물이 난 병사들은 훈련소에서 신병 훈련에 전념하고 있는 막시미누스를 황제로 추대했다. 병사들이 황제를 옹립하자 군사적 통제를 잃어버린 원로원은 군단에서 추대한 막시미누스를 승인할 수밖에 없었다. 군단의 뜻을 거슬러 창검의 위협 앞에 맨몸으로 맞서 보았자 아무런 소용이 없다는 것을 약삭빠른 원로원이 재빨리 깨달았기 때문이다.

○ 커다란 눈에 우직하며 어쩌면 순진하게 보이는 막시미누스는 병사들로부터 상당한 인기를 누렸다. 세베루스 황제 때 몇 십 명의 병사들과 싸워 이기는 완력을 자랑하며 황제 호위대원으로 발탁된 그는 라틴어조차 제대로 구사할 줄 모르는 트라키아의 가난한 양치기 아들이었다.

○ 교양과 신분이 미천한 사람이 으레 그렇듯이 막시미누스도 로마 원로원을 꺼렸으며, 원로원에서는 황제가 교양이 없고 무식하다고 경멸스런 눈초리로 보았다. 이런 이유로 막시미누스는 재위 기간 동안 로마에 가지 않았으며, 야만족과 싸워 전공을 세우기만 하면 로마 원로원과 로마 시민들이 자신을 인정할 것이라는 믿음으로 야만족과 대치한 전선에서 전력을 다했다. 그는 게르마니아의 종족들을 격파하고 사르마티아족과 다키아족을 공격하여 전리품을 획득했다. 그러나 알렉산데르를 제거하고 제위에 오를 때 병사들에게 급여를 올려준 데다, 자신의 특기인 전투를 지속하기 위해서는 막대한 자금이 필요했다.(註. 막시미누스는 군단병들의 연봉을 900데나리우스에서 1,800데나리우스로 2배나 올렸다.) 더군다나 그는 게르마니아에 대한 정복

계획을 세웠고, 그것을 실행하기 위해서 황제 재무관을 제국 전역에 보내어 부자들에게 전쟁 비용의 헌납을 강요했다. 심지어 빈민구호 물자까지 빼내 전쟁 비용을 조달하기도 했다.

○ 막대한 전쟁 비용의 강요에 반대하는 소리는 커져 갔고, 결국은 아프리카에서 모금 중인 재무관이 부유한 자들로 이루어진 폭도들에게 살해당하는 사건이 터졌다. 이렇게 되자 폭도들은 자신들의 폭거를 무마하기 위해 고귀한 신분인 고르디아누스를 찾아가 황제가 되어 달라고 간곡히 요구했다. 고르디아누스는 이런 위험한 제의를 거부했으나 폭도들의 호소와 협박에 못 이겨 수락할 수밖에 없었다. 왜냐하면 제위에 앉기를 수락하지 않을 경우 폭도들의 위협으로 당장 위험해지고, 수락을 할 경우 위험은 미래의 일이었기 때문이며, 또한 여든이 넘은 나이에 황제의 자리에 앉았다가 죽음을 맞이한다 해도 그리 불행한 일이 아니라고 그는 생각했기 때문이다.

○ 고르디아누스는 밀사 두 명을 보내어 막시미누스 황제가 임명한 법무관 비탈리아누스를 집무실에서 살해했다. 그러고 나서 황제가 고르디아누스로 바뀌었음을 시민들에게 선포하자, 항상 정치 변혁을 환영하는 경향을 보이는 군중들은 열광하면서 환호했다. 군중들의 분노와 증오는 즉시에 분출되어 절제와 통제의 선을 넘어섰다. 시내 곳곳에 세워진 막시미누스의 조각상들이 형체를 알아볼 수 없을 정도로 부서지고, 막시미누스의 황은을 입어 관직에 있었던 자들은 군중의 표적이 되어 학살되었다. 몇몇의 악랄한 자들은 평소에 원한을 품고 있던 사람들의 집을 습격하여 자유와 평화를 되찾는다는 구실로 마구 살육을 저질렀다. 로마 원로원은 그렇지 않아도 경멸했던 막시미누스를 폐위시킬 근거를 찾자, 용기 있는 의원들이 발의하고 나

머지 의원들이 인정하는 형태로 고르디아누스와 그의 아들 고르디아누스 2세를 공동 황제로 재빨리 승인했다.

○ 그러나 황제의 자리란 로마 원로원들의 승인만으로 완전한 것이 아니었다. 고르디아누스가 엉겁결에 황제로 추대되었으나, 누미디아 총독 휘하에 있는 아프리카 유일의 로마 군단이 고르디아누스를 반대한 것이다. 아마도 누미디아 총독인 카펠리아누스가 고르디아누스와 경쟁 관계에 있어 앙심을 품었으리라. 카르타고에 주둔해 있는 1,000명의 로마 수비대와 랑베즈에 있던 로마 군단과의 결전은 너무나 뻔한 결과였다. 고르디아누스의 아들이 수비대를 이끌고 용감하게 싸웠으나 전사했으며, 아들이 전사했다는 소식을 듣자 80살의 고르디아누스는 절망하여 칼 위에 몸을 던져 스스로 목숨을 끊었다. 허망하게도 고르디아누스 부자의 공동 통치 기간은 불과 20일이었다.

○ 시르미움에 주둔해 있던 막시미누스 황제는 원로원이 고르디아누스를 황제로 승인한 사실을 알게 되자 격노했다. 전선에서의 승리가 원로원과 시민의 신임을 두텁게 하고, 자신의 권위를 세워 줄 것이라는 판단이 틀렸다는 것을 알았지만 이미 늦어 버렸다. 그는 고르디아누스가 북아프리카에 주둔한 로마 군단과의 전투에서 패하여 자살했다는 것을 알고 기뻐했지만, 로마 원로원은 그가 생각하는 것보다 훨씬 집요하고 교활했다. 원로원이 또다시 푸피에누스 막시무스와 칼비누스 발비누스를 공동 황제로 승인한 것이다. 이것으로 막시미누스는 자신에 대한 원로원의 불신임이 얼마나 깊은지를 뼈저리게 느꼈다. 이러한 결과가 나타난 것은 원로원이 황제의 미천한 신분을 경멸했기 때문이기도 했지만, 고르디아누스를 황제로 승인

한 것에 대해 성미가 급하고 직선적인 막시미누스가 절대 용서하지 않을 것이라고 믿었기 때문이기도 했다. 막시미누스는 통치에 있어서도 음모가 의심되는 상황이 발생되면 제대로 된 재판 절차를 거치지도 않고 단죄시켜 버렸던 것을 원로원 의원들은 잊지 않고 있었던 것이다.

○ 게다가 막시미누스는 신성시된 신전에 바쳐진 금과 은으로 된 값비싼 제물과 신이나 영웅 그리고 황제의 동상들을 녹여서 화폐로 주조하는 어리석음을 저질렀다. 이러한 행위는 시민과 원로원으로부터 황제의 권위를 손상시켰으며 지지 기반을 무너뜨리는 결과를 가져왔다. 이 모든 것에서부터 막시미누스는 로마 원로원에게 자신이 황제로서 자격이 있다는 것을 납득시키려면 군대를 로마로 진격시켜 항거하는 자들을 꺾어 놓을 수밖에 없음을 깨달았다.

○ 막시미누스는 이탈리아 내의 도시들이 황제인 자신에게 적극 협조할 것으로 믿고 가벼운 군장으로 로마로 향했다. 그러나 시민들은 막시미누스 황제에 대하여는 잘 알지 못했으며, 원로원이 막시미누스를 '공공의 적'으로 단죄한 것에 대해서는 널리 알려져 있었다. 막시미누스의 예상은 완전히 빗나갔으며, 성문을 닫은 아퀼레이아 공성전이 시간을 끌자 군단 내부에서도 반란자가 나타났다. 이들이 야음을 틈타 황제의 막사를 공격하여 자고 있는 황제를 살해했다. 트라쿠스 막시미누스(註. '트라키아 남자 막시미누스'라는 의미) 황제의 목은 잘려 로마 원로원으로 보내졌고, 원로원은 매장도 하지 않은 채 티베리스 강에 내던졌다. 이렇듯 지성이 결여된 힘은 견고하지 못하고 그 자체의 무게에 쉽게 무너져 내렸다.

※ 원로원이 선출한 2인 황제의 실패(238년)

≪권력의 속성은 양립하는 2개의 힘을 온전히 유지할 수 없게 한다. 한쪽의 힘에 의해 다른 한쪽이 멸망하거나, 다른 세력에 의해 둘 다 멸망하게 된다. 이러한 점을 깨닫지 못한 원로원은 또다시 근위대의 무력 앞에 무릎을 꿇고 복종해야 했다.≫

○ 고르디아누스 1세가 자결하자 원로원은 푸피에누스 막시무스와 칼비누스 발비누스를 황제로 추대하여 2인 황제가 통치하는 시대가 되었다. 이들이 원로원에 의해 황제로 추대되자 시민들의 반발이 터져 나왔다. 왜냐하면 고르디아누스에 대한 시민들의 지지층이 두터웠기 때문이다. 시민들은 황제가 고르디아누스 가문에서 나와야 된다며 푸피에누스와 발비누스의 길을 막고 돌과 막대기를 던졌다. 결국 두 황제는 고르디아누스 1세의 14살짜리 외손자를 부황제로 임명하여 시민들과 타협할 수밖에 없었다.

○ 원로원에서 황제를 2명 선출한 것은 푸피에누스가 군사적 통치에 전념하고, 발비누스는 민간 행정에 전념하라는 의미였다. 그러나 권력이란 대등할 경우 서로 간에 알력이 생기게 마련이다. 막시미누스를 죽음으로 몰고 난 후 화기애애했던 두 황제 간의 분위기도 시간이 흐르면서 변했는데 푸피에누스는 발비누스를 사치에 젖은 귀족이라고 경멸했고, 발비누스는 푸피에누스를 근본도 모르는 군인 출신이라고 무시했다. 발비누스는 걸출한 배경을 가진 자신이 더 우선되어야 한다고 생각했으나, 공적의 비문에는 군사적 공훈을 세운 푸피에누스의 이름이 먼저 기록되었다. 두 황제는 질시와 견제로 인하여 공동

의 적인 근위대에 대해 엄격하고 효율적인 방어 대책을 마련하지 못했다. 근위대는 두 황제의 개선식에 참여하기는 했지만, 마음속 깊은 곳에 군대가 민간 권력에게 패배했다는 생각을 떨쳐 버릴 수 없었다. 근위대가 황제들에게 완전히 복종의 자세를 보이지 않은 상태에서 황제들끼리의 분열은 너무나 위험했다.

○ 그러던 중 근위대로 구성된 암살단이 황제의 거처로 쳐들어오고 있다는 보고가 있었다. 두 황제는 서로 멀리 떨어져서 거처를 마련하고 있었으며, 서로에게 어떻게 된 일인지 상황 전달도 되지 못했으며, 탁상공론과 쓸데없는 상호 비방으로 긴급히 대처해야 될 중요한 시간도 허비했다. 황제의 거처에 들이닥친 근위대는 두 황제의 공허한 논쟁에 마침내 종지부를 찍었다. 두 황제는 근위병들에 의해 황제의 자줏빛 옷이 벗겨지고 로마 시내를 질질 끌려다니며 실컷 두들겨 맞다가 사지가 절단되고 난도질을 당한 후 거리에 그대로 내버려졌기 때문이다. 이는 높은 신분과 능력으로 권좌에 오른 걸출한 노년의 두 인물에게 가해진 가당치 않은 모욕적인 죽음이었다. 이들의 제위 기간은 고작해야 4개월이 채 되지 않았다. 막시미누스에게 반감을 품고 원로원이 2명의 황제를 선출한 것은 공화정 시절에 2명의 집정관을 선출한 것과 유사했다. 하지만 그러한 시도는 완전히 실패했고, 공화정 체제란 원로원의 환상에 지나지 않았다는 것이 입증된 셈이었다.

✳ 애원하는 고르디아누스(Gordianus) 3세(244년)

≪고르디아누스 3세의 장인이자 근위대장인 티메시테우스는 평화시에 진가를 발휘하는 관료였다. 당연한 것이지만 한 인간이 모든 면에서 출중하기란 매우 힘든 법이다. 따라서 티메시테우스는 자신의 군사적 무능력을 겸허하게 받아들이고, 전쟁에 대비하여 군사적 능력을 보완해 줄 충실한 동료를 필요로 필요했지만, 그가 자만했는지 자신의 부족한 부분을 메워 줄 친구를 얻지 못했다. 그 결과 고르디아누스 1세, 2세에 이어 3세까지 천수를 다하지 못하는 비운을 비켜 가지 못했다.

권력의 정점이란 이처럼 위험했다. 황제의 자리는 쉽게 올라갈 수 없는 자리지만, 원한다고 해서 쉽게 아랫자리로 내려올 수 있는 자리도 아니었다.≫

○ 겨우 14세의 어린 나이에 근위대의 옹립으로 푸피에누스와 발비누스의 뒤를 이어 등극한 고르디아누스 3세는 장인 티메시테우스를 근위대장에 앉혔다. 티메시테우스는 고르디아누스 3세를 애정 어린 마음으로 보필했으며, 어린 황제가 환관들의 기만과 횡포에 놀아나지 않도록 주의 깊게 보살폈다.

○ 티메시테우스는 일생을 학문에만 힘쓴 사람이었으며, 군대와는 거리가 멀었다. 그러던 중 페르시아가 침공해 안티오키아를 위협하는 사태가 벌어졌다. 페르시아의 도발에 티메시테우스와 함께 친히 고르디아누스가 원정에 나서자, 페르시아군은 로마 황제의 친정이 두려웠는지 이미 점령했던 도시에서 철수하여 티그리스강까지 퇴각했다.

고르디아누스는 이번 승리를 티메시테우스의 공로로 돌리며 기뻐했고, 티메시테우스는 원정 기간 내내 군대의 안전과 규율을 면밀히 감독하며 병참을 미리 준비함으로써 병사들의 불만을 사전에 차단했다. 이러한 고르디아누스 3세의 상승하던 운도 티메시테우스가 죽음으로써 끝났다. 티메시테우스는 이질에 걸려 죽게 되었다고 기록되었지만, 독살되었을 가능성도 배제할 수 없었다.

▎고르디아누스 3세

○ 후임 근위대장으로는 필립푸스 형제가 임명되었는데, 그들은 죽은 티메시테우스의 친구들이었다. 물론 그들이 티메시테우스를 독살했을 가능성도 있었다. 아랍 출신인 그들은 미

▎필립푸스

천한 신분에서 제국의 최고위직까지 오른 것으로 보아서 대담성과 능력을 갖춘 사람들이었다. 필립푸스 형제는 황제를 보좌하는 대신 스스로 그 자리에 앉겠다는 야심을 보이면서, 교묘하게 책략을 꾸며 병사들을 동요하게 했다. 고르디아누스는 병영 내에서 위엄과 명령 그리고 운신의 폭이 점차 줄어드는 것을 느끼고, 병사들에게 자신과 필립푸스 중 한 명을 선택하라고 압박했다. 하지만 그의 도박은 실패하고 말았다. 왜냐하면 병사들이 필립푸스의 손을 들어 주었고 고르디아누스는 살해되었기 때문이다. 필립푸스 형제 중 동생이 제위에

오른 것은 동생의 야심과 배포가 더 큰 이유도 있지만, 동생에게는 공동 황제로 임명할 아들이 있기 때문이기도 했다. 유프라테스강 유역에서 이 사건이 일어났을 때 고르디아누스 3세의 나이는 불과 20세였다.

○ 미심쩍긴 하지만 그때의 우울한 상황을 기록한 내용이 있어 여기에 인용한다. "군대가 근위대장 필립푸스를 황제로 선출했을 때, 고르디아누스 3세는 단독 황제로 남아 있고 싶다고 말했지만 받아들여질 리 만무했다. 그러자 필립푸스와 권력을 똑같이 나누어 가지겠다고 청했지만 군대는 그 청도 들어주지 않았다. 황제는 한 발 더 물러서서 부황제의 지위로 강등되는 것까지 동의했지만 그 역시 받아들여지지 않았다. 그는 적어도 근위대장으로 임명될 수 있기를 원했지만 그것도 거부당했다. 마지막으로 고르디아누스는 목숨만 살려 달라고 애원했다. 이러한 논의가 진행되는 동안 내내 우울한 표정을 짓고 있던 필립푸스는 죄 없는 어린 황제의 목숨만은 살려 주고 싶어 했다. 그러나 황제의 순진한 모습이 오히려 제국의 시민들에게 동정심을 불러일으켜 위험한 사태가 발생할 수 있다는 생각에 미치자, 필립푸스는 고르디아누스의 애원을 뿌리치고 처형을 명령했다. 이 명령은 즉시 그대로 실행되었다."(註. 일부 고대 문헌에 의하면 고르디아누스 3세는 전투 시에 입은 부상이 악화되어 죽음에 이르렀다고 하며, 페르시아의 주장에 따르면 그는 필립푸스에게 살해당한 것이 아니라 크테시폰 서북쪽의 메시케에서 로마군이 참패했을 때 페르시아군의 창검에 찔려 전사했다고 한다. 이렇듯 입증되지 않은 과거의 기록은 여러 가지가 뒤범벅되어 있기 마련이다.)

솔직하게 사실을 털어놓는 것 자체는 나쁘지 않다고 하더라도, 그렇게 해도 좋을 때인지 아닌지, 그렇게 해도 좋은 상대인지 아닌지의 판단이 필요하다.

– 페르시아와의 전쟁 중에 근위대장 티메시테우스가 사망함으로써 전체 군의 작전과 보급에 위기가 찾아왔을 때, 고르디아누스 3세가 군단병들을 모아 놓고 솔직하게 이를 알렸지만 사태는 호전되지 않고 오히려 악화된 것에 대하여.

❋ 데키우스(Decius) 황제의 등극(249년)

《이리저리 흔들리는 권력의 추를 보면 최고 권력이란 반드시 본인이 원하는 경우에만 얻어지는 것이 아니다. 저항할 수 없는 현실이 데키우스를 최고 권력자의 자리에 앉혔다. 야심이 없는 자가 불가항력으로 제위를 차지하는 것은 위험한 일이긴 하지만, 데키우스는 군사적 능력이 있는 자였다. 로마 황제의 권력 기반은 군과 원로원으로부터 생겨나는 것이었으나, 막시미누스는 원로원을 무시했고 필립푸스는 군을 무시했다. 하지만 데키우스는 결코 정치적 균형을 잃지 않았다.》

○ 필립푸스 황제는 원로원과의 관계에 치중한 나머지 자신의 권력기반이라 할 수 있는 군단과의 관계를 소홀히 했다. 더욱이 목숨을 걸고

되찾은 메소포타미아를 페르시아와의 강화를 서둘러 맺으려고 포기한 것, 명색이 로마군 최고 사령관임에도 전쟁터에 나아가지 않고 대리인만 보낸 것 등이 병사들로 하여금 필립푸스를 불신임하게 만들었다.

○ 더구나 연이은 황제 암살 사건과 빈번해진 폭력적 혁명은 병사들을 오만하게 만들었고, 미천한 하급 병사라도 언제든지 황제를 옹립할 수 있다고 생각하게 했다. 249년 여름 도나우강을 방어하는 모이시아 군단에서 마리누스라는 하급 장교를 황제로 옹립하는 반란이 발생했다. 필립푸스는 이 반란이 대규모 내란의 도화선이 될까봐 우려하고 당황하며 반란이 발생했다는 사실을 원로원에 알렸다.

○ 보고를 받은 원로원은 불길한 침묵만이 흘렀다. 그 침묵을 깨고 명문가 출신의 데키우스가 "이 사건의 전체가 경솔한 소요 사태에 지나지 않으며, 마리누스는 자신을 추대한 군대의 변덕으로 곧 멸망할 것입니다." 하고 대담하게 예측했다. 이러한 발언은 현실로 이루어졌으며, 필립푸스는 데키우스의 현명함을 인정하여 그를 모이시아 군단의 기강을 회복시킬 사령관으로 임명했다. 데키우스는 소요와 동요로 불안한 군대에 관록 있는 자가 부임하게 되면 불온한 일이 생길 수도 있다는 것을 필립푸스 황제에게 넌지시 말했으나, 황제는 뜻을 굽히지 않고 데키우스를 모이시아 군단으로 보냈다.

○ 사령관으로 지명되어 도나우강 전선을 맡게 된 데키우스가 기대 이상의 능력을 발휘한 결과, 군단의 기강을 바로잡고 도나우강 방위선의 기능을 되찾았으며, 그 후 1년 동안 고트족의 침입을 저지하는 데 성공했다. 그러던 어느 날 군단병 대표가 데키우스를 찾아와 황제가 되어 주기를 바란다는 뜻을 전했다. 이는 반역을 도모하자는

위험한 제의였다. 데키우스의 머릿속엔 섬광이 스쳐 갔다. 만약 자신이 제의에 거절한다면 도나우강 방위선의 10개 군단이 어떤 위험한 결정을 할지 알 수 없었다. 그러한 판단이 들자 군단병들의 뜻을 받아들이겠다고 일단 말한 후, 비밀리에 필립푸스 황제에게 전령을 보냈다. 전령을 통해 황제에게 보낸 서신에는 도의를 저버린 군단의 제의에 대해 그들의 뜻을 따르지 않

▌ 데키우스

는다면 매우 위험할 수도 있어 일단은 황제가 되겠다고 수락했으나, 로마로 돌아가면 당신에게 되돌리겠노라고 쓰여 있었다. 그런 후 데키우스는 군단을 이끈다기보다는 차라리 군단을 이끌려 이탈리아 국경선까지 갔다.

○ 하지만 데키우스의 편지를 곧이곧대로 믿지 않았던 필립푸스 황제는 토벌군을 편성하여 데키우스를 처단하기 위해 북상했다. 이렇게 되자 데키우스는 자신의 의지와는 달리 내전에 휘말려 필립푸스와 겨룰 수밖에 없었다. 사태의 추이에 민감한 원로원 의원들은 북쪽으로 떠나는 필립푸스를 아무도 배웅하지 않았다. 필립푸스가 원로원 의원들에게 그만큼 경의를 표하고 존중했건만 원로원 의원들은 기회를 포착하는 데 재빠른 사람들이었다. 그들은 필립푸스가 군사적 능력에서 데키우스에게 한참을 못 미치니 패배하리라고 직감했던 것이다.

○ 수적으로는 필립푸스가 끌고 온 병사들이 많았으나, 도나우강 전선

에서 전투로 담금질된 데키우스의 군단병과는 경쟁 상대가 아니었다. 데키우스 군과 필립푸스의 토벌군은 전투다운 전투 한번 치르지 않고 승패가 판가름 났다. 휘하의 병사들에게조차 버림을 받은 필립푸스 황제는 포로가 되기보다는 스스로 죽음을 선택했다. 또한 공동 황제로 있던 필립푸스의 아들은 근위대에 의해 살해되어 짧은 생을 마감했다.

※ 포로가 된 발레리아누스(Valerianus) 황제(260년)

≪전쟁은 충성스런 병사들이 있어야 승리할 수 있는 법이다. 유능한 장수라면 이러한 원칙에 따라 충성스런 병사와 보통의 병사를 구분한다. 발레리아누스 황제의 비극은 제1차 삼두 정치의 일원인 크라수스가 카르하이에서 싸우다 패배하여 후퇴할 때, 사령관 크라수스를 혼자 적지에 내보내어 죽게 한 로마군의 불충과 분열이 떠오르는 일화다. 로마는 발레리아누스 황제가 적의 포로가 되었지만, 후임 황제 갈리에누스의 나태함 때문인지 아니면 등불처럼 흔들리는 국가를 위기에서 먼저 구하기 위해서인지 복수조차 미루어졌다.≫

○ 필립푸스가 제거된 다음 제위에 오른 데키우스는 제국의 영토를 침범한 고트족과 싸우다 패배하여 아들과 함께 전사했다. 그러자 그의 남은 아들 호스틸리아누스가 갈루스와 함께 공동 황제에 올랐다. 그러나 갈루스는 데키우스 황제가 고트족과의 전투에서 고전하고 있

을 때 즉시에 지원하지 않고 늦장을 부려 데키우스가 패배하는 데 일조한 자였다. 얼마 후 호스틸리아누스가 전염병으로 죽자 갈루스는 단독 황제가 되었다. 하지만 갈루스가 야만족과 굴종적인 평화 협정을 맺고 지도력을 보여 주지 못하자 판노니아와 모이시아 총독 아이밀리아누스가 반란을 일으켰고, 이에 동조했던 내부 모반으로 갈루스와 그의 아들이 살해되고 제위는 아이밀리아누스에게로 넘어갔다. 반란으로 제위를 꿰찬 아이밀리아누스도 황제 자리에 오래 앉아 있지 못했다. 왜냐하면 데키우스 황제 때부터 감찰관을 지냈던 발레리아누스가 갈루스의 명령으로 모병을 위해 갈리아에 갔다가 반란이 발생했다는 소식에 아이밀리아누스와 맞섰고 병사들이 이번에는 아이밀리아누스를 버리고 발레리아누스 편에 섰기 때문이다. 이렇듯 지고한 자리가 이 사람에게서 저 사람에게로, 다시 저 사람에게서 또 다른 사람에게로 정신없이 옮겨 다녔다.

○ 아이밀리아누스를 폐위하고 제위에 오른 발레리아누스는 내리막길로 내달리고 있던 제국의 기운을 막고자 약탈과 침략을 일삼는 게르만 야만족과 싸웠고 페르시아 정벌에 나섰다. 페르시아와 싸우던 260년, 유프라테스강을 건너 에데사 부근에서 페르시아의 샤푸르 1세와 결전을 벌였다. 이 전쟁에서 발레리아누스는 근위대장 마크리아누스의 충고를 맹목적으로 신임함으로써 수많은 경솔한 행동과 과실을 저질렀고, 이로 인해 스스로 파멸을 자초했다. 수적 우위에 있던 페르시아군이 로마군을 포위하자, 발레리아누스는 포위망을 정면 돌파하려고 시도했지만 이마저도 실패하고 말았다. 샤푸르 1세는 로마군을 포위한 채 적군이 기아와 질병으로 자멸할 때까지 느긋하게 기다렸다. 로마군 내부에서는 이 상황을 견디지 못하고 불만을 품은

　　　　　　 로마의 선택과 결정 ⑤ 야만의 침탈

자들이 생겨났고, 이들은 자신들이 이렇게 된 이유가 황제의 무능에서 비롯되었다고 주장하며 동요하기 시작했다.

○ 로마군은 사태를 돌파하기 위해 사신들을 적의 진영에 보냈다. 그들은 황금을 줄 것이니 퇴각로를 내어 달라고 페르시아군에게 치욕스런 제안을 했다. 그러나 전세가 우세하다고 판단한 샤푸르는 로마군의 제안을 단호하게 거절했다. 게다가 문명국답지 못하게도 사신들을 억류하면서 발레리아누스와의 직접 협상을 요구했다. 발레리아누스 황제는 샤푸르가 협상을 요구하는 것이 아닐 수도 있다는 것을 직감했지만, 로마군의 소요와 불순자들의 선동은 황제의 생명과 위엄을 적의 신뢰에 맡길 수밖에 없는 적지로 내몰았다. 예상을 했으면서도 샤푸르의 치졸한 술책에 당할 수밖에 없었던 발레리아누스는 협상 장소에서 그대로 포로가 되었다. 그리고 따라갔던 로마군은 겁에 질린 채 항복하고 말았다.

○ 페르시아는 발레리아누스의 몸값을 협상하기 위해 로마군 진영에 사절을 보냈지만, 로마군 진영에서 실권을 쥐고 있던 마크리아누스는 아예 협상에 응하지도 않았고 오히려 자신의 두 아들을 황제로 옹립하는 반역을 저질렀다.(註. 발레리아누스 사후에 마크리아누스의 두 아들뿐만 아니라 수많은 참칭자가 나타났다 사라졌다. 대개의 역사가들은 마크리아누스의 아들들과 참칭자들을 로마 황제 계보에 올리지 않는다. 이는 그들이 갈리에누스를 정통 황위 승계자로 보기 때문이다.) 마크리아누스가 즉위하지 않은 것은 다리를 저는 불구자였던 그가 수시로 대중 앞에 나서야 하는 황제가 되기에 부적합하다고 스스로 생각했을 수 있었기 때문이다. 발레리아누스가 이렇듯 치욕적인 상황에 몰렸지만 제국의 서방에 있던 갈리에누스는 부친을 구할 능력은 물론

의지조차 없었다. 게다가 제국에는 나약하고 불충한 자들뿐인지라 황제가 절망의 나락으로 떨어졌건만, 발레리아누스 황제는 구원의 기대조차 할 수 없이 포로의 신분으로 비참한 말로를 맞게 되었다.

○ 페르시아 동맹국들이 운명이란 변화무쌍하니 발레리아누스를 포함한 고귀한 신분의 로마 포로들을 모욕의 대상이 아닌 평화를 위한 볼모로 삼으라고 충고했지만, 완고한 샤푸르는 태도를 바꾸지 않았다. 샤푸르가 말을 올라탈 때면 포로가 된 발레리아누스의 목을 내밀게 하여 발판으로 삼았다. 발레리아누스의 뒤를 이어 그의 아들 갈리에누스가 단독 황제로 즉위한 후에도 페르시아에 대한 복수는 이루어지지 않았다.(註. 발레리아누스는 제위에 오르던 253년부터 자신의 아들 갈리에누스를 공동 황제로 임명했다.) 훗날 갈리에누스를 비판적으로 보는 역사가들은 이렇게 서술했다. "발레리아누스가 이렇듯 가당

▌ 낙쉐 로스탐의 샤푸르 1세 전승 기념 부조 (발레리아누스가 포로가 되어 무릎을 꿇고 애원하는 장면을 묘사)

_____ 로마의 선택과 결정 ⑤ 야만의 침탈

찮은 모욕을 당하자 군단의 사령관들이 페르시아를 정벌하여 그들의 잘못을 깨닫게 하고 발레리아누스를 구하자고 맹렬히 요구했지만, 단독 황제가 된 갈리에누스는 측근들의 나태한 충고를 따라 인간이란 언젠가는 죽을 수밖에 없다고 말하며 그대로 방치했다. 아부하는 자들은 갈리에누스의 이처럼 잔인한 냉담성을 영웅적이고 스토아학파의 금욕적인 의연한 태도라고 치켜세우기까지 했다."

○ 수치심과 비통함으로 얼룩진 발레리아누스가 포로의 비참함을 견디지 못하고 죽었을 때, 샤푸르는 시체의 피부 속에 짚을 채워 넣고 부패하지 않도록 하여 페르시아의 가장 유명한 신전에 보존하도록 지시했다고 한다. 이것은 페르시아가 로마에 대하여 승리한 기념물이 되었다.

○ 발레리아누스의 참담한 포로 생활에 대하여 로마 제국뿐 아니라 제국 밖의 사람들까지 놀라움과 공포로 분노하고 있을 때, 초기 그리스도교 역사가 락탄티우스는 "신은 지금까지 쓰지 않으신 멋진 방법으로 그리스도교 탄압자에게 벌을 내리셨다. 이 기쁜 사건에서 보아도 신은 그리스도의 적에게 반드시 그 죄에 어울리는 벌을 내리신다는 것을 보여 주는 일례다."라며 반역에 가까운 기록을 남겼다. 이는 발레리아누스가 데키우스의 그리스도교 박해 정책을 강화한 데 대한 분노의 표시였다.

※ 갈리아 제국의 탄생(260년)

≪논리적으로 본다면, 국민의 생명과 재산을 지키는 군은 다시 찾은 자국민의 물품을 강탈당했던 사람에게 되돌려주는 것이 옳다. 그러나 격동의 시기에는 합리적인 판단을 하는 사람보다는 강력한 사람에게 굴복하는 경향을 보이게 된다. 포스투무스는 실바누스보다 강경한 태도였기 때문에 콜로니아 아그리피넨시스 주민들의 호응을 얻을 수 있었다. 하지만 그의 강경한 태도는 세심함이 부족해 돌이킬 수 없는 실수를 저질렀고, 이런 우연으로 갈리아 제국이 탄생했다.≫

○ 로마 황제 발레리아누스가 페르시아 샤푸르 1세에게 포로로 잡히는 전대미문의 사건은 동방과 서방 모두를 뒤흔들었다. 이 사건을 계기로 야만족들의 침략 활동이 더욱 격화되었으며, 방위선을 맡고 있는

군단장들은 야만족을 물리치고 나면 스스로 황제를 칭하는 사태가
벌어졌다.

○ 갈리아 지역을 방어하고 있는 포스투무스와 실바누스는 제국의 영토
를 침범하여 약탈을 일삼고 있는 게르만 야만족들을 물리쳤다. 그런
데 이들로부터 빼앗은 전리품 처리가 문제였다. 이 전리품들은 갈리
아 지역의 주민들이 야만족들에게 빼앗겼다가 되찾은 것이었다. 이
것의 처리를 둘러싸고 포스투무스는 병사들에게 나누어 주자고 했으
며, 실바누스는 국고에 넣은 다음 약탈당한 사람들에게 다시 돌려주
어야 한다는 의견이었다. 둘은 한 치의 양보 없이 서로 대립했다. 대
립은 격화되어 두 사람이 이끄는 부대끼리 충돌이 일어났다. 포스투
무스가 이끄는 로마군이 실바누스가 있는 콜로니아 아그리피넨시스
(註. 현재 독일의 '쾰른')를 포위한 것이다. 콜로니아 아그리피넨시스
주민들은 이런 문제로 전쟁에 휩쓸리는 것은 있을 수 없다면서 실바
누스와 그의 측근들을 붙잡아 포스투무스에게 넘겨주었으며, 그들은
당장 살해되었다.

○ 그런데 살해된 실바누스의 측근 중에 갈리에누스 황제의 아들이 있
었다. 경솔하고 조속한 처리가 문제였던 것이다. 본의 아니게 황제
의 아들을 죽인 것을 안 포스투무스는 더 이상 갈리에누스 황제의 장
군인 것을 포기하고 갈리아 제국을 건국했다.

○ 포스투무스가 갈리에누스의 어린 아들을 죽인 것은 고심 끝에 내린
결정이었다는 주장도 있다. 왜냐하면 황제의 아들을 살해한다는 것
은 한순간의 경솔하고 단순한 판단으로 결정될 수 있는 것이 아니며,
본인의 의도이든 아니면 어쩔 수 없는 상황에 몰려 그러했든 논란의
여지없이 경박하게 처리하지는 않았을 것이기 때문이다. 더군다나

살해당한 아이가 황제의 자식인지 알지 못했다는 것은 더더욱 설득력 없는 목소리일 뿐이다. 따라서 포스투무스가 자신의 제국을 건설하기 위해 병사들의 강력한 지지를 받고자 돌이킬 수 없는 범죄를 저질렀다는 주장이다.

⁂ 갈리에누스(Gallienus)의 죽음과 고티쿠스(Gothicus)의 배상 (268년)

≪부하 장수들의 음모로 갈리에누스 황제는 죽음을 맞았다. 그가 음모에 희생된 것은 군인들의 깊은 분노를 헤아리지 못해서였다. 제대로 된 장군이라면 아버지의 비참함을 방치하는 자를 누가 따르겠는가? 갈리에누스가 하사한 재산까지도 부하 장군들의 명예를 더럽히고 말았다.

그러나 한편으로 갈리에누스는 아버지의 비참함까지도 가슴속에 파묻고 사사로운 감정을 벗어나 국가를 위기에서 구하고자 했으며, 죽는 순간까지도 제국의 통치자로서 가장 걸맞는 자에게 제위를 넘기려 했던 황제였다. 이 영웅적인 황제는 많은 사람으로부터 부당한 평가를 받았음에 틀림없다.≫

○ 갈리에누스 황제는 갈리아 제국을 세운 포스투무스의 침공을 염려하여 아우레올루스에게 이탈리아 방어를 맡기고 자신은 고트족과 싸우러 갔다. 그때 아우레올루스는 발레리아누스가 페르시아군의 포로가

된 후 반란을 일으킨 마크리아누스를 도나우강변에서 패퇴시키는 전공을 세우기도 했다. 그러나 그는 야심에 사로잡혀 주군의 신뢰를 헌신짝처럼 내던지고 스스로 황제를 칭하며, 로마 제국의 통치권을 놓고 갈리에누스와 다투었다. 군사력의 열세에 밀린 아우레올루스는 메디올라눔(註. 현재 지명 '밀라노')으로 후퇴하여 갈리에누스 황제에게 포위되었다. 반란에 성공하지 못하면 찾아올 숙명적인 결과를 생각하면서 아우레올루스는 황제의 편에 선 장군들에게 자신의 쾌락을 위해 시민의 행복을 희생시키고, 사소한 혐의에도 장군들과 관리들의 생명을 빼앗아 버리는 비열한 지배자 갈리에누스를 버리라고 호소했다.

○ 아우레올루스의 선동 책략은 근위대장과 고위 장군들이 갈리에누스 황제에 대한 불만을 표면화하는 계기로 발전했다. 이는 황제를 암살하는 모의로 이어졌다. 때마침 갈리에누스는 아우레올루스가 포위망을 뚫기 위해 위험스런 시도를 하고 있다는 보고를 받고 호위병도 없이 바로 전투에 뛰어들었다. 그때 그는 그 전투에서 적군이 아닌 것으로 보이는 누군가가 던진 창에 치명상을 입고 말았다.(註. 갈리에누스에게 창을 던진 자는 달마티아의 로마군 기병 대장이라는 소문이 있다. 또한 아우레올루스가 공격하고 있다는 보고는 갈리에누스가 막사를 뛰쳐나오도록 하기 위한 거짓 보고이며, 이런 계략을 쓴 것은 훗날 황제가 된 아우렐리아누스라고 한다.) 갈리에누스는 숨을 거

▎ 갈리에누스

두면서 다음 황제로 클라우디우스 고티쿠스를 지명했고, 부하 장군들도 갈리에누스의 선택을 지지했다. 고티쿠스는 갈리에누스가 나태하고 비열하다고는 생각하고 있었으나, 항상 황제를 위해서 병사들을 움직였으며 이번 모의에도 가담하지 않았다.

○ 갈리에누스 황제의 지명으로 즉위한 클라우디우스 고티쿠스는 여러 가지 온정적 조치를 실행했다. 갈리에누스 황제 시대에 발생한 빈번한 반란으로 거의 모든 사람들이 국가 반란죄에 연루되었고, 반란죄에 해당되는 사람들은 자신이 소유하고 있던 사유지가 몰수될 상황에 몰려 있었다.

○ 갈리에누스는 반역에 연루된 관리들의 재산을 부하 장수들에게 종종 나누어 주곤 하면서, 자신의 관대함을 과시하곤 했다. 고티쿠스가 즉위한 직후 한 노파가 그의 발아래에 엎드려 전임 황제의 어느 부하 장군이 자기 가문의 세습 재산을 부당하게 강탈했다고 하소연한 일이 있었다. 어느 부하 장군이란 바로 고티쿠스 자신이었는데, 고티쿠스 황제는 이 비난에 부끄러워했지만, 자신의 과오를 고백하는 동시에 충분한 손해 배상을 함으로써 공정함을 기대했던 노파의 신뢰를 받을 수 있었다.

○ 고티쿠스는 갈리에누스의 신격화를 원로원에 요청하고 그의 지지자들이 살해되는 것도 막았지만 그의 업적을 기록한 수많은 비문이 훼손되는 것까지는 막지 못했다. 아마도 갈리에누스가 원로원 의원들을 군사령관에서 배제시켰기 때문에 귀족들로부터 버림을 받았는지 모른다. 하지만 많은 원로원 의원들이 반란군을 지지하는 등 불충했다. 그런데다 그들은 위험한 군사령관보다는 안락한 문관을 선호했기에 군사령관으로서의 적절한 군사 경험을 가진 의원 수가 줄어든

것도 사실이었다. 상황이 이러했지만 갈리에누스의 정책은 반감을 부추겼고, 그는 15년간이나 제국의 안전과 평화를 위해 아버지의 복수까지 뒤로 미룬 채 고된 노력을 기울였음에도 부당한 평가를 받았던 것이다.

| 알아두기 |

• 기병대의 득세

3세기 중엽 갈리에누스 황제는 제국의 방어 체계가 뚫리더라도 국경선 후위에 있는 도시들을 요새화하여 적을 방어할 수 있도록 했다. 즉 요새화된 전략 도시에서 군대가 주둔하고 있다가 적의 침공이 있을 시에 즉시 이동하여 격퇴시키는 방식이었다. 이러한 전략은 기동력이 필수였기에 군단의 보병대와 상관없이 독자적인 작전을 펼칠 수 있는 기병대를 로마군의 주력 부대로 대체했다. 이렇게 되자 갈리에누스는 기병대를 중시하여 근위대와 동격으로 대우했으며, 얼마 안 있어 기사 계급인 기병대장이 원로원 계급인 근위대장을 누르고 황제 다음가는 제국의 제2인자가 되었다.(註. 당초 근위대장은 기사 계급이었으나 알렉산데르 황제 때부터 원로원 계급에서 임명했다.) 그리고 갈리에누스 다음 황제인 고티쿠스를 포함하여 아우렐리아누스, 프로부스 등 마침내 기병대장 출신의 황제들이 탄생했다.

| 마음에 새기는 말 |

가장 쉽고 빠른 개혁을 이루려면 사람을 바꾸어야 한다.

※ 고티쿠스의 편입 정책(268~270년)

≪야만족에 대한 로마의 동화 정책은 그들을 무력으로 완전히 무릎을 꿇린 후 시행되었다. 무력으로 제압하지 않고 강화 조약에 의하여 보조금을 지원하고 동화 정책을 시도한 것은 대개 실패했는데, 이는 야만족들이 자신의 힘에 굴복하여 로마가 조공을 바치는 것으로 판단했기 때문이다. 로마군의 생각도 이와 비슷했다. 한 예로 수십 년 전 알렉산데르 황제가 게르만족에게 보조금을 주고 강화 조약을 맺자 로마군 병사들은 돈을 주고 평화를 산 것이라고 생각하여 불만을 품었던 것을 들 수 있다. 따라서 고티쿠스가 고트족을 완전히 무찌른 후 패배한 자들에게 관용을 베푼 것은 이러한 점에서 성공한 정책이었다.≫

○ 클라우디우스 고티쿠스 황제는 북이탈리아 가르다 호수 부근에서의 전투와 도나우강 하류의 발칸 반도에서의 전투에서 고트족에게 대승을 거두었다.(註. 황제의 이름이 고티쿠스인 것은 고트족과 싸워 승리했기 때문에 붙여졌다.) 그런 후 고티쿠스는 발칸 반도의 전투 이후에 이전의 황제들이 시도하지 않았던 새로운 방법으로 야만족에 대처했다.

○ 황제는 패배한 고트족 중 젊고 건강한 남자는 로마군에 편입시키고, 나머지에게는 무기를 버린다는 조건으로 모이시아 속주에서 농사를 지으라고 권했던 것이다. 또한 농부 지원자에게 고향에서 처자식을 불러들이는 것을 허락하고, 경작지를 주겠다고 약속했다.

○ 모이시아 속주는 도나우강 하류에 면한 로마 제국의 방위선이며, 고티쿠스 황제는 고트족을 정착시켜 토지 황폐화와 인구 감소를 막으

———— 로마의 선택과 결정 ⑤ 야만의 침탈

려고 한 것이다. 놀랍게도 이 정책은 성공했으며, 로마군에 편입된 고트족은 동포를 상대로 용감히 싸웠고, 농민이 된 고트족들도 이주한 땅에서 순응하며 정착했다. 하지만 BC 2세기 마리우스가 재산이 없는 자에게도 모두 군대를 개방한 것을 두고, 후대 역사가들은 이를 로마 전통의 위반이요, 애국심조차 없는 가난한 자들에게 재산을 지키게 하는 형편없는 짓이라고 낙인찍은 적이 있었다. 이는 군대와 전쟁이 자신의 재산을 지키기 위한 것이라는 판단에서 말한 것이다. 그러한 점에서 고티쿠스의 정책이 당시로서는 어쩔 수 없는 결과라 하더라도 야만족의 손에 맡겨진 로마의 재산과 목숨은 위태롭기 그지없었다.

○ 클라우디우스 고티쿠스는 반달족과의 전쟁 중에 전염병으로 사망했다. 그는 제위를 아우렐리아누스에게 넘겼지만, 동생인 퀸틸루스가 자신이 황제의 자리를 승계받아야 된다며 원로원의 승인을 받아 냈다. 결국 퀸틸루스와 아우렐리아누스의 결전이 불가피했다. 하지만 군사력 능력이 걸출했던 아우렐리아누스의 깃발 아래로 병사들이 모이자 퀸틸루스는 절망하여 자살하고 말았다. 이로써 제국의 미래는 아우렐리아누스의 통치에 맡겨졌다.

※ 오다이나투스(Odaenatus)의 처벌과 팔미라의 오판(273년)

≪오다이나투스가 경솔하고 무례하면서도 자존심을 굽히지 않는 조카 마이오니우스를 곁에 둔 것은 실패한 관용이었다. 마이오니우스

는 사냥과 같은 하찮은 일로 자신을 치욕스럽게 하는 것은 부당하다고 여겼겠지만, 행동에서 품성이 엿보이는 법이다. 잘못을 용서받은 자가 왜 용서받았는지 이해하지 못하자, 관용이란 덕성은 도리어 해악을 가져와 참혹하게 마무리되었다. 오다이나투스도 아우렐리아누스도 마이오니우스도 팔미라 시민도 이러한 점에서 똑같은 잘못을 저질렀다. 오다이나투스와 아우렐리아누스는 관용을 베푸는 이유를 납득시키지 못했고, 마이오니우스와 팔미라 시민들은 왜 용서를 받았는지 납득하지 못했기 때문이다.≫

○ 궁지에 몰리고 있는 로마 제국에서 유프라테스강과 지중해의 중간 지점에 있는 팔미라는 오다이나투스의 활약에 힘입어 동방 방어의 주요 도시로 변모했다. 이러한 공로로 오다이나투스는 원로원 의원이 아니었지만 발레리아누스 황제에 의해 총독에 임명되었다.

○ 언젠가 오다이나투스는 그가 좋아하던 사냥을 조카 마이오니우스와 함께 간 적이 있었다. 사냥꾼들의 규칙으로는 사냥감을 발견했을 때 주군보다도 먼저 사냥감을 공격해서는 안 되었다. 그러나 경솔하고 무례한 마이오니우스는 자신의 군주이자 백부인 오다이나투스보다도 먼저 사냥감에 창을 던졌다. 오다이나투스는 분노가 치밀었지만 마이오니우스의 과오에 약간 주의를 주는 정도로 끝냈다. 이는 마이오니우스가 조카였을 뿐 아니라 공로자였기 때문에 처벌하지 않고 배려한 것이었다. 하지만 백부의 너그러운 용서를 제대로 이해하지 못한 마이오니우스는 또다시 똑같은 무례를 저질렀다. 마침내 오다이나투스는 군주로서 그리고 사냥꾼으로서 격분했으며, 야만족들이 과오를 저지른 자에게 벌하는 방식에 따라 마이오니우스의 말을

빼앗고 짧은 금고형을 내렸다. 흔히 사람이란 자신이 저지른 죄는 곧 잊지만, 자신에게 가해진 모욕은 거머리처럼 끈덕지게 달라붙어 오랫동안 기억되는 법이어서 마이오니우스는 자신이 받은 형벌을 가슴속에 남겼다. 증오를 품고 있던 마이오니우스는 고트족에게 승리한 싸움을 축하하는 자리에서 몇몇 대담한 동료들과 함께 백부 오다이나투스와 백부의 큰아들 헤롯을 살해했다.(註. 일설에는 팔미라의 강성함을 두려워한 갈리에누스가 계략으로 오다이나투스를 살해했다고 하는 자도 있으나, 이는 갈리에누스를 중상모략하는 말일 뿐이다.)

○ 오다이나투스가 살해당하자, 그의 두 번째 아내 제노비아(註. 팔미라의 공식 기록에는 제노비아의 이름이 자바이의 딸이란 의미를 가진 '바트자바이'라고 되어 있다.)가 자신의 어린 아들 바발라투스를 남편의 후계자로 신속히 앉히면서, 스스로 아들의 후견인이 되어 실권을 장악했다. 그렇게 되자 살해당한 큰아들이 전처 자식이었다는 점에서 오다이나투스의 죽음이 제노비아의 음모에 의한 것이라는 소문이 퍼져 나갔다. 실로 그녀는 신의 실수로 성별이 바뀌었다는 평을 들을 만큼 대단한 여걸이었다. 그때 그녀는 20대 후반에서 30대 초반의 나이였다. 이러한 제노비아의 정치적 지도력과 오만함 위에 팔미라 왕국이 건립되었고, 팔미라 왕국은 로마 제국으로부터 독립을 선포하기에 이르렀다.

○ 로마 황제 아우렐리아누스는 시급히 해결해야 했던 반달족의 침입을 격퇴시킨 후, 팔미라 왕국을 토벌하여 로마 제국의 동쪽 지역을 되찾고자 했다. 강력한 로마군을 맞이한 팔미라 왕국의 대부분 도시들은 성문을 열어 로마군을 환영했다. 다만 아나톨리아의 티아나는 아우렐리아누스에게 성문을 열지 않았다.(註. 아나톨리아는 흑해와 마르마

▌아우렐리아누스 성벽

라해, 에게해, 지중해에 둘러싸인 반도이며, 현재 터키 수도 앙카라를 포함하여 터키의 대부분을 차지하는 지역을 일컫는다.) 그는 격분하여 공격 명령을 내리며 "개 한 마리도 살려 두지 마라!"고 외쳤다. 하지만 이것은 말장난임이 곧 밝혀졌다. 배신자에 의해 티아나의 성문이 쉽게 열리자, 병사들은 이미 내린 명령이 도시의 약탈과 파괴를 승인한 것이냐며 황제에게 확인차 물었다. 그러자 그는 황제의 지위에 있는 자가 한번 내뱉은 말을 다시 주워 담을 수 없다고 생각하고서 이렇게 말했다. "내가 내린 명령을 그대로 따르라. 약탈은 안 되고, 개는 한 마리도 남기지 말고 모조리 죽여도 좋다." 다만 그는 배신자는 또다시 배신할 수 있다는 이유를 들어 성문을 열어 준 자를 처형했다.

○ 그 이후 안티오키아 근처와 에메사(註. 현재 시리아의 '홈스')에서 격전을 치르기는 했지만 대체로 수월한 진군에 고무된 아우렐리아누스

▌에메사, 팔미라

황제는 제노비아가 최후의 방어진을 구축하고 있는 팔미라를 군사력
으로 이기는 것보다는 항복을 받아 내는 것이 현명하다는 판단하에,
제노비아에게 명예로운 퇴진을 보장하겠다는 것과 시민들의 권리를
유지시켜 주겠다는 내용의 항복 조건을 제시했다. 하지만 제노비아
는 로마군이 식량과 군수 물자가 부족해질 것이라는 예측과 페르시
아로부터 원군이 도착할 것이란 기대로 아우렐리아누스의 조건을 단
호히 거절하며 모욕까지 주었다.

○ 이처럼 제노비아는 로마군의 곤궁을 바랐지만, 시리아의 각 지역으
로부터 로마군에게 보급 물품이 지속적으로 도착하고, 기대했던 페
르시아는 샤푸르의 죽음과 로마의 외교로 팔미라에 지원군을 보내지
않게 되자 제노비아의 바람은 더 이상 기대할 수 없었다. 그렇게 되
자 팔미라 주민들은 승리에 자신이 없어 동요했고, 주민들의 동요로

신변이 위태로워진 제노비아는 결국 야반도주를 시도했다. 몰래 도망치던 그녀는 얼마 못 가서 붙잡혀 로마로 압송되었고, 팔미라의 중신들은 사형이 집행되었다. 로마에 끌려간 제노비아는 갈리아 제국의 테트리쿠스와 함께 아우렐리아누스의 개선식에서 포로로서 걸어야 했다. 그 이후 로마 원로원 의

▌ 제노비아

원의 아내가 되어 아우렐리아누스가 선물한 티부르의 저택에서 삶을 마쳤다.

▌ 팔미라 유적

○ 제노비아가 도망치다 붙잡히고 많은 관리들이 처형당한 팔미라는 사실상 로마군에게 점령된 도시였지만 아우렐리아누스는 팔미라 주민에 대한 약탈을 허용하지 않았으며, 도시를 온전히 유지토록 명령했다. 그리고 겨우 600명의 주둔군만 남긴 채 아우렐리아누스는 서방으로 떠났다. 그런데 로마 황제가 아무런 피해도 끼치지 않고 팔미라를 떠난 것에 대하여 팔미라 주민들의 판단은 어리석었다. 팔미라 사람들은 자신들의 행동이 정당했으므로 황제가 팔미라를 온전하게 놔둘 수밖에 없었던 것이라고 생각하며 황제의 관용을 잘못 해석한 것이다. 그들은 600명의 주둔군을 모두 죽이고 로마 제국으로부터 독립을 선언했다.

○ 타우루스 산맥을 막 넘으려던 아우렐리아누스는 그 소식을 듣자 격노했다. 그는 곧바로 병사들을 회군시켜 팔미라를 또다시 점령했다. 그러고서 동방을 수복하는 동안 한 번도 허락하지 않았던 약탈·방화·폭력을 허용했다. 그의 복수는 잔혹하여 성인 남자는 물론 부녀자와 어린아이까지 모두 학살되었고, 팔미라는 가치 있는 모든 것이 약탈된 후 완전히 파멸했다. 그리하여 한때 그렇게 대단하고 강력했던 팔미라는 조그마한 중계 도시로서는 유지되었지만, 과거의 영광을 두 번 다시 되찾지 못했다.

| 마음에 새기는 말 |

궁지에 몰렸을 때 발휘되는 적극성이 때로는 성공을 확신할 때 나타나는 나태함을 이긴다.

✳ 갈리아 제국의 멸망(274년)

《병사들의 욕망은 약탈과 명예다. 따라서 병사들은 약탈을 드러내 놓고 요구할 수 없어도 약탈의 기회를 가로막는 자에게 증오심과 분노의 마음을 간직하고 있다가 언젠가는 터뜨리게 된다. 한때 되찾은 약탈품을 병사들에게 나눠 주던 포스투무스가 약탈을 금지시키자, 갈리아 제국의 창건자는 격분한 병사들의 검에 희생되었다. 그만큼 병사들의 기강은 무너졌고 방종만이 판치고 있었다는 증거였다.

갈리아 제국의 마지막 황제 테트리쿠스는 자신의 군사적 무능을 인정하고 아우렐리아누스 황제에게 무릎을 꿇었다. 그럼에도 갈리아 제국 병사들의 방종은 로마 제국 황제와 갈리아 제국 황제의 권위와 위엄을 모두 무시했고 죽음만이 그들의 오만과 방종을 멈추게 할 수 있었다.》

○ 뚜렷한 목적의식 없이 탄생한 갈리아 제국은 로마 황제 갈리에누스의 나태함과 미온적 대처로 인해 창건자인 포스투무스의 통치하에 그대로 존속했다. 어떻게 보면 제국 전역에 걸친 야만족의 침입을 모두 방어하기에는 힘이 모자랐던 갈리에누스가 포스투무스에게 갈리아 지역의 안위를 맡겼다고 볼 수 있다.

○ 언젠가 갈리아 제국 황제 포스투무스는 모군티아쿰(註. 현재 독일의 '마인츠')에서 황제를 사칭하던 자의 반란을 토벌했다. 그 당시 관습에 따라 모반을 일으킨 모군티아쿰은 약탈 대상이 되어야 했으나, 포스투무스는 고결한 정신에서인지 아니면 정치적 배려에서인지 약탈을 허용하지 않았다. 포스투무스의 병사들은 승리한 도시에서 풍족한 전

리품을 얻고자 했던 욕망이 좌절되자, 그로 인한 분노를 포스투무스에게 돌렸다. 결국 포스투무스는 재위 7년째 병사들의 탐욕심에 희생양이 되었다.(註. 알렉산데르 황제가 페르시아 전쟁에서 페르시아 수도 크테시폰의 점령을 눈앞에 두고 철수를 명령하자, 병사들은 약탈과 명예욕을 충족시킬 기회가 좌절되었다. 이 일이 있은 후 알렉산데르는 병사들의 분노와 경멸을 받아 권위가 무너지기 시작했고, 그 이후 알레만니족과 싸우다가 또다시 강화 조약을 맺으려 하자 마침내 병사들의 분노에 희생되었다. 이처럼 알렉산데르와 포스투무스는 동일한 실패를 맛보았다.)

○ 그 이후 황제가 되기에는 출신이 비천한 마리우스가 제위를 꿰찼으나 등극한 지 얼마 되지 않아 시비 끝에 살해되었다. 다음으로 갈리아의 황제에 오른 빅토리누스는 절제되지 못한 욕정으로 부하의 아내들을 유혹하다 질투심에 찬 남편들의 공모로 살해당했다. 그러자 부유한 여성이던 빅토리누스의 어머니 빅토리아는 막대한 자금력을 동원하여 병사들을 매수한 다음 그들의 지지를 등에 업고서 아퀴타니아 총독 테트리쿠스(Gaius Pius Esuvius Tetricus)에게 제위를 넘겼다. 하지만 그녀는 배은망덕한 테트리쿠스에 의해 생을 마쳤다.

○ 테트리쿠스는 평화로운 속주의 총독에나 어울리는 성격을 가졌으며, 이러한 성품은 군주로서 군대를 통솔하기보다는 오히려 군대를 두려워했다. 당연한 결과지만 병사들은 용맹스럽지 못하고 야심 없는 테트리쿠스를 경멸했다.

○ 이즈음 로마 황제 아우렐리아누스는 팔미라를 제국의 통치 속에 다시 복속시킨 다음 갈리아에 눈길을 돌렸다. 그는 원래 로마 제국이었던 갈리아 제국을 병합하기로 마음먹고 군마를 갈리아 제국으로 몰았다. 테트리쿠스는 아우렐리아누스의 공격에 맞서 군사를 일으키고

진영을 갖추었으나, 이를 기회로 삼아 자신은 원래 갈리아 제국을 로마 제국과 분리하여 다스릴 의도가 전혀 없다고 아우렐리아누스 진영에 은밀히 알려 왔다. 전투가 시작되자마자 테트리쿠스가 항복의 깃발을 내꽂아 두 군대는 피 한 방울 흘리지 않고, 갈리아 제국은 원래대로 로마 제국에 합병되었다. 다만 갈리아 제국에서 오만과 방종에 물든 일부 병사들이 아우렐리아누스에게 항복하기를 거부하고 샹파뉴 지방의 샬롱 부근에서 저항했으나, 모두 전멸함으로써 그들의 타락한 오만과 무절제한 방종을 멈출 수 있었다.

| 마음에 새기는 말 |

피해는 철저하게 기억하지만, 은혜는 가장 중요한 것조차 잊어버린다.

- 루테티아(註. 현재 프랑스의 '파리')시가 아우렐리아누스 황제에게 반기를 들어 완강하게 저항한 것에 대한 처벌은 있었지만, 아우구스토두눔(註. 현재 프랑스의 '오툉', 로마에게 정복되기 전에는 갈리아의 하이두이족 수도 '비브라크테')시가 로마 제국에 대항한 갈리아 제국에 맞서 싸우다가 도시가 점령되고 약탈되었지만 이에 대한 로마 제국의 보상은 없었다는 것에 대하여.

☀ 아우렐리아누스(Aurelianus) 황제의 통치술

≪아우렐리아누스의 엄격한 성품과 통치는 병사들과 시민들로부터

존경하는 마음과 두려운 마음을 동시에 품게 했다. 그러면서도 그는 배신한 자와 저항한 자들에게 관용의 덕을 버리지 않았다. 그에게 관대한 처분을 받은 자들이 간혹 배반하기도 했지만, 그에게 두려움을 품은 자들은 더욱 위험한 결과를 초래했다.≫

○ 누군가가 아우렐리아누스에게 "무엇이 황제를 그릇된 길로 인도하는지요?"라고 묻자, 그는 이렇게 답했다. "친구여! 그것은 첫째로 헤픈 생활이요 둘째는 물질적 부이며 그리고 셋째는 나쁜 친구 관계라고 볼 수 있네." 이렇듯 아우렐리아누스는 자신에게뿐만 아니라 병사들에게도 엄격한 규율과 검소함을 요구했으며, 그럼에도 패배한 적들에게는 관대했다.

▌ 미트라 신

○ 한 병사가 묵고 있던 집주인의 아내를 유혹하여 농락한 일이 있었다. 유죄를 선고받은 이 병사는 좌우에서 휘어지도록 끌어당겨 묶인 두 그루의 나무 사이에 발이 각각 묶였고, 묶인 두 나무를 갑자기 절단하여 사지가 갈기갈기 찢겨 나가는 참혹한 처형을 당했다. 이 광경을 본 병사들은 다시는 똑같은 위반 행위를 하지 않았다. 이는 아우렐리아누스의 무자비한 처벌이 군율의 유지를 위해서 정당했다는 것을 입증했다. 물론 황제 스스로도 군율을 준수했으며, 병사들도 사령관으로서 손색이 없는 아우렐리아누스를 경외했다. 그가 엄격한 것은 독실한 태양신 숭배자였기 때문이기도 했는데 아우렐리아누스

는 태양신교의 최고 사제였다. (註. 동방의 태양신 미트라 숭배는 로마 제국에 퍼져 광범위하게 영향을 미치고 있었다. 태양신앙에 따르면 동지가 지난 후 낮의 길이가 길어지기 시작하는 12월 25일을 태양신의 탄신일로 정하고 있었는데, 훗날 콘스탄티누스가 많은 사람들을 그리스도교 신자로 끌어들이기 위해 태양신 관습을 그대로 받아들여 예수의 탄생일을 12월 25일로 정했다. 콘스탄티누스는 장인 막시미아누스를 제거한 뒤 자신을 고티쿠스 황제의 후손임을 선언하면서 수호신을 고티쿠스와 아우렐리아누스의 수호신이었던 정복되지 않는 태양을 의미하는 솔 인빅투스Sol Invictus 신을 선택한 적이 있었다. 로마와 그리스에서는 미트라를 '미트라스Mithras'라고 했다.)

○ 또한 그는 팔미라 왕국을 정벌할 때 비티니아 속주와 안키라의 항복을 받아 냈을 뿐 아니라, 끈질기게 저항하던 티아나를 점령하고서도 시민들을 관대하게 처우한 것은 이미 앞서 언급했다. 안티오키아 시민들의 경우는 아우렐리아누스의 로마군이 접근해 오자, 겁을 집어먹고 도시를 버리고 달아났다. 그렇게 되자 아우렐리아누스는 칙령을 내려 도망친 시민들을 불렀고 이들이 팔미라 왕국의 제노비아에게 복종했던 것은 스스로 선택한 것이 아니라 어쩔 수 없는 필요에서였다고 말하면서 로마 제국에 반기를 든 죄를 사면해 주었다. 갈리아 제국을 진압할 때도 갈리아 제국의 황제였던 테트리쿠스의 항복을 받아들이고 그에게 로마 제국 원로원에 의석을 주는 관용을 보였다. 그럼에도 역사가들은 아우렐리아누스 황제가 보인 평소의 성품 때문에 그를 관대한 황제라고 평가하지는 않았다.

| 마음에 새기는 말 |

재물은 적에게서 빼앗은 전리품으로 모으는 것이지, 지역 주민의 눈물로부터 모으는 것이 아니다.

_ 아우렐리아누스 황제

아우렐리아누스의 죽음(275년)

≪황제는 명확하고 절대적인 충성심을 가진 자들을 곁에 두어야 할 뿐 아니라, 은밀한 진실은 그들에게 대단한 호의를 베풀어야 한다

는 것이다. 이는 독재관 술라로부터 배울 점이 있다. 측근들이 목숨
이 두려워서 황제를 해쳤다면 암살자들을 탓하기 전에 불충한 자들
을 곁에 둔 황제의 안목부터 탓해야 한다. 황제의 엄격함과 용맹성도
측근의 불충을 이기지 못하므로 용서할 수 없는 측근이라면 즉시 교
체해야 마땅하다.≫

○ 개선식을 끝내고 로마에서 국정을 돌보던 아우렐리아누스는 275년
봄이 되자 페르시아와의 전쟁을 위해 도나우강 방위선을 거쳐 동방
으로 향했다. 아우렐리아누스 황제는 자신을 등용한 발레리아누스
황제의 복수를 위한다는 생각도 있었겠지만, 페르시아를 제압하지
않고서는 동방의 안전이 유지될 수 없다는 것을 알고 있었다.

○ 아우렐리아누스는 자신에게뿐만 아니라 남에게도 엄했으며 전체로
보아서 관용의 덕을 갖춘 황제가 아니었다. 그는 가혹한 성품으로 악

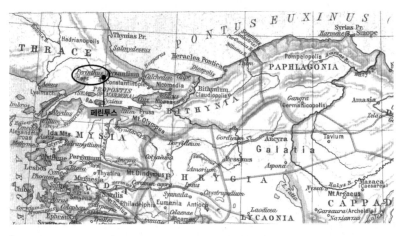

❙ 페린투스

　　　　　　　　　　　—— 로마의 선택과 결정 ⑤ 야만의 침탈

명이 높았으며 후세의 역사가들로부터도 자비심이 부족하다는 평가를 받은 황제였다. 유럽의 최동단인 페린투스에 머물 때, 그는 에로스라는 이름을 가진 비서를 어떤 일로 엄하게 꾸짖었다. 아우렐리아누스에게 질책을 받은 에로스는 황제의 잔혹한 처벌을 알고 있어 무서움으로 부들부들 떨었다. 그는 자신이 처형당할지도 모른다는 생각에 계책을 써야겠다고 마음먹고 공문서를 위조했다.

○ 위조된 공문서에는 처형될 장교 이름이 나열되어 있었고 마지막에 에로스 자신의 이름이 적혀 있었다. 에로스가 비밀리에 빼낸 것처럼 가장하여 가져온 그 문서를 받아 본 장교들은 공포로 제정신을 잃었다. 내용의 진위를 알아보아야 한다는 판단조차 잃은 그들은 야밤에 황제의 침실에 몰래 잠입하여 아우렐리아누스를 살해하고 말았다. 이로써 아우렐리아누스 황제로 인하여 '팍스 로마나(Pax Romana)'가 재구축되고 있었고 그럼으로써 로마인 모두가 행복했던 시대는 사라졌다.(註. 아우렐리아누스의 팍스 로마나는 제국의 상류층을 중심으로 움직였다. 따라서 제국 인구의 태반은 국가 체제의 혜택으로부터 배제되거나 혜택을 받더라도 사소한 것밖에 되지 못했다고 평가되고 있다.)

❀ 황제 선출에 대한 군과 원로원의 양보(275년)

≪군과 원로원이 황제 선출권을 서로 양보하는 유례없는 일이 발생했다. 이는 원로원은 군의 반대로 권위가 무너질까 두려워했고, 군은 원로원의 결정이 옳은지 지켜보자는 심산이었기 때문에 생긴 소극이

었다. 우여곡절 끝에 원로원에서 타키투스를 황제로 추대했으나, 그는 야만족 정벌이라는 험난한 직무를 수행하던 중 병사들을 통제하지 못하고 육체적인 어려움을 이기지 못해 죽음에 이르자, 군대는 다시 한 번 원로원에게 군에 의한 황제 선출이 필요하다는 현실을 각인시켰다.

이로써 제위를 거절했던 타키투스 황제의 당초 생각은 정당했다. 다만 아쉬운 것은 굳이 타키투스가 전쟁을 하려고 했다면, 유능한 장군에게 전쟁을 수행하도록 명령해야 했다는 점이다. 원수정 시대에도 황제가 친정에 나서지 않고 부하 장군을 내보낸 예는 얼마든지 있었기 때문이다.≫

○ 아우렐리아누스가 비서의 계략으로 살해되고 난 후, 군대는 원로원에게 황제를 선출해 달라고 요구했다. 원로원은 자신들에게 적대적이었던 군인 황제가 출전 중에 휘하 부대에서 살해된 것을 내심 기뻐했겠지만, 군대에 대한 두려움으로 아우렐리아누스의 영전에 슬픔과 고인의 명복을 아낌없이 퍼부었다. 그렇지만 황제 선출에 대한 군대의 요구는 언제 다시 병사들이 변덕을 부릴 줄 모르므로 신중히 생각하고 있었다. 근위대에서 황제의 선출권을 행사한 것이 벌써 80년이나 이어져 왔으며, 그 뿌리박힌 관행이 하루아침에 바뀔 것이라고 믿는 원로원 의원은 아무도 없었다. 원로원은 섣부른 황제 추천으로 또다시 원로원의 권위가 실추되고 추천된 황제의 목숨도 보장하지 못하는 결과가 두려웠던 것이다.

○ 이렇게 되자 인간의 야심과 인류의 역사를 감안하면 군과 원로원 사이에 황제 선출을 놓고 믿기 어려운 논쟁이 벌어졌다. 군대는 황제를

로마의 선택과 결정 ⑤ 야만의 침탈

선출하는 권력이 싫증난 것처럼 원로원에 황제의 선출을 요구했고, 원로원은 황제 선출이 권한 밖의 일인 것처럼 군대의 요구를 거절하며 군대에 다시 황제 선출권을 넘겼다. 이렇게 옥신각신하는 논쟁이 8개월간에 걸쳐 몇 번씩 반복되었다. 그러던 어느 날 집정관이 원로원 회의에서 제국을 지도자가 없는 위험한 상태에 놓아둘 수는 없다고 말하며, 원로원의 제일인자였던 타키투스에게 그 의견을 물었다. 타키투스가 일어나 의견을 말하려 하자, 원로원 의사당 곳곳에서 "타키투스 아우구스투스!"를 외치며 황제로 옹립했다.

○ 타키투스는 70세가 넘은 허약한 육체로 군대를 통솔하여 야만족을 굴복시키고, 가혹한 기후를 극복하며 병영에서 군사 훈련을 실시하고, 섬세한 통치를 빈틈없이 해낼 수 없다고 말하며 제위를 거절했다. 아마 타키투스의 거절은 진심에서 나온 말이겠지만, 원로원은 로마 황제들이 인생의 노령기에 등극했던 경우가 많았고, 원로원에서 선택하려는 대상은 육체가 아니라 정신이며, 군대가 아니라 황제라고 말하면서 타키투스의 거절을 완강하게 거부했다.

○ 젊은 황제의 변덕과 악덕으로 로마 제국이 견뎌 내야 했던 어려움을 상기시킨 메티우스 팔코니우스의 논리 정연한 연설로 타키투스는 결국 황제 제의를 수락하게 되었다. 아마도 원로원은 제국의 총사령관인 황제를 나약한 노인으로 앉힌 다음 원로원의 뜻대로 국정을 좌지우지하기를 바랐는지 모른다. 그러나 276년 야만족들의 약탈에 몸살을 앓고 있던 소아시아 정벌 중에 노인으로서는 견디기 힘든 병사들의 난동과 파벌 싸움 그리고 혹독한 병영 생활이 타키투스를 죽음으로 내몰았다.

○ 타키투스는 몇 번의 소규모 전투에서 승리하여 황제로서의 권위를

세우기도 했지만, 악랄하고 탐욕스런 친척 막시미누스를 시리아 총독으로 앉히자 막시미누스는 얼마 못 가 병사들의 분노에 휩싸여 살해당하고 말았다. 난동과 파벌 싸움을 일삼던 군대는 황제의 친척을 죽이게 되자 처벌이 두려웠던 나머지 타키투스를 죽음의 경계선까지 내몬 것이다. 타키투스의 통치 기간은 겨우 6개월하고 20여 일간이었다.

✻ '군주'란 어떤 자리인가?(280년)

≪권력의 정점이란 어떤 자리인지 깨닫게 하는 사투르니누스의 고뇌가 담긴 문장이다. 황제의 자리는 오르고 싶다고 오를 수 있는 자리도 아니며, 내려오고 싶다고 내려올 수 있는 자리도 아니다. 게다가 최고 권력이란 대부분의 경우 짧은 기간 동안에만 누릴 수 있고, 그 이후 권력을 누린 자의 목숨이 연기처럼 사라져 가는 것이므로 신이 내린 은혜라고 여겨질 수도 없다. 그나마 사투르니누스가 행운이었던 것은 자신의 불운한 처지를 충분히 이해했던 프로부스가 황제였다는 것이다.≫

○ 타키투스가 타계하자 원로원은 그의 동생 플로리아누스를 황제로 추대했다. 하지만 병사들은 발레리아누스에게 발탁되어 군에서 두각을 보이고 있던 탁월한 장군 프로부스를 옹립했다. 플로리아누스는 프로부스와 맞섰으나 배반이 난무하는 내전에서 부하 병사들에게 살해

당하고 제국의 통치는 프로부스에게 맡겨졌다.

○ 프로부스 황제 때 동방 군대의 사령관 사투르니누스는 친구들과 병사들의 집요하고 폭력적인 권유로 어쩔 수 없이 황제의 자리에 올려져 반란자가 되었다. 갈리에누스 황제 때 출현했던 19명의 반란자 중에서 성공하기는커녕 평온하고 자연스런 삶과 죽음을 맞이한 사람조차 없었다는 것을 사투르니누스는 잘 알고 있었다. 반란자들은 내부의 음모와 휘하 군대의 폭동 그리고 내분과 위기에 둘러싸여 전전긍긍하며 불안에 떨다가 결국에는 파멸을 맞았던 것이다.

○ 유능하고 현명했던 사투르니누스는 떠밀려 황제로 등극하는 그 순간부터 프로부스가 통치하는 제국을 차지하리라는 희망은 고사하고, 자신의 생명을 보존하리라는 희망조차도 가질 수 없었다. 사투르니누스는 반란자가 된 후 사설 조로 말했다.

  "그대들은 잃었노라. 유능한 지휘관을 잃었노라. 그리고 매우 비참한 황제를 만들었다네. 아! 제국은 유능한 신하 한 사람을 잃었네. 일시적인 경솔함이 여러 해 동안 세운 수훈을 무효로 만들어 버렸다네. 그대들은 군주의 고통을 알지 못한다. 머리 위에는 언제나 검이 매달려 있지.(註. 사투르니누스가 군주의 머리 위에는 항상 검이 매달려 있다며 탄식한 것에는 이런 일화를 인용한 것이다. BC 4세기 시킬리아 왕 디오니소스 2세는 한때 방탕한 생활을 하고 있었다. 한번은 주연이 벌어지던 중에 다모클레스가 왕의 자리를 부러워하자, 디오니소스는 그렇다면 잠시만이라도 왕 노릇을 하게 해 주겠다고 허락했다. 하지만 다모클레스는 자신이 앉은 용상 바로 위의 천장에 매달린 한 자루의 서슬 푸른 검을 보고 기겁하고 말았다. 왜냐하면 그 검은 단지 말의 꼬리털 한 올에 위태롭게 묶여 있었기 때문이다. 미국 대통령 케네디도 핵무기를 인류의 다

┃ 「다모클레스의 검」, 리차드 웨스톨 作

모클레스 검이라며 인용한 적이 있다.) 움직이거나 쉬는 것을 선택하는
것도 더 이상 군주의 뜻대로 되지 않는다네. 또한 나이나 덕성, 품행
그 어떤 것도 질투심에서 비롯되는 비난에서 보호해 줄 수 없네. 이
렇게 나를 제위에 올려놓았으니, 그대들은 나에게 근심 가득한 삶과
때 이른 죽음이라는 운명을 안겨 준 셈이지. 다만 남아 있는 유일한
위안은 나 혼자서 죽게 되지 않을 것이라는 확신뿐이라네.”

○ 사투르니누스의 이러한 예언은 전반부의 경우 프로부스의 승리로 입
증되었으나, 후반부의 경우는 프로부스의 관대한 조치로 빗나갔다.
프로부스는 불운한 사투르니누스를 용서해 주었을 뿐 아니라, 병사
들의 분노로부터도 구해 주려고 했기 때문이다.

☀ 프로부스(Probus)의 죽음(282년)

≪소망하던 계획을 실행할 때 그 의도가 타당하더라도 적정선을 넘으면 반발에 부딪히기 마련이다. 평화와 번영에 대한 프로부스의 열의와 신념은 대단했으나, 병사들의 기질은 황제의 노력을 받쳐 주지 못했다. 프로부스의 죽음은 통치자와 통치를 받는 자의 간격이 정도를 벗어날 만큼 너무 가까워 생겨난 비극이었던 까닭에, 훗날 디오클레티아누스 황제가 군주정을 도입하여 자신의 주위를 신비와 권위로 둘러싸는 계기가 되었다.≫

○ 프로부스 황제는 발레리아누스에게 발탁된 장군 중의 한 사람으로 이 점에서 고티쿠스와 아우렐리아누스와 같았으며, 갈리에누스 황제 살해에 참여하지 않았다는 점에서 순수했다.(註. 고티쿠스의 경우에도 갈리에누스의 나태함을 경멸하고는 있었으나, 갈리에누스 살해에 직접 관여하지 않았다. 하지만 아우렐리아누스는 관여했다.)

○ 고트족의 침략을 물리친 프로부스는 야만족과의 동화 정책을 시행했고, 페르시아 정벌을 위해서 군사력을 동방으로 돌렸다. 수도를 떠난 로마군은 도중에 프로부스의 고향인 시르미움(註. 현재 세르비아의 '스렘스카 미트로비차')에 들러 그 일대를 다시 생산성 높은 경작지대로 돌려놓는 농토 개량 사업에 병력을 투입했다. 프로부스는 갈리아와 판노니아를 포도밭으로 개간하기도 했지만, 무엇보다도 자신이 태어난 시르미움 근처의 알마산이란 곳에 애착을 가져 그곳의 쓸모없는 늪지대를 경작지로 바꾸는 사업에 열의를 보였다. 프로부스 황제는 군대의 나태함과 위법 행위를 사전에 차단하기 위해 노동을 강

요함으로써 항로와 신전, 교량, 궁
전들을 병사들의 손으로 건립했을
뿐 아니라, 농사일까지 병사들에게
요구한 것이다.

▌ 프로부스

○ 하지만 병사들이란 인내심이 약하
고 사나운 기질을 가지고 있어 적
진까지 쳐들어가 야만족의 거주지
를 약탈하는 데는 익숙해져 있지
만, 농토 개량 사업과 같은 고된 작
업은 견딜 수 없어 했다. 그런데다
프로부스는 평화를 확립함으로써 상비군과 용병 제도를 완전히 폐지
하고 싶다는 위험한 말까지 했다.

○ 결국 이 사업이 거의 끝날 무렵, 농사일에 불만을 품고 분노한 병사
들 몇몇이 사업 결과를 시찰하기 위해 프로부스가 망루에 올라간 것
을 보고 망루를 쓰러뜨리고 프로부스 황제에게 달려들어 살해했다.
프로부스가 각종 노동에 병사들을 동원한 것이 적정 한도를 넘었던
데다, 황제 살해범들은 라이티아에서 카루스가 모반을 감행했다는
소식을 듣자 힘든 농사일을 그만할 수 있다는 생각에 고무되었던 것
이다. 이 사건은 장교가 전혀 참여하지 않은 사병들만의 결행이었
다. 황제의 황당한 죽음에도 불구하고 라틴어로 '정직한, 예의바른'
을 의미하는 '프로부스probus'란 이름만 보아도 당시 그에 대한 존경
과 명성이 어느 정도였는지 확연히 알 수 있다. 하지만 성실함과 정
직함도 프로부스의 목숨을 지켜 주지 못했고, 통치자와 피통치자 간
의 좁은 간격은 불만을 품은 몇몇의 작당으로도 이렇듯 황제의 목숨

을 쉽게 끊어 놓았다.

※ 의심스런 아리우스 아페르(Arius Aper)(284년)

≪황제의 죽음을 알리지 않은 아페르의 행동은 의심받을 만했다. 통치자의 죽음이 알려지면 군율이 흐트러지고 제위의 순조로운 이양에 걸림돌이 된다고 하더라도 그의 행동은 변명할 수 없는 실책이었다. 왜냐하면 황제의 죽음과 같은 중대한 사항은 오랫동안 비밀로 지켜질 수 없기 때문이다. 더군다나 상황은 전쟁 중이었고, 선제가 우연한 사고로 사망한 이후였다. 다만 아페르가 야심이 있었다면 황제의 죽음이 얼마간에는 비밀로 유지될 수 있었을 것이므로 그때 항명의 기미가 있는 병사들을 먼저 제거하고 권력을 잡는 기민하고 과감한 행동을 취해야 했지만 그는 그러한 대담성을 보이지도 않았다. 포르투나 여신은 이도 저도 아닌 어정쩡한 태도를 가진 자에게 안기지 않았음을 역사는 알려 주고 있다.≫

○ 프로부스 뒤를 이어 즉위한 카루스 황제는 페르시아 원정에 나서서 상당한 성과를 보이던 중 벼락에 맞아 사망했다.(註. 다른 말에 의하면 카루스는 병으로 사망했다고도 한다.) 로마 제국은 즉시 카루스의 아들인 카리누스와 누메리아누스를 공동 황제로 옹립했다. 형인 카리누스는 갈리아에 있었으며, 동생인 누메리아누스는 아버지를 따라 페르시아 전쟁에 참전 중이었다.

o 따라서 누메리아누스는 죽은 카루스를 대신하여 로마군을 통솔하면서 귀환했다. 그는 기질적으로 군대를 지휘하는 데 적격이 아니었을 뿐 아니라 전쟁에서 겪은 고생으로 몹시 쇠약해져 눈병까지 생겼다. 그래서인지 혼자 어두운 막사나 가마 안에 틀어박혀 있는 경우가 많았고, 군대의 지휘는 장인이자 근위대장인 아리우스 아페르가 전적으로 맡았다.

o 황제의 막사는 측근들에 의해서 엄중히 호위되었으며, 수십 일 동안 황제가 모습을 나타내지 않았지만 황제가 내렸다는 명령은 수시로 아페르가 군대에 전달했다. 카루스가 죽은 지 8개월쯤 지났을 때, 누메리아누스 황제가 이미 죽었으며 장인 아페르가 황제의 이름으로 주제넘는 권한을 함부로 행사하고 있다는 소문이 퍼져 나갔다. 이 소문은 처음에는 은밀히 속삭이는 소리에 불과했으나, 시간이 지남에 따라 떠들썩한 소란으로 바뀌었으며, 결국 호기심을 이기지 못한 병사들이 누메리아누스 황제의 막사에 난입했다. 난입한 병사들은 살아 있는 황제가 아니라 황제의 시체를 보았으며, 사실을 은폐한 아페르는 죄인이 되어 재판을 받게 되었다. 아페르가 병사들의 동요와 황제 선출을 무리 없이 진행하기 위해 황제의 죽음을 알리지 않았다고 변명했지만, 병사들은 그가 스스로 제위를 꿰차기 위해 누메리아누스의 죽음을 알리지 않고 모종의 모의를 진행했을 것이라고 믿었다.

o 사슬에 묶여 법의 심판을 받게 된 아페르의 죄를 밝히는 적임자로서 디오클레티아누스가 선출되었다. 디오클레티아누스는 법에서 정한 제대로 된 심문 절차도 없이 단상에 올라가 자신의 결백을 엄숙히 선서하고, 아페르를 향해 황제를 죽인 살인범이라고 소리치며 칼을 뽑아 그대로 아페르의 가슴에 찔러 넣었다. 아페르는 변명할 기회도 갖

지 못했지만, 이 처형은 이의 없이 승인되었고, 군대의 환호는 디오클레티아누스의 행동에 정당성을 부여했다.

○ 이 사건에는 이런 얘기가 전해져 내려온다. 디오클레티아누스가 어떤 예언가로부터 산돼지의 피를 보면 황제가 될 것이라는 신탁을 받은 적이 있었다. 그런데 산돼지는 라틴어로 아페르(aper)였다. 그리고 디오클레티아누스는 정말로 아페르의 피를 보게 된 것이다. 미신과 예언이 난무하던 당시의 병사들은 디오클레디아누스가 전하는 그 이야기를 믿었고, 따라서 그를 황제로 옹립하게 되었다고 한다. 하지만 이런 종류의 얘기는 등극의 정당성을 부여하기 위해 얘깃거리를 만들었던 과거의 방식을 따랐으리란 의심이 들지 않을 수 없다.

○ 역사가에 따라서는 벼락에 맞아 죽었다고 전해지는 카루스의 사망이 사실은 아페르의 손에 의해 희생되었고, 누메리아누스도 그에게 살해된 것이 틀림없다고 추측하며 디오클레티아누스의 행동을 옹호하기도 한다. 또 다른 역사가들은 디오클레티아누스가 아페르와 공모하여 선제들을 암살했고 이를 감추기 위해 변명할 기회조차 주지 않은 채 아페르를 신속히 죽인 것이라고 추측했다. 이렇듯 선제들이 벼락에 맞았다고도 하고 살해당했다고도 하며 병사했다고도 주장되는 것으로 보면, 전쟁 중에 일어난 황제의 죽음이란 명료하기보다는 장막 속에 감추어져 불확실한 추측이 난무할 뿐이었다.(註. 진실은 알수 없으나, 웅장하고 높이 드러나는 막사, 금과 은을 사용한 치장물 그리고 넓은 벌판에서의 전투 등을 생각해 보면 황제에게 벼락이 떨어질 확률이 병사들보다 훨씬 높았으리란 추측이 가능하다.)

부 록

━━━━━ 용어정리 ━━━━━

❋ 종교

○ 데우스(deus) – 신(神).

　* 디부스 카이사르(divus Caesar) : 신격 카이사르.

　* 게니우스(genius) : 수호신.

○ 폰티펙스 막시무스(pontifex maximus) – 대제사장.(카이사르가 이 직위
에 선출되고 아우구스투스가 이 직위를 가진 이래로 모든 로마 황제는 이
직위를 보유했다. 심지어 콘스탄티누스처럼 그리스도교인 황제들조차도
이 직위를 유지했으며, 4세기 말 그라티아누스 황제가 마침내 폐기했다.
폰티펙스 막시무스는 레기나regina라고 불리는 저택에 살았으며 그곳은
누마 왕의 본가였다고 전한다.)

　* 성직에는 폰티펙스 막시무스, 폰티펙스(제사장. 당초 3명에서 BC
　300년경 9명이 되었다가 카이사르 때는 15명이었다.), 플라멘(사제.
　플라멘은 아펙스apex라고 불리는 원뿔형 관을 사용했으며 3종류가 있
　었다. 유피테르를 위한 플라멘 디알리스, 마르스를 위한 플라멘 마르
　티알리스, 로물루스를 위한 플라멘 퀴리날리스가 그것이다. 플라멘은
　귀족층에서 3명, 평민층에서 12명이 선출되었지만 엄격한 규율과 금기
　사항을 지켜야 했으므로 임명되기를 꺼린 직책이었다. 특히 플라멘 디
　알리스는 맹세를 해서는 안 되었고 3일 이상 로마시를 떠나서도 안 되
　었으며 말을 타서도 안 되는 등 지켜야 할 금기가 많았다. 이 직에 있었
　던 카이사르는 킨나에 의해 플라멘 디알리스로 추천을 받았으나 사실은

임명되지 않았다고 주장되기도 한다.), 베스탈리스(베스타 신전의 여사제), 그 외에 리투우스(lituus)라는 굽은 막대기를 지니고 다니며 새나 번개 등을 보고 길흉을 점치던 아우구르(augur, 복점관) 등이 있었다.

○ 아날레스 막시미(annales maximi) − 대제사장 연대기.

○ 악타 마르티룸(acta martyrum) − 순교자 행전.

 * 트라야누스 황제 치하인 115년부터 320년까지 약 200년간 순교한 12건이 다루어져 있다.

○ 파가누스(paganus) − 이교도, 시골 사람.

 * 애초에 파가누스는 촌락을 뜻하는 파구스(pagus)에 사는 사람, 즉 '촌사람'을 의미했다. 그런데 다신교를 믿는 사람들 대부분이 개방적인 도시보다는 보수적인 시골에 많았으며, 그리스도교인들에게 이들은 이교도였으므로 그 의미가 '이교도'로 확장되었다. 하지만 이러한 관점은 제국의 동쪽 그리스에서만 해당했다는 비판을 받고 있다. 왜냐하면 로마를 포함한 제국의 서측에서는 4세기 말까지도 도시의 귀족 계층에서 전통 다신교를 믿는 세력이 강했기 때문이다.

○ 에피스코푸스(episcopus) − 주교, 감독.

○ 율리아누스 아포스타타(Julianus Apostata) − 배교자 율리아누스.

 * 율리아누스의 영식 발음은 '줄리안(Julian)'.

○ 호모 오우시온(homo-ousion) − 삼위일체설, 존재가 동일하다.

 * 호모이 오우시온(homoi-ousion) : 삼위이질설, 존재가 비슷하다.

☀ 군 사

○ 임페라토르(imperator) − 황제, 총사령관, 개선장군.

* 임페리움(imperium) : 통치권, 지휘권, 제국.(영어 'empire'의 어원)

○ 레가투스(legatus) - 부사령관.(BC 2세기에서 BC 1세기의 공화정 때 속주 총독의 대리를 하던 관리를 일컬었다. 카이사르가 이들에게 군단 지휘를 처음 맡겼다.)

* 레가투스 레기오니스(legatus legionis), 프라이펙투스 레기오니스(praefectus legionis) 모두 '군단장'이란 의미.

○ 트리부누스 밀리툼(tribunus militum) - 대대장, 천부장.

* 트리부누스 라티클라비우스(tribunus laticlavius) : 수석 대대장(직역하면 '넓은 자주색 띠를 두른 대대장'으로 풀이된다. 옷에 단 자주색 띠를 '클라부스clavus'라고 하며, 원로원 계급은 넓게 기사 계급은 좁게 세로로 달았다. 대대장은 1개 군단에 원로원 계급 1명과 기사 계급 5명으로 모두 6명이었다. 그중 원로원 계급의 대대장을 '트리부누스 라티클라비우스tribunus laticlavius'라고 하여 수석 대대장으로 삼았으며, 기사 계급 대대장을 '트리부누스 안구스티클라비우스tribunus angusticlavius'라고 했다.)

* 마리우스의 군제 개편 이후에 대대장은 6개 백인대 즉 480명을 지휘했고, 1개 군단을 10개의 대대로 개편했다.

○ 콘투베르니움(contubernium) - 분대.(1개 막사에 8명이 한 조의 분대를 구성하여 숙식을 함께했다.)

○ 켄투리아(centuria) - 백인대.(켄투리오centurio : 백인대장, 백부장), 80명(마리우스 군제 개편 이전에는 1개 켄투리아는 60명)

○ 마니풀루스(manipulus) - 중대.(2개의 켄투리아로 구성됨. 마리우스 군제 개편 이전에는 켄투리아는 60명으로 구성되었으므로 1개 마니풀루스는 120명임. 마리우스 군제 개편에 따라 중대 개념은 폐지되었다.)

○ 코호르스(cohors) - 대대.(6개의 켄투리아로 이루어짐. 스키피오 아프리카누스가 전략 단위로 군단에 처음 시도했고, 마리우스의 군제 개혁에 의해 확립되었다. 480명. 코호르스는 울타리가 처진 좁은 장소를 지칭하다가 군영의 일부로 바뀌었고 그 이후 군대의 단위인 대대의 의미를 가지게 되었다.)

  * 프라이펙투스 코호르티스(praefectus cohortis) : 보병 대장

  * 프라이펙투스 파브로룸(praefectus fabrorum) : 공병 대장

  * 프라이펙투스 에퀴툼(praefectus equitum) : 기병 대장

  * 프라이펙투스 클라시움(praefectus classium) : 함대 사령관

  * 프라이펙투스 카스트로룸(praefectus castrorum) : 요새 대장(군영장)

○ 레기오(legio) - 보병 군단.('모으다, 징집하다'란 의미의 라틴어 '레게레 legere'에서 파생)

○ 아욱실리아(auxilia) - 지원군, 동맹군, 보조병.

○ 코호르스 프라이토리아(cohors praetoria) - 근위대.(9개 대대이며 총 9,000명으로 구성되었다. 당초 근위대 1개 대대는 500명이었다가 1,000명으로 바뀌었다. '코호르스 프라이토리아'의 어원은 공화정 때 사령관과 동행했던 소규모 개인 부대에서 유래했으며, 이 부대는 사령관의 친구, 해방 노예, 클리엔스 등으로 구성했다.)

  * 프라이펙투스 프라이토리오(praefectus praetorio) : 근위대장.(근위대장은 당초에 기사 계급이었으나 알렉산데르 황제 때부터 원로원 계급에서 임명했다.)

  * 카스트라 프라이토리아(castra praetoria) : 근위대 막사들.

○ 코호르스 우르바나이(cohors urbanae) - 수도(로마) 경비대, 로마 경찰대.(3개 부대로 총 1,000명에서 1,500명으로 이루어졌으며, 1세기 말에

7개 부대로 증가했고, 2세기에는 근위대장의 지휘를 받았다. 이들은 로마 시민으로 구성되었으며 312년 콘스탄티누스에 의해 근위대가 해체될 때 함께 폐지되었다. 대원들의 복무 기간은 25년.)

* 프라이펙투스 우르비스(praefectus urbis) : 로마 시장이며, 곧 경찰 대장이기도 했다.(집정관급 의원)

* 비코마기스테르(vicomagister) : 구청장

○ 코호르스 비길룸(cohors vigilum) - 소방대.(각각 1천 명의 부대 7개로 이루어져 총 7천 명이었다. 1개 부대가 로마시의 14개 구역 중 2개씩 담당했으며, 대원은 해방 노예로 구성되었다. 이들은 소방과 야경 업무를 맡았으며, 대원들의 복무 기간은 25년.)

* 프라이펙투스 비길룸(praefectus vigilum) : 소방대장(기사 계급).

* 세 조직(근위대, 경찰대, 소방대)만이 이탈리아 본토와 로마시에 주둔한 병력이었다.

○ 팔랑크스(phalanx) - 그리스의 보병 군단, 방진(方陣).

○ 유니오레스(juniores) - 현역(만 17~45세), 연장자.(영어 junior의 어원)

○ 세니오레스(seniores) - 예비역(만 46~60세), 연소자.(영어 senior의 어원)

* 유사어 : 마이오레스(majores)

○ 리미타네이(limitanei) - "방위선을 지키는 병사(변경 주둔군)"라는 의미.(지휘관은 둑스)

* 코미타텐세스(comitatenses) : 기동 야전군(지휘관은 코메스).

○ 코메스(comes) - "동행자, 수행원, 친구"라는 뜻으로 사령관을 일컬음.

* 둑스(dux. 둑스는 '지도자'란 의미로 공화정 시대에는 위대한 장군들에

게 호칭했다.)보다 상급자였다.

○ 둑스 오리엔티스(dux orientis) - 동방 사령관.

○ 마기스테르 밀리툼 페르 일리리쿰(magister militum per illyricum) - 일리리쿰 담당 군사령관.

　* magister militum per africae : 아프리카 담당 군사령관.

○ 콤밀리테스(commilites) - 전우들.(단수 commiles)

　* 밀리테스(milites) : 전사들.(단수 miles)

○ 팔라티니(palatini) - 황궁병.

○ 쿤크타토르(cunctator) - 지구전(持久戰)주의자, 굼뜬 사내.

○ 베테라누스(veteranus) - 퇴역병.('베테랑'은 프랑스식 발음)

　* 원래 20년이었던 로마군의 병역 기간이 전제 군주정 시대에는 복무 기간이 지나도 퇴직을 하지 않는 현상이 발생하여 '고참병'이란 뜻으로 의미가 변화했다.

○ 마테르 카스트로룸(mater castrorum) - 막사의 어머니.(남편을 따라 도나우강 주변의 게르만 원정에 참여했던 마르쿠스 아우렐리우스의 아내 파우스티나에게 붙여진 별칭이었다.)

○ 스폴리아 오피마(spolia opima) - 빛나는 전리품.(적군의 지휘관과 일대일로 대결하여 적장을 죽이고 갑옷을 벗긴 장군은 유피테르 신전에 그 갑옷을 봉헌하는 영광을 누렸다. 이 갑옷이 바로 '스폴리아 오피마'였다.)

○ 아리에스(aries) - 성문을 부수는 망치.

　* 성문을 부수는 망치의 생김새가 숫양의 머리와 비슷해서 '숫양'이란 의미의 라틴어 '아리에스'로 불리었다.

○ 아퀼라(aquila) - 독수리.

○ 칼리굴라(Caligula) - 작은 군화.(제3대 황제의 본명은 가이우스였으나,

어릴 때 병영에서 작은 군화를 신고 다녔던 까닭에 '칼리굴라'라는 애칭으로 불렸다.)

* 칼리가(caliga) : 군화

○ 안노나(annona) - 노임으로 주는 식량.(주로 병사들의 급료로 주는 식량을 의미했으며, 1안노나는 병사 1인이 1년 동안 필요한 곡물의 양이었다.)

※ 정 치, 행 정

[로마 시대의 관직은 자격 연령, 관장 업무, 호칭, 정원 등 모든 면에서 수많은 변화를 겪어 정형화할 수 없으나, 개략적인 이해를 돕기 위해 요약했다. 또한 감찰관 · 집정관 · 법무관 · 조영관 · 군사 호민관 등의 용어가 잘못된 번역이라고 학자들로부터 주장되기도 하지만, 널리 알려진 용어인 점을 감안하여 그대로 사용했다.]

○ 로스트룸(rostrum) - 집회를 위한 연단, 충각.[전함의 뱃머리가 새의 부리처럼 생겼다고 해서 '부리'라는 의미의 라틴어 '로스트룸'이라 불리었으며, 이것으로 해전에서 적의 배를 들이받곤 했다. 따라서 이 부분을 '충각衝角'이라고 한다. 해전에서 승리한 장군들이 전리품으로 로스트룸을 적의 전함에서 떼어 내 로마 광장 한편에 전시하곤 했는데, 이곳에서 승리자의 연설도 곁들어지면서 연단의 의미를 가지게 되었다. 이는 제1차 포에니 전쟁(BC 264~241년)에서 로마 장군 두일리우스가 해전에서 승리한 후 노획한 충각을 연단에 전시한 것이 계기가 되었다.(註. BC 260년 시킬리아 동북측 미라이 요새 앞바다에서 두일리우스가 카르타고를 상대로 해전에서 첫 승리를 거두었다.) 또 다른 말에 따르면 제1차 삼니움 전쟁이 끝난 후, BC 338년 승장 가

이우스 마이니우스를 위해 승전비와 안티움 전함들의 충각을 떼어내 연단에 전시했다고 전하지만, 이때는 그러한 행사가 아직 관행이아니었던 것으로 보인다. 복수형은 '로스트라rostra']

○ 클리엔스(cliens) – 귀족의 보호를 받는 평민.(클리엔스가 되는 경우는 정복된 영토의 주민, 경제적으로 곤궁하거나 스스로 생명과 재산을 지킬수 없었던 사회적 약자로서 보호받기를 원했던 로마 시민, 해방 노예, 로마 시민권 취득을 위해 세도가의 피보호인이 되기를 원했던 외국인 등이었다. 이는 영어 '클라이언트client'의 어원이다. 복수형은 '클리엔테스clientes')

  * 파트로누스(patronus) : 후원자.(아버지를 의미하는 라틴어 '파테르pater'에서 유래했으며, 영어 '패트런patron'의 어원. 복수형은 '파트로니patroni')

○ 파트레스, 콘스크립티(patres conscripti)!– 의원 여러분!(직역하면 '아버지들이여, 등록된 자들이여!'가 된다. 당초부터 로마의 귀족으로 원로원에 참여했던 자들을 '파트레스'라고 하며, 평민이었던 자가 새로이 원로원에 참여하도록 등록된 자들을 '콘스크립티'라고 했다. 타르퀴니우스 수페르부스 때 많은 파트레스가 죽음을 당하자 공화정 때 부족한 의원 수를 메우기 위해 평민 중에서 선발하여 귀족의 자격을 부여한 것으로 추측된다. 다만 몸젠은 로마의 구성원이 구시민과 신시민의 융합 과정에서 이러한 용어가 생겼다고 주장했다. 애초에 콘스크립티는 원로원 의원 신분을 표시하는 붉은 구두를 신을 권리가 부여되지 않았고, 의원들이 의견을 조율하는 과정을 옆에 앉아 가만히 지켜보고 있다가, 의견이 갈리고 표결에 부쳐질 때에만 의사 표시를 할 수 있었다. 물론 훗날에는 '파트레스, 콘스크립티'가 원로원 의원 전체를 지칭하는 말이 되었다.)

○ 호모 노부스(homo novus) – 신참자.

○ 세나투스(senatus) — 원로원.('늙은, 나이 든'이라는 의미의 '세넥스senex'
    에서 유래)

  * 세나투스 콘술툼(senatus consultum) : 원로원 권고.

  * 세나투스 콘술툼 울티뭄(senatus consultum ultimum) : 원로원 최종
    결의. 의역하면 '계엄령 선포'가 된다.

  * 쿠라토르 악토룸 세나투스(curator actorum senatus) : 원로원 의사록
    담당관

○ 악타 세나투스(acta senatus) — 원로원 의사록.(몸젠에 따르면 악타acta
    는 행정 분야에서의 칙령, 게스타gesta는 군사 분야의 칙령, 데크레타
    decreta는 형사 또는 민사 소송에서의 판결, 임페라타imperata는 일반적인
    칙령을 일컫는다고 한다.)

  * 악타 디우르나(acta diurna) : 일일 공고문(요즘의 관보와 같은 역할을
    했다.)

○ 파스티(fasti) — 연대기(일반적으로 집정관의 이름을 기록해 놓은 명부를
    일컫는다.), 연중 행사력.(단수형 '파스투스fastus')

○ 베토(veto) — 거부하다.(거부권을 의미하는 영어 'veto'의 어원)

○ 플레비스키툼(plebiscitum) — 민회 결의.(영어 'plebiscite'의 어원)

○ S.P.Q.R.(세나투스 포풀루스쿠에 로마누스senatus populusque romanus)
    — 로마 원로원과 시민.

○ 트리움 비라투스(trium viratus) — 삼두 정치.

○ 모나르키아(monarchia) — 군주정.

  * 올리가르키아(oligarchia) : 과두정.

  * 데모크라티아(democratia) : 민주정.

  * 아리스토크라티아(aristocratia) : 귀족정.

○ 포테스타스(potestas) - 권력, 권한.

　　* 트리부니키아 포테스타스(tribunicia potestas) : 호민관 권력.

　　* 파트리아 포테스타스(patria potestas) : 가부장권.

○ 켄소르(censor) - 감찰관, 호구 조사관.(2인. 원래는 인구 조사를 맡기기 위해 창설된 관직이었으나 훗날에는 원로원 의원의 명부를 작성하게 됨에 따라 도덕적으로 문제시되는 원로원 의원을 제명할 수 있는 권한이 생겼고, 원로원과 집정관의 공금 사용을 감찰하는 일도 했다. 또한 시민을 소속된 트리부스에서 다른 트리부스로 전출시키기도 했고, 심지어는 5년간 시민권을 박탈시킬 수도 있었으며, 임기는 당초 5년이었다가 BC 434년 마메르쿠스 아이밀리우스가 18개월로 줄였다. BC 443년에 도입된 켄소르 직은 BC 351년에 평민에게 개방되었고 제정에 이르러서 그 권한을 황제가 가지게 되어 BC 22년에 폐지되었다. 이 직은 임페리움이 없으므로 릭토르를 거느릴 수 없었다. 만 40세 이상.)

　　* 켄소르 페르페투우스(censor perpetuus) : 종신 감찰관.

　　* 켄수스(census) : 인구 조사.

○ 딕타토르(dictator) - 독재관.(1인. 릭토르lictor라는 24명 호위병들을 거느렸다. 독재관을 임명할 것인지는 원로원에서 결정했고, 누구를 독재관으로 할 것인지는 집정관의 권한이었으나, 원로원에서 독재관으로 추천한 자를 집정관이 승인하는 것이 통상적인 관례였다. BC 501년 최초로 임명된 후 BC 216년 이후부터는 2명의 집정관이 모두 전쟁터에 나갔을 때 행정관 선출과 같은 특별한 목적을 위해 임명하다가, BC 82년 술라가 종신 독재관의 형태로 취임했다.)

　　* 딕타토르 페르페투우스(dictator perpetuus) : 종신 독재관.

○ 콘술(consul) - 집정관, 통령.(2인. 군의 통수권은 하루씩 교대로 가지

며 수도 로마에 있을 때는 한 달씩 교대로 정무를 보았다. 당초 콘술은 '함께 쟁기를 끄는 자'란 의미였으며, 이는 두 지도자가 집권하는 동안 멍에를 메고 쟁기를 끄는 두 마리의 황소처럼 사이좋게 열심히 일하란 뜻에서 붙인 호칭이었다. 릭토르lictor라는 12명의 호위병들은 당초 정무를 볼 때만 파스케스를 들고 다녔다. 만 40세 이상이 자격 연령이나 술라는 집정관의 연령을 만 43세로 높였고 아우구스투스는 이를 다시 만 37세로 낮추었으나, 공직자의 나이는 필요에 따라 무시되기도 했다. 예컨대 발레리우스 코르비누스는 무공을 인정받아 23세의 젊은 나이에 집정관으로 당선되었으며, 스키피오 아프리카누스는 BC 205년 31세의 나이에 집정관이 되었다. 젊은이가 탁월한 공적을 통해 명성을 세울 수 있는 능력이 있음에도 성숙할 때까지 기다려야 한다면 활력이나 기민성이 소진되어 버릴 수 있으므로 국가로서는 손실이라는 것이 로마인들의 판단이었다. 실제로 폼페이우스는 젊은 시절에는 무공으로 명성을 드높였지만 나이가 들면서 판단력이 떨어졌다고 볼 수밖에 없는 결정을 하곤 했다. 그뿐만 아니라 권력으로 집정관을 차지한 경우도 있었다. 아우구스투스는 무티나 전투에 승리한 후 막강한 군대를 이끌고 로마에 와서는 군사력을 배경으로 불과 21세의 나이에 집정관이 되었고, 티베리우스는 30세에 집정관의 지위를 차지했다. 제정 시대에 와서는 집정관은 명예직 정도로 변질되었다.)

* 콘술 페르페투우스(consul perpetuus) : 종신 집정관.

  콘술 수펙투스(consul suffectus) : 보결 집정관.

  콘술 오르디나리우스(consul ordinarius) : 정규 집정관.

* 콘술라리스(consularis) : 집정관 경험자, 전직 집정관.

* 콘술 데시그나투스(consul designatus) : 집정관 당선자.

* 파스케스(fasces) － 권표(도끼와 막대기를 묶은 다발). 단수 fascis

○ 프로콘술(proconsul) – 속주 총독, 집정관 대리, 전직 집정관.

* 프로콘술은 글자 그대로 보면 '전직 집정관'을 의미하지만, 이탈리아 밖으로 세력을 확장하는 시점에서는 속주에 총독으로 파견되는 자를 뜻했으며 원로원 계급이었다. 이에 반해 "구베르나토르(gubernator)" 및 "프라이펙투스(praefectus)"는 황제가 임명한 황제 속주 총독(황제의 대리인 및 장관)을 지칭했으며, 기사 계급이었다.

* 프라이펙투스 안노나이praefectus annonae : 식량청 장관(기사 계급. 당초에는 원로원 계급인 쿠라토르 안노나이curator annonae가 임명되다가 기사 계급으로 바뀌었다.)

○ 프라이토르(praetor) – 법무관.(최초 1인에서 시작하여 BC 243년 프라이토르 우르바누스와 프라이토르 페레그리누스로 나뉘어 2인이 되었으며, 훗날 술라가 8인까지 늘렸고 카이사르가 16인으로 추가 증원했으며, 아우구스투스는 이를 8인으로 감원했다가 다시 10인으로 증원했다. 6명의 릭토르lictor를 거느렸으며 연령 자격이 만 40세 이상이었으나 아우구스투스가 만 35세 이상으로 낮추었다. 리비우스에 의하면 BC 367년 집정관직이 평민에게 개방되면서 귀족만이 차지할 수 있는 법무관직이 신설되었다고 하며, 애초에 집정관의 호칭을 콘술consul이 아닌 프라이토르praetor로 불렀다고 했다. 만약 리비우스의 기록이 사실이라면 집정관(consul)은 BC 367년에 생겨났고, 그 전에는 법무관(pretor)이 로마 공화정을 이끌었다고 해야 옳은 표현이다. 법무관직은 BC 337년 마침내 평민에게도 개방되었다.)

* 프라이토르 우르바누스(praetor urbanus)는 로마 시민들이 관련된 소송을 담당했고, 프라이토르 페레그리누스(praetor peregrinus)는 속주민 사이의 소송을 담당했다. 로마 시민과 속주민 간의 분쟁은 프

라이토르 우르바누스가 담당했지만, 프라이토르 페레그리누스의 방법과 관행을 따랐다.

○ 아이딜리스(aedilis) – 조영관 또는 안찰관.(귀족 2인과 평민 2인, 만 30세 이상)

　* 귀족의 경우(aedilis curulis)는 공공사업 · 공공 오락 · 물 관리 · 도로 관리 · 식량 공급 등을 관장하므로 조영관이라고 해석되고, 평민의 경우(aedilis plebis)는 풍기 단속과 죄인을 체포하거나 형을 집행하는 경찰의 역할을 담당하므로 안찰관으로 해석되며 호민관을 보좌했다. BC 367년 집정관직을 평민에게 개방하는 등 화합 분위기를 축하하기 위해 축제를 개최하려 했지만, 귀족만이 차지할 수 있는 법무관직이 신설되자 이에 항의하는 의미로 평민 청년들이 축제의 진행을 맡지 않으려 해 귀족들이 축제 업무를 맡으면서 조영관직(aedilis curulis)이 신설되었다고 한다. 다만 귀족들이 차지했던 조영관도 얼마 안 가 평민에게 개방되었다. 안찰관의 경우 3세기 초 알렉산데르 황제 때 임명이 중단되었다.

○ 콰이스토르(quaestor) – 재무관, 회계 감사관.(최초 2인에서 시작하여 나중에 8인까지 되었던 것을 술라가 20인으로 늘렸고 카이사르가 40인으로 추가 증원하였다가 아우구스투스가 다시 20인으로 감원했다. 국고를 관리하는 임무를 담당하며, 연령 자격이 만 28세 이상이었다가 술라 이후로 만 30세 이상으로 변경되었고, 아우구스투스 때 젊은 인재들에게 앞길을 빨리 열어 주고자 만 25세로 다시 낮추었다. 이 직은 BC 447년 전쟁 금고를 관리하기 위해 귀족 출신 2명을 처음 선출했으나, BC 421년 4명으로 증원되면서 평민에게 개방되었다.)

　* 아우구스투스는 콰이스토르의 자격을 군 복무를 마치고 80만 세스

테르티우스(나중에는 100만 세스테르티우스) 이상의 재산을 가진 자로 제한했다. 술라 때부터 콰이스토르가 되면 자동으로 원로원 의원이 되었으므로 이는 곧 원로원 의원이 될 수 있는 자격과 동일한 액수의 재산이었다.

○ 트리부누스 플레비스(tribunus plebis) − 평민 호민관.(트리부누스는 원래 3명의 호민관을 의미하며, 이는 로마에 있던 3대 족장에서 유래했다. 몸젠에 따르면 3부족은 람네스족, 티티에스족 그리고 루케레스족이었다. 평민 호민관은 BC 494년에 처음 생긴 후, BC 471년에는 아벤티누스 언덕에서 개최한 평민 집회concilium plebis에서 선출했다. 또한 BC 287년부터 호민관은 법안을 발의하고 원로원을 소집할 수 있는 권한을 부여받았다. 호민관의 정규 인원은 최초 2인에서 점차로 증원되다가 BC 457년에는 10인이 되었으며, 평민 호민관은 집정관 결정에 대한 비토권, 면책 특권을 가졌고, 평민회를 주재하고 평민들의 요구를 대변하거나 이에 대한 관심을 환기시키는 업무를 담당했다. 행정관으로서의 권한은 점차로 약화되었으며, 평민 호민관은 3세기 초 알렉산데르 황제 때 임명이 중단되었다.)

* 트리부누스 밀리툼(tribunus militum) − 대대장, 천부장(보병 부대의 지휘관임.)

* 트리부누스 아이라리이(tribunus aerarii) − 재정 호민관, 세금을 징수하고 군인들의 봉급을 각 부족들에게 분배하는 일을 했던 관리.

○ 쿠라토르 아쿠아룸(curator aquarum) − 수도청 장관.

○ 쿠르수스 호노룸(cursus honorum) − 명예로운 경력.(로마인들은 집정관, 법무관 등 선출직 공직에 오르는 일을 명예로운 경력이라고 정의하며 공공의 선을 위한 일로 여겼다.)

○ 프린켑스(princeps) − 제1인자, 원수(元首), 황제.

* 프린키파투스(principatus) : 원수정

* 도미나투스(dominatus) : 전제 군주정

○ 켄툼비리(centumviri) − 배심원.(직역하면 '백 명의 남자들')

○ 데켐비리(decemviri) − 10인 위원회.(평민도 선출이 가능했지만 사실상 귀족들의 아성이었다.)

○ 디비데 에트 임페라(divide et impera) − 분할하여 통치하라.

○ 무니키피아(municipia) − 지방자치단체, 자치시

○ 콜로니아(colonia) − 식민지, 이민지, 식민시.(독일의 '쾰른'은 콜로니아의 독일식 발음)

○ 프로빈키아(provincia) − 속주, "프로방스"는 프랑스식 발음.

* 프로빈키아리스(provincialis) : 속주민.

○ 갈리아 키살피나(Gallia Cisalpina)− 알프스 남쪽의 갈리아.(즉 이탈리아 북부를 지칭했다.)

* 키살피나(cisalpina) : 알프스 이쪽.

○ 갈리아 트란살피나(Gallia Transalpina) − 알프스 서쪽의 갈리아(훗날 아우구스투스가 나르보넨시스, 아퀴타니아, 루그두넨시스, 벨기카로 나누었다.)

* 트란살피나(transalpina) : 알프스 저쪽.

* 갈리아 코마타(Gallia Comata) : 장발의 갈리아.(갈리아 트란살피나 중 나르보넨시스를 제외한 아퀴타니아, 루그두넨시스, 벨기카를 통칭)

○ 게르마니아 인페리오르(germania inferior) − 저지 게르마니아.

* 게르마니아 수페리오르(germania superior) − 고지 게르마니아.

* 히스파니아 키테리오르(Hispania Citerior) − 가까운 히스파니아.

* 히스파니아 울테리오르(Hispania Ulterior) − 먼 히스파니아.

───── 로마의 선택과 결정 ⑤ 야만의 침탈

○ 콘실리움 프린케피움(concilium princepium) - 제일인자 보좌위원회.

○ 임페리움 프로콘술라레 마그누스(imperium proconsulrare magnus) - 최고 통수권.

○ 세쿠리타스(securitas) - 안전, 보증.

○ 바르바루스(barbarus) - 야만족.(그리스인들에게 이방인의 말소리가 '바르바르βαρβαρ'라고 들렸던 까닭에, 그리스인들은 자신들의 언어가 아닌 다른 언어를 사용하는 사람들을 얕잡아 보고 '바르바로이βαρβαροι'라고 불렀던 데서 유래했다.)

　* 바르바리 인페리오르(barbari inferior) : 저지 야만족.(낮은 지대에 있던 게르만족이 로마에서 멀리 위치했던 까닭에 '먼 야만족'이라고 해석하기도 한다.)

　* 바르바리 수페리오르(barbari superior) : 고지 야만족.(높은 지대에 있던 게르만족이 로마에서 가까이 위치했던 까닭에 '가까운 야만족'이라고 해석하기도 한다.)

✺ 사 회

○ 퀴리테스(Quirites) - 로마 시민들(로물루스와 사비니족의 타티우스가 사비니족 여인들을 겁탈한 앙갚음으로 시작된 전투가 사비니족 여인들의 개입으로 평화 협정을 맺는 과정에서, 도시 이름은 로물루스의 이름을 따 '로마'라고 하고, 시민들은 타티우스의 고향 '쿠레스Cures'를 따 '퀴리테스Quirites'라고 했다. 'c'와 'q'가 혼용된 것은 고대 라틴어는 'c'와 'q'의 음가가 분명하게 구분되지 않았기 때문이다.)

○ 레스 푸블리카(res publica) - 공화국, 공동체.

　* 영어 'republic'의 어원

○ 푸블리카(publica) - 공공(公共).

　* 푸블리쿠스(publicus) : 공공의.

　* 프리바투스(privatus) : 개인의.

　* 푸블리카누스(publicanus) : 공무대행업자, 징세업자.

○ 프롤레타리우스(proletarius) - 무산자(無産者).

　* 프롤레타리이(proletarii) : 무산자들

　* 아시두이(accidui) : 징집이 가능한 유산자들

○ 마레 노스트룸(mare nostrum) - 우리 바다.

○ 노멘 클라토르(nomen clator) - 이름을 일러 주는 자.

　* 유력자들이 외출 시에 만나는 사람들의 이름을 일러 주어 주인이
　실수하지 않도록 하는 노예다. 이들은 연회가 열릴 때 손님들의 자
　리를 결정하는 임무도 있었기에 유력자와 친분 관계를 가지고 싶
　은 사람은 노멘 클라토르에게 뇌물을 주고 유리한 자리를 주선받
　기도 했다. 오늘날은 어미만 변화시켜 공산국가 특권층을 '노멘클
　라투라'라고 부르고 있다.

○ 오리엔스(oriens) - 해가 뜨는 곳, 동방.

　* 오키덴스(occidens) : 해가 지는 곳, 서방.

○ 마그누스(magnus) - 위대한, 고명한.(영어의 'great')

○ 오라토르(orator) - 연설자, 웅변가, 변호사.

　* 델라토르(delator) : 고발자, 밀고자, 검사.

○ 카푸트 문디(caput mundi) - 세계의 수도.('세계의 머리'라는 뜻.)

○ 콘파레아티오(confarreatio) - 제사 빵을 나누어 먹는 결혼식.(신부가
가져온 빵으로 제사를 지낸 후 10명의 증인 앞에서 선서하고 빵을 나누어
먹음으로써 결혼이 성립되었다. 이는 가장 신성시되는 결혼 방식이었다.)

○ 레스 게스타이(res gestae) - 업적록, 제행(諸行), 이야기.

○ 도미누스(dominus) - 주인. *도미나(domina) : 여주인.

○ 파테르(pater) - 아버지.

　* 파테르 파밀리아스(pater familias) : 가부장.

　* 파트리아 포테스타스(patria potestas) : 가부장권.

　* 파테르 파트리아이(pater patriae) : 조국의 아버지, 國父.

　* 마테르 파트리아이(mater patriae) : 조국의 어머니, 國母.

○ 파트리키우스(patricius) - 귀족, 귀족의.

　* 파트리키이(patricii) : 귀족층.

　* 에퀴테스(equites) : 기사 계급(경제인 계급).

　* 프레브스(plebs) : 평민.

　* 리베르투스(libertus) : 해방 노예.

○ 담나티오 메모리아이(damnatio memoriae) - 기록 말살형.(기록 말살형에 처해진 황제에는 칼리굴라, 네로, 도미티아누스 등이 있었고, 그 외 수많은 권신들과 참칭자들이 기록 말살형에 처해졌다.)

　* 담나티오 베스티아이(damnatio bestiae) - 맹수에게 잡아먹히는 형벌.

　* 담나티오 글라디움(damnatio gladium) - 검투사(글라디아토르 gladiator)가 되어 죽을 때까지 싸워야 하는 형벌.

　* 세르비레 수프리키움(servile supplicium) - 노예가 받는 형벌로 십자가형을 의미한다.(콘스탄티누스 황제는 노예의 십자

▎십자가형

가형과 얼굴에 낙인찍는 것을 금했다.)

○ 파넴 에트 키르켄세스(panem et circenses) - 빵과 서커스를.(로마 황제들은 시민들의 인기를 얻기 위해 곡물 배급과 오락거리 제공에 관심을 가졌다. 이를 로마의 풍자 시인 유베날리스가 '빵과 서커스'를 통한 정치라고 불렀다. 그는 "시민들은 오직 빵과 서커스를 바란다."며 탄식했다. panem은 'panis'의 단수 대격, circenses는 'circensis'의 복수 대격.)

○ 로마누스(romanus) - 로마인.

　* 프로빈키아리스(provincialis) : 속주민.

○ 토가 비릴리스(toga virilis) - 성년식.

　* 직역하면 '성인 남성의 토가'.

○ 렉스(lex) - 법률.

　* 렉스(rex) : '왕'이란 의미로서, 이는 게르만에서 유래한 존칭이다.

○ 아게르 푸블리쿠스(ager publicus) - 공유지, 국유지.

○ 아그리쿨토르(agricultor) - 자기 땅을 경작하는 사람. 자작농.

　* 콜로누스(colonus) : 남의 땅을 경작하는 사람. 소작인, 농노.

○ 무르쿠스(murcus) - 군 복무를 면제받기 위해 엄지손가락을 자른 자.(로마군은 엄지손가락이 없으면 무기에 힘을 실어 적과 싸울 수 없으므로 병역에서 면제되었다. 군 복무 면제를 받기 위해 엄지손가락을 고의로 자른 것이 확인되면 엄중하게 처벌받았으나, 이와 같은 행위가 줄어들지 않자 4세기 말에는 엄지손가락이 없어도 입대시키도록 법이 개정되었다.)

○ 스코트(scot) - 갈리아어로 '방랑자, 유랑자'를 의미.

　* 스코트에서 '스코트족, 스코틀랜드'가 유래했다.

○ 모네타(moneta) - 화폐.

　* BC 390년 갈리아인(註. 브렌누스가 이끈 세노네스족)들이 로마를

침공했을 때였다. 로마는 막강한 갈리아군의 공격을 피해 카피톨리움에서 농성전을 펼치고 있었다. 가파른 언덕을 공략하지 못하고 있던 갈리아군은 로마군 전령이 지나간 자국을 발견하고 그곳을 이용하여 밤중에 기습을 시도했다. 그런데 카피톨리움에 자리한 유노 여신의 신전 주변에는 거위들이 사육되고 있었다. 평소에는 이 거위들을 신성시하여 먹이를 아낌없이 주었으나, 당시에는 곤궁하여 방어군조차 식량이 충분하지 않았다. 당연히 거위들의 먹이는 뒷전이었고, 거위들은 원래부터 민감한 청력이 굶주림으로 더욱 예민해졌다. 그렇게 예민한 상태가 된 거위들은 갈리아군이 야간 기습을 감행하자 이를 감지하고 큰 소리로 울었고, 이 소란 통에 로마 수비대가 전부 잠에서 깨어나서 갈리아인들의 공격을 막아 내어 절체절명의 위기를 벗어났다.(註. 그 당시 거위는 로마군을 깨운 반면 개는 적을 보고도 짖지 않았다. 따라서 8월 3일 그날이 오면 거위를 융숭하게 대접하고 개를 십자가에 매달아 죽이는 풍습이 로마에 생겼다고 한다.) 로마인들은 갈리아인들의 침공이 끝나고 난 다음, 거위의 충고가 유노 여신의 도움이라고 믿고서 카피톨리움에 유노 모네타(juno moneta, 충고하는 유노 여신) 신전을 세웠다.

그 이후 BC 3세기 그리스 에페이로스 왕 피로스와의 전쟁 시 군사비 부족을 호소하자 여신은, "정당한 전쟁이라면 돈이 모자라는 일이 없으리라."는 신탁을 내렸다. 이에 용기를 얻은 로마인들이 여신의 신전 옆에 화폐 주조소를 세웠는데, 그러한 의미로 화폐 주조소를 아드 모네탐(ad monetam)이라고 불렀다. 그러다가 언제부터인가 화폐를 "모네타(moneta)"로 부르는 습관이 생겨 굳어졌으며, 이것은 영어 'money'와 'mint'의 어원이 되었다.

○ 모레스 마요룸(mores majorum) − 기본 도덕들.(오래된 풍습들)

　* 피에타스(pietas) : 경건.

　* 리베르타스(libertas) : 자유.

　* 클레멘티아(clementia) : 관용.

　* 모스(mos) : 도덕.

　* 아욱토리타스(auctoritas) : 권위.

　* 디그니타스(dignitas) : 품위, 명예, 존엄.

　* 그라비타스(gravitas) : 무게, 중대성, 장엄.

　* 피데스(fides) : 신의(信義).

　* 콘스탄티아(constantia) : 일관성.

　* 유스티티아(justitia) : 정의.

　* 베리타스(veritas) : 진실.

　* 콘코르디아(concordia) : 화합.

　* 비르투스(virtus) : 덕(德), 역량.

○ 눈디나이(nundinae) − 장날.(로마에서는 9일장이 열렸으므로 9일째 날
　을 뜻하는 눈디누스nundinus에서 장날이라는 의미가 유래했다.)

○ 루두스 리테라리우스(ludus litterarius) − 문자 놀이 교육, 초등 교육,
　대상자는 만 7~11세.(소녀들은 부유한 가정이 아니면 대개 초등 교육에
　서 끝났다. 고대 로마 교육을 다룬 최근 저서에는 초등 · 중등 · 고등 교육
　으로 구분하고 있으나, 고대 문헌상으로는 필요와 능력에 따라 유연하게
　교육 과정을 나누었지 명확하게 3단계로 가르친 것은 아니었다.)

　* 리테라토르(litterator) − 초등학교 교사.

　* 그람마티키 스콜라(grammatici schola) − 문법 교육, 중등 교육, 대
　　상자는 만 12~17세.

* 그람마티쿠스(grammaticus) - 문법 교사, 중등학교 교사.

* 레토리스 스콜라(rhetoris schola) - 수사학 교육, 고등 교육, 대상자
는 만 17~20세.

* 레토르(rhetor) - 수사학 교사, 고등 교육자.

☀ 시설, 기타

○ 도무스(domus) - 단독 주택, 사저, 가족.(로마는 아우구스투스 때 약
1,800여 동의 도무스가 있었다. 1세기부터 한 가부장 밑의 '가족'을 의미
하기도 했다.)

○ 인술라(insula) - 임대 아파트, 임대용 공동 주택, 섬.

* 초기 로마의 가옥은 대개 밭고랑 사이에 드문드문 있는 오두막이어
서 섬과 같았다. 훗날 인구가 늘고 드문드문 있던 오두막 대신 촘
촘히 여러 층의 건물이 들어섰지만 예전에 드문드문 있던 오두막
을 가리키던 '인술라'란 용어는 그대로 사용되어 여러 세대가 함께
거주한 로마의 공동
주택을 '인술라'라
고 불렀다. 이것은
보통 1층 바닥 면적
다시 말해 건축 면
적이 300~400㎡정
도이며 건물 높이가

┃ 인술라

17~20m로 6~7층이었다. 100평 정도의 건축 면적으로 7층까지
올라갔으니 당시의 기술력으로는 상당히 불안해 보였을 것임에 틀
림없다. 더군다나 수익에 눈이 어두워진 건축업자들이 건립 비용

을 아끼기 위해 건축 자재의 품질에 그다지 신경 쓰지 않았으므로 건물 붕괴라는 위험을 항상 안고 있었다.

인술라 소유자가 임차인에게 건물 전체를 5년 기한으로 매년 3만 세스테르티우스에 빌려 주면, 임차인은 자신이 거주할 한 층을 제외하고 나머지 층을 또다시 4만 세스테르티우스로 재임대했다. 1층에는 부유한 기업가, 거상, 건설업자, 행정관, 원로원 의원 또는 상점과 상점 뒤나 위에 딸린 방을 사용하는 상점 주인들이 살았으며(註. 1층에 부유한 자가 사는 경우와 상점 주인이 거주하는 경우는 판이하게 건물 성격이 달랐다.), 2층에도 상당히 부유한 시민이 거주했다. 이곳은 위층으로 올라갈수록 더욱 가난한 자의 공간이었으며 노예, 육체 노동자, 벽돌공, 가마꾼, 가난한 초등 선생, 장인들이 살고 있었다. 또한 임대료가 비싼 빈방을 재임대하는 경우가 허다했다. 아우구스

▌주택에 딸린 상점

투스 때 로마의 인술라가 약 4만 6천여 동에 달했다고 하니 로마의 인구를 추정하는 데 도움이 되고 있다. 복수형은 '인술라이insulae'. (1채의 도무스에는 평균 50명 정도가 살았고, 1동의 인술라에는 5~7세대로 평균 20~30명 정도 거주했다.)

○ 아트리움(atrium) - 안뜰.('아트리움'은 바닥에 '검은ater' 돌을 깔았던 데서 유래했다. 초기 로마 사회에서 이곳은 가족들이 모이는 거실이었으나,

후대에 오면서 방문객들을 맞이하는 공개적인 구역으로 변했다.)

    * 아트리엔시스(atriensis) - 현관지기, 집사.

    * 아트리움 리베르타티스(atrium libertatis) : 자유의 집.

○ 키르쿠스(circus) - 원형 경기장, 전차 경기용 경기장.(영어 '서커스 circus'의 어원. 중앙 분리대가 있음.)

    * 키르쿠스 막시무스(circus maximus) : 대경기장.

    * 히포드로모스(hippodromos) : 경마와 전차 경기가 벌어졌던 고대 그리스의 원형 경기장. 가장 크고 유명한 것은 셉티미우스 세베루스 황제가 착공하고 콘스탄티누스가 완성한 콘스탄티노폴리스의 히포드로모스이다. 영어 'hippodrome'의 어원.

○ 스타디움(stadium) - 공설 운동장, 운동 경기용 경기장.(그리스 길이 단위인 스타디온에서 유래했으며, 중앙 분리대가 없음. 1스타디온은 약 180m.)

○ 캄푸스 마르티우스(campus martius) - 마르스 광장.

○ 마우솔레움 아우구스티(mausoleum augusti) - 아우구스투스 영묘.(마르켈루스부터 네르바 황제까지 황가의 사람들이 묻혔다. 세계 7대 불가사의 중 하나인 마우솔레움은 BC 4세기 소아시아의 할리카르나수스에 세워진 카리아 왕 마우솔로스의 무덤을 일컫는 것으로, 훗날 크고 웅장한 무덤을 지칭하는 보통명사가 되었다. 할리카르나수스는 현재 터키의 '보드룸'이다.)

    * 마우솔레움 하드리아니(Mausoleum Hadriani) - 하드리아누스 영묘(이 황가의 무덤은 오늘날 '성 안젤로 성Castel Sant'Angelo'이라 불리는데, 이는 6세기 말 흑사병이 나돌 때 교황 그레고리우스 1세가 이곳에서 대천사 미카엘을 보았다고 주장한 이후로 천사angelo의 성이라고

불렸던 것에서 비롯되
었다.)

○ 아이라리움(aerarium) -
원로원 속주에서 거둬
들이는 세금, 국고.(로
마 광장에 있는 사투르누

▌ 하드리아누스 영묘(산탄젤로 성)

스 신전에 있었고 2명의 법무관이 관리했다.)

＊ 피스쿠스(fiscus) : 황제 속주에서 거둬들이는 세금.

○ 타불라리움(tabularium)
- 공문서 보관소.(BC 78
년 술라의 지시로 카툴루
스가 완공했다.)

○ 테르마이 아그리파이
(Thermae Agrippae) - 아
그리파 목욕장.(1세기

▌ 타불라리움

로마에는 황제가 건립한
11개의 대목욕장과 926개의 대중 목욕장
이 있었다.)

＊ 테르마이 디오클레티아나이(Thermae
Diocletianae) : 디오클레티아누스 목욕
장.

○ 판테온(pantheon) - 만신전.
＊ BC 1세기 말 아그리파가 세웠으며,
하드리아누스가 2세기 초에 중건했다.

▌ 판테온 내부

432   —— 로마의 선택과 결정 ⑤ 야만의 침탈

○ 아르스(ars) - 예술. *영어 'art'의 어원.

○ 스타티오(statio) - 정거장, 역, 휴게소. *영어 'station'의 어원.

○ 만시오(mansio) - 숙소, 거처. *영어 'mansion'의 어원.

○ 쿠르수스 푸블리쿠스(cursus publicus) - 공용 파발.

○ 암피테아트룸 플라비움(Amphitheatrum flavium) - 플라비우스 원형 극장.(중세 시대부터 통칭 '콜로세움'으로 불리며 높이 50m로 4개 층으로 구성됨.)

  * 암피테아트룸은 암피(amphi. 한 쌍)+테아트룸(theatrum. 반원형 극장)의 합성어이며, 이 극장이 "콜로세움"이란 통칭으로 불린 것은 거대한 입상(콜로수스colossus)(註. 콜로수스는 그리스어 '콜로소스 κολοσσος'에서 유래했다. 애초에 단순한 형상을 의미하던 콜로소스는 로도스섬에 거대한 태양신 헬리오스가 건립되자 '거대한 입상'을 뜻하는 것으로 의미가 확장되었다.)이 바로 옆에 자리 잡고 있었기 때문이다. 콜로수스는 높이가 30m에 달하는 누드 조각상이며 그리스의 제노도로스 작품이다. 이것을 네로가 황금 궁전(domus aurea)에 세웠지만, 72년 베스파시아누스 황제가 황금 궁전을 철거하고 황금 궁전 앞에 있던 인공 호수의 물을 뺀 후 그 위에 원형 경기장(콜로세움)을 착공할 때 입상을

▐ 콜로세움 내부

그대로 보존시키되 다만 얼굴 부분을 네로에서 태양신 헬리오스

로 바꾸었다. 그 이후 이 조각상을 하드리아누스 황제가 콜로세움 입구로 옮겼으나 훗날 완전히 철거되었다. 콜로세움이 공식적으로 완공된 것은 80년 티투스 황제 때이나, 최상층을 덧붙여 현재의 모습대로 완성된 것은 도미티아누스 황제 때였다.

* 원형 극장의 기원은 BC 52년 쿠리오가 아버지를 기리기 위해 목조로 된 반원형 극장을 건설한 것에서 유래했다. 그 극장은 반원형 극장 2개를 서로 등지고 건립하여 오전에는 연극을 공연하고, 오후에는 바퀴를 이용하여 회전한 다음 이동시켜 원형 극장을 만들어 검투사 경기를 개최했다고 전한다. 이 건물은 임시 건물이므로 경기가 끝나고 철거되었다.

○ 카스트룸(castrum) – 요새. * 영국에서 '체스터'가 붙는 지명의 유래.

○ 나우마키아(naumachia) – 모의 해전장.

* 나우마키아에 대한 최초의 기록은 BC 46년 율리우스 카이사르가 마르스 광장(캄푸스 마르티우스campus martius)에 인공 저수지를 만들어 모의 해전을 벌인 것이다. 그 이후 BC 2년에 아우구스투스가 인공 저수지 완공을 축하하기 위해 모의 해전을 벌였다고 한다. 모의 해전장에 투입된 병사들은 검투사들로 구성되었다. 검투사 중에는 자유민도 있었지만 대부분이 노예로 이루어져 있었다. 따라서 모의 해전은 요즘 군부대의 모의 전투나 전투 훈련과는 질적으로 다를 수밖에 없었다. 서로 나뉜 두 편은 실전과 똑같은 전투를 치렀고 많은 병사들이 비참하게 죽었다.

제3대 황제 클라우디우스는 푸키누스 호수의 물을 빼내기 위한 공사를 완성했을 때 호수의 배수구 개통을 기념하기 위해 모의 해전을 열었다. 이때의 규모는 9천 명이 참가한 모의 해전으로 여태껏 중에서 최대 규모였다. 이 구경거리를 놓치지 않으려고 만삭의 임산부들이 로마에서 100여㎞를 여행하여 왔으며, 행사 주최 측은 이들을 위해 별도의 천막을 마련해야 할 정도였다. 모의 해전을 치르기 전, 황제가 사열할 때 시합에 참전한 병사들이 "아베 카이사르, 모리투리 테 살루탄트(Ave Caesar, morituri te salutant안녕하십니까? 황제 폐하, 죽으려는 자들이 당신께 인사드립니다.)" 하고 말하며 경례했다. 클라우

디우스는 이 인사에 "어쩌면."이라고 단 한마디로 짧게 답했다. 황제는 모의 전투 중에 어쩌면 죽을 수도 있다는 뜻으로 말했

▌ 모의 해전

지만, 죽음이 두려웠던 병사들은 어쩌면 죽지 않게 자비를 베풀어 주겠다는 선언으로 해석했다. 그리하여 피비린내 나는 잔혹한 모의 전투를 벌여야 했던 병사들은 서로 싸우지 않고 소극적이 되었다. 이에 관중들이 항의하며 야유를 퍼붓자 클라우디우스는 만약 병사들이 싸우려 하지 않는다면 배에 불을 질러 산 채로 태워 죽이겠다고 외치며, 좀 전에 자신이 한 말이 무슨 의미인지 병사들에게 다시 한 번 정확히 납득시킬 수밖에 없었다.

○ 바실리카(basilica) - 재판과 상거래에 이용되는 회당.

  * 시장, 관공서, 야외 극장, 강당 등 큰 지붕이 있는 공공건물.

○ 엑세드라(exedra) - 반원형 광장.

○ 비아 아피아(via appia) – 아피아 가도.(BC 312년에 개설되어 가도의
여왕 즉, 레기나 비아룸regina viarum으로 불린다.)

* 비아(via) – 폭이 4.8m~6.5m의 대로.(비아 사크라via sacra: 신성한
길.)

* 비쿠스(vicus) – 비아보
다 좁은 길.

* 안기포르투스(angiportus)
– 비쿠스보다 좁은 길,
소로.

* 세미타(semita) – 안기포
르투스보다 작은 샛길.

▌ 비아 사크라

○ 스타라타(starata) – 가도.(영어 'street'의 어원, 디오클레티아누스 무렵에
via와 구분하여 사용했다.)

○ 폰스(pons) – 다리.

○ 이티네라리움(itinerarium) – 지도.(복수형은 'itineraria')

* 이티네라리아 아드노타타(itineraria adnotata) : 말로 설명한 지도.

* 이티네라리아 픽타(itineraria picta) : 그림으로 나타낸 지도.

* 타불라 페우팅게리아나(Tabula Peutingeriana) : 4세기경 로마 제국
지도.

○ 카스텔룸(castellum) – 저수조.

* 피스키나(piscina) : 못, 웅덩이.

○ 무세움(museum) – 미술관, 박물관.(예술의 요정 무사Musa를 모시는
곳이란 의미로서, 영어 'museum'의 어원. 무사Musa는 영어로 'muse')

○ 빌라(villa) – 전원주택.(밭을 갈고 가축을 키우고 농산물을 생산하는 기지.)

○ 김나시움(gymnasium) - 체육관.

○ 아르쿠스 콘스탄티니(arcus constantini) - 콘스탄티누스 개선문

　　* 아르쿠스(arcus) : 아치형문

○ 콘스탄티노폴리스 - '콘스탄티누스의 도시'라는 의미.

　　* '비잔티움 → 콘스탄티노폴리스 → 이스탄불(현재)' 순으로 도시명
　　이 바뀌었다.

○ 아바쿠스(abacus) - 주판.

○ 스콜라(schola) - 학원.

○ 카라칼라(Caracalla) - '모자가
달린 갈리아인의 긴 옷'을 의미
하는 '카라칼루스caracallus'에서
파생됨. (카라칼라 황제는 이 옷
을 즐겨 입었기 때문에 '카라칼라'

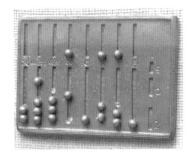

▌ 로마의 주판(아바쿠스)

라는 별칭이 붙었으며, 그의 정식 이름은 '임페라토르 카이사르 마르쿠스
아우렐리우스 세베루스 안토니누스 피우스 아우구스투스'였다.)

○ 팔라티움(palatium) - 황궁.

　　* 팔라티누스 언덕에 황궁이 있는 데서 유래했다. 영어 'palace'의 어원.

황제 연대표

갈바　　　68~69

루그두넨시스의 빈덱스의 반란을 시작으로 루시타니아 총독 오토의 지지를 받아 군사력을 동원하여 네로를 자살로 몰아넣고 등극. 후계자 승계 문제로 갈등을 빚어 오토에게 살해됨.

오토　　　69

갈바를 제거하고 근위대에 의해 옹립됨. 베드리아쿰 전투에서 비텔리우스에게 패하여 자결.

비텔리우스　　　69

게르마니아 군단에 의해 옹립되고 베드리아쿰 전투에서 오토에 승리하여 즉위. 베스파시아누스 군대에 패배하여 살해됨.

베스파시아누스　　　69~79

동방 지역의 로마군에 의해 옹립되어 비텔리우스를 제거하고 즉위. 자연사.

티투스　　　79~81

아버지인 베스파시아누스로부터 제위를 물려받음. 전염병으로 병사.

도미티아누스　　　81~96

형으로부터 제위를 물려받음. 생질녀 플라비아가 총애하던 황실 해방 노예 스테파누스에 의해 살해됨.

네르바　　　96~98

도미티아누스가 살해된 뒤에 원로원에 의거 천거되어 등극. 자연사.

트라야누스　　　98~117

네르바의 양아들이며, 네르바는 도미티아누스의 죽음에 반발하고 있는 군부를 잠재우기 위해 下게르마니아 사령관으로서 명성을 쌓고 있던 트라야누스를 후계자로 지명. 자연사.

하드리아누스　　　117~138

트라야누스의 양아들이며, 제위에 오를 때 선제의 황후 플로티나의 도움이 컸음. 병사.

안토니누스
피우스　　　138~161

마르쿠스를 차기 후계자로 하겠다는 약속을 하고 선제로부터 제위를 물려받음. 자연사.

마르쿠스 아우렐리우스	161~180 (공동 황제 : 루키우스 베루스 161~169)
	안토니누스 피우스의 딸이자 고종사촌인 파우스티나와 결혼했으며, 하드리아누스의 뜻에 따라 장인으로부터 제위를 물려받음. 자연사. 루키우스 베루스는 의형제이며, 하드리아누스로부터 양자로 지명받았던 아일리우스 카이사르의 아들임.
콤모두스	180~192
	선제인 아버지로부터 제위를 물려받음.(177년부터 아버지와 공동 황제) 아내 크리스피나를 죽이면서까지 사랑한 애인 마르키아, 그녀의 남편 에클렉투스, 체육교사 나르키수스에 의해 살해당함.
페르티낙스	193
	콤모두스가 살해되고 난 뒤 근위대에 의해 추대됨. 제위에 오르는 데 도움을 준 근위대가 오히려 개혁 대상이 된 것에 불만을 품은 근위병들에게 살해됨. 이집트 장관직을 원했던 근위대장 라이투스는 자신의 기대가 좌절되자 은근히 반란을 부추겼을 것으로 보임.
디디우스 율리아누스	193
	경매에 의해 술피키아누스를 누르고 등극. 셉티미우스 세베루스에게 패하여 처형됨.
셉티미우스 세베루스	193~211 (공동황제 : 카라칼라 198~211, 게타 209~211)
	디디우스 율리아누스, 니게르, 알비누스를 제거하고 즉위. 브리타니아 북부 칼레도니아(註. 현재 스코틀랜드) 전쟁을 지휘하던 중 자연사.
카라칼라	211~217 (공동황제 : 게타 211~212)
	세베루스로부터 제위를 물려받음. 파르티아와의 전쟁 중 근위대장 마크리누스가 위협을 받게 되자 살해함.
마크리누스	217~218
	카라칼라가 근위병에게 살해되고, 동료 근위대장인 아드벤투스의 양보로 제위에 오름. 엘라가발루스를 앞세운 마이사의 계략으로 반란이 발생하여 살해됨.
엘라가발루스	218~222
	외할머니 마이사(셉티미우스 세베루스의 처제)의 도움으로 즉위. 방종한 생활을 하다가 근위병들에게 살해됨.
알렉산데르 세베루스	222~235
	엘라가발루스 뒤를 이어 근위대가 옹립. 어머니 율리아 마마이아의 조언을 받아들여 게르만족에 보조금을 주고 강화 조약을 맺은 것에 불만을 품은 군단병들에 의해 살해됨.

막시미누스	235~238
	알렉산데르를 제거한 병사들에 의거 옹립. 푸피에누스와 발비누스를 황제로 선출한 원로원을 제압하기 위해 로마로 가던 중 아퀼레이아를 공격하다가 내부의 반란으로 살해됨.

고르디아누스 1세	238 (공동 황제 : 고르디아누스 2세 238)
	재산 몰수 판결을 내린 재무관을 죽이고 반란을 일으킨 아프리카 청년들의 호소와 협박에 못 이겨 등극. 마우레타니아 총독 카펠리아누스의 공격에 공동 황제인 아들이 맞서 싸웠으나 패배하여 전사하자 즉위한 지 20일 만에 자살.

공동황제(푸피에누스 막시무스, 칼비누스 발비누스) 238	
	고르디아누스가 죽자, 원로원 회의에서 추대. 원로원이 선택한 황제에 불만을 품은 근위대에 의해 2명 모두 살해됨.

고르디아누스 3세	238~244
	근위대에 의해 옹립됨. 페르시아와 전쟁 중에 장인인 티메시테우스가 죽고, 필립푸스가 군사 반란을 일으킨 것으로 추정되며 그때 처형됨.

필립푸스	244~249
	페르시아 전쟁 중에 고르디아누스 3세로부터 제위를 찬탈했으며, 최초의 아랍인 황제임. 모이시아 사령관 데키우스의 반란을 진압하는 데 실패하자 자살.

데키우스	249~251
	모이시아 군단병들로부터 황제로 추대됨. 고트족과의 전투에서 전사. 데키우스의 아들 중 한 명은 같은 전투에서 화살에 맞아 데키우스보다 먼저 전사함.

갈루스	251~253 (공동 황제 : 호스틸리아누스 251)
	원로원의 추대로 권좌에 오름. 아이밀리아누스의 반란을 진압하던 중 내부의 적으로부터 아들 볼루시아누스(호스틸리아누스가 사망한 후 공동 황제)와 함께 살해됨. 공동 황제 호스틸리아누스는 선황 데키우스의 아들이며, 전염병으로 사망.

아이밀리아누스	253
	반란을 일으켜 제위에 오름. 갈루스의 복수를 하겠다며 정변을 일으킨 발레리아누스를 진압하던 중 내부의 반란자로부터 살해됨.

발레리아누스	253~260(공동 황제 : 갈리에누스 253~260)
	정변을 일으켜 아이밀리아누스를 제거하고 제위에 오름. 페르시아의 샤푸르 1세에게 포로가 되어 페르시아에서 사망.

갈리에누스	260~268

발레리아누스의 아들로서 부친과 공동 황제로 있다가 부친이 페르시아의 포로가 되자 단독 황제로 제위를 물려받음. 아우레올루스의 반란을 진압하던 중 불만을 품은 자들에게 살해당함. 고티쿠스를 후계자로 지명함.

클라우디우스 고티쿠스	268~270

갈리에누스의 지명으로 등극. 32만 명이나 침입한 고트족과의 전투에서 승리했으나, 전염병에 의해 병사.

퀸틸루스	270

형인 고티쿠스가 자신이 아닌 아우렐리아누스에게 제위를 넘겼으나, 이를 인정하지 않고 원로원의 승인을 얻어 제위에 오름. 부하병사들이 아우렐리아누스에게로 돌아서자, 이에 낙담하여 자살.

아우렐리아누스	270~275

고티쿠스에 의해 천거되어 제위에 오름. 처벌을 두려워한 비서 에로스와 장교들에 의해 살해됨.

타키투스	275~276

군대와 원로원이 서로에게 황제 추천을 미루다가 원로원에서 추천하여 제위에 오름. 동방 정벌 중에 노령과 격무로 카파도키아의 티아나에서 사망함.

플로리아누스	276

형인 타키투스의 죽음을 알고 스스로 제위에 오름. 프로부스와 대결하다 부하의 반란으로 살해됨.

프로부스	276~282

플로리아누스를 제거하고 제위에 오름. 개간 사업에 동원된 병사들이 불만을 품고 살해함.

카루스	282~283

군대의 옹립으로 즉위. 페르시아와의 전쟁 중 벼락 또는 병에 의해 사망했다고 하며, 살해당했다는 소문도 있음.

공동황제(카리누스 283~285 누메리아누스 283~284)

아버지 카루스의 죽음으로 아들들이 제위에 오름. 형 카리누스는 제국의 서방을 통치하고, 동생 누메리아누스가 제국의 동방을 통치함. 누메리아누스가 페르시아 전쟁을 중지하고 귀환 중 병사하자 디오클레티아누스가 황제에 즉위했고, 카리누스는 디오클레티아누스와 접전 중 내부 반란으로 살해됨.

AD 69	갈바에서 오토로 그리고 비텔리우스로 그다음에 베스파시아누스로 황제가 교체됨. 키빌리스 반란 발생.
AD 70	베스파시아누스가 로마에 도착. 예루살렘 함락.
AD 71	점성가와 철학자들이 로마에서 추방됨. 티투스가 로마로 귀환하여 근위대장에 취임. 콜로세움 착공.
AD 73	국세조사 실시.
AD 75	헤롯 아그리파 2세와 베레니케 로마 방문.
AD 79	티투스 즉위. 베수비우스 화산 폭발.
AD 80	콜로세움 완공.
AD 85	다키아의 데케발루스가 모이시아 침공.
AD 89	고지 게르마니아 군 사령관에 트라야누스 임명.
AD 95	베스파시아누스 형 사비누스의 손자인 클레멘스가 일신교를 믿는다는 이유로 처형됨.
AD 97	네르바가 트라야누스를 후계자로 지명.
AD 98	네르바 사망 후 트라야누스 즉위.
AD 99	트라야누스 로마로 귀환.
AD 101~102	제1차 다키아 전쟁.
AD 102	원로원이 트라야누스에게 '다키쿠스'라는 칭호 부여.
AD 105~106	제2차 다키아 전쟁.
AD 111	小 플리니우스가 비티니아 총독으로 부임.

AD 113	트라야누스가 파르티아와 전쟁 개시.
AD 116	트라야누스가 파르티아 수도 크테시폰 함락시킴.
AD 118	하드리아누스가 로마에 도착.
AD 121	하드리아누스의 갈리아 순방 떠남.
AD 122	하드리아누스가 브리타니아 방문 후 성벽 건립 지시. 트라야누스의 아내 플로티나 죽음.
AD 126	하드리아누스의 북아프리카 순방 떠남.
AD 128	하드리아누스의 동방 순방 떠남.
AD 130	하드리아누스의 유대 지역 방문.
AD 136	하드리아누스가 아일리우스 카이사르를 양자로 삼음.
AD 137	하드리아누스의 아내 사비나 죽음.
AD 138	아일리우스 카이사르의 죽음. 안토니누스가 하드리아누스의 양자가 됨. 하드리아누스 죽음.
AD 139	하드리아누스 영묘 완공.
AD 142	브리타니아의 안토니누스 성벽 완공.
AD 145	마르쿠스 아우렐리우스가 파우스티나와 결혼.
AD 161	마르쿠스 아우렐리우스 즉위. 파르티아군의 아르메니아 침공.
AD 162	파르티아의 아르메니아 침공으로 공동 황제인 루키우스 베루스가 파견됨.
AD 164	루키우스 베루스와 루킬라 결혼.
AD 166	파르티아 전쟁에서 승리. 로마에서 마르쿠스 아우렐리우스와 루키우스 베루스가 개선식 거행.
AD 167	마르코만니족과 콰디족이 도나우강을 건너 로마 제국을 침공.
AD 169	루키우스 베루스 병사.

AD 175	시리아 총독 아비디우스 카시우스 반란 발생.
AD 180	페렌니스가 근위대장에 임명됨.
AD 182	루킬라의 콤모두스 황제 살해 음모.
AD 185	근위대장 페렌니스 처형됨.
AD 187	클레안데르가 근위대장에 임명됨.
AD 189	폭동이 발생하자 클레안데르 처형됨.
AD 193	페르티낙스가 근위대에 살해됨. 황제 자리를 경매에 부쳐 디디우스 율리아누스가 황제가 되었지만, 8주 만에 세베루스에게 패배하여 처형됨. 세베루스, 알비누스, 니게르가 경쟁함.
AD 194	니게르가 패전 후 죽음.
AD 197	알비누스 패전 후 자살. 세베루스의 요청으로 콤모두스의 '기록 말살형' 처분이 철회됨.
AD 198	세베루스가 크테시폰 점령.
AD 205	카라칼라가 장인 플라우티아누스를 살해하고 아내 플라우틸라를 유배 보냄.
AD 209	세베루스 황제 칼레도니아(註. 현재 지명 '스코틀랜드') 원정.
AD 211	리파라섬에 유배된 플라우틸라가 카라칼라의 명령으로 병사들에게 살해됨.
AD 212	게타가 카라칼라에 의해 살해됨. 안토니누스 칙령 선포.
AD 217	율리아 돔나가 안티오키아에서 자살.
AD 219	엘라가발루스가 로마에 입성함.
AD 222	엘라가발루스가 사촌 알렉산데르를 양자로 삼음. 엘라가발루스 살해됨.
AD 226	아르다시르 1세가 사산조 페르시아 건국.
AD 228	울피아누스가 근위대의 부하들에게 살해됨.

AD 241	티메시테우스가 근위대장이 되어 고르디아누스 3세를 보필함. 샤푸르 1세가 페르시아 왕에 오름.
AD 248	고트족의 침입.
AD 260	발레리아누스 샤푸르 1세의 포로가 됨. 갈리아 제국 탄생.
AD 261	팔미라의 오다이나투스가 동방 사령관에 취임. 갈리에누스가 원로원 의원이 군사령관을 맡지 못하게 함.
AD 267	고트족의 소아시아 침공.
AD 271	아우렐리아누스 성벽 착공.
AD 273	아우렐리아누스 황제가 팔미라를 파괴함.
AD 274	갈리아 제국 멸망.
AD 276	아우렐리아누스 성벽 완공.

다른 자들의 지혜를 위해 여백을 남긴다

Ad sapientias aliarum marginem relinquo

참 고 문 헌

○ Edward Gibbon 저, 김희용 외 2 역,『The History Of The Decline And Fall Of The Roman Empire』(로마 제국 쇠망사), 민음사, 2008~2010

○ Publius Cornelius Tacitus 저, 박광순 역, 『Annales』(연대기), 종합출판 범우(주), 2005

○ Publius Cornelius Tacitus 저, 김경현 외 1 역, 『Historiae』(타키투스의 역사) 한길사, 2011

○ Theodor Mommsen 저, 김남우 외 2 역, 『Römische Geschichte』(몸젠의 로마사) 푸른역사, 2013~2015

○ Plutarchos 저, 이다희 역, 『Bioi Paralleloi』(플루타르코스 영웅전), Human & Books, 2010~2015

○ Gaius Julius Caesar 저, 김한영 역, 『Commentarii De Bello Civil』(내전기) 사이, 2005

○ Gaius Julius Caesar 저, 김한영 역, 『Commentarii De Bello Gallico』(갈리아 전쟁기), 사이, 2005

○ Fritz M. Heichelheim, Cedric A. Yeo 공저, 김덕수 역, 『A History Of The Roman People』(로마사) 현대지성사, 1999

○ Donald R. Dudley 저, 김덕수 역『The Civilization Of Rome』(로마 문명사), 현대지성사, 1997

○ 시오노 나나미 저, 김석희 역, 『Res Gestae Populi Romani』(로마인 이야기), 한길사, 1995~2007

○ Niccolo Machiavelli 저, 권혁 역, 『Il Principe』(군주론), 돋을새김, 2005

○ Niccolo Machiavelli 저, 강정인 외 1 역, 『Discorsi sopra la prima deca di Tito Livio』(로마사 논고), 한길사, 2003

○ Peter Heather 저, 이순호 역, 『The Fall of the Roman Empire : a new history of Roman and the Barbarians』(로마 제국 최후의 100년), 뿌리와이파리, 2008

○ Philip Matyszak 저, 박기영 역, 『Chronicle of the Roman Republic』 (로마 공화정), 갑인공방, 2004

○ Alberto Angela 저, 주효숙 역, 『Una Giornata Nell'antica Roma』 (고대 로마인의 24시간) 까치, 2011

○ Chris Scarre 저, 윤미경 역, 『Chronicle of the Roman Emperors』 (로마 황제), 갑인공방, 2004

○ Jérôme Carcopino 저, 류재화 역, 『Rome à l'apogée de I'Empire : la vie quotidienne』 (제국의 전성기 고대 로마의 일상생활), 우물이있는집, 2003

○ Alberto Angela 저, 김효정 역, 『Amore e sesso nell'antica Roma』 (고대 로마인의 성과 사랑) 까치, 2014

○ Marcus Tullius Cicero 저, 허승일 역, 『De Officiis』 (의무론), 서광사, 2006

○ Marcus Tullius Cicero 저, 김창성 역, 『De Re Publica』 (국가론), 한길사, 2007

○ Marcus Tullius Cicero 저, 김남우 역, 『Tusculanae Disputationes』 (투스쿨룸 대화), 아카넷, 2014

○ Anthony Everitt 저, 조윤정 역, 『The First emreror』 (아우구스투스 : 로마 최초의 황제), 다른세상, 2008

○ Gaius Suetonius Tranquillus 저, Robert von Ranke Graves 영역, 조윤정 역, 『De Vita Caesarum』 (열두 명의 카이사르), 다른세상, 2009

○ Frank McLynn 저, 조윤정 역, 『Marcus Aurelius』 (철인황제 마르쿠스 아우렐리우스), 다른세상, 2011

○ Marcus Tullius Cicero 저, 천병희 역 『Cato maior de senectute』 (노년에 관하여), 숲, 2011

○ Marcus Tullius Cicero 저, 천병희 역, 『Laelius de amicitia』 (우정에 관하여), 숲, 2011

○ Publius Vergilius Maro 저, 천병희 역 『Aeneis』 (아이네이스), 숲, 2004

○ Publius Ovidius Naso 저, 천병희 역 『Fasti』 (로마의 축제일), 한길사, 2005

○ Herodotos 저, 천병희 역, 『Histories Apodexis』 (역사), 숲, 2009

○ Thucydides 저, 천병희 역, 『Ho Polemos Ton Peloponnesion Kai Athenaion』 (펠로폰네소스 전쟁사), 숲, 2011

○ Publius Cornelius Tacitus 저, 천병희 역, 『De origine et situ Germaniorum』 (게르마니아), 숲, 2012

○ Publius Vergilius Maro 저, 김남우 역『Aeneis』(아이네이스), 열린책들, 2013

○ Adrian Goldsworthy 저, 백석윤 역,『Caesar』(가이우스 율리우스 카이사르), 루비박스, 2007

○ Adrian Goldsworthy 저, 하연희 역,『The Fall of the West』(로마 멸망사), 루비박스, 2012

○ Adrian Goldsworthy 저, 강유리 역,『In the Name of Rome : The Men Who Won the Roman Empire』(로마전쟁영웅사), 말글빛냄, 2005

○ Ronald Syme 저, 허승일 외 1 역,『Roman Revolution』(로마 혁명사), 한길사, 2006

○ Charles de Montesquieu 저, 김미선 역,『Considérations sur les causes de la grandeur des Romains et de leur décadence』(로마의 성공, 로마 제국의 실패), 사이, 2013

○ Aurelius Augustinus 저, 추인해 역,『De civitate dei』(신국론), 동서문화사, 2013

○ Ray Laurence 저, 최기철 역,『Roman Passion』(로마 제국 쾌락의 역사), 미래의 창, 2011

○ Gaius Sallustius Crispus 저, 『Bellum Jugurthinum』(유구르타 전쟁기)

○ Cassius Dio Cocceanus 저, 『Historia Romana』(로마사)

○ Titus Livius Patavinus 저, 『Ab Urbe Condita Libri』(로마사)

○ Augustus 저, 『Res Gestae Divi Augusti』(업적록)

○ Gaius Sallstius Crispus 저, 『Bellum Catilinae』(카틸리나 전쟁기)

○ Homeros 저, 천병희 역,『Ilias』(일리아스), 숲, 2012

○ Homeros 저, 천병희 역,『Odysseia』(오딧세이아), 숲, 2006

○ Platon 저, 천병희 역,『Πολιτεια』(국가), 숲, 2013

○ Menandros 저, 천병희 역,『메난드로스 희극(심술쟁이, 중재판정, 사모스의 여인, 삭발당한 여인)』, 숲, 2014

○ Euripides 저, 천병희 역,『에우리피데스 비극 전집(안드로마케)』, 숲, 2009

○ Lucius Annaeus Seneca 저, 천병희 역, 『Dialogorum Libri Duodecim : De brevitate vitae(인생의 짧음에 관하여), De tranquillitate animi(마음의 평정에 관하여), De providentia(섭리에 관하여), De vita beata(행복한 삶에 관하여)』(인생이 왜 짧은가 : 세네카의 행복론), 숲, 2005

○ Lucius Annaeus Seneca 저, 김혁 외 3 역, 『De Beneficiis』(베풂의 즐거움), 눌민, 2015

○ Platon 저, 박종현 역,『Pratonis Opera : Κριτων, Φαιδων』(플라톤의 대화 편 : 크리
  톤, 파이돈), 서광사, 2003

○ Ramsay MacMullen 저, 김창성 역,『Roman Government's Response to Crisis』(로마
  제국의 위기:235~337년 로마 정부의 대응), 한길사, 2012

○ Flavius Josephus 저, 박정수 외 1 역『Historia Ioudaikou Polemou Pros Romaious』(유
  대 전쟁사), (주)나남, 2008

○ B.H. Liddell Hart 저, 박성식 역,『Scipio Africanus : Great than Napoleon』(스키피
  오 아프리카누스), 사이, 2010

○ Tom Holland 저, 김병화 역,『Rubicon』(루비콘 : 공화정에서 제정으로, 로마 공화
  국 최후의 날들), 책과함께, 2017

○ Tom Holland 저, 이순호 역,『Dynasty(다이너스티 : 카이사르 가문의 영광과 몰
  락), 책과함께, 2017

○ Philipp Vandenberg 저, 최상안 역,『Nero』(네로 : 광기와 고독의 황제), 한길사,
  2003

○ Gaius Petronius Arbiter 저, 강미경 역,『satyricon』(사티리콘), 공존, 2008

○ Lucius Apuleius 저, 송병선 역,『Metamorphoses』(황금 당나귀), 매직하우스, 2007

○ Barry Strauss 저, 최파일 역,『Spartacus War』(스파르타쿠스 전쟁), 글항아리, 2011

○ Jean Yves Boriaud 저, 박명숙 역,『Histoire de Rome』(로마의 역사), 궁리, 2007

○ Reinhart Raffalt 저, 김이섭 역,『Grosse Kaiser Roms』(로마 황제들의 눈물), 찬섬,
  1997

○ Pamela Marin 저, 추미란 역,『Blood in the forum』(피의 광장 : 로마 공화정을 위한
  투쟁), 책우리, 2009

○ K.R. Bradley 저, 차전환 역,『Slaves and Masters in Roman Empire : A Study in
  Social Control』(로마 제국의 노예와 주인 : 사회적 통제에 대한 연구), 신서원,
  2001

○ Jean-Marie Engel 저, 김차규 역,『L'Empire romain』(로마 제국사), 한길사, 1999

○ Karl Wilhelm Weeber 저, 윤진희 역,『Nachtleben im alten Rom』(고대 로마의 밤문
  화), 들녘, 2006

○ 장진쿠이 저, 남은숙 역,『흉노제국 이야기』, 아이필드, 2010

○ 시부사와 다츠히코 저,『세계 악녀 이야기』, 삼양미디어, 2009

○ Robert Knapp 저, 김민수 역,『Invisible Romans』(99%의 로마인은 어떻게 살았을
까), 이론과실천, 2012

○ Tomas R. Martin 저, 이종인 역,『Ancient Rome : From Romulus to Justinian』(고대
로마사), 책과함께, 2015

○ Carl Richard 저, 이광일 역,『Why We're All Romans : The Roman Contribution to
the Western World』(왜 우리는 로마인의 후예인가? : 고대 로마와 로마인의 입문
서), 이론과실천, 2014

○ Simon Baker 저, 김병화 역,『Ancient Rome』(처음 읽는 로마의 역사), 웅진지식하
우스, 2008

○ Stephen Dado Collins 저, 조윤정 역,『Caesar's legion』(로마의 전설을 만든 카이사르
군단), 다른세상, 2010

○ Indro Montanelli 저, 김정하 역,『Storia di Roma』(로마 제국사), 까치, 1998

○ Ivar Lissner 저, 김지영·안미라 역,『So Lebten Die Roemischen Kaiser』(로마 황제의
발견 : 천의 얼굴을 가진 사람들의 이야기), ㈜살림출판사, 2007

○ Procopius 저, 곽동훈 역,『Αποκρυφη Ιστορια』(프로코피우스의 비잔틴제국 비사),
들메나무, 2015

○ Titus Lucretius Carus 저, 강대진 역,『De Rerum Natura』(사물의 본성에 관하여),
아카넷, 2011

○ Christopher Kelly 저, 이지은 역,『The Roman Empire : A Very Short Introduction』
(로마 제국), 교유서가, 2015

○ 김덕수 저,『아우구스투스의 원수정』, 길, 2013

○ 김진경 외 저,『서양고대사강의』, 한울, 2011

○ 배은숙 저,『강대국의 비밀』, 글항아리, 2008

○ 배은숙 저『로마 검투사의 일생』, 글항아리, 2013

○ 임웅 저,『로마의 하층민』, 한울, 2004

○ 정태남 저,『로마 역사의 길을 걷다.』마로니에북스, 2009

○ 차전환 저,『고대 노예제 사회 : 로마 사회경제사』, 한울, 2015

○ 한국서양고대역사문화학회 엮음,『아우구스투스 연구』, 책과함께, 2016

○ 허승일 저,『로마 공화정 연구』, 서울대학교출판부, 1985

○ 허승일 외 저,『로마 제정사 연구』, 서울대학교출판부, 2000

○ 최정동 저, 『로마제국을 가다』, 한길사, 2007

○ Bernard Haisch 저, 석기용 역, 『The God Theory』(신 이론), 책세상, 2010

○ Victor J. Stenger 저, 김미선 역, 『God The Failed Hypothesis』(신 없는 우주), 바다 출판사, 2013

○ 미치오 카쿠 저, 박병철 역, 『Parallel Worlds』(평행 우주), 김영사, 2006

○ Martin Bojowald 저, 곽영직 역, 『Once Before Time』(빅뱅 이전), 김영사, 2011

○ Stephen Hawking 저, 김동방 역『The illustrated a brief history of time』(그림으로 보는 시간의 역사) 까치글방 1998

○ Brian Greene 저, 박병철 역, 『The Hidden Reality』(멀티 유니버스), 김영사, 2012

○ 이지유 저『처음 읽는 우주의 역사』(주)휴머니스트 2012

○ 강성길, "티베리우스 그라쿠스 농지법의 수혜 대상"『경북사학』12(1989), pp.139~173

○ 강성길, "로마 공화정 후기와 제정 초기 선거 민회의 '입후보 신고(professio)"『대구 사학』72(2003), pp.277~310

○ 강성길, "로마 공화정 후기 트리부스 선거민회의 투표 결과 공표를 위한 절차와 '집단 투표의 공정성'"『서양고대사연구』14(2004), pp.117~151

○ 강성길, "로마 동맹국 전쟁과 내전 시기(기원전 91~82년) 신시민의 투표권"『서양 고대사연구』17(2005), pp.91~129

○ 강준창, "아우구스티누스와 국가권력 : 농민반란을 중심으로"『역사와담론』15(1987), pp.121~140

○ 김경현, "129년 : Gracchani에 의한 Equites 정책의 맹아기? : 공마 반환법 (plebiscitum equorum reddendorum) 및 극장법(lex theatralis)과 관련하여(上)"『사총』27(1979), pp.49~75

○ 김경현, "기원전 2세기 로마의 정치와 스토아 사상 : 티베리우스 그라쿠스의 개혁의 이념적 배경과 관련하여"『서양사론』27(1986), pp.1~42

○ 김경현, "공화정 후기에서 제정 전기 사이 로마 상류층에서 '여성 해방'의 실제"『서양고전학연구』11(1997), pp.325~357

○ 김경현, "제정기 로마시의 주택사정"『에피스테메』창간호(2007), pp.104~146

○ 김경현, "공화정기 도시 로마의 수로 건설 배경에 관한 연구"『중앙사론』30(2009), pp.79~108

○ 김경현, "율리우스 카이사르의 신격화 : 그리스 · 로마 전통의 종합"『서양고대사연구』26(2010), pp.251~280

○ 김경현, "고대 로마의 페티알리스(fetialis)와 정당한 전쟁"『역사학보』216(2012), pp.137~163

○ 김경현, "로마 제국의 흥망"『서양고대사연구』33(2012), pp.33~96

○ 김경현, "팍스 로마나 시대, 로마 제국의 지배 원리 : 식민지 엘리트의 시선"『역사학보』217(2013), pp.3~36

○ 김경희, "로마의 지참금 제도에 관한 연구"『서양고대사연구』6(1998), pp.71~103

○ 김덕수, "프린키파투스의 위기와 아우구스투스의 원로원 재편(23-18 B.C)"『서양사연구』15(1994), pp.1~43

○ 김덕수, "아우구스투스의 혼인법들과 프린켑스"『서양고전학연구』11(1997), pp.295~324

○ 김덕수, "옥타비아누스와 레피두스의 권력 분쟁"『서양사연구』21(1997), pp.1~31

○ 김덕수, "아우구스투스 시기 켄투리아 민회에서의 정무관 선출권"『서양고전학연구』14(1999), pp.163~183

○ 김덕수, "로마 공화정에서 프린키파투스 체제로의 이행과 기사 신분(equester ordo)"『역사교육』105(2008), pp.165~184

○ 김덕수, "아우구스투스와 기사 신분 : 기능과 역할에 대하여"『서양고대사연구』25(2009), pp.147~174

○ 김덕수, "'로마 공화정의 교사' 리비우스와 역사의 모범 사례(exemplum) : 브루투스와 아우구스투스를 중심으로"『역사교육』123(2012), pp.217~242

○ 김병용, "서기 476년 중세의 시작? : 로마 제국과 게르만족의 관계를 중심으로"『독일연구』9(2005), pp.133~156

○ 김상수, "로마공화정의 붕괴 원인에 관한 일고"『서양사론』9(1969), pp.94~100

○ 김상엽, "로마 공화정기의 곡물 문제와 정치"『서호사학』38(2004), pp.213~246

○ 김상엽, "로마 제정 초기 황제들의 곡물 정책"『서양고대사연구』15(2004), pp.79~102

o 김상엽, "고대 로마의 저출산 현상과 아우구스투스의 결혼 법령 : 한국의 저출산 현상에 대한 대책과의 비교를 중심으로"『호서사학』44(2006), pp.121~141

o 김상엽, "서기 2세기 로마 제국의 알리멘타(alimenta) 프로그램"『역사와담론』54(2009), pp.185~203

o 김상엽, "로마 공화정 말기와 제정 초기 곡물 배급과 정치적 소통의 관계"『서양고대사연구』35(2013), pp.175~218

o 김선정, "원시 기독교의 사회적 정황 : 로마 황제 제의를 중심으로"『신약논단』12:1(2005), pp.197~217

o 김영목, "로마 공화정 말기 정치와 사적 관계"『서양고대사연구』8(2000), pp.39~62

o 김창성, "로마 공화정기 사적소유농지에 대한 과세와 그 귀결 : 기원전 111년 농지법 19~20행 분석"『서양사연구』17(1995), pp.137~162

o 김창성, "로마 공화정 후기 마리우스의 '군제개혁'과 국가재정"『역사학보』62(1997), pp.95~122

o 김창성, "로마 공화정기 이탈리아 동맹국의 사회구조와 토지보유 관계 : 통일의 사회 · 경제적 지평"『역사학보』165(2000), pp.177~210

o 김창성, "로마 동맹국 전쟁 이후 이탈리아 자치도시의 구조와 중앙의 통제"『역사학보』184(2004), pp.247~280

o 김창성, "폴리비오스의 발전관과 혼합정체 국가들 : 이탈리아 동맹의 관점에서 다시 읽기"『서양고대사연구』26(2010), pp.225~250

o 김창성, "로마 최초 식민시 오스티아 건설의 목적"『서양고대사연구』28(2011), pp.207~235

o 김창성, "로마의 속주 지배와 징세 청부 : 공화정 후기를 중심으로"『서양고대사연구』35(2013), pp.141~173

o 김칠성, "프린키파투스 체제 성립기의 급수 제도"『서양고대사연구』31(2012), pp.103~142

o 김학철, "마태복음서와 로마의 통치 : 로마 제국과의 관계 설정의 문제를 중심으로"『성서학술세미나』5(2008), pp.1~21

o 김혜진, "망각된 얼굴들 : 제정기 로마 미술에서 기록 말살형에 드러난 정치적 금기의 (역)효과"『미술사학보』42(2014), pp.7~28

○ 남성현, "로마법과 기독교 : 간통 및 이혼에 관한 로마법 전통과 4~6세기 기독교 시대의 칙법 전통"『서양고대사연구』29(2011), pp.195~260

○ 류호성, "자색 옷에 관한 역사적 고찰(눅 16:19-31)"『신약논단』19:1(2012), pp.1~36

○ 박창식, "삭개오의 회개와 로마의 조세제도"『로고스경영연구』7:1(2009), pp.159~176

○ 배은숙, "전쟁을 통해 본 로마의 역사"『계명사학』22(2011), pp.93~137

○ 배은숙, "왕정기에서 3세기까지 로마 군대의 규모"『서양고대사연구』31(2012), pp.143~182

○ 배은숙, "율리아 추방의 정치적 의미"『대구사학』60(2000), pp.251~277

○ 서동진, "초기 기독교 공동체의 사회구조 변화"『서양고대사연구』5(1997), pp.53~69

○ 송유례, "역사속의 철인왕 : 율리아누스 황제의 인간애"『철학사상』34(2009), pp.143~178

○ 신명주, "로마 가족 내에서의 부모-자녀 관계"『서양고대사연구』7(1999), pp.43~67

○ 신미숙, "기원전 2세기 로마의 동방 정책과 '그리스인의 자유'"『서양고대사연구』 창간호(1993), pp.87~116

○ 신미숙, "제2차 마케도니아 전쟁의 원인"『서양사론』51(1996), pp.31~68

○ 신상화, "셉티미우스 세베루스의 군대개혁"『서양고전학연구』3(1989), pp.73~123

○ 안희돈, "로마 황제 베스파시아누스의 임페리움에 관한 법(A.D. 69)"『역사교육』 54(1993), pp.113~152

○ 안희돈, "율리우스-클라우디우스 황실기 로마시의 곡물 문제"『서양사론』 64(2000), pp.5~26

○ 안희돈, "네로 황제와 황금 궁전"『서양고대사연구』19(2006), pp.201~229

○ 안희돈, "로마제정 초기 왕조지배 정치선전의 구체적 양상"『서양고대사연구』 25(2009), pp.193~216

○ 안희돈, "고대 로마 교육에서 학생 체벌의 문제"『역사교육』115(2010), pp.199~220

○ 안희돈, "로마 공화정 후기 교육 환경의 성숙 : 도서관 건립과 그리스 지식인의 활동을 중심으로"『역사교육』126(2013), pp.277~301

○ 안희돈, "로마 공화정 중기 문학과 정치 : 리비우스 안드로니쿠스의 활동을 중심으로"『서양고대사연구』35(2013), pp.112~140

○ 안재원, "고대 로마의 이상적 연설가(orator perfectus)론"『서양고전학연구』20(2003), pp.119~140

○ 염창선, "초기 기독교와 로마 제국의 정치적 갈등과 대응"『서양고전학연구』51(2013), pp.107~144

○ 오만규, "콘스탄티누스 체제의 등장과 그리스도교 군복무관의 체제화"『서양사론』35(1990), pp.31~67

○ 오홍식, "로마의 튀케(τυχη)에 대한 폴리비오스의 견해"『서양사론』60(1999), pp.1~19

○ 이광 · 박영태, "로마 제국 시대에서 납의 생산 및 사용과 납중독"『환경과학논집』4:1(1999), pp.343~364

○ 이송란, "폼페이 출토 유리용기와 로마인의 화장 문화"『인문과학연구논총』35:1(2014), pp.305~336

○ 이승문, "로마 공동체의 경제적 갈등과 공존 : 로마서 14:1-15:13, 15:25-16:2을 중심으로"『신약논단』18:2(2011), pp.557~598

○ 이은혜, "암브로시우스는 콘스탄티누스주의적 감독(Constantinian Bishop)인가? : 대립과 결탁(감독 암브로시우스와 3명의 황제들)"『장신논단』45:4(2013), pp.117~140

○ 이지은, "로마 제정 초기의 황제 숭배"『서양고대사연구』25(2009), pp.217~250

○ 임웅, "고대 로마의 기아와 빵 그리고 정치 : 공화정 후기와 원수정기를 중심으로"『서호사학』38(2004), pp.247~285

○ 정기문, "디오클레티아누스 황제의 최고 가격령"『서양사론』63(1999), pp.5~30

○ 정기문, "디오클레티아누스 황제의 세정 개혁 : 예산 개념의 도입과 형평성 제고를 중심으로"『역사교육』72(1999), pp.79~99

○ 정기문, "후기 로마 제국은 쇠퇴와 몰락의 시기였는가?"『서양고전학연구』13(1999), pp.277~300

○ 정기문, "로마 제정의 조세제도 정비와 그 한계"『서양고전학연구』14(1999),

pp.217~240

○ 정기문, "서로마 제국의 멸망"『서양사연구』25(2000), pp.139~162

○ 정기문, "로마의 후마니타스와 인본주의"『서양고대사연구』30(2012), pp.103~130

○ 정기환, "콘스탄티누스의 종교 정책(Ⅰ)"『종교와문화』4(1998), pp.179~195

○ 정기환, "콘스탄티누스의 종교 정책(Ⅱ)"『종교와문화』5(1999), pp.99~117

○ 정기환, "데키우스의 기독교 정책"『한국교회사학회지』9(2000), pp.165~212

○ 조남진, "스토아 사상과 로마법"『서양고대사연구』2(1994), pp.23~78

○ 조영식, "원수정기 로마 황제와 군대" 고려대 박사 학위 논문, 2005

○ 조영식, "임페라토르(imperator)로서의 로마 황제"『서양고대사연구』17(2005), pp.171~195

○ 조영식, "3세기 로마의 제국방어 군사전략"『서양사연구』35(2006), pp.3~28

○ 조은정, "방문객의 시선 : 로마 저택의 실제와 허상"『서양미술사학회』30(2009), pp.163~190

○ 조인형, "대박해(303~312)와 유세비우스의 서술"『사총』34(1988), pp.103~154

○ 조인형, "유세비우스와 콘스탄티누스 대제에 관한 연구 : Vita Constantini를 중심으로"『강원사학』5(1989), pp.119~187

○ 조인형, "콘스탄티누스 대제의 황태자 처형의 배경과 그 여파"『서양고대사연구』2(1994), pp.79~110

○ 지동식, "초기 로마 연구에 있어서의 제문제"『사총』11(1966), pp.1~12

○ 지동식, "Etrusci의 동방기원 서설 : R.S.Conway와 R.Blosh의 연구를 중심으로"『사총』12(1968), pp.35~58

○ 차영길, "로마 노예의 특유 재산(peculium)에 관한 연구 : 공화정말~제정초의 노예제에 미친 영향을 중심으로"『사총』28(1984), pp.99~130

○ 차영길, "로마 노예 해방과 경제적 배경 : 기원 1,2세기 이탈리아의 농업 노예를 중심으로"『사총』30(1986), pp.347~368

○ 차영길, "로마 가족사 연구(Ⅰ) : '파밀리아'(familia)의 상층구조"『서양고대사연구』3(1995), pp.77~102

○ 차영길, "로마 노예 공급원과 '쓰렙토스(θρεπτος)'"『부산사학』28(1995), pp.237~257 o 차영길, "로마 경제의 '노예 대리인'(Ⅰ) : 빌리쿠스(vilicus)"『부산사학』29(1995), pp.139~153

o 차영길, "로마 상업에서 '노예 대리인(actor)의 역할과 존재 형태"『부산사학』32(1997), pp.157~177

o 차영길, "기원 1세기 로마 가족의 특징과 존재 형태"『역사와경계』49(2003), pp.61~86

o 차영길, "로마 해상무역에서 노예대리인(mercator)의 역할"『중앙사론』32(2010), pp.307~335

o 차영길, "고대 로마의 임산과 피임에 대한 이론과 실제"『역사와경계』76(2010), pp.233~258

o 차전환, "기원전 2세기 전반 로마의 농장 경영 : 카토의 농업서를 중심으로"『역사학보』116(1987), pp.61~98

o 차전환, "로마 공화정 말 제정 초기의 노예 가족"『호서사학』27(1999), pp.163~185

o 차전환, "로마 제정 초기 북아프리카 황제령의 경영"『서양사론』76(2003), pp.5~32

o 차전환, "기원전 4세기 로마인들은 어떻게, 무엇을 위해 전투했는가?"『서양고대사연구』25(2009), pp.119~145

o 차전환, "로마 제정 초기 타키투스의 역사 서술"『서양사론』110(2011), pp.352~377

o 차전환, "포에니 전쟁 : 카르타고 문명의 몰락"『서양고대사연구』35(2013), pp.77~110

o 최온, "원수정기 로마 지배 하의 아테네 : 헤로데스 아티코스(Herodes Attikos)와 그의 가문"『서양고대사연구』20(2007), pp.147~200

o 최주연, "기원전 1세기 도시 로마의 곡물 문제와 정치 : 클로디우스 곡물법을 중심으로"『서양고대사연구』30(2012), pp.67~102

o 최화선, "로마 공화정 말기의 '종교religio'와 '미신superstitio' 개념"『서양고전학연구』17(2001), pp.133~154

o 최혜영, "율리아누스 황제의 이교주의"『대구사학』41(1991), pp.185~233

o 최혜영, "크로노스의 황금 시대"『대구사학』56(1998), pp.141~163

o 최혜영, "로마 황제 숭배와 기독교"『서양고대사연구』19(2006), pp.87~115

o 최혜영, "고대 로마의 지식인"『서양사연구』34(2006), pp.5~35

o 한도령, "건강한 신체에 건건한 정신이 깃든다 : 플라톤과 아리스토텔레스를 중심으로"『한국웰니스학회지』9:2(2014), pp.1~11

o 허승일, "Tiberius Gracchus의 농지 정책 : 로마 혁명의 발단과 연관하여"『서양사학』7(1967), pp.105~109

o 허승일, "티베리우스 그라쿠스의 로마시 곡물수급계획"『역사학보』142(1994), pp.273~330

o 허승일, "그라쿠스 형제 개혁 시대의 도시 로마의 경제 위기"『서양고전학연구』19(2012), pp.51~79

o 허중권, "세계사에서의 무기 발달과 전술 전략의 변화"『국방과기술』259(2000), pp.64~67

o Heinz Bellen, 조인학 역, "로마 황제 이념의 기독교화에 대하여 : 콘스탄티누스 황제에서 테오도시우스 황제까지"『서양고대사연구』2(1994), pp.129~152

o Internet Britanica 백과사전

o Internet 한국어 Wikipedia 등 그 외